“十二五”普通高等教育本科国家级规划

U0501877

国家级一流本科课程配套教材

高等学校金融学专业主要课程精品系列教材

金融学（精要版）

（第二版）

主编 李健

高等教育出版社·北京

内容简介

本书采用宽口径金融的研究范畴，以开放经济为环境，以实体经济运作为基础，从各经济主体的财务活动中引出金融的供求；以货币、信用及其价格等基本要素为基础，阐明各要素之间的关联性；以金融机构和金融市场为载体，阐释金融运作的基本原理；以利率为联结微观金融与宏观金融的纽带，说明其作用机理；以金融总量与结构均衡为目标，讨论宏观金融的理论与实践问题；以宏观调控和金融监管为保证，研究金融发展的稳健与效率问题。

本书的编写力图以历史和逻辑的线索系统阐述金融的基本原理、基本知识及其运动规律；客观介绍世界主流金融理论及最新研究成果和实务运作的机制及最新发展；立足中国实际，努力反映改革开放以来的实践进展和理论研究成果，探讨金融理论和实践发展中的问题。

本书既可作为高等学校经济类、管理类等学科的金融课程教材，也可供理论研究者和实际工作者参阅。

图书在版编目（CIP）数据

金融学：精要版 / 李健主编. -- 2版. -- 北京：高等教育出版社，2021.7（2022.12重印）
ISBN 978-7-04-055953-8

Ⅰ．①金… Ⅱ．①李… Ⅲ．①金融学-高等学校-教材 Ⅳ．①F830

中国版本图书馆CIP数据核字（2021）第054872号

策划编辑 赵 鹏　　　责任编辑 赵 鹏　　　封面设计 张 楠　　　版式设计 马 云
责任校对 陈 杨　　　责任印制 刁 毅

出版发行	高等教育出版社	网　　址	http://www.hep.edu.cn
社　　址	北京市西城区德外大街4号		http://www.hep.com.cn
邮政编码	100120	网上订购	http://www.hepmall.com.cn
印　　刷	山东韵杰文化科技有限公司		http://www.hepmall.com
开　　本	787 mm×1092 mm　1/16		http://www.hepmall.cn
印　　张	22.5	版　　次	2016年11月第1版
字　　数	510千字		2021年7月第2版
购书热线	010-58581118	印　　次	2022年12月第7次印刷
咨询电话	400-810-0598	定　　价	49.80元

第 2 版前言

按照教育部对教材建设的要求和"小批量、多版次"的教材建设原则，结合近年来国内外金融发展的变化和人们对金融问题认识水平的提升，我们对 2016 年出版的《金融学》（精要版）教材进行了修订。

根据在各高校本科教学和教育部"爱课程"平台中国大学 MOOC 教学中师生们的反映，本次修订对逻辑体系和框架结构基本没有改动，仍然保持了原来的 20 章，教材的修订调整主要体现在章下面的节、目和内容之中。本次修改的主要原则与重点是：

（1）强化原理，切合国情。对金融一般知识和概念的介绍力求定义一致，表述准确。注重从原理上阐释金融运作和发展的规律，结合国内外金融发展特别是我国改革开放的实践，完善金融学的理论体系。深度解读党的十九大提出的金融回归本源、优化结构、强化监管、市场导向的原则和服务实体经济、防范金融风险、深化金融改革的任务，力图从理论和实际的结合上把这些重大问题说清楚。

（2）突出重点，调整结构。本书在修订时注意到了核心章节与普通章节、重点内容与一般性介绍的区别，相对减少了一般常识性介绍的篇幅，适当增加原理性的阐释和启发性的表述，注重凝练金融学的基本原理。

（3）与时俱进，充实更新。这次修订对各章涉及的内容进行了较多的补充和修改，更新了全部的数据和图表，尽量囊括我国经济体制和金融体制改革的新进展，包括金融发展的新动态，以求能够及时反映金融实践的发展和人们认识的深化。特别是针对近十年以来的金融形势与面临的问题，增加了数字货币、信用风险与杠杆率、利率的作用与市场化改革、金融资产市场与资产管理公司、我国资本市场的国际化、商业银行的科技赋能、中央银行的常备借贷便利、数量型和价格型货币政策、双支柱宏观审慎政策、金融发展新理念、金融科技等方面的内容，力图拉近理论与实践的距离，以激发学生关注金融时势和学习探究问题的兴趣，提升教材的可读性与鲜活性。

本书第一版是由中央财经大学国家级金融学教学团队的老师们提供的，作者的分工如下。李健：第 1、14、16、20 章；李健、黄志刚：第 18 章；左毓秀：第 2 章；黄昌利：第 3、17 章；蔡如海：第 4、5 章；李建军：第 6、10 章；李宪铎、魏建华：第 7 章；黄志刚、魏建华：第 9 章；贾玉革：第 8、15 章；孙建华：第 11 章；马亚：第 12、13 章；郭田勇：第 19 章。本次修订时正值新型冠状病毒肆虐，正常的工作和社会生活秩序都被打乱，给团队合作修订教材带来困难，故本次修订工作是由我一人完成的。当然，书中的不足和错误也应由我来承担责任。

　　特别需要表达的是，在本教材的建设中，高等教育出版社经管法事业部的领导和有关编辑参与了本书的策划、修订并提出了很好的意见，并为本书的出版付出了辛勤的劳动，在此一并向他们表示衷心的感谢！

李　健

2020 年 10 月 18 日

第1版前言

本书是在高等教育出版社2014年《金融学》（第二版）的基础上精编而成。自2010年《金融学》第一版发行以来受到广大师生的厚爱，特别是我们在"爱课程"网站开设"金融学"MOOC的四个学期使用过程中，师生们对教材的逻辑框架和内容安排给予了充分的肯定，但也提出了一些建设性的修改意见，其中比较集中的意见是教材篇幅过大，有的章节内容相对艰深，希望我们能够精炼教材内容，表述上更加深入浅出。为了满足不同教学对象的需求，我们认真研究了广大读者的反馈意见，决定在《金融学》（第二版）的基础上做一本精要版。

本精要版保留了2010年出版的《金融学》教材的主要逻辑框架和章节安排。为了适应现代市场经济和金融发展的需要，我们在2010年版的教材中构建了宽口径的现代金融学专业基础理论体系，目的是要努力实现"宏观金融与微观金融、传统金融与现代金融、理论金融与应用金融、人文金融与数理金融"的链接，注重培养学生对基本原理、内在联系和客观规律的认知能力、思辨能力以及文理交融的思维方式。为此，我们坚持以开放为环境，以实体经济运作为基础，从各经济主体的财务活动中引出金融的供求；以货币、信用及其价格等基本要素为基础，阐明各要素之间的关联性；以金融机构和金融市场为载体，阐释金融运作的基本原理；以利率为连接微观金融与宏观金融的纽带，说明其作用机理；以金融总量与结构均衡为目标，讨论宏观金融的理论与实践问题；以宏观调控和金融监管为保证，研究金融发展的稳健与效率问题。教材的基本逻辑为：

图1 《金融学》的逻辑框架图

这个逻辑框架在《金融学》第一版发行使用以来，得到了广大读者的肯定，也得到了同行的认可，所以我们做这本精要版时仍然坚持用这个逻辑框架，结构安排也仍然分为20章。

本次精要版与《金融学》（第二版）相比有三个特点：

第一，进一步突出利率在《金融学》中的纽带和核心作用。随着我国市场化改革的深入，各种价格在经济中的地位和作用越来越重要，金融亦不例外。近十年来，我国金融市场迅速发展，非银行金融机构日益活跃，非货币性金融资产快速增长，金融活动中以利率为核心的价格机制作用越来越重要，越来越市场化的中央银行政策操作和货币政策从数量型向价格型转变等都要求高度重视利率机制。因此，需要架构起以利率为核心的能够涵盖全部金融市场和金融机构、覆盖宏观和微观金融活动的新金融学理论体系。在这个新体系中，利率既是金融活动和金融运作的中心与杠杆，又是连接宏观金融和微观金融的纽带与桥梁。为此，本书在精编时进一步突出了利率在金融运作中的杠杆作用和枢纽作用，努力把利率与各主要金融变量、宏观调控与微观运作之间的关系表述清楚。通过解析利率与货币、利率与汇率、利率与信用、利率与收益率、利率与资产定价、利率与金融机构业务及经营管理、利率与货币供求、利率与货币政策等多方面的关系，以利于读者理解并系统掌握金融学的整体逻辑。

第二，突出原理阐释，减少现象描述和资料性、介绍性的内容。考虑到我们教学团队已经在教育部"爱课程"网站上开设了与《金融学》教材配套的资源共享课和MOOC，积累了丰富多彩的教学资源，并以开放的方式免费提供给所有愿意学习的人。读者可以通过本书的二维码扫描方式，也可以随时登录（先注册）进入"爱课程"网站上的"金融学"课程平台，提取使用相关资料性、扩充性和较为详细的分析等内容。因此，本书着力精炼内容，重点放在提炼和阐释金融学原理与基本知识上。

第三，紧跟形势，在相关章节增加金融新发展的知识和原理。近年来，国内外金融发展日新月异，教材的内容也需要与时俱进才能有利于读者把握新进展。为此，我们在精要版中增加了对金融新发展的原理解读，如在国际货币制度部分增加人民币进入 SDR；汇率部分增加人民币汇率中间价报价新机制；信用体系部分增加了 2014—2020 年我国社会信用体系建设规划纲要的原理；金融机构体系部分增加互联网金融的问题；货币政策部分增加中央银行货币政策操作的新工具与利率走廊等内容。

本精要版由李健负责总纂，各章的精编工作都是由第二版的作者完成的。即：李健：第 1、14、16、20 章；李健、黄志刚：第 18 章；左毓秀：第 2 章；黄昌利：第 3、17 章；蔡如海：第 4、5 章；李建军：第 6、10 章；李宪铎、魏建华：第 7 章；黄志刚、魏建华：第 9 章；贾玉革：第 8、15 章；孙建华：第 11 章；马亚：第 12、13 章；郭田勇：第 19 章。高等教育出版社的郭金录首席编辑参与了本书策划并提出了很好的修改意见，在此一并向他们表示衷心的感谢！

李 健

2016 年 6 月

目 录

第1章
经济主体的财务活动与金融

 本章导读 »

> 金融在人们的经济活动和日常生活中随处可见，各经济主体的生产经营、消费等活动都需要用货币来支付；资金的余缺通过银行存贷款或金融市场的证券交易完成投融资活动；有专门的金融机构提供各种金融产品和服务，也有专门的市场交易金融产品，还有专设的机构进行管理和监督，由此形成金融体系。可见，金融源于生活，融于日常经济活动之中。本章从居民、非金融企业、金融机构和政府四部门经济活动与金融的关系入手，着力解读一个集基础要素、运作载体、总量和结构均衡、调控与监管功能于一体的现代金融体系的内在逻辑和基本原理。通过本章的学习，可以更好地理解金融来源于生活，服务于社会，根植于实体经济，从总体上了解现代金融体系的构成、各部分的功能及其彼此间的关系，为后续各章的学习提供一把入门的钥匙。

第一节 社会经济主体的金融交易及其关系

在现代社会中，人们的日常生活与经济活动都离不开金融。一国的经济体系由居民、非金融企业、金融机构、政府这四大经济主体组成，各经济主体内部及不同的经济主体之间不断地发生着各种各样的经济活动，并引起错综复杂的金融活动。同时本国各经济主体不可避免地与国外经济主体发生经济关系，产生国际金融活动。

不同的经济主体，有的总体是盈余，而有的总体是赤字，彼此之间需要通过金融活动来实现平衡。资金流量表是用以反映各经济主体的金融活动及其彼此间的平衡关系。资金流量表的主要功能是描述国民经济各主体之间一定时期资金往来或交易的流量和流向。每个经济主体的资金来源项目表示该部门从其他主体那里获得资金，资金运用项目表示该部门资金流向了其他主体。通过资金流量表，可以看出不同经济主体之间的资金流动状况。我国2017年资金流量表金融交易账户如表1-1所示。

表 1-1　简化资金流量表
（金融交易账户，2017 年）

单位：亿元

	住户		非金融企业		政府		金融机构		国外	
	运用	来源	运用	来源	运用	来源	运用	来源	运用	来源
通货	2 086		211		47			2 342	-2	
存款	49 603		50 647		36 038		3 976	142 153	5 226	3 336
贷款		77 863		11 3 137		-21 150	178 203	5 256	394	3 490
保险准备金	19 914		1 151			8 256		12 810		
证券	3 830		10 276		3 046	55 807	93 468	43 526	5 651	4 408
直接投资			6 881						11 358	6 881
对外债权债务			1 310			197	-1 539	1 398	2 145	-229
其他（净）	41 068	1 625	-7 661	818	909	-350	31 765	63 988		
国际储备资产							6 179			6 179
合计	121 970	79 488	72 537	128 791	42 914	42 759			14 412	25 538
净金融投资	42 482		-56 254		155				-11 126	

注：省略了表中若干栏目，故本表中的"合计"不等于表中所列栏目之和。

资料来源：《中国人民银行季报》2018 年 4 月。

从表 1-1 中可以看到：

第一，各经济主体都在进行着多样化的金融交易活动。资金流量表将国内经济分为住户（居民）、非金融企业、政府和金融机构四个主体，每个主体都有多样化的资金来源与资金运用。以住户为例，2017 年共持有 2 086 亿元现金，将 49 603 亿元资金存入银行，购买了 3 830 亿元债券和股票，交纳 19 914 亿元保险费等，同时还从银行获得 77 863 亿元贷款。各部门复杂的金融活动形成了多元化的金融供给与需求。

第二，不同经济主体之间存在资金余缺。每个经济主体的资金运用与资金来源相抵后形成净金融投资，它表示该经济主体的资金余缺程度。净金融投资项目数值为正表示资金有盈余，反之则表示资金短缺。从国内的四个主体来看，住户是最大的资金盈余方，其盈余资金的存在方式主要是银行存款；非金融企业是最大的资金短缺部门，2017 年的资金短缺额为 56 254 亿元，弥补的方式主要是从银行获得贷款，亦可从证券市场上通过发行股票、债券等方式融入资金。可见，资金余缺的调剂以及由此产生的信用关系成为最基本的金融内涵。

第三，开放经济下产生的跨国经济与金融活动，形成对外资金流出入及其差额，进而影响国际收支和国内经济金融活动。

第四，通过金融活动，国内各经济主体的资金余缺实现平衡。将国内四部门及国外部门的净金融投资项目进行加总，其代数和为0。也就是说，通过存款、贷款、投资等金融活动可以调剂国内外各经济主体的资金余缺，实现平衡。如非金融企业的资金短缺，可以通过银行贷款，或在证券市场上发行股票或债券通过住户部门的投资来弥补。因此，金融活动可以使得盈余主体的资金灵活、高效地流向资金短缺主体，进而实现资源的有效配置，促进社会总供求的均衡。

原理 1-1

金融供求及其交易源于社会各部门的经济活动。

下面我们分别讨论各经济主体的财务活动及其与金融的关系。

第二节　居民理财与金融

居民是社会最古老、最基本的经济主体。在从自然经济向市场经济的逐步发展中，居民的经济活动与金融的联结越来越紧密。现代居民经济生活中的日常收支活动和储蓄、投资、借贷等理财活动已成了现代金融供求的重要组成部分。

一、居民的货币收支与金融需求

（一）货币收入

城乡居民通过生产经营、提供劳务和资本等各种渠道可以获得收入。从形式上看，收入可分为货币收入和以消费品或其他实物形式体现的实物性收入。人类早期的收入都是实物性收入，商品交换和货币产生后，人们的收入越来越多地体现为货币收入。改革开放后，我国居民收入水平快速提升，同时居民收入的货币化程度也不断提高，使得居民的货币收入日益增加，导致各种货币需求和金融需求随之增长。

（二）货币支出

居民的货币支出是指家庭为了满足日常生活需要而进行的货币支付行为。早期经济活动中的货币支出主要是直接交易，支出方将货币直接或托人交至接受方手中。在现代经济活动中，虽然仍有零星的直接交易，但根本无法满足现代经济活动跨时间、跨空间和多维复杂交易的需要，大部分的支出活动需要信誉良好、网络庞大且运行通畅的金融机构体系作为中介提供支付服务。另外，居民的国际经济活动或财富转移产生的国际支付，也需要通过金融机构体系来快速、安全地实现。

居民的多样化支出需求促进了多样化金融产品与服务的发展。为满足居民的消费性或转移性支出，银行提供了多种转账支付服务和支票、信用卡等金融工具，极大地便利了居民支付；在网络经济条件下，基于网络支付功能的电子货币及其支付方式迅速推广应用；为了保证支付的安全性，又产生了信用证、保函等金融工具等。具体内容可见本书第 13 章。

从跨主体角度来看，居民的支出会形成其他主体的收入。居民最主要的支出项目是消费，与之交易的主体主要是生产和销售的企业，居民的支出形成非金融企业的收入；居民的纳税支出，形成政府的税收收入。而这种居民支出向其他主体收入的转化需要通过金融体系实现。另外，其他主体的生产经营需要居民提供劳务，又形成了居民部门的收入，这种转化也要通过金融体系来实现。在居民部门连续不断的货币收支过程中，金融体系成为最重要的载体。

（三）盈余与赤字

居民的货币收入大于支出则产生盈余，反之则产生赤字。表 1-2 概略反映了我国改革开放以来居民收入、支出及储蓄存款的变化情况。

居民的货币盈余是进行投资的前提，而居民的赤字则需要通过消费信用或民间借贷来弥补。

表 1-2　我国改革开放以来部分年份城乡居民收入、支出及储蓄存款

单位：元

年份	1980	1990	2000	2010	2019
城镇居民人均可支配收入	477	1 387	6 280	19 109	42 359
农村居民人均可支配收入	91	630	2 253	5 919	16 021
城镇居民人均消费支出	412	923	11 338	13 471	28 063
农村居民人均消费支出	85.9	590	3 146	4 382	13 328
人均储蓄存款余额	173	521	4 656	23 628	58 874

资料来源：国家统计局历年《国民经济和社会发展统计公报》。

二、居民盈余的使用

居民作为最主要的金融盈余部门，可选择合适的方式使用盈余。一般来说，理性的居民会基于以下三个方面来考虑：一是适度的流动性，如现金、活期存款等，目的是满足日常交易需要和应付不确定性支出。二是收益性。不同的金融资产收益率不同，如不同种类的银行存款利率有所差别，不同债券利率也各不相同，股票、基金、外汇投资等都有不同的收益。三是安全性。不同金融资产的安全性不同，一般来说安全性与收益性负相关，安全性高，收益性一般较低，反之收益性则较高。居民会对以上"三性"进行权衡来确定自己的盈余使用方式。有些居民的风险承受能力比较强，喜欢追求高收益，他们就会将其大部分盈余投资于股票、外汇、基金、期货或信托等高风险、高收益的资产；相反，有的居民不愿承担较高的风险，就会将盈余主要存

放在银行，或购买国债、理财产品、投资性的保险产品等。居民盈余的多少对金融资产总量有决定性作用；而对盈余使用方式的不同选择，则对金融资产的结构有决定性作用。

目前居民盈余最主要的使用方式是货币储蓄与投资。我国居民总体偏爱货币储蓄，除了现金储蓄外，大部分居民盈余通过储蓄存款形成银行的资金来源，银行又通过贷款去满足企业的资金需求，实现资金供求的匹配。由于不同居民对储蓄存款的期限、流动性有不同的需求，有的希望能随时支取，有的要求长期存放，有的希望能定期存入分散使用等，客观上要求银行创造出多样的储蓄存款品种，如活期、定期、零存整取、整存零取、通知存款等，推动了银行负债业务的创新。

居民货币盈余另一重要使用方式是进行投资以获取收益。居民投资可分为**实物投资**与**金融投资**。**实物投资**是指用盈余购买经营性资产或各类收藏性物品以期获利；**金融投资**是指居民将货币盈余投资于股票、债券、基金、外汇等金融产品，以期在风险承受范围内获益。居民还可以通过购买保险，或通过信托使用盈余，以实现保障、遗产分配等目的。居民金融投资需求的增加和多样化，促进了多种类金融工具的创新和金融市场的活跃。

三、居民赤字的弥补

虽然从整体上看，居民是最大的金融盈余部门，但一些居民可能因购买大件商品（如住房、汽车）、支付到期债务等出现阶段性的赤字，需要通过消费信用或民间借贷来弥补。

居民赤字的弥补方式最常见的是消费信用。**消费信用**是指居民为满足自身的消费需求而向消费品出售方申请赊销或分期付款，或向商业银行等金融机构申请消费贷款的信用方式。近年来我国居民消费信用发展迅速，2019 年年末消费信贷余额 439 770 亿元，占金融机构人民币各项贷款余额的比重已经达到 27.72%。一些居民在出现资金短缺时，还会采用民间借贷的方式融资，这是居民赤字弥补最原始但也是非正规的方式。民间借贷虽然灵活，但规范性差，成本较高，风险较大，官方很难直接对其进行统计监测与管理。本书在第 4 章中将讨论这些问题。

居民盈余与赤字的管理选择，对一国或地区的金融结构具有重要的决定作用。如果居民偏好选择银行存款来保留盈余，就会形成以间接融资为主体的金融结构；如果居民偏好持有股票、债券等投资性金融资产，则会形成以直接融资为主体的金融结构。另外，居民的盈余与赤字管理还催生了包括投资组合管理与利率管理等在内的金融技术性管理活动。居民盈余与赤字管理的金融化，使得市场利率、汇率等的波动对居民金融资产的收益与风险、居民负债及其成本产生显著影响，需要通过专业技术对其实施管理。因此，投资组合管理技术、利率管理技术以及金融衍生工具的运用得到推广。

综上，可对居民经济活动与金融关系的脉络进行梳理，大致可以形成如图 1-1 所示的框架图。

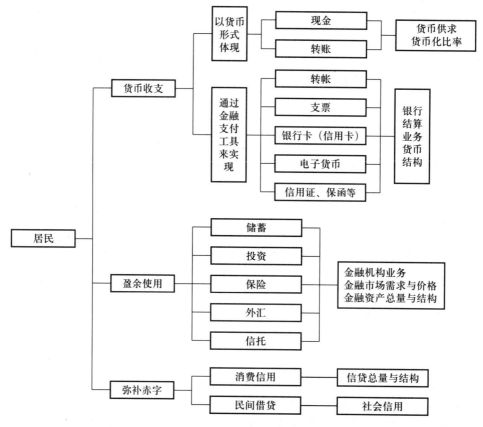

图 1-1　居民货币收支与金融关系脉络图

第三节　企业财务活动与金融

企业是现代经济活动中最基本、最活跃的经济主体，企业的经营和财务活动与宏观金融和微观金融活动具有密切的关系。

一、企业经营与财务

（一）企业经营与资金运动

企业是实行自主经营、独立核算、依法设立、具有经济法人资格的营利性经济组织，通过从事生产或服务等经济活动以满足社会需要并从中获利。企业运作从实物形态看，在其经营过程中通过采购、生产加工、销售等环节，完成了从投入到产出的再生产过程；从资金形态看，则通过资产、负债、所有者权益、成本、利润和现金流等指标变化，实现资金筹集、资金运用、资金回收的三阶段循环周转。

1. 资金筹集

企业的资金筹集可以分为内源融资和外源融资。**内源融资**是指企业从内部筹措资金，主要来源于留存收益和折旧；**外源融资**是指企业从外部融通资金，通过贷款和发行票据、债券等融资称为债务融资，发行股票融资称为股权融资。

微视频 1-1
债务融资与
股权融资

2. 资金运用

资金投入企业后，随着生产经营活动的进行，其形态也不断发生变化。首先，企业需要购置机器设备和厂房，采购、储存原材料，货币资金随之转化为固定资产和存货。其次，在生产过程中，企业还要不断投入生产资金用于支付燃料、动力、人工、管理等生产成本，直至产成品入库。在资金运用阶段，企业的货币资金主要以物质资产的形式存在。

3. 资金回收

企业将产品出售后回收货币资金，实现价值增值，并用以偿还到期借款、缴纳税金、提取各种基金、分配利润等。企业要实现生产经营的持续性和竞争力的提升，不仅需要扩大规模，还要更新设备和改良技术，因此，需要将部分利润和内部可用资金继续投入生产经营之中，不足部分通过外源融资来满足，由此进入新的循环。

（二）企业财务管理与金融

企业的生产经营活动过程可以通过企业财务报表直观地反映出来。**财务报表**是企业对外提供的反映自身财务和经营状况的会计报表，主要包括资产负债表、利润表和现金流量表等。资产负债表反映会计主体在某一个特定日期拥有的经济资产、所承担的经济债务和权益情况，是企业最主要的综合财务报表；利润表反映会计主体一定期间的生产经营成果（盈余或亏损）；现金流量表反映会计主体一定期间内现金的流入和流出，表明会计主体获得现金和现金等价物的能力。表 1-3 提供了企业资产负债表的简要项目。

表 1-3　企业资产负债表简明项目

资产	年初数	期末数	负债	年初数	期末数
流动资产			流动负债		
货币资金			短期借款		
交易性金融资产			应付票据		
应收票据			应付账款		
应收账款			预收账款		
预付账款			其他应收款		
其他应收款			一年内到期的长期负债		
存货			非流动负债		
一年内到期的非流动性资产			长期借款		
非流动资产			应付债券		

续表

资产	年初数	期末数	负债	年初数	期末数
长期投资			长期应付款		
固定资产			所有者权益		
固定资产原值			实收资本		
减：累计折旧			资本公积		
固定资产净值			盈余公积		
无形及递延资产			未分配利润		

从表 1-3 中可以看出，企业的经营活动及其相应的资金运动，形成相应的金融供求。企业生产经营前需要投入一定的资本金，现代企业大都采用股份制，需要利用股票市场筹集资本。企业在生产经营前，要预先筹措资金购买固定资产、原材料及其他辅助生产经营的物资；生产经营中会形成许多债权债务关系，有些是本企业对外负债（如短期借款和长期借款、应付债券等），有些是外企业对本企业的负债（如应收票据、应收账款等）。当企业资金充足时还要考虑将暂时不用的资金存放银行获取利息，或购买股票、债券进行长期或短期的投资获利。企业的购买活动、债权债务活动和投资活动等都是财务活动，都需要通过金融体系来实现。另外，企业获得利润后的分配政策及其发放形式既是企业财务决策的重要内容，也是影响股票价格的重要因素。企业要以货币形式依法纳税，同样需要通过银行支付。可见，企业生产经营全过程都可以通过负债管理、资产管理和盈余分配等方面的财务活动体现出来，各方面都与金融体系息息相关。

（三）企业财务活动与金融体系

1. 企业是金融机构服务的重要对象

企业财务活动中的多种需求需要多种金融服务与产品来满足。例如，银行通过对公业务为企业提供多种金融服务，包括企业存款、信贷、资金结算、现金管理、国际资金转移等；证券机构为企业提供债券和股票的发行承销、撮合交易、委托投资等业务；保险机构为企业提供财产保险、各种年金管理（包括养老金管理）等业务；信托机构为企业提供信托融资、信托投资等业务；金融租赁机构为企业提供融资租赁等业务等。一方面，企业庞大的财务活动是金融机构业务的基础，企业也由此成为金融机构最重要的客户群；另一方面，企业的财务运作离不开金融机构，企业资金的供求和支付、理财等都需要金融机构为之提供低成本的便利与服务。

2. 企业是金融市场最主要的参与者

企业发行的票据、股票和债券等是金融市场最主要的交易工具，企业之间的债务买卖、票据交易、股权交易等，使企业成为货币市场和资本市场上最活跃的参与者。

3. 企业的财务活动对宏观金融总量和结构有决定性影响

企业的贷款需求是货币创造的前提条件，企业信用的扩张和收缩直接影响货币信用总量；企业的资产组合与理财活动对金融资产结构和货币结构有决定性影响；企业的进出口和海外投融资对国际收支影响巨大；企业对宏观金融调控的反应也是货币政策能否见效的重要影响因素。

二、企业负债管理与金融体系

企业**负债**是指由企业承担的能以货币计量的在将来以资产或劳务偿还的债务。企业负债按偿还期限可分为流动负债和长期负债，企业的负债管理主要体现在其融资决策与管理上。

不同企业之间由于生产经营活动的需要，会经常性发生资金往来。从表1-3中可见，一些企业暂时拖欠对方企业的货款，形成该企业的应付账款或应付票据；或预收其他企业的货款，形成该企业的预收账款。企业之间相互的负债活动，称为商业信用，其信用工具主要为各种商业票据。商业票据在企业或银行之间的转让及其形成的票据背书、贴现等金融活动，是货币市场交易的重要组成部分。本书在第8章将做具体介绍。

从表1-1的资金流量表中可见，非金融企业部门是最大的资金短缺方，需要从其他经济部门融入资金，最常见的渠道就是通过银行贷款进行间接融资。企业也可以通过发行股票、债券等有价证券从金融市场融资。由于我国金融市场还不够发达，企业目前主要通过银行信贷来实现外源融资。企业的融资需求既受自身经营决策的支配，也受利率等融资成本的影响。企业的融资需求变化不仅对利率水平具有重要作用，也对银行信用货币的创造和金融市场的交易具有重要影响。

企业的负债活动对金融的影响是多方面的：一是企业通过负债活动实现外源融资，满足自己生产经营活动的资金需求；二是企业的负债活动形成银行等金融机构的业务活动和金融市场的交易，对货币和信用总量有决定性影响；三是企业的负债为居民、金融机构、国外等部门带来投资机会，使其通过金融投资分享企业经营成果，也实现了不同部门之间金融余缺的调剂。

三、企业资产管理与金融体系

企业**资产**是指能以货币计量的由企业控制并能带来收益的经济资源。企业资产主要划分为流动资产、长期投资、固定资产、无形及递延资产。企业资产管理的重点是流动资产和长期投资。

企业资产中许多直接表现为金融资产，如货币资金、短期投资、长期投资等。因为企业在生产经营中，会经常性地出现短期或较长期的资金闲置，这些闲置资金可能以活期或定期存款等形式存放在银行，形成企业的货币资金，也可能以购买国债、企业债券、其他企业股票等形式持有证券类资产，还可以进行直接投资，满足经营或发展战略的需要。

企业资产与金融紧密相关。企业的货币资金是银行存款的主要来源，2019年年末，我国金融机构存款中企业存款占比为31.34%。另外，企业持有的货币资金、短期投资、长期投资等都将获得一定的利息收入，但不同资产品种的利率高低差别很大，企业为追求利润，需要根据利率、汇率等因素的变化来调整自身的金融资产结构，既保持流动性，又能实现收益最大化。因此，企业对利率和金融资产的价格变动非常敏感。

企业的资产活动对宏观金融也产生很大的影响。企业存款选择活期还是定期，将直接影响货币结构。当更多企业倾向于选择活期存款时，M1（狭义货币）数量增加，货币流动性增强；反之，则货币流动性减弱。当企业更多地从银行申请到贷款时，通过货币乘数的作用，会增加整个社会的信用货币数量。而当企业经营环境不景气时，企业的贷款需求、市场融资和投资需求都会削减，社会信用总量就会下降。更重要的是，企业的经营业绩是银行贷款质量和股票、企业债收益的基本决定因素。

四、企业盈余分配

企业经过一定时期的生产经营后，要核算收入与支出，确认自己的经营业绩。企业的经营业绩通过利润表反映，其结果可能是盈余，也可能是亏损。

企业盈余的计算是企业各项收入减去各项支出。企业销售所获得的收入，减去企业生产经营的支出，形成企业的总利润。企业缴纳的各项税收是财政收入的主要来源。缴纳所得税后的利润为净利润，净利润形成企业盈余。股份制企业的所有权归全体股东，因此企业盈余也归全体股东。企业获得盈余后，应当对盈余进行分配。如果企业亏损，需要以后年度的盈余进行弥补。企业的盈余分配，首先要提取各种公积金，然后决定多少以股利的形式分配给股东，剩余部分为未分配利润，留在企业可用于再投资。公积金、未分配利润与企业的实收资本等一起，构成企业的所有者权益，这是全体股东享有的全部剩余利益，也是一个企业经济实力的体现。

企业盈余分配的决策要综合考虑自身的发展规划、资产负债水平和外部融资环境。不分配并积累盈余，是企业内源融资的一个主要方式。当企业在扩张期及外部融资环境恶化的情况下，盈余积累不失为一个明智的选择；当企业资产负债率较高时，亦应减少盈余分配，增加内源融资。反之，则需要增加盈余分配，通过外部融资并利用财务杠杆来提高股东的投资回报率。企业还要根据自身的流动资金情况决定盈余分配方式，在企业货币资金相对紧张的情况下，可选择股票分红；反之，可选择现金分红。企业盈余分配的决策对融资需求和股票价格具有重要影响，本书在第 4 章和第 9 章有具体的讨论。

综上，可以用图 1-2 对非金融企业的金融活动脉络进行梳理。

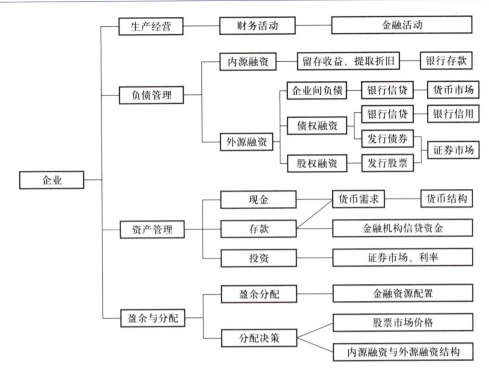

图 1-2　非金融企业财务活动金融关系脉络图

第四节　政府的财政收支与金融

政府为了实现国家管理职能，需要参与社会分配和再分配，形成收入和支出，即为财政收支。政府通过财政收支分配金融资源，引导和调控其他部门的经济活动。因此，财政收支对居民、企业、金融及国外部门的微观经济主体活动，以及宏观金融、经济运行等都产生重要影响。

一、财政收支与政策安排

（一）财政收支

在现代经济中，政府一方面以税收及其他收费形式从社会各部门获得收入，另一方面又以购买、转移支付等形式使用其收入，政府的收入与支出称为**财政收支**。财政收支是政府参与国民收入分配与再分配活动的主要体现，也是政府参与和干预经济运行的主要渠道。

财政收支与金融活动紧密相连。首先，财政收支以货币形式体现。现代社会庞大而复杂的财政收入与支出不可能通过实物来实现，都必须借助货币形式。财政收支的总量与结构对货币供求及其均衡影响重大，本书第 16、18 章将对此做具体讨论。其次，财政收支需要通过金融体系来实现，金融系统是财政收入、支出顺利实现的渠道，因此财政收支产生对金融支付的多种需求。再次，财政收支对中央银行影响极大，中央银行作为政府的银行经理国库业务，财政收入形成的存款是中央银行重要的负债来源，财政支出直接减少中央银行负债；财政透支或借款成为中央银行的资产，这个问题将在本书第 14 章详细分析。最后，财政收支影响各部门的金融活动，财政收入使资金从社会各部门流向政府，财政支出使资金从政府流向各部门。当政府提高税率或扩大征税范围时，非政府部门的可支配收入减少。当政府增加支出时，流入非政府部门的可支配资金增加。财政支出的结构还可改变社会各部门的资源配置结构。

（二）财政盈余与赤字

政府的收入与支出并不总是平衡的，也会形成盈余或赤字。**财政盈余**是指在一个财政年度内收入大于支出，形成财政资金结余；财政年度内收不抵支则为**财政赤字**。由于政策取向不同、预算与决算的差异等原因，财政收入出现盈余或赤字是正常现象。

财政出现赤字就必须弥补，否则无法维持正常的预算内支出。弥补财政赤字主要有三种方式：一是增加税收，如前所述这将相应缩减居民和企业部门的可支配收入；二是向中央银行透支，这会影响货币的稳定，引起通货膨胀；三是借款，对内主要通过发行公债向居民、非金融企业、金融机构等非政府部门借款，也可以通过在国际金融市场上发行政府债券或向他国借款。后两种统称政府信用，本书第 4 章将作详细说明。

出现财政盈余，政府则需要考虑如何运用盈余。第一种方式是用盈余偿还前期发行的政府债券，减少政府的借款存量。这种方式将减少金融市场上的政府债券，减少非政府部门的投资机会。同时，政府债券的减少，会改变债券市场的供求状况，引起债券价格上涨。第二种方式是先保留盈余以备后用，这会增加中央银行账户上的政府存款。第三种方式是进行政府投资，如我国政府在 2015 年中央预算内投资增加到4 776 亿元。综上可见，无论采用何种弥补赤字和运用盈余方式，政府的金融决策都会影响金融总量与金融市场的活动。

（三）财政政策安排

在现代经济运行中，财政收支活动会影响社会发展和居民、非金融企业、金融机构甚至国外部门的经济、金融活动，政府已作为一个独立的经济主体参与社会再生产的全过程。更重要的是，随着国家经济管理职能的强化，财政也成为国家重要的宏观管理部门，通过主动制定并实施财政政策措施，来参与经济运行并影响其他主体的金融活动与经济活动，进而达到国家经济发展的预期目标。政府通过主动调节财政收支实现经济社会发展目标的政策措施称为**财政政策**，它与中央银行的货币政策共同成为国家宏观调控的两大基本政策，本书第 18 章将讨论两大政策及其关系。

二、公债融资

在市场经济条件下，发行政府债券是财政最常用、最普遍的筹措资金方式。政府债券称为公债，是指由政府作为举债人发行的债券。一般来说，中央政府发行的公债称为国债，地方政府发行的公债称为地方公债。

公债融资对金融市场影响很大，公债成为债券市场和衍生工具市场上最重要的交易品种。政府发行的公债由于有税收和国家信用作保证，其安全性很高，投资收益又可免税，是居民、非金融企业和金融机构理想的投资产品。所以，公债的发行不仅解决了政府融资的需求，而且为非政府部门提供了良好的投资机会。多样化的政府债券及其交易满足了居民、非金融企业、金融机构等多样化的债券投资需求，促进了金融市场的繁荣。本书第 8、9 章将对公债的发行与交易进行详细的讨论。

从金融运行的角度看，公债由于兼备安全性、流动性和盈利性，其作用颇多。其一，公债在债券市场上发挥基准性作用。公债利率通常作为无风险的基准利率，公债收益率则是分析利率期限结构的基本标的，公债的价格波动在市场上具有主导性的影响。其二，公债是金融机构调节资金流动性最主要的工具，可作为商业银行的二级储备。其三，公债是中央银行公开市场业务的主要操作工具，中央银行通过买卖公债吞吐基础货币进行货币政策的操作（详见第 14 章）。因此，公债市场活动又与中央银行的货币政策和国家宏观调控联系在一起。

政府除了对内发行公债外，也可以对外举债，引起政府的国际金融活动。政府对外举债可以是直接向外国政府或机构借款，更普遍的是在国际金融市场上面向外国居民、非金融企业、金融机构等发行债券。一国或地区的外债是否适度，会影响到本国（地区）的国际收支平衡，甚至会引起债务危机，详见本书第 17 章。

三、政府投资

现代各国政府实现其社会发展和经济管理目标的重要手段之一就是动用其收入进行投资。政府的投资主要围绕基础性的能源、交通、市政设施、大型水电、公共工程建设等，为经济社会发展和民间投资创造良好的基础条件，特别是在民间投资疲软、失业增加时，通过扩大政府投资支出来刺激经济发展和增加就业，是政府实施积极财政政策的重要举措。

政府投资对金融活动产生重要影响。第一，政府投资伴随着大量的货币收支，其投资活动需要通过银行资金转账和支付结算来实现，对货币需求和货币流通具有重要影响。第二，政府投资是政府支出的项目之一，政府若扩大投资，在收入不变的情况下，可能面临更严重的财政赤字，政府债券的发行额度将增加，公债利率也会变化，进而影响整个金融市场及其运行。第三，政府投资将影响整个社会的金融活动，政府投资的导向和基础改善性作用，将拉动更多的民间资本进行投资，引起整个社会金融资源的流向和流量发生变化。第四，政府的对外投资对国际金融具有重要影响。在开放经济下，政府可以通过设立主权财富基金进行国际投资。**主权财富基金**，是指一国政府利用外汇储备资产创立的，在全球范围内进行投资以提升本国经济和居民福利的机构投资者。主权财富基金普遍采取专业化、市场化运作手段和多元化投资经营策略，谋求长远利益与投资回报。由于其交易量大，投资敏感性强，不仅对国际金融市场投资品的价格和汇率影响很大，而且会引起国际资本流动的变化。

综上所述，可用图 1-3 对政府财政收支与金融关系进行脉络梳理。

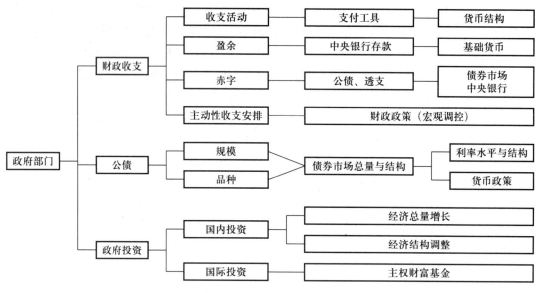

图 1-3　政府财政收支与金融关系脉络图

第五节　开放条件下各部门的金融活动

在开放经济条件下，国内居民、企业、金融机构、政府等经济主体经常性地要与外部经济发生交易，从国际经济的角度看，这些发生国际经济活动的国内经济主体统称为开放部门，与不从事国际经济活动的非开放部门相对应。各国开放部门间的经济活动形成国际支付、融资与资本流动等国际金融活动。本国开放部门的活动亦成为他国的国外部门活动，反映在资金流量表的"国外"栏目中。我国资金流量表（见表1-1）显示，在 2017 年，国内各经济部门与国外部门间产生贸易支付、直接投资等金融活动，全年共形成 25 538 亿元的资金净流入，表明我国经济的开放度已很高，国际金融活动频繁，并对国内经济、金融活动产生了重要影响。

一、国际支付与结算

（一）国际支付

居民、企业、金融机构、政府等都存在跨国经济活动或财富转移活动，以一定的支付工具和方式，清偿因各种经济活动产生的国际债权债务就叫国际支付。居民主要因国际服务贸易或财富转移如国际劳务收支和国外的购买、旅游、留学以及国际汇款等形成国际支付；非金融企业是国际支付的主体，其频繁的进出口贸易以及财富转移活动引起复杂的国际支付；金融机构会因购买、服务性贸易等引起国际支付活动；政府也会因购买、援助等引起国际支付活动。

（二）国际结算

现实中并不是每一项国际交易活动都立即完成货币的国际支付，其中部分债权债务关系可以抵消，部分用国际性货币可以即时结清，而绝大部分则是通过金融机构运用金融工具进行结算。清偿国际债权债务的货币收付行为，就叫**国际结算**。

国际支付与结算的发展，催生了多样化的金融工具。国际结算的工具，最基本的是票据，主要有汇票、本票和支票。随着国际支付结算的发展，票据的形式与功能也不断发展。同时，国际结算方式也不断多样化，除了大量采用汇兑、跟单托收、信用证等方式外，国际保理、银行保函、旅行支票、非贸易汇款、光票托收与光票信用证、备用信用证、信用卡等方式不断出现并被广泛使用，推进了国际信用和国际货币市场的发展。本书第 4、8 章有专门的讨论。

（三）国际货币

各国的主权货币都是以本国的法定强制力来保证流通的，一旦超越国界就失去其法偿能力。因此，在国际市场上可用于支付与结算的是国际货币。国际货币必须同时具备两个条件：一是被各国普遍接受，二是可自由兑换。在国际支付结算中被广泛使用的美元、英镑、欧元、日元等都是国际货币。国际货币的有关事项通常由各国政府协商而定，由此形成国际货币制度，本书第 2 章将做详细讨论。对于非发行国来说，国际货币即为外汇。国际经济交往越频繁，则国际支付结算的总金额就越大，就越需要更多的外汇。另外，国际支付结算使用的币种依据双方对外汇选择的偏好。若国际支付结算中更多地倾向于选择美元，对美元的需求就会增加；若更多地倾向于选择欧元，则欧元受到追捧。因此，国际支付结算活动将影响外汇市场供求的总量与结构变化，影响外汇汇率的波动，本书第 3 章将做详细讨论。

二、贸易融资与国际信用

当开放部门在办理进出口业务中出现资金不足时，就会产生贸易融资需求。**贸易融资**是指金融机构对进口商或出口商提供的与进出口贸易结算相关的短期融资或信用便利。贸易融资需求一般由进口部门产生，因为进口部门要支付贸易货款。但随着贸易的发展，许多出口部门为了尽快实现商品或服务出口，或在出口竞争下为了吸引进口商与其开展业务，经常请求当地银行提供出口融资服务。因此，进出口部门的业务活动产生的贸易融资需求，催生了多样化的贸易融资形式，如保理、信用证、福费廷、打包放款、出口押汇、进口押汇等。

开放部门除贸易融资外，还会产生非贸易的融资行为。例如，我国的企业可能向国外的商业银行申请贷款，或购买外国企业债券、政府债券等；我国政府会对一些发展中国家提供贷款，或购买他国政府债券，也可能接受别国政府提供的贷款；国际金融机构可能对我国的企业、公共项目、农村建设项目等提供贷款等。这些贸易融资与非贸易融资活动形成了复杂的国际信用关系。**国际信用**是跨国的借贷活动。从一般意义上看，国际信用既包括国际直接投资，也包括国际借贷，其中国际借贷主要包括政府借贷、国际金融机构借贷、国际商业银行借贷和国际商业信用等。本书第 4 章有详细的讨论。

国际贸易融资与非贸易融资都是开放部门在经济活动中自发产生的国际信用活动，国际信用活动需要以外汇为载体，通过金融机构的国际业务来实现。因此，国际信用活动对国际金融市场的供求关系和外汇汇率产生重要影响，对金融机构的业务经营和盈利能力产生影响，进而影响这些金融机构的股价表现，影响国内证券市场的发展变化。同时，国际信用活动体现了国与国之间债权债务关系的建立与转化，直接表现为国际资本流动，对国际收支有决定性作用。

三、国际投资与资本流动

由于各国经济发展和资源等方面的差异，各国的投资机会和投资收益率也存在差异，逐利的资本本性导致了跨越国界的投资越来越活跃。这种跨越国界的投资称为国际投资，国际投资引起了资本在国与国之间的流动。

国际投资可分为国际直接投资与国际间接投资。国际直接投资是指投资者以控制企业部分产权、直接参与经营管理为特征，以获取利润为主要目的的资本对外输出。主要有三种形式：一是采取独资、合资或合作等方式在国外建立新企业的"绿地投资"；二是收购国外企业的股权达到拥有实际控制权的比例；三是利润再投资，即将前期投资所获利润继续投资于企业。国际间接投资又称为国际金融投资，是指购买国外的证券，如股票、政府债券或企业债，以实现资本增值或取得利息或股息等的一种投资活动。本书第 9 章有较详细的讨论。国际间接投资与国际直接投资的根本区别在于投资者对其投资项目的经营活动有无控制权，前者不控制被投资企业或项目的经营活动，其投资活动主要通过国际证券市场进行。

国际投资引起国际资本流动，不管是直接还是间接投资，实质上都是国际资本的跨境流动。当国内经济形势良好，国内资本投资回报率较高时，大量的外资会流入境内；相反，当国内投资成本上升和回报率下降时，大量的国际资本流向境外。此外，利率和汇率的波动，股市、债市与楼市的涨跌等都将影响国际投资和国际资本流动；反过来，国际资本流动又会影响国际收支、汇率、利率、国内证券市场和房地产业等实体经济市场。本书第 12 章将讨论这些问题。

综上，可用图 1–4 对开放部门的金融活动进行脉络梳理。

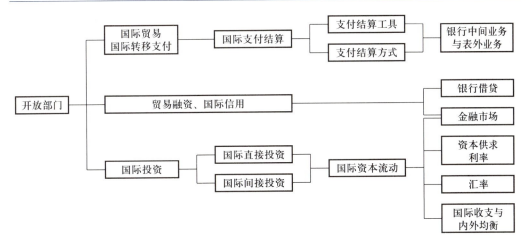

图 1-4 开放部门金融活动脉络框架图

第六节 现代金融体系的基本构成

金融源自社会经济活动并为之服务。一方面，国内外各经济部门内部与彼此间的经济活动，都需要通过金融来实现；另一方面，金融在服务于社会经济活动的过程中逐渐形成一个有机的体系。现代金融体系的构成以货币、信用、利率、汇率、金融工具等为基本要素，以金融机构和金融市场为运作载体，以金融总量供求与均衡为机制，以宏观调控与监管为保障。本书各章即在此框架下展开讨论。

一、现代金融体系的基本要素

现代经济是货币信用经济，现代金融体系建立在现代货币制度和现代信用制度基础之上。各部门的经济活动都要借助货币来计价交易，各经济主体要通过信用活动来实现投融资，纷繁复杂的金融活动要通过多样化的金融工具来实现交易，各种货币借贷和金融工具的交易都以利率为参照来进行定价，不同主权货币之间的兑换价格体现为汇率。因此，货币、信用、金融工具、利率、汇率等是现代金融运作的基本范畴，也是现代金融体系必不可少的基本要素。

（一）货币与货币制度

货币是商品生产与交换发展到一定阶段的产物。货币产生后，通过为商品计价、作为交换手段和支付手段等发挥交换媒介职能，通过作为财富贮藏和保值增值的手段发挥资产职能，极大地促进了商品生产与交易的发展。在历史的长河中，货币形式经历了实物货币、金属货币和信用货币等不同的阶段。货币的载体也在不断演变，从商品到金属，又发展到纸和电子数据，以适应经济社会发展的需要。

货币流通要有相应的**货币制度**来规范和约束。一国对主权货币的各种规制形成了国家货币制度，各国对国际货币的各种协议形成了国际货币制度。本书第 2 章将详细介绍货币与货币制度。

（二）汇率

开放经济条件下，每天都会发生大量需要用外汇支付的国际贸易和非贸易性的国际借贷、国际投资等跨国交易，必然要涉及不同国家（地区）之间货币的兑换问题。两种不同货币之间的兑换比率称为**汇率**，是一国货币的对外价格。汇率的决定及波动受货币购买力、外汇供求、市场预期、经济实力、经济发展速度等多因素影响。由于汇率的高低将改变一国（地区）对外经济活动的成本和收益，对进出口贸易、国内商品价格、资本流动、国际收支、宏观经济都会产生重大影响，因此，汇率制度的安排极为重要。本书第 3 章将对汇率和汇率制度作详细介绍。

（三）信用与信用体系

信用是指以还本付息为条件的借贷活动。在历史的进程中，信用方式从实物借贷发展到货币借贷，信用范围从个人信用发展到社会信用。现代经济本质上是信用经济，从上述各经济主体的活动分析中可以看出，企业之间的赊销、预付或借贷，金融机构的存款、贷款或信托、租赁，居民之间的借款、赊欠，政府的发债或借贷，以及跨国的赊销、借款、发债等信用活动无处不在。因此，信用关系成为现代经济生活中一种最普遍的经济关系，这些信用关系相互交织在一起，成为联结所有经济主体和一切经济活动的纽带。可以说，经济越发达，债权债务关系越复杂，信用越必要。各经济部门内部和彼此之间的经济活动，形成了商业信用、银行信用、国家信用、居民消费信用、国际信用等多种信用形式，在特定的信用安排下各类信用机构发挥中介、服务或管理职能，建立征信系统，共同构成整个社会的**信用体系**。本书第 4 章将对信用与信用体系作详细介绍。

（四）利率

在古往今来的信用活动中，借入者只有以偿还本金和支付利息为条件，才能取得贷出者财物的使用权。对于贷出者来说，他们除了要求获得出借货币使用权期间的收益外，还要求对其承担的风险进行补偿，这部分收益即为风险收益。出借财物使用权的报酬和风险收益共同构成贷出者在借贷时期内的总收益，体现为利息。利息额与本金之比称为**利率**。利率因此而成为衡量收益与风险的尺度。利率的计算方法和种类很多，决定和影响因素非常复杂。利率既是资金供给者的收益，也是资金借入者的成本，利率及其变化对借贷双方决策和各种金融交易产生直接影响，进而影响生产、消费、储蓄、投资等微观金融活动，同时还将影响宏观经济总量和内外均衡。调节利率水平的高低，可以影响整个社会的投融资决策和经济金融活动，利率因此成为政府调节社会经济金融活动的工具。

利率是金融学最古老和最重要的范畴，也是现代金融体系中极为重要的基础要素。利率在整个金融体系中居于联结宏微观的纽带和运作核心地位：利率的变化体现了货币的时间价值，利率与汇率相互影响，互为作用；利率是信用活动中最重要的价格机制，是金融市场上所有金融工具定价的主要决定因素，是所有金融机构运作和行为变化最重要的决定性变量；利率对各种货币需求都有重要的决定作用和影响力，对存款货币的创造具有决定性影响；利率是中央银行货币政策操作的主要工具，也是货币政策的中介指标，是宏观经济运作中调节货币和信用总量均衡的关键；防范利率风险是金融监管的重点，也是金融稳健发展的基本要求。因此，本书以利率为核心构建了金融体系的逻辑框架，不仅在第 5 章详细讨论利率问题，在前后各章都将讨论到利率在微观金融运作和宏观金融调控中的重要作用及其机理。

（五）金融工具

金融工具是实现资金借贷和金融交易的载体。例如，居民将资金存放银行时的存款单或存折是金融工具，居民在金融市场上投资于股票、债券或基金等金融工具。根据持有者的权益不同，金融工具通常分为债权、股权、衍生和合成等不同种类。融资需要付出成本，保障也要付出成本，投资既有风险又有收益。这些成本、收益、风险等通过金融工具的价格来体现。有些金融工具的价格体现为一定的利率，如存款利率、贷款利率等；而有些金融工具的价格直接表示为市场价格，如股票价格、债券价格、外汇价格等；还有些金融工具的价格反映了交易的权益，如期权费、合约价格等。金融工具作为金融活动实现的载体，提供者在创造之初仅作为融资的工具，内含着一定的金融资产价值与收益权，因此可以独立地在市场上交易、流通。一旦买卖成交，买者就拥有了该工具上所记载的金融资产价值或收益权。因此，对于持有者来说，金融工具就是金融资产。由于金融资产的持有属性，其价值评估和价格决定是非常复杂的，已成为现代金融学最艰深的内容。本书第 6 章将对金融资产及其价格作详细介绍。

需要说明的是，上述各个金融基本要素都不是独立存在的。现代经济社会中的货币都是信用货币，信用亦采用货币信用的方式。当货币、信用合为一体形成金融范畴之后，出现了以货币计值的信用工具——金融资产。金融资产的价格与利率、汇率也是相互作用与影响，形成了彼此关联的金融价格体系。各金融价格的变动亦会通过其传导机制影响货币供求和信用活动，影响金融资产的总量与结构。因此，用联系而非分割的思维来把握各种金融要素是非常重要的。

二、现代金融体系的运作载体

现代市场经济中，无论是居民、非金融企业、政府、金融机构内部的金融活动，还是各部门之间的金融活动，都是通过金融市场或金融机构来完成的。金融市场和金融机构是现代金融体系的两大运作载体。

（一）金融市场

从广义上讲，按市场原则进行金融活动的场所即金融市场。当我们到银行存款或贷款时，就形成了信贷市场的供求与交易；当我们通过证券委托在上海或深圳证券交易所买卖股票、债券或基金时，就构成了证券市场交易等。不同的金融活动形成了不同的金融市场，主要包括货币市场、资本市场、外汇市场、黄金市场和金融衍生工具市场等。这些市场彼此关联，构成一个有机体系。各金融市场在特定的形式安排和交易规则下为相关的金融资产提供交易的场所。通过市场交易，形成能被双方接受的交易价格和交易规模。金融市场除了具备满足投融资需求和配置资源的基本功能以外，还内生出信息集中与管理、价格发现、风险管理等功能，在现代经济社会发展中具有举足轻重的地位与作用。本书第 7 至第 10 章重点对金融市场、货币市场、资本市场和衍生工具市场的运作做全面介绍。

（二）金融机构

如前所述，各部门的金融活动基本上都是通过金融机构来实现的。居民、企业、政府部门的盈余资金大部分存入银行。资金短缺者或通过贷款从银行融入资金，或通过券商发行股票、债券筹资，或通过信托公司、租赁公司满足资金需求。各种金融投资通常要通过金融机构才能完成交易。另外，资金在不同经济主体之间的转移、支付，也都离不开金融机构所提供的服务，如此等等。银行、券商、保险公司，以及信托公司、租赁公司等金融机构就成为金融活动顺利进行的组织载体。

随着经济社会的发展，各经济主体的金融需求更加多样化。有短期融资需求，也有长期融资需求；有金融投资需求，也有金融保障需求；有风险管理需求，也有财富管理需求。为适应社会经济主体多样化的金融需求，不同类型的金融机构也在不断演进发展，共同构建一个有机体系来提供多样化的金融业务，这些金融机构包括各类银行、证券机构、保险机构，以及信托公司、金融租赁公司、金融资产公司、财务公司等，并由此形成了庞大的金融产业。本书第 11 至第 13 章将介绍各类金融机构及其运作原理。

三、金融总量与均衡

社会各经济主体借助货币信用形式，通过金融市场或机构完成的金融活动形成了金融总量与结构。**金融总量**是指整个金融体系活动的总规模。从理论上讲，一国（地区）各经济主体对内、对外的金融活动总和即其金融总量。但在实际工作中，很难直接将社会各部门的金融活动简单加总来统计金融总量。而且，各经济主体的金融活动可能存在交叉，也可能出现重复统计问题。因此，只能通过确定若干可观测的统计指标，从货币总量、信贷总量、证券总量、保险总量等方面来大致测算金融总量。

金融体系的运作在内生力量和外生力量的共同作用下形成了供求总量均衡的机制。从信贷、证券、保险等角度对金融总量的研究，一般与这些金融机构的业务活动结合在一起进行考察，主要着眼于产业发展和信用规模。而货币总量则是宏观金融研究的重点问题，因为经济总量和信用总量都以货币来计值，因此，货币供给与需求及其关系，成为研究宏观金融动态均衡的核心。各个经济主体为什么需要货币？哪些因素影响货币需求？现代货币是信用货币并由银行体系创造，整个银行体系是如何提供货币的？货币供求是如何实现均衡的？货币失衡的原因主要是什么？通货膨胀和紧缩有何影响？如何治理？这些都是非常复杂而又重要的问题。本书第 15 至第 17 章将重点研究货币供求及其均衡问题。

四、金融调控与监管

金融活动源于社会经济活动，同时又影响社会经济活动。合理健全的金融体系及其总量结构，将对社会经济活动产生积极的促进作用；反之将制约甚至产生破坏力。因此，金融体系及其运行状态对促进经济发展、物价稳定、就业增加和国际收支平衡等具有十分重要的作用。

在纯粹自由的市场上，金融体系及其运作主要通过价格机制和风险收益的匹配性来自我调节。但由于市场本身的不完善、参与者的私利性和狭隘性，往往会出现信息不对称的道德风险和逆向选择、不规范竞争、损害公众利益、总量与结构的失衡等问题，需要通过政府干预来解决市场失灵问题。特别是由于金融的特殊重要性，各国政府无一不采用各种政策和制度，通过特设的管理机构，对金融体系及其运作进行调节、控制、监督、管理。其中中央银行作为货币发行的银行、银行的银行和政府的银行，成为货币、金融调控的职能机构。政府通过中央银行来实现金融调控，进而调控整个国民经济。本书第 14 章将对中央银行作专门介绍。

金融宏观调控的主要政策是中央银行的**货币政策**，它是中央银行运用其政策工具调控金融活动进而调节社会经济活动的各项措施的总称。本书第 18 章专门对中央银行的货币政策作详细介绍。

金融是社会信用的产物，金融活动具有极高的风险性。而金融一旦出现风险，又将对社会各经济主体活动都产生严重的不利影响。减少金融风险，维持金融秩序，保护公众利益，需要政府实施**金融监管**。为此，政府指定中央银行或设立专门的监管机构，对银行、证券公司、保险公司等金融机构和金融市场的活动进行监管，促使其稳定运营，以减少金融风险。良好的金融监管，是金融体系稳定发展的必要保障。本书第 19 章将专门讨论金融监管。

> **原理 1-2**
>
> 现代金融体系以货币、信用、汇率、利率和金融工具为基本要素，以金融市场和金融机构为运作载体，以金融总量与结构均衡为目标，以金融价格为杠杆，以宏观调控与监督为保障，在为经济社会发展服务的过程中实现自身的稳健发展。

综上所述，我们可以将现代开放的经济社会中金融体系的构成及其运行的内外关系用图 1-5 来表示。

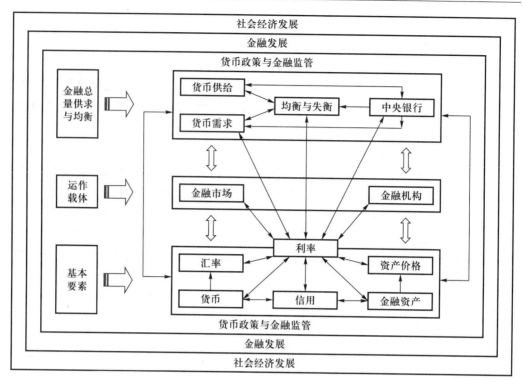

图 1-5　开放框架下金融体系运行的内外部关系示意图

本章小结

1. 金融源自社会经济生活，各经济主体的生产经营、生活消费、日常支付等活动都需要通过金融来实现；社会各经济主体出现的资金余缺，也都要通过金融来实现调剂；各经济主体的投资需求也要通过金融来满足。

2. 国内经济一般可分为居民、非金融企业、政府和金融机构四大主体，有的总体存在金融盈余，有的总体出现金融短缺，通过金融活动可以使资金在不同部门间进行余缺调剂，实现金融平衡。在开放经济下，还存在国际金融资源流动，以实现国际金融平衡。

3. 居民是一个社会最基本的经济主体。在现代居民的经济生活中，居民有日常的收入、支出活动，也有投资、借贷等理财活动。居民的这些经济活动已成了现代金融的重要组成部分。

4. 企业是现代经济活动中最基本、最活跃的经济主体，企业的生产经营都要借助货币资金来实现，企业的生产经营活动及其成果都体现在财务报表上。企业的资产经营、负债管理，以及经营盈余的分配和投资等，都是金融活动的重要部分，同时又对金融活动产生重要影响。

5. 政府是现代社会稳定的管理者和社会经济活动的调节者。政府有税收和其他收入，也要支付各种开支，政府的财政收支需要借助货币信用活动来实现，同时也影响货币供求和信用总量结构。政府的财政赤字要通过发行债券来融资，政府的筹资和投资对金融运作及其价格影响很大。另外，政府要通过财政收支来分配金融资源，通过调控金融来实现调控整个国民经济的目的。

6. 在开放经济条件下，一国或地区内的居民、企业、金融机构、政府等经济主体经常性地与外部经济发生交易，都需要通过国际支付、贸易融资、国际信用、国际投资等活动来实现。同时，国家对本国开放部门国际金融活动及汇率的调控，可以起到调控国际收支的作用。

7. 从一个国家（地区）来看，所有经济部门内部及部门之间的金融活动共同构成其整体的金融体系。现代金融体系以货币、信用、汇率、利率和金融工具为基本要素，以金融市场和金融机构为运作载体，以金融总量与结构均衡为目标，以金融价格为杠杆，以宏观调控与监督为保障，在为经济社会发展服务的过程中实现自身的稳健发展。同时，现代金融体系也是一个高风险的组织体系，需要政府的适度调控和监管。

💡 复习思考题

1. 如何理解金融源于社会经济生活？
2. 如何理解各经济主体的金融活动以及开放经济下国内外各部门的经济金融活动？
3. 居民的收支如何引起金融活动？居民的盈余和短缺如何通过金融来调节？
4. 企业的生产经营与其财务活动有何关系？企业的财务活动与金融有何关系？
5. 财政收支活动通过哪些渠道与金融相关？财政盈余和短缺如何通过金融来调节？
6. 国际收支活动如何引起金融活动？国际收支的盈余和短缺如何通过金融来调节？
7. 现代金融体系由哪些要素构成？为什么要对金融体系进行调控与监管？

即测即评

网上更多…… ⚙️ 教学案例 📄 名词术语

第2章
货币与货币制度

本章导读 >>>

> 货币是现代经济生活中最重要的一个元素。小到个人的日常生活、企业的生产投资，大到政府机构的收支运作和国与国之间的经济交往，货币都是不可或缺的。货币的运行状况对社会经济发展具有重要影响，人们常常把物价的高低、消费的增减、投资的冷热，乃至就业的好坏与货币量的变化联系在一起。为什么货币会如此引人注目？货币究竟有哪些与众不同的功能和作用呢？本章主要从货币的产生发展、货币的职能、货币制度等方面讨论货币的基本问题。通过本章的学习，了解货币是怎样产生的，货币形式是如何发展演变的，认识货币的基本功能，理解货币层次及其划分的经济意义，掌握各种货币制度的内容。对上述内容的理解和把握是全面了解金融问题的必要基础。

第一节　货币的出现与货币形式的演进

一、货币起源

（一）货币的出现

货币已有几千年的历史。根据历史记载和考古发现，最早出现的是实物货币，在古波斯、印度、意大利等地都有用牛、羊作为货币的记载，古埃塞俄比亚曾用盐作货币，美洲曾用烟草、可可豆作货币。中国古代许多地方使用贝作为货币，因此，自古以来与货币或财富有关的中国文字都带有贝字，如财、贫、贱、贮、货、贵、资等。世界上最早的铸币是在中国产生的，大约公元前800年中国就开始仿照农具铸造布币和刀币。

（二）货币起源的探讨

货币广为使用以后，"货币是怎么产生的"这一问题一直吸引着人们进行探究。古今中外众多学者们从不同的角度进行了研究，形成了不同的货币起源学说。

中国古代的货币起源学说主要从两个角度解释了货币的产生。一个是先王制币说，认为货币是圣王先贤为解决民间交换困难而创造出来的；另一种是交换需要说，认为货币是用来沟通产品交换的手段，是为满足商品交换的需要而自然产生的。西方早期关于货币起源的学说大致有三种：一是创造发明说，认为货币是由国家或先哲创造出来的；二是便于交换说，认为货币是为解决直接物物交换的困难而产生的；三是保存财富说，认为货币是为保存财富而产生的。马克思在批判和继承资产阶级古典政治经济学货币理论的基础上，运用历史的和逻辑的方法，以劳动价值理论为基础，从商品价值表现和实现的角度阐明了货币产生的客观必然性。马克思认为商品是货币产生的前提，货币是在商品交换过程中自发产生的，是商品交换发展的必然产物。

总体上来看，各种货币起源学说都承认货币的产生与交换的发展有密切的关系，货币是为了解决交换中的难题而产生的。

原理 2-1

货币与商品伴生，是商品交换发展的必然产物。

二、货币形式的演进

货币产生以来，货币形式一直在不断地发展演变，主要表现为币材不断变化。**币材**是指充当货币的材料或物品。一般来说，实物币材应同时具备以下特质：一是价值较高，这样就可以用少量的货币完成大量的交易；二是易于分割，且分割后不影响其价值，以便实现价值量不等的商品交易；三是易于保存，指币材经久耐用，不会因时间长久而变质或因长期保存而减少价值，满足频繁换手交易和保存购买力的需要；四是便于携带，以利于货币在较大区域内充当交换媒介。从币材的角度看，货币形式的演变沿着从低级向高级，从有形向无形，从注重货币材料自身的价值向注重货币形式发挥交换媒介功能的便利度、降低交易成本的轨迹发展。

最初的货币主要以实物货币的形式出现，后来发展到金属货币形式。实物货币和金属货币原本就是商品，因此被统称为商品货币。20 世纪 30 年代以后，随着金本位制度的崩溃，商品货币逐渐从各国国内流通中消失，取而代之的是纸币、存款货币和电子货币等货币形式。由于这些形式的货币在流通中作为货币发挥各项职能主要是以其发行机构的信用作基础，若作为普通商品则几乎没有价值，因此这些形式的货币便被称为信用货币。大致而论，货币形式的演变是从实物货币开始，发展到金属货币，再发展到信用货币。货币形式的种类及其划分，可用图 2-1 表示。

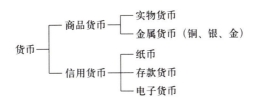

图 2-1 按币材划分的货币形式种类

（一）实物货币

实物货币是指以自然界存在的或人们生产的某种物品来充当货币。作为实物货币，须具备两个要素：一是罕见或相对珍贵而被人们广泛接受；二是容易转让，能够在交易中作为媒介而转手。古代的实物货币种类很多，如外国曾用牛、羊、烟草、可可豆、盐等作为实物货币；我国古代的贝、刀、铲、纺轮、弓、箭、皮、帛、牛、马、羊、猪、盐等都曾经在不同的地域充当过交易的媒介，其中使用时间较长、影响较大的一类是贝币，另一类是谷帛。然而以实物作为货币，并不能很好地满足交换对币材的要求，许多实物货币都形体不一，不易分割、保存，不便于携带，而且价值不稳定，并不是理想的货币形式。

（二）金属货币

以金属如铜、银、金等作为材料的货币称为**金属货币**。与实物货币相比，金属货币具有价值稳定、易于分割、易于储藏等优势，更适宜于充当货币。以贵金属作为币材是货币发展史上的重要演进。中国是最早使用金属货币的国家，从殷商时代开始，金属货币就成为中国货币的主要形式。但是在中国历史上，流通中的铸币主要是由铁、铜等贱金属铸造的，金、银主要是作为衡量价值和贮藏财富的工具。西方国家使用金、银作为金属货币的历史比较久远。金属充当货币材料采用过两种形式：

（1）**称量货币**是指以金属条块的形式按重量流通的金属货币。这种金属条块在使用时每次都要称重量，鉴定成色。称量货币在中国历史上使用的时间很长，典型的形态是银两制度。从汉代开始实行银两制度，一直到 1933 年，国民党政府实行"废两改元"，才从法律上废止了这种落后的货币形式。

（2）**铸币**是铸成一定形状并由国家印记证明其重量和成色的金属货币。铸币的出现，克服了称量货币使用时的种种不便，便利了商品交易。铸币最初形态各异，如中国历史上有仿造贝币而铸造的铜贝、银贝、金贝，有仿造工具铸造的刀币、布币等。由于圆形便于携带，不易磨损，后来铸币的形态逐渐统一为圆形，如秦始皇铸造的秦半两，这种铸币为圆形，中间有方孔，一直沿用到清末。西方国家金属铸币采用的是圆形无孔的形式。清朝末年，受流入我国的外国银圆的影响，方孔铸币被圆形无孔铸币所代替。

金属作为货币材料，特别是当流通中的货币是足值的金属铸币时，货币的价值比较稳定，能够为交换和生产提供一个稳定的货币环境。但是金属货币也有难以克服的弊端，面对日益增长的待交换商品量和保存财富的需求，受金属的贮藏、开采和稀缺性的限制，货币的数量很难保持同步增长，因此在经济快速发展时期，大量商品往往由于货币的短缺而难以销售或价格下跌，引发萧条。同时金属货币在进行大额远地交易时不便于携带，影响了金属货币的广泛使用。

（三）纸币

纸币即纸质货币，包括国家发行的纸制货币符号、商人发行的兑换券和银行发行的纸制信用货币等。历史上政府发行纸币主要是为了弥补财政赤字，政府直接发行的纸币不能兑现金属货币，主要通过收缴税收的形式回笼。由于缺乏发行约束往往会过量发行造成通货膨胀，因此，人们经常把政府发行的纸币和通货膨胀联系起来。资本主义银行体系产生以后，为了弥补流通中金属铸币的不足，商业银行便开始发行**银行券**。最初的银行券以随时兑现金属货币为保证，由商业银行自主发行。后因各银行的发行量和保证兑现的能力不同，引起银行券流通的混乱。中央银行产生以后，银行券由中央银行垄断发行。随着金属货币制度的崩溃，中央银行发行的银行券从不完全兑现金属货币到完全不能兑现为金属货币，成为纯粹的**信用货币**。在现代中央银行体制下，各国流通中使用的现钞几乎全都是由中央银行发行的纸制信用货币。

（四）存款货币

存款货币是指能够发挥货币交易媒介和资产职能的银行存款，包括可以直接进行转账支付的活期存款以及定期存款、储蓄存款等形式的各类存款。

存款货币的出现与现代银行的转账结算业务密切相关。人们先把一部分款项存入银行，设立活期存款账户，需要时根据存款余额签发支票，凭支票进行转账结算，通过存款账户间存款的转移完成支付。用存款货币取代现金进行支付，具有快速、安全、方便的优点。在发达的商品经济中，转账结算是一种重要的支付方式，绝大部分的交易都通过存款货币的转移实现支付。

三、货币形式的发展与未来

商品经济发展不停息，技术进步无止境，货币形式的发展就会持续下去。

（一）电子货币

电子货币是指以金融电子化网络为基础，通过计算机网络系统，以传输电子信息的方式实现支付和存储功能的电子数据。这些电子数据是基于持有人所拥有的纸币或存款货币而产生的，可以像现金和存款货币一样，进行汇兑、存款、贷款和支付。电子货币的使用要借助于一定的介质，通常是利用卡基支付工具、网络支付和移动支付等电子支付工具来发挥货币的功能。卡基支付工具包括借记卡、贷记卡和储值卡。借记卡和贷记卡一般是由银行发行的，统称为银行卡；储值卡是指由非金融机构发行的具有电子钱包性质的多用途卡，不记名，不挂失，适应小额支付领域，大多用于乘坐公共交通工具、高速公路收费、加油付费、超市购物等。网络支付是指人们利用互联网进行的支付。移动支付是指利用移动电话实现电子货币的支付，如微信扫码支付、支付宝支付等。电子货币的使用对货币发行与流通产生了一系列影响，中央银行在进行货币调控时也面临新问题。

微视频 2-2
电子货币

（二）数字货币

数字货币是数字化形式的货币。目前的数字货币大致有两类：一类是非中央银行发行的经常被用于真实的商品和服务交易的数字货币，如大多数人将数字黄金货币和密码货币称为数字货币。比如 2009 年问世的比特币和 2019 年 6 月 Facebook 推出的 Libra 等。这类货币的特点是去中心化，依靠密码和校验技术来创建、分发和维系运转，但交易价格极易暴涨暴跌，难以发挥货币最基本的计价和媒介交易功能，故大多数中央银行不承认其货币属性。另一类是中央银行推动的基于区块链技术的数字货币，例如中国人民银行基于区块链技术推出的全新加密电子货币体系下的数字货币（DCEP）

等。以区块链技术为基础产生的数字货币能否主导未来货币形式？数字货币能否摒弃目前信用货币和电子货币的弊端？这些疑问引导着人类继续对货币形式进行不断的探索。

第二节　货币的职能与作用

一、货币的职能

货币职能是指货币固有的功能。在金属货币制度下，由于货币本身有内在价值，因此，学者们对货币职能的认识没有实质性分歧，划分标准也大体一致。马克思从历史和逻辑统一的角度，对典型的货币——金币的职能按照先后顺序排列为价值尺度、流通手段、贮藏手段、支付手段和世界货币五个职能。

随着信用货币的出现和流通，对如何认识货币的职能有了不同见解，但大致可归纳为交换媒介职能和资产职能两种。

（一）交换媒介职能

交换媒介职能就是货币在商品交易中作为交换手段、计价标准和支付手段，从而提高交易效率，降低交易成本，便利商品交换的职能。货币的产生，以及货币形式的演变、作用的发挥等都与交换媒介职能密切相关，一旦货币失去交换媒介职能，也就失去了存在的意义。

> **原理 2-2**
>
> 交换媒介是货币最基本的职能。

货币发挥交换媒介职能主要通过三种方式进行。

1. 交换手段

交换手段是指货币在商品交换中作为中介，通过一手交钱一手交货媒介商品流通。货币作为交换手段，把原来的物物直接交换分割成卖和买两个环节，各种商品卖出换回货币以后，可以用货币去购买所需的任何商品，人们在交换中花费的各种成本大大降低，每个人都能很容易地交换到自己需要的物品，交换的速度和便利度都提高了。因此，货币作为交换手段给商品交易带来了极大的便利。

货币作为交换手段有两个特点：一是必须使用现实的货币，由此引出了人们对货币的需求；二是作为交换手段的货币不停地在买卖者手中流通，因此人们关注的是货币的购买力，而非货币本身的价值，无论币材是什么，只要有购买力就能作为货币，这也是信用货币流通的重要原因。

2. 计价标准

计价标准是指用货币去计算并衡量商品和劳务的价值，为商品和劳务标价。各种商品和劳务进入交换前的必要条件就是标价，即确定彼此的交换比率。以货币作为尺度来衡量各种不同商品和劳务的价值，很容易进行价值比较。各种交换对象都用货币进行标价，交换比率的表现简单明了。

如果没有货币的计价标准功能，某一商品或劳务的价值就只能用其他各种商品来衡量，这会使商品和劳务的价值衡量和表现极其繁杂。假如市场上有 1 000 种商品，就需要掌握 499 500 种交换比率。而用货币作为唯一的计价标准，问题就简单得多。每一种商品都用同一货币单位来标价，可以极大地便利交换，也使政府、企业、居民的财务核算、成本控制和效益比较活动等更加简便。

3. 支付手段

支付手段是指以货币作为延期支付的手段来结清债权债务关系。随着商品流通的发展，出现了商品的交换与货币的支付在时间上不一致的情况，有的先取货后付款，有的先付款后取货。此时的货币不再简单地作为交换手段完成等值的商品和货币互换，而是作为跨期交换行为的一个结清环节，作为价值的独立运动形式进行单方面转移。货币作为支付手段，不仅用于商品交换，在借贷、财政收支、工资发放或劳务收支、捐赠或赔款等活动中，都有着广泛的运用。

货币发挥交换媒介职能主要是与商品交换发生联系，发挥交换媒介职能的货币量多少不仅影响商品交换的效率，而且影响商品交换的价格。由于货币是一切商品和劳务的交换媒介，人们为了购买就必须持有一定的货币量，由此产生了货币需求。

（二）资产职能

货币的**资产职能**是指货币可以作为资产的一种形式，成为实现资产保值增值的手段。现代社会中人们资产的构成形式多种多样，从物理形态上可以分为实物资产和金融资产。实物资产包括房屋、土地、金银珠宝、耐用消费品、文物古董等；金融资产是指一系列权益凭证，包括股票、债券、保险合约、外汇以及存款、现金等。上述各种资产形式都可以作为人们贮藏财富和实现资产保值增值的选择。

货币发挥资产职能，被人们作为财富和价值贮藏以及资产保值增值的一种选择，是与货币的特点和优势分不开的。因为货币是社会财富的一般代表，贮藏货币等于贮藏社会财富。同时，货币具有与一切商品直接相交换的能力，可随时用于购买。与其他资产形式相比，货币最大的优势在于它的流动性。所谓**流动性**是指资产变成现实购买力而不受损失的能力。在所有资产形式中，货币的流动性最高，持有者可以随时随地直接用货币购买所需的商品，或转换成其他资产形式。但是其他形式的资产，如房产、珠宝、股票和债券等，如果持有人需要购买其他商品或转换成其他资产形式，则必须先将这些资产转换成货币，在这些资产变现或转换的过程中，需要支付一定的交易费用或承受损失。以货币形式保有资产则可以避免上述缺陷。

由于货币能够发挥资产职能，因此引发了人们对发挥资产职能的货币的需求。由于这部分货币是为了实现人们的投资需求，所以称之为投资性或投机性货币需求，其大小影响的不是普通的商品或劳务价格，而是资产的价格，如利率、汇率、股票价格等。更详细的内容可参阅金融市场和货币需求的相关章节。

二、货币的作用

（一）货币在经济中的作用

货币产生以来，对人类生活产生了重要影响。从货币职能的角度看，货币的积极作用一是克服了物物交换的困难，降低了商品交换的信息搜寻成本，提高了交换效率，促进了商品流通与市场的扩大；二是解决了价值衡量的难题，为顺利实现商品交换提供了便利；三是可以通过支付冲抵部分交易金额，进而节约流通费用，还可以通过非现金结算加速资金周转；四是提供了最具流动性的价值贮藏和资产保存形式，丰富了人们的贮藏手段和投资形式；五是通过在发挥支付手段职能时形成的活期存款和发挥资产职能所形成的定期存款等，可以促进社会资金集中到金融机构，使得金融体系能够有效利用社会资金，这是现代社会化大生产顺利进行的最重要的前提条件。

货币对人类的生产方式、生存方式乃至思想意识的发展也都产生了重要影响。货币成为推动经济发展和社会进步的特殊力量。因为它的存在一方面使人们的生产活动和生活突破了狭小的天地的限制，激发了人们的想象力和创造力，对商品生产的扩大、社会的发展和思想文化的进步产生了积极的作用。另一方面，更重要的是，人们可以利用货币去进行财富的积累和承袭，这就激发了人们创造财富的欲望，为资本积累和利用社会资本扩大再生产创造了条件。

同样需要重视的是，货币在发挥各种积极作用的同时，也对社会经济发展和人们的意识形态产生了负面影响。首先，由于货币将交换过程分离为买和卖两个环节，使得商品买卖脱节和供求失衡成为可能。其次，货币在发挥支付手段职能时形成了经济主体之间复杂的债务链条，产生了债务危机的可能性。再次，货币的跨时支付使得财政超分配和信用膨胀成为可能，货币过多会造成通货膨胀；而货币过少又会影响商品价值的实现，导致价格下跌。最后，把货币神化为主宰操纵人生与命运的偶像加以崇拜的货币拜物教，扭曲人类的思想与行为，危害社会经济的健康发展。因此，对货币进行调控管理和端正对货币的认识是非常重要的。

（二）货币发挥作用的内在要求

如上所述，货币通过发挥交换媒介职能和资产职能对人们的社会经济活动产生重要影响。但是，要正常发挥货币的积极作用必须具备一定的条件。

首先是币值稳定。只有当货币币值保持稳定时，货币才能正常发挥计价标准的职能，才能稳定地充当交换手段和支付手段。如果币值不稳，不仅影响货币的交换媒介职能，人们也难以选择货币作为财富价值的贮藏手段，难以利用货币实现资产的保值增值。

其次是需要有一个调节机制使货币流通量能够适应经济社会发展的要求。随着社会经济和商品市场状况的变化，货币需求量也在不断地增减变化，这就要求货币供给应该具有弹性，才能实现货币供求的均衡和货币流通的正常。在商品货币制度下，有内在价值的商品货币其供求具有自发调节的机制。但信用货币没有自我调节能力，需要中央银行通过货币政策来进行调控，使货币供给量能够根据货币需求的变化进行及时调整，否则货币难以正常发挥作用。

第三节　当代信用货币的层次划分与计量

一、当代信用货币的层次划分

（一）划分信用货币层次的必要性

货币层次，是指对流通中各种货币形式按不同的统计口径划分为不同的层次。目前在我国，中国人民银行会定期向社会发布三个层次的货币量统计数据。世界上绝大多数国家在统计货币量时，也都划分为不同的层次分别进行统计分析。

当代各国流通的都是由现金和存款货币构成的信用货币。不同的存款作为购买力的方便程度是有区别的，现金和活期存款是可以直接用于交易支付的现实购买力，而其他存款要成为现实购买力还必须经过提现或转换存款种类的程序，并且中央银行对现金、活期存款和其他存款的控制和影响能力也不同。因此，在进行货币量统计时，既要考虑货币量统计的全面性和准确性，又要兼顾中央银行调控货币量的需要，必须对货币量划分层次进行统计分析。

（二）信用货币层次划分的依据

目前，各国中央银行在对货币进行层次划分时，都以流动性作为依据和标准。不同的信用货币流动性强弱不同。现金是流动性最强的金融资产，具有直接的现实购买力；定期存款则需要经过提现或者转成活期存款才能成为现实购买力，故流动性较弱。由于交换媒介职能是货币最基本的职能，流动性实质上反映了货币发挥交换媒介职能的能力。流动性程度不同的金融资产在流通中周转的便利程度不同，形成的购买力强弱不同，从而对商品流通和其他各种经济活动的影响程度也就不同。因此，按流动性的强弱对不同形式、不同特性的货币划分不同的层次，是科学统计货币数量、客观分析货币流通状况、正确制定实施货币政策和及时有效地进行宏观调控的必要基础。

（三）国际货币基金组织货币层次划分

目前按国际货币基金组织确定的货币统计口径，货币层次划分为三个：

（1）通货。指流通于银行体系以外的现钞，包括居民、企业等单位持有的现钞，但不包括商业银行的库存现金。大部分国家将这一层次的货币简称为M0。由于这部分货币可随时作为交换手段和支付手段，因而流动性最强。

（2）货币。由通货加上私人部门的活期存款构成。由于活期存款随时可以签发支票或刷卡而成为直接的支付手段，所以它的流动性仅次于现金。大部分国家将这一层次的货币简称为M1，又叫狭义货币。

（3）准货币。主要包括银行的定期存款、储蓄存款、外币存款等。准货币本身虽不能直接用来购买，但在经过一定的程序之后就能转化为现实的购买力。大部分国家将这一层次的货币划入广义货币中，一般将准货币简写为QM。

（四）我国货币层次的划分

我国是从 1994 年开始划分货币层次，并按照货币层次进行货币量统计的。至 2018 年年底我国将货币划分为以下三个层次：

M0＝流通中现金

M1（狭义货币）＝M0＋活期存款

M2（广义货币）＝M1＋准货币（企业单位定期存款＋城乡居民储蓄存款＋证券公司的客户保证金存款＋住房公积金中心存款和非存款类金融机构在存款类金融机构的存款等）

我国各层次货币供应量如表 2-1 所示。

表 2-1　2000—2019 年我国各层次货币供应量表

单位：亿元

年份	M2	M1	M0
2000	134 610.4	53 147.2	14 652.7
2005	298 755.7	107 278.7	24 031.7
2010	725 851.8	266 621.6	44 628.2
2015	1 392 278.1	400 953.4	63 216.6
2016	1 550 066.7	486 557.2	68 303.9
2017	1 676 768.5	543 790.2	70 645.6
2018	1 826 744.2	551 685.9	73 208.4
2019	1 986 488.8	576 009.2	77 189.5

注：2001 年 6 月起，证券公司客户保证金计入货币供应量（M2），含在其他存款项内。2011 年 10 月起，住房公积金中心存款和非存款类金融机构在存款类金融机构的存款计入广义货币供应量。2018 年 1 月，中国人民银行完善货币供应量中货币市场基金部分的统计方法，用非存款机构部门持有的货币市场基金取代货币市场基金存款（含存单）。

资料来源：相关年份《中国金融年鉴》和《中国人民银行统计季报》。

（五）各国货币层次划分的特点

从各国货币层次划分状况来看，货币层次划分具有以下五个特点：

（1）货币的统计口径与流动性强弱的选择相关。如果只选流动性最强的金融资产，只有现金才能计入货币统计口径，货币的范围和数量就很小；如放松流动性要求，货币统计的口径和数量就会扩大。

（2）金融制度越发达、金融产品越丰富的国家，货币层次也就越多。经济发达国家的货币层次一般都多于经济欠发达的国家。

（3）不同国家各个货币层次所包含的内容不同。这是由于各国都有各自独特的金融产品，无论是产品的名称还是特征都有差异，因此即使两个国家流动性相同的货币层次，实际所包含的具体内容也有很大的差别。

（4）货币层次的划分不是固定不变的，随着金融产品的创新、经济环境的改变，原有的货币层次可能就无法准确地反映货币的构成状况，需要对货币层次进行重新划分。

（5）货币层次的划分及计量只能在一定程度上反映货币流通的状况。随着金融创新的加速，新的金融产品层出不穷，许多金融工具都不同程度地具有货币性。有的能替代货币发挥作用，有的略加转化就能发挥交换手段和支付手段职能。货币层次的划分越来越困难，货币层次及其计量也只能做到相对精确。

二、货币的计量

在进行货币量统计和分析的时候常常会碰到狭义与广义货币量、货币存量与增量等概念。这几个概念分别有不同的经济含义，对它们进行统计分析的经济意义也不同。

（一）狭义货币量与广义货币量

狭义货币量通常是指货币层次中的现金加银行活期存款。我国的狭义货币量就是指 M1 层次。狭义货币量反映了整个社会对商品和劳务服务的直接购买能力，它的增减变化对商品和劳务的供应会形成直接的影响。因此，狭义货币量是中央银行在制定和实施货币政策时监测和调控的主要指标。

广义货币量是指狭义货币量加**准货币**。准货币的流动性小于狭义货币，它反映的是整个社会潜在的购买能力。广义货币量的统计口径大于狭义货币量，它不仅包括社会直接购买力，而且还包括社会的潜在购买力，故广义货币量指标可以更全面地反映货币流通状况。

（二）货币存量

货币存量是指在某一时点上各经济主体所持有的货币余额，根据货币层次分为狭义货币存量和广义货币存量。中国人民银行公布的年度货币供应量就是货币存量。

（三）货币增量

货币增量是指不同时点上的货币存量的差额，主要反映货币量的增减变化，是分析货币流通状况的重要指标。

2001—2019 年我国各层次货币供应量同比增长率如图 2-2 所示。

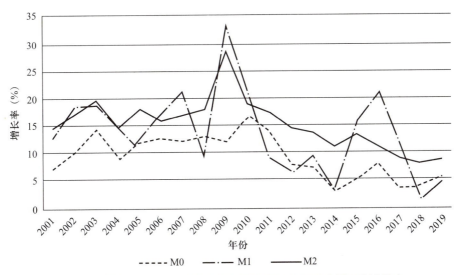

图 2-2　2001—2019 年我国各层次货币供应量同比增长率
资料来源：历年《中国金融年鉴》和中国人民银行网站。

第四节 货币制度

货币制度是针对货币的有关要素、货币流通的组织与管理等内容以国家法律形式或国际协议形式加以规定所形成的制度。其目的是保证货币和货币流通的稳定，使之能够正常地发挥各种职能。货币制度最早是伴随着国家统一铸造金属货币产生的，16世纪以后，随着工业革命和资本主义生产方式的确立，以国家为主体的货币制度日益明确和健全，各国货币制度的构成也基本上趋于一致。随着贸易国际化、生产国际化和经济全球化的发展，国际货币制度和区域性货币制度也逐渐形成并得到发展。

从货币制度的形成方式和适用范围上看，其可分为三类：国家货币制度、国际货币制度和区域性货币制度。下面分别讨论。

一、国家货币制度的内容及演变

（一）国家货币制度的内容

国家货币制度是指一国政府以法令形式对本国货币的有关要素、货币流通的组织与调节等加以规定所形成的体系。国家货币制度是一国货币主权的体现，由本国政府或司法机构独立制定实施，其有效范围一般仅限于国内。

国家货币制度是伴随着国家统一铸造货币开始的。从历史上看，早期的货币制度较为杂乱，各国间的差异也很大。16 世纪后，随着资产阶级国家政权和资本主义制度的确立，国家货币制度才逐步完善并相对规范与统一。国家货币制度从其存在的具体形式看，大致可分为金属货币制度和信用货币制度两大类。16 世纪以后国家货币制度的主要种类可用图 2-3 表示。

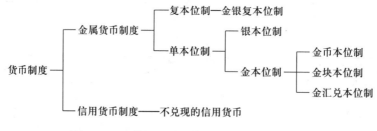

图 2-3 16 世纪以后国家货币制度的主要类型

金属货币制度和不兑现信用货币制度的主要差别表现在币材和发行方面。从总体上看，两类货币制度的内容与构成大同小异，大体包括以下基本内容。

1. 规定货币材料

确定不同的货币材料就构成了不同的货币本位，确定用黄金充当币材就构成金本位，用白银充当币材就构成银本位。目前世界各国都实行不兑现的信用货币制度，不再对币材作出规定。

2. 规定货币单位

货币单位是指货币计量单位。货币单位的规定主要有两个方面：

（1）规定货币单位的名称。货币单位的名称最早与商品货币的自然单位或重量单位相一致，如两、镑。后来由于铸造和兑现等原因，货币单位与自然单位、重量单位逐渐相脱离。各国的货币单位名称往往含有该国简称，如美元、英镑、日元、人民币等。

（2）规定货币单位的值。金属货币形式下货币单位的值就是每一货币单位所包含的金属重量和成色；在不兑现的信用货币尚未完全脱离金属货币制度时，确定货币单位的值主要是确定每单位货币的含金量；当黄金非货币化后，纯粹信用货币制度一般不再硬性规定单位货币的值，而主要体现在为维持本国货币币值稳定而采用的一些措施上，如规定中央银行对币值稳定的责任与权力等。

3. 规定流通中的货币种类

主要是指规定主币和辅币。

（1）**主币**就是本位币，是一个国家流通中的基本通货，一般作为该国法定的价格标准。主币的最小规格通常是1个货币单位。在金属货币制度下，主币是指用金属材料按照国家规定的货币单位铸造的货币；在信用货币制度下，主币的发行权集中于中央银行或政府指定的发行银行。

（2）**辅币**是本位货币单位以下的小面额货币，它是本位币的等分，主要解决商品流通中不足1个货币单位的小额货币支付问题。在金属货币流通条件下，为节约流通费用，辅币多由贱金属铸造，是一种不足值的货币，故铸造权由国家垄断并强制流通，但铸造数量一般都有限制，铸造收益归国家所有。由于辅币的实际价值低于名义价值，需要由国家以法律形式规定其按名义价值流通，并规定其与主币的兑换比例。金属货币退出流通后，辅币制度仍然保存下来，在当代不兑现的信用货币制度下，辅币的发行权一般都集中于中央银行或政府机构。

4. 规定货币的法定支付能力

货币的支付偿还能力有两种：无限法偿和有限法偿。

（1）**无限法偿**是指不论支付数额和性质（买东西、还账、缴税等），对方都不能拒绝接受。在金属货币制度下，本位币通常具有无限法偿的能力。在不兑现的信用货币流通下，中央银行发行的纸币具有无限法偿能力。而流通中的存款货币，在经济生活中是被普遍接受的，但大多数国家并未明确作出其是否具有无限法偿能力的规定。

（2）**有限法偿**是指在一次支付中若超过规定的数额，收款人有权拒收，但在法定限额内不能拒收。在金属货币制度下，不足值的辅币通常为有限法偿。但在信用货币制度中并未限制辅币的法偿能力。例如，我国规定：人民币是法定货币，以人民币支付中华人民共和国境内的一切公共的和私人的债务，任何单位和个人不得拒收。

5. 规定货币铸造发行的流通程序

（1）**自由铸造**与**限制铸造**。这是金属货币制度必须规定的内容之一。自由铸造即公民有权把法令规定的金属币材送到国家造币厂铸成金属货币；公民也有权把铸币熔化，还原为金属。限制铸造是指只能由国家来铸造金属货币，特别是不足值的辅币必须由国家铸造，其他机构和个人不得铸造。

（2）分散发行与垄断发行。分散发行是指允许私人部门按照规定的条件发行信用货币，垄断发行是指信用货币只能由中央银行或指定机构发行。例如，早期的银行券允许各商业银行分散发行，但后来为了解决银行券分散发行带来的混乱问题，各国逐渐通过法律把银行券的发行权收归中央银行。在当代不兑现的信用货币制度下，各国的信用货币的发行权都集中在中央银行或指定机构。

6. 货币发行准备制度的规定

货币发行准备制度是指发行者必须以某种金属或某几种形式的资产作为其发行货币的准备，从而使货币的发行与某种金属或某些资产建立起联系和制约关系。在金属货币制度下，法律规定以金或银作为货币发行准备，早期各国一般都采用百分之百的金属准备，后期各国采用部分金属准备制度以适应货币供应日益增加的需要。货币发行准备金的比例主要通过货币的含金量加以确定，在货币制度演化过程中，这个比例逐步递减，直至金属货币制度崩溃。在纯粹的信用货币制度下，货币发行的准备已经与贵金属脱钩。目前各国货币发行准备主要有两大类：一是现金准备，包括黄金、外汇等具有极强流动性的资产；二是证券准备，包括短期商业票据、财政短期国库券、政府公债券等在金融市场上流通的证券。

（二）国家货币制度的演变

近代的货币制度从资本主义发展初期开始，经历了从金属货币制度发展为不兑现信用货币制度的演变过程，大致的演变顺序是：银本位制→金银复本位制→金本位制→不兑现的信用货币制度。

1. 银本位制

银本位制的基本内容包括：以白银作为本位币币材，银币为无限法偿货币，具有强制流通的能力；本位币的名义价值与本位币所含的一定成色、重量的白银相等，银币可以自由铸造，自由熔化；银行券可以自由兑现银币或等量白银；白银和银币可以自由输出输入。早在中世纪，许多国家就采用过银本位货币制度，16 世纪以后开始盛行，至 19 世纪末期被大部分国家放弃。

我国用白银作为货币的时间很长，唐宋时期白银已普遍流通，金、元、明时期确立了银两制度，白银是法定的主币。清宣统二年（1910 年）政府颁布的《币制则例》中规定银圆和银两并行。1933 年 4 月国民党政府"废两改元"，颁布《银本位币铸造条例》，1935 年 11 月实行法币改革，在我国废止了银本位制。

2. 金银复本位制

金银复本位制是金、银两种铸币同时作为本位币的货币制度，流行于 16—18 世纪资本主义发展初期西欧各国。其基本特征是：金、银两种金属同时作为法定币材，一般情况下，大额批发交易用黄金，小额零星交易用白银。金、银铸币都可以自由铸造，自由输出、输入国境，都有无限法偿能力，金币和银币之间、金银币与货币符号之间都可以自由兑换。

金银复本位制是一种不稳定的"平行本位"货币制度，当金、银铸币各按其自身所包含的价值并行流通时，市场上的商品就出现了金价和银价两种价格，容易引起价格混乱，给商品流通带来许多困难。同时，用法律规定金和银的比价，又会出现"劣币驱逐良币"的现象，即两种实际价值不同而法定价格相同的货币同时流通时，市场价格偏高的货币（良币）就会退出流通进入贮藏，而市场价格偏低的劣币却充斥市场，这种劣币驱逐良币的规律又称为**格雷欣法则**。随着资本主义经济的进一步发展，这种货币制度越来越不能适应客观要求，于是改行单本位制成为必然。

3. 金本位制

从 18 世纪末到 19 世纪初，主要资本主义国家先后从金银复本位制过渡到**金本位制**，最早实行金本位制的是英国。金本位制主要包括金币本位制、金块本位制和金汇兑本位制三种形态。

金本位制的典型是金币本位制。其基本特点是：只有金币可以自由铸造，有无限法偿能力；辅币和银行券与金币同时流通，并可按其面值自由兑换为金币；黄金可以自由输出输入；货币发行准备全部是黄金。金币本位制被认为是一种稳定、有效的货币制度，因为它保证了本位币的名义价值与实际价值相一致，国内价值与国际价值相一致，价值符号所代表的价值与本位币价值相一致，并具有货币流通的自动调节机制，曾经对资本主义经济发展和国际贸易的发展起到了积极的促进作用。但是后来随着资本主义经济的发展和帝国主义列强的战争，金币流通的基础不断削弱，第一次世界大战期间，各国停止了金币流通、自由兑换和黄金的自由输出输入，战后也难以恢复，只有改行金块本位制和金汇兑本位制。

金块本位制是指不铸造、不流通金币，银行券只有达到一定数量后才能兑换金块的货币制度。**金汇兑本位制**则指本国货币虽然仍有含金量，但国内不铸造也不使用金币，而是流通银行券，但它们不能在国内兑换黄金，只能兑换本国在该国存有黄金并与其货币保持固定比价国家的外汇，然后用外汇到该国才能兑换黄金。实行金汇兑本位制的多为殖民地、半殖民地国家。

4. 不兑现的信用货币制度

20 世纪 70 年代布雷顿森林体系崩溃后，各国货币与黄金既无直接联系，亦无间接挂钩关系，意味着金属货币制度已经完全退出历史舞台，取而代之的是不兑现的信用货币制度。这种货币制度有三个特点：一是现实经济中的货币都是信用货币，主要由现金和银行存款构成；二是现实中的货币都是通过金融机构的业务投入流通中去的；三是国家对信用货币的管理调控成为经济正常发展的必要条件。大多数国家都由中央银行管理信用货币的发行与流通，运用货币政策来调控信用货币的供求总量与均衡。

5. 我国现行的货币制度

我国现行的货币制度较为特殊。由于我国目前实行"一国两制"的方针，1997 年、1999 年中国香港和中国澳门回归祖国以后，继续维持原有的货币金融体制，从而形成了"一国多币"的特殊货币制度。目前不同地区各有自己的法定货币：人民币是中国内地的法定货币，港元是中国香港地区的法定货币，澳门元是中国澳门地区的法定货币，新台币是中国台湾地区的法定货币。各种货币各限于本地区流通，人民币与港元、澳门元之间按以市场供求为基础决定的汇价进行兑换，澳门元与港元直接挂钩，新台币主要与美元挂钩。

人民币是中国内地的法定货币，由中国人民银行于 1948 年 12 月 1 日开始发行。人民币主币的"元"是我国经济生活中法定计价、结算的货币单位。人民币属于不兑现的信用货币，以现金和存款货币两种形式存在。现金主要有硬币、纸币等实物现金和数字货币（DCEP），由中国人民银行统一发行，存款货币由银行体系通过业务活动进入流通。中国人民银行依法实施货币政策，对人民币总量和结构进行管理和调控。

二、国际货币制度的内容及演变

（一）国际货币制度的内容

国际货币制度亦称**国际货币体系**，是支配各国货币关系的规则以及国家间进行各种交易支付所依据的一套安排和惯例。国际货币制度通常是由参与的各国政府磋商而定，由参与国自觉遵守。

国际货币制度包括三个方面的内容：一是确定国际储备资产，即使用何种货币作为国际支付货币，哪些资产可用作国际储备资产；二是安排汇率制度，即采用何种汇率制度，是固定汇率制还是浮动汇率制；三是选择国际收支的调节方式，即出现国际收支不平衡时，各国政府应采取什么方法进行弥补，各国之间的政策措施如何协调等。理想的国际货币制度应该能够促进国际贸易和国际经济活动的发展，主要体现在国际货币秩序稳定，能够提供足够的国际清偿能力并保持国际储备资产的信心，保证国际收支的失衡能够得到有效的调节。迄今为止，国际货币制度经历了从国际金本位制到布雷顿森林体系再到牙买加体系的演变过程。

（二）国际金本位制

国际金本位制是指黄金充当国际货币，各国货币之间的汇率由**金平价**即其各自的含金量比例决定，黄金可以在各国间自由输出输入，在黄金输送点的作用下，汇率相对平稳，国际收支具有自动调节的机制。1880—1914 年的 35 年是国际金本位制的黄金时代。由于第一次世界大战期间，各参战国纷纷禁止黄金输出、停止纸币兑换黄金，国际金本位制受到严重削弱，之后虽改行金块本位制或金汇兑本位制，但因其自身的不稳定性都未能持久。在 1929—1933 年的经济大危机冲击下国际金本位制终于瓦解，随后国际货币制度一片混乱，直至 1944 年重建新的国际货币制度。

（三）布雷顿森林体系

布雷顿森林体系是第二次世界大战以后实行的以美元为中心的国际货币制度。1944 年 7 月，在美国新罕布什尔州的布雷顿森林镇召开了由 44 国参加的联合国联盟国家国际货币金融会议，建立了以美元为中心的国际货币制度。其主要内容：

（1）以黄金作为基础。以美元作为最主要的国际储备货币，实行"双挂钩"的国际货币体系，即美元与黄金直接挂钩，其他国家的货币与美元挂钩。美国政府保证以 1934 年 1 月规定的 35 美元兑 1 盎司黄金的官价兑付其他国家政府或中央银行持有的美元，各国政府共同维护黄金官价。其他国家以法律形式根据美元的含金量确立本币的含金量及与美元的兑换比例。

（2）实行固定汇率制。各国货币对美元的汇率一般只能在平价上下 1% 的幅度内浮动，各国政府有义务在外汇市场上进行干预，以维持外汇行市的稳定。国际收支不平衡则采用多种方式调节。这个货币体系实际上是美元 – 黄金本位制，也是一个变相的国际金汇兑本位制。

布雷顿森林体系对第二次世界大战后资本主义经济发展起过积极作用。但是布雷顿森林体系自身具有不可克服的矛盾，又被称为特里芬难题。这一难题指美元若要满足国际储备货币的需求就会造成美国国际收支逆差，必然影响美元信用，引起美元危机；若要保持美国的国际收支平衡，稳定美元，则又会断绝国际储备货币的来源，引起国际清偿能力的不足。布雷顿森林体系实施的早期，这个矛盾并未完全显现。20 世纪 60 年代以后，美国政治、经济地位逐渐下降，特别是外汇收支逆差大量出现，使黄金储备大量外流，到 20 世纪 60 年代末出现黄金储备不足以抵补短期外债的状况，导致美元危机不断发生，各国在国际金融市场大量抛售美元，抢购黄金，或用美元向美国挤兑黄金。为了解决布雷顿森林体系中美元作为单一国际储备货币的问题，国际货币基金组织（IMF）在 1969 年创设了特别提款权（SDR）。最初特别提款权与黄金挂钩，1 个特别提款权等于 1 美元，35 个特别提款权等于 1 盎司黄金。进入 20 世纪 70 年代，美元危机更加严重。1971 年 8 月 15 日，美国公开放弃金本位，停止履行外国政府或中央银行可用美元向美国兑换黄金的义务。各国也随后纷纷宣布放弃固定汇率，实行浮动汇率，不再承担维持美元汇率的义务。1974 年 4 月 1 日起，国际协定正式解除货币与黄金的固定关系，以美元为中心的布雷顿森林体系彻底瓦解，取而代之的是牙买加体系。

（四）牙买加体系

1976 年 1 月，国际货币基金组织成员国签署了《牙买加协定》，形成了新的国际货币制度——**牙买加体系**。其主要内容包括：

（1）国际储备货币多元化。黄金完全非货币化，各国可自行选择国际储备货币。美元仍作为主要的国际货币，日元、德国马克等货币则随着本国经济实力的增长而成为重要的国际货币。特别提款权仍然是国际储备货币，但与黄金脱钩。1974 年，国际货币基金组织已决定特别提款权根据"一篮子货币"定值。2015 年 11 月 30 日，国际货币基金组织宣布人民币纳入特别提款权货币篮子，2016 年 10 月 1 日生效。由此特别提款权货币篮子的权重变为美元 41.73%，欧元 30.93%，人民币 10.92%，日元 8.33%，英镑 8.09%。

（2）汇率安排多样化。出现了以浮动汇率为主，钉住汇率并存的混合体系，亦称"无体制的体制"，各国可自行安排汇率。

（3）调节国际收支渠道多样化。一是可运用国内经济政策，通过改变国内的供求关系和经济状况，消除国际收支的失衡；二是可运用汇率政策影响本币币值，通过增强本国出口商品的国际竞争力减少经常项目的逆差；三是可通过国际融资平衡国际收支；四是可通过加强国际协调来解决国际收支平衡问题；五是可通过外汇储备的增减来调节国际收支失衡。

牙买加体系的实行，对于维持国际经济运转和推动世界经济发展发挥了积极的作用。多元化国际储备货币的结构为国际经济提供了多种清偿货币，摆脱了布雷顿森林体系下对一国货币——美元的过分依赖；多样化的汇率安排适应了多样化的、不同发展程度国家的需要，为各国维持经济发展提供了灵活性与独立性；灵活多样的调节机制，使国际收支的调节更为有效与及时。但是牙买加体系并非是理想的国际货币制度，仍然存在缺陷，表现为：一是以国家主权货币作为国际储备货币，发行国可以享受铸币税等多种好处，但却不承担稳定国际储备货币及其所致风险的责任；二是以浮动汇率制为主体，汇率经常变化不定，加大了外汇风险，在一定程度上抑制了国际贸易活动，而且极易导致国际金融投机猖獗，对发展中国家而言，这种负面影响更为突出；三是目前的国际收支调节机制并不健全，各种调节渠道都有各自的局限性，全球性的国际收支失衡问题并没有得到根本的改善。因此，国际货币制度仍有待于进一步改革和完善。

三、区域性货币制度

区域性货币制度是指由某个区域内的有关国家（地区）通过协调形成一个货币区，由联合组建的一家中央银行负责发行与管理区域内的统一货币的制度。利用区域性货币制度可以使成员国在货币区内通过协调的货币、财政和汇率政策来实现经济增长、充分就业、物价稳定和国际收支平衡。

区域性货币制度一般与区域内多国经济的相对一致性和货币联盟体制相关。20 世纪 60 年代后，一些地域相邻的欠发达国家首先建立了货币联盟，并在联盟内成立了由参加国共同组建的中央银行，如 1962 年建立的西非货币联盟制度、1973 年的中非货币联盟制度和 1965 年的东加勒比货币联盟制度等。

欧洲货币制度则是区域性货币制度的一个典范。欧洲货币制度从 1950 年起到完全实施经历了一个较长的阶段。1995 年 12 月欧盟正式决定欧洲货币的名称为欧元（EURO），1998 年 7 月 1 日欧洲中央银行成立，1999 年 1 月 1 日欧元正式启动，法国、德国等 11 个国家为首批欧元国。2002 年 1 月 1 日起，欧元的钞票和硬币开始流通。欧元的纸钞由欧洲中央银行统一设计，由各国中央银行负责印刷发行；而欧元硬币的设计和发行由各国完成。2002 年 7 月 1 日，各国原有的国家主权货币停止流通，欧元正式成为各成员国统一的法定货币。至 2020 年，欧元区共有 19 个成员国。此外，还有 9 个国家和地区采用欧元作为当地的单一货币。

欧洲货币制度的建立和欧元的实施，标志着现代货币制度又有了新的内容并进入了一个新的发展阶段，也为世界其他地区货币制度的发展提供了一个示范。但是欧洲货币制度也存在诸多问题，如欧元区国家货币政策与财政政策的协调问题，成员国经济发展不平衡与生产要素自由流动的问题等，直接影响了欧洲货币制度的稳定。2009 年爆发的欧债危机先后涉及希腊、葡萄牙、意大利、爱尔兰、西班牙等欧元区国家，引发了欧元危机。2012 年 10 月 8 日，欧洲稳定机制（ESM）正式启动，用规模为 5 000 亿欧元的永久性救援基金首先向陷入债务危机的欧元区主权国家提供救助贷款，力图稳定欧洲货币制度。然而，欧洲货币制度的缺陷使得其能否发挥预期功能充满了悬念。

本章小结

1. 货币的起源有多种学说，马克思用劳动价值理论科学地阐明了货币产生的客观必然性，揭示了货币的产生与交换的发展的密切关系。

2. 货币产生至今，货币形式一直在不断发展演变。从币材的角度看，货币形式从早期的商品货币发展到现在的信用货币。

3. 货币有两大基本职能：一是通过交换手段、计价标准和支付手段发挥交换媒介职能；二是作为贮藏手段和财富的保值增值方式发挥资产职能。

4. 在信用货币制度下，中央银行在统计和分析货币量时首先要对货币划分层次。其划分的标准是流动性。我国中央银行从 1994 年开始划分货币层次，目前划分为 M0、M1、M2 三个层次。

5. 国家货币制度是指国家以法律形式确定的货币流通的结构和组织形式。目的是保证货币流通的稳定，使之能够正常地发挥各种职能。16 世纪以后国家货币制度主要有：银本位制、金银复本位制、金本位制和不兑现的信用货币制度。

6. 国际货币制度亦称国际货币体系，是支配各国货币关系的规则以及国家间进行各种交易支付所依据的一套安排和惯例。迄今为止，国际货币制度经历了从国际金本位制到布雷顿森林体系再到牙买加体系的演变过程。

7. 区域性货币制度是指由某个区域内的有关国家（地区）通过协调形成一个货币区，由联合组建的一家中央银行来发行与管理区域内的统一货币的制度。欧洲货币联盟制度是最具影响力的区域性货币制度。

复习思考题

1. 你是如何看待货币在经济活动中的作用与影响的？
2. 货币形式不断演变的原因是什么？你认为未来货币形式会如何变化？
3. 为什么会出现货币制度？它主要包括哪些基本内容？
4. 国家货币制度是如何演变发展的？
5. 试描述我国现行的货币制度的状况。
6. 牙买加体系与布雷顿森林体系有何异同？
7. 试评价目前国际货币制度的优劣。
8. 目前世界上主要有哪几个区域性货币制度？

即测即评

网上更多……　　⚙️教学案例　　📋名词术语　　💬学生讨论

第3章
汇率与汇率制度

 本章导读 》》

　　人民币汇率自 2005 年以来已经历了持续数年的升值，近几年来波动明显加大。由于汇率升值，出口企业往往会抱怨收入减少了，但人们购买国外商品、旅游或留学却变得更加便宜了；汇率变化还会影响货币的需求和供给，引起跨境资金流动。汇率为什么有诸多如此重要的影响呢？反过来，汇率的变动也受多种因素的影响和制约。其中，利率变量发挥着重要作用。政策制定者也非常关注汇率的变动，有时会采取相应的干预政策。本章目的就是使读者了解和熟悉汇率这一重要概念，认识汇率决定的基础和影响因素，以及汇率波动对社会经济的影响，了解汇率制度和人民币汇率问题。

第一节　外汇与汇率

一、外汇的概念

　　各经济体都有各自的货币。通常情况下，其他经济体的货币不能在本经济体内流通使用，因此当需要清偿由国际经济交易引起的对外债务或债权时，交易主体便需要把本币兑换成外币或把外币兑换成本币，因而产生外汇交易。

　　现代经济生活中的广义的静态外汇（foreign exchange），泛指以外币标示的金融资产，包括外国货币、外币有价证券（如外国政府的债券、信用级别比较高的外国公司债券和股票）、外币支付凭证等一切可用于国际结算的债权。外汇还包括股票这类所有权证，但一般说来，本币是不包括所有权证在内的。不是所有外币都属于外汇，要成为外汇须具备若干条件：可以自由输出、输入国境，可以自由兑换、买卖，在国际支付中被广泛接受。

　　现代经济是以信用货币为基础，货币的支付反映债权债务的变化消长、转移。本币如此，外币也是如此。持有由其他经济体发行的外汇，意味着对该经济体的债权。

二、汇率及汇率标价法

一种货币用另一种货币表示的价格称为**汇率**，又称汇价。每一种货币对其他外币都要有一个兑换比率。不过，其中最重要的是对美元、欧元、日元等主要国际性货币的汇率。

币值是一个常用的概念，泛指货币具有的购买能力，以国内物价来反映时称为货币的对内价值。在引入汇率概念后，一国货币的币值还可以用另一货币来表示，又称为货币的对外价值。从理论上说，货币的对内价值与对外价值应该是一致的，这是两种货币之所以能相互兑换的基础，也是决定兑换比率的依据。但由于汇率不仅仅取决于货币对内价值，还受外汇市场上供求状况变化等因素的影响，货币对内价值与对外价值有可能在较长时间内存在较大幅度的偏离。

汇率是两国货币间的折算比率。由于在折算汇率时确定以本币或是外币作为基准的不同，产生两种不同的汇率标价方法：直接标价法和间接标价法。

（一）直接标价法

直接标价法是以一定单位（1 个或 100 个、10 000 个单位）的外币作为基准计算应付多少单位的本币来表示汇率，也称为应付标价法。在直接标价法下，外币的数额固定不变，本币的数额随外币或本币的币值变化而变化。如果汇率数值变大，表示单位外币能换取的本币增多，意味着本币贬值。目前，大多数货币包括人民币采用的是直接标价法。

（二）间接标价法

间接标价法是以一定数量的本币单位为基准，折算成若干单位的外币来表示汇率，也称为应收标价法。在间接标价法下，本币的升值/贬值方向与汇率数值上升/下降的变化方向一致。如果汇率数值变大，表示单位本币所能兑换的外币增多，意味着本币升值。英镑一直采用间接标价法；美元从 1978 年 9 月 1 日起也改用间接标价法，但对英镑、欧元等少数货币则使用直接标价法。

三、汇率的种类

按不同的标准，可以对汇率进行分类。

（一）按制定方法分

按照制定方法不同，汇率可以分为基准汇率和套算汇率。

基准汇率是本币与本国对外经济交往中最常用的主要货币之间的汇率。由于外币种类繁多，要制定出本币与每一种外币之间的汇率有许多不便，因此需要选定基准汇率。目前各经济体的货币一般以美元为基准外币来确定基准汇率。

套算汇率，又称交叉汇率，是根据基准汇率套算出本币对非主要货币的其他外币汇率或套算出其他外币之间的汇率。

微视频 3-1
汇率制度分
类

（二）按银行买卖外汇分

从银行买入或卖出外汇的角度，可划分为买入汇率、卖出汇率和中间汇率。

买入汇率是外汇银行买进外汇（结汇）时所使用的汇率，也称为买入价。

卖出汇率是外汇银行售出外汇（售汇）时所使用的汇率。总之，按照"贱买贵卖"的原则，买入汇率与卖出汇率之间的差额即银行买卖外汇的利润。由于汇率有两种标价方法，所以银行挂牌汇价的标示方法是不同的：在直接标价法下，外汇买入汇率的数值低于外汇卖出汇率；在间接标价法下，买入汇率的数值高于卖出汇率。

中间汇率是买入汇率和卖出汇率的算术平均数。目前中国国家外汇管理局公布的对几种主要货币的基准汇率为中间汇率。

此外，银行的外币现钞买入价通常便宜于现汇汇价。因为外币现钞不像其他种类的外汇资产那样可以生息，并需要运送到发行国或能流通之地，运送过程有一系列的成本。

（三）按外汇买卖的交割期限分

按外汇买卖的交割期限不同，可以划分为即期汇率和远期汇率。

即期汇率是买卖双方成交后，在两个营业日内办理交割时所使用的汇率。

远期汇率是买卖双方事先约定的，据以在未来一定时间进行外汇交割时所使用的汇率。远期汇率为国际贸易中套期保值、规避汇率风险的操作提供了工具。

远期汇率与即期汇率之间的价差可以用绝对数或相对数表示（称为汇率远期差价或升/贴水率）。远期汇率贵于即期汇率叫**升水**（在直接标价法下，远期汇率的数值要大于即期汇率），远期汇率贱于即期汇率叫**贴水**，二者相等称为平价。

（四）按汇率制度分

按照汇率制度可以分为固定汇率与浮动汇率。

固定汇率是指一国货币的汇率基本固定，汇率的波动幅度被限制在较小的范围内，货币当局有义务维持本币汇率的基本稳定。

浮动汇率则是货币当局不规定本币汇率波动的上下限，汇率随外汇市场的供求关系等因素自由波动。实际中，货币当局通常或多或少地加以适度调节，干预方式可以是直接参与外汇市场活动进行外汇买卖，也可以是通过调整利率水平等手段进行间接调节。这类情况被称为**有管理的浮动汇率制**。

（五）按是否考虑一种货币所在经济体与其他经济体之间物价差异分

按照是否考虑一种货币所在经济体与其他经济体之间物价差异的因素可分为名义汇率与实际汇率。

名义汇率是指在市场上观察到的挂牌交易使用的汇率。

实际汇率是在名义汇率的基础上，考虑到一种货币所在经济体与其他经济体之间物价差异因素的汇率。实际汇率需要测算而无法直接观察到。

第二节　汇率的决定理论

汇率决定是汇率理论中的核心问题，也极为复杂。在不同的经济和金融发展阶段和背景下提出的各种汇率理论，也在不断深化中，一般是着重从某个方面进行阐述，其在不同时期的解释力也不同。

一、早期汇率决定理论

（一）国际借贷理论

国际借贷理论是在金本位制盛行时期流行的一种阐释外汇供求与汇率形成的理论，由英国经济学家戈森（George Goschen，1861）提出。他认为，汇率变动由外汇供给与需求的对比变动所引起，而外汇供求状况又取决于由国际贸易往来和跨境资金流动所引起的债权债务关系。当一国的流动债权即外汇应收多于流动负债即外汇应付时，外汇供给大于需求，因而本币将升值；反之将贬值。该理论是较早的汇率供求决定论，但并未说清楚哪些因素具体地影响外汇供求，而只是笼统地归结为国际借贷，这一缺陷大大地限制了这一理论的应用价值。

（二）购买力平价理论

购买力平价（PPP）理论具有较长历史且影响深远，可用以解释汇率长期决定。瑞典学者卡塞尔（Gustav Cassel，1922）第一次系统地阐述了购买力平价的思想和理论体系。他指出，人们之所以需要外币，是因为外币在国外具有购买力；相应地，需要本币也是因为其在本国具有购买力。因此，两国货币汇率的决定基础应当是两国货币所代表的购买力之比。货币购买力可用物价反映，是物价水平的倒数，物价越高则货币购买力越低。因此，两国货币的汇率就表现为两国的物价水平之比（可称为购买力平价）。

汇率变化的原因在于两国货币购买力的变动。一价法则是购买力平价理论的逻辑出发点和重要假设前提。对于可贸易品，在自由交易条件下，由于套利行为的存在，同一种商品在不同市场应为同一价格（以同一货币衡量）。当所有商品均满足一价定律时，绝对购买力平价成立。在某一时点上，两国货币之间的兑换比例（汇率）就取决于两国物价总水平之比。即

$$E = \frac{P_A}{P_B} \qquad\qquad (3\text{--}1)$$

式中：E 表示直接标价法下以 A 国货币为本币的汇率；

P_A、P_B 分别为 A 国、B 国的一般物价水平。

一价定律的假设过于苛刻而偏离现实。即使两地存在价差，但由于种种条件限制

却难以进行套利，并且两国的物价水平难以确定和比较。为此，在绝对购买力平价的基础上，又可推导出相对购买力平价：

$$E_1 = \frac{P_{A1}/P_{A0}}{P_{B1}/P_{B0}} \times E_0 \qquad (3-2)$$

式中：变量符号下标 0、1 分别表示在基期及当期。

式（3-2）表明：如果能找到符合绝对购买力平价的基期汇率，那么就可以根据期间两国之间的价格变动情况，推算出汇率的变动（当然也可确定汇率水平）。相对购买力平价认为（名义）汇率是由国内外在该期间的通货膨胀的差异决定的。例如，若本国的通货膨胀率持续地高于外国，则本币趋于贬值。与绝对购买力平价相比，相对购买力平价更具有实用性。

购买力平价理论从货币具有购买力的角度分析汇率问题，认为汇率取决于两国货币购买力的相对关系，符合逻辑，易于理解。其表达形式也较其他汇率决定理论更为直观。该理论得到了很高的评价，被广泛运用于对长期汇率水平的分析和政策研究。但是，由于现实世界存在非完全竞争市场、贸易壁垒与交易费用、不可贸易品（服务），以及各国计算物价指数包含的商品种类不一致等因素，其基本前提条件往往难以充分满足。购买力平价与现实观察到的名义汇率之间往往存在偏离，在发展中经济体尤为突出。

（三）汇兑心理学说

法国学者阿夫特里昂（Albert Aftalion，1927）提出汇兑心理学说，将人们的主观心理因素引入汇率分析，为解释汇率的决定和变动提供了独特的视角。这一学说也认为汇率取决于外汇供给与需求。人们对外汇的需求是为了满足某种欲望或获得效用，如对外国商品和服务的购买和支付、投资、投机、跨境资金流出等需要。而这种欲望或效用是由人们的主观评价决定的。因此，外汇的价值是由供求双方对外汇边际效用所作出的主观评价所决定的。特别是在经济不正常的情况下，人们的心理预期的确有一定的影响作用。不过这一学说可能过分强调主观心理因素，也难免失之偏颇。

（四）利率平价理论

凯恩斯（J. M. Keynes，1923）首次系统地阐述了利率与汇率这两种重要的货币价格变量之间的关系，初步建立了古典利率平价理论。他认为，在两国间出现利率差异的情形下，逐利性的跨境资金将从低利率经济体流向高利率经济体。套利者在比较两地的金融资产的收益率时，为规避汇率风险，往往将套利与掉期业务相结合。大量掉期外汇交易的结果是，低利率货币在远期外汇市场上升水，高利率货币贴水。随着抛补套利不断进行，远期差价不断加大，直到两种资产的收益率完全相等，这时抛补套利活动就会停止，汇率远期差价正好等于两国利差，即利率平价成立：

$$i = i^* + \frac{F-S}{S} \qquad (3-3)$$

式中：F 为某一国货币的（直接标价法下）远期汇率；

　　　S 为即期汇率；

　　　i、i^* 分别为本国利率、国外利率。

式（3-3）表明：汇率远期差价（升 / 贴水率）是由两国利率差异决定的，并且高利率货币在期汇市场上必定贴水，低利率货币在期汇市场上必定升水。

英国学者艾因齐格（Einzig，1931）对其进行了发展，从动态角度考察了远期汇率与利率之间的关系，提出了动态利率平价理论，认为远期汇率与利率等变量之间相互影响。

以上几种学说可以说是早期或传统的汇率理论。一方面，汇率是用一种货币表示的另一种货币的价格，属于货币层面的一个变量，因此必然要受到各种货币层面因素的影响；另一方面，汇率又取决于实体经济的状况，要对实体经济层面因素的变化作出反应。从考察的层面来看，购买力平价理论和利率平价理论可以归结为货币层面的分析，国际借贷理论的视角更多的是从实体经济层面分析的。

二、现代汇率决定理论

20 世纪 70 年代以来，随着布雷顿森林体系的解体，各经济体纷纷推行金融自由化政策，主要经济体采用浮动汇率制，国际经济联系日益紧密，国际金融市场一体化迅速发展。在此大背景下，汇率出现了频繁而剧烈的波动，而这种波动难以简单地根据实体经济状况做出解释，汇率越来越表现出类似于其他金融资产价格的特征。汇率决定理论有了很大发展，加之货币主义的兴起，现代汇率决定理论主要是资产市场分析法，着重从跨境资金流动和货币供给的角度进行分析，更加强调资产市场存量均衡对汇率的决定作用。下面介绍其中两种主要的汇率理论。

（一）货币分析法

货币分析法以购买力平价理论为基础，通过建立货币模型分析汇率的决定因素。认为汇率是两国货币的相对价格，通过分析两国货币相对需求与供给来确定汇率水平。基本的货币模型为：

$$e_i = M_t - M_t^* + a\,(y_t - y_t^*) + b\,(i_t - i_t^*) \tag{3-4}$$

式中：e_t 为以直接标价法表示的本币汇率；

M_t、M_t^*，y_t、y_t^*，i_t、i_t^* 分别为本国与外国的货币供应量增长率、国民收入增长率和利率水平；$a<0$，$b>0$。

一国货币的汇率决定及变动与本国和外国的这三类变量的变动差异有关。当其他条件不变，若本币供应量增长率高于外币，将使本币贬值；若本国国民收入的增长率高于外国，那么本币需求就会增加，将引致本币升值；若本国名义利率高于外国，则意味着本国有较高的预期通胀率，本币需求将减少，从而使本币贬值。反之亦然。

货币分析法的优点是阐明了汇率要受两国货币供应量的制约，从而把汇率与货币政策联系起来；缺点在于过分依赖于货币数量变量。

（二）资产组合分析法

资产组合分析法也称为汇率决定的资产组合平衡模型。该理论认为：货币只是人们可以持有的一系列国内外金融资产中的一类。人们将根据经济形势和预期，基于各种资产收益和风险的权衡，将财富配置于各种可选择的金融资产，及时调整资产组合中外币资产的比例，引起跨境资本大量流动，并对汇率产生很大影响。这一理论模型把分析汇率决定的视野扩大到货币以外的其他各种金融资产供求方面，其理论贡献在于运用一般均衡分析，综合考虑多种变量、多个市场影响汇率变化的因素，较好地反映了20世纪70年代之后各国货币性金融资产快速增长、流动加快的客观现实。但该理论忽略了实际因素对汇率变动的影响，也难以进行经验检验。

需要指出的是，货币当局为避免汇率变动尤其是短期内的剧烈波动对国内经济造成不利影响，会在外汇市场上买卖外汇干预汇率。例如，当本币面临过高的贬值压力时，卖出外汇，回笼本币；在面临过高的升值压力时，则买进外汇，抛售本币，以使汇率变动有利于本国经济。这些因素也会对汇率的形成造成一定影响。

原理 3-1

汇率的决定主要受国际收支、购买力与利率变化、预期及资产选择等多种因素的影响。

第三节 汇率的影响与汇率风险

一、汇率与国际竞争力

在普遍满足一价法则时，（名义）汇率取决于两国货币购买力的相对关系，这是购买力平价理论的基本思想。在理想的假设前提下购买力平价成立，则以物价指数（或生产成本）衡量的各经济体的商品的国际竞争力不仅不变，且将趋于相等。但实际上，各经济体商品价格的国际竞争力不仅是变化的，而且竞争力强弱差别很大。而名义汇率对购买力平价的偏离，可以反映某经济体商品的国际竞争力的变化状况。因此，人们估算实际汇率，以之作为衡量商品价格的国际竞争力（即与购买力偏离程度）的主要指标。

以 A 经济体货币为本币（间接标价法下）的实际汇率可表示为：

$$\text{rer}=\frac{\text{ner}}{E}=\frac{\text{ner}}{P_B/P_A}=\frac{P_A}{P_B}\times\text{ner} \tag{3-5}$$

式中：rer 为实际汇率；

　　　ner 为现实观察到的（间接标价法下的）名义汇率；

　　　P_A、P_B 分别为 A、B 经济体各自的物价水平。

当 rer=1 时，名义汇率与购买力之间不存在偏离，两经济体商品的国际竞争力相当；当 rer<1 时，A 经济体商品更有竞争力；当 rer>1 时，A 经济体商品竞争力削弱。rer 升值（间接标价法下汇率数值变大）意味着 A 经济体商品在国际市场上的实际价格上升，竞争力下降。

实际汇率除了考虑名义汇率因素，还考虑了一国与其他国家的价格差异因素。例如，实际汇率升值可通过名义汇率升值和 / 或本国物价相对上涨的方式进行。因而从实际汇率的角度，可以更好地比较货币间的相对价值，评估竞争力的相对变化对进出口等变量的影响。

二、汇率的主要影响

汇率是重要的价格指标，对经济主体的行为、本国（及贸易伙伴）的国际竞争力水平、进出口、跨境资金流动和国际收支状况、一国的就业和产出等经济变量，进而对整体的宏观经济状况都产生重要影响。

（一）汇率与进出口

一般来说，本币贬值，意味着可以提高本国商品的国际竞争力，能起到促进出口、抑制进口的作用；若本币升值，则有利于进口，不利于出口。下面先以一个本币名义汇率升值的例子来说明其影响：

假设中国某厂商制造并出口玩具，出口成本是 6.5 元人民币；出口到国际市场，可卖 1 美元。按 1 美元 =6.9 元人民币的汇率，一件玩具可赚人民币 0.4 元（6.9-6.5），利润率是 6.15%；如果人民币升值到 1 美元 =6.6 元的水平，那么出口一件玩具可赚 0.1 元（6.6-6.5），利润率下降至 1.54%。可见本币汇率升值导致出口商品的利润率下降，必将影响和抑制出口。

然而，汇率变化对进出口的影响有一个伴随的条件，即进出口需求有价格弹性——进出口商品价格的变动对需求会有所影响。就出口商品来说，还有一个出口供给弹性的问题，即汇率贬值后出口商品量能否增加，还要受商品供给扩大的可能程度所制约。

上面的例子说明名义汇率的变化会影响进出口。正如前文讲过，实际汇率使我们更好地测度两国产品相对（价格）竞争力的强弱。如果进一步考察国内价格上涨的因素，将会使得我们更深入地认识实际汇率的影响。仍以某厂商制造并出口玩具为例。假设由于原材料或工资上涨等因素，玩具出口成本由 6.5 元上涨到 6.6 元，同时人民币升值到 1 美元 =6.6 元的水平，这时出口玩具的利润率下降为 0。也就是说，国内价格相对上涨和本币升值的双重因素使得出口竞争力大大降低了。

（二）汇率与物价

如前所述，实际汇率体现了物价变动对汇率的影响。反过来，汇率也会影响一国的物价水平。例如，本币（名义）汇率贬值可能引起进口商品和原材料在国内的价格上涨。至于它对物价总指数影响的程度，则取决于进口商品和原材料在国民生产总值中所占的比重。反之，本币（名义）汇率升值，其他条件不变，进口品的价格有可能降低，从而可以起到抑制国内物价上涨的作用。

（三）汇率与资本流动

由于长期资本的流动主要以利润和风险为转移，所以汇率的变动对其影响较小。

短期资本流动则常常受到汇率的较大影响。在存在本币对外贬值的趋势时，本国投资者和外国投资者持有以本币计值的各种金融资产的意愿降低，并会将其转兑成外汇，发生资本外流现象。这又进一步增加对外汇的需求，会使本币汇率进一步下跌。反之，当存在本币对外升值的趋势时，本国投资者和外国投资者就力求持有以本币计值的各种金融资产，并引发资本的内流。同时，由于外汇纷纷转兑本币，外汇供过于求，会促使本币汇率有进一步上升的压力。

（四）汇率与金融资产选择

汇率变动对金融资产的选择有重要影响。由于汇率的变动影响本、外币资产的收益率，因此本币汇率升值，将促使投资者更加倾向于持有本币资产；相反，外币汇率升值，则会导致投资者将本币资产转换成外币资产。值得注意的是，除了汇率的实际变化对金融资产的选择会产生影响外，对汇率预期的变化也将影响投资者对金融资产的选择。如果市场上预期某种货币升值，投资者持有以该货币计价的资产的意愿就会增加，他们就会将一部分以其他货币计价的资产转换成以该货币计价的资产，以期获得更高的未来收益，市场上的这种投资行为普遍时，将促使该种货币如期升值。

（五）汇率与利率

汇率与利率都是重要的金融价格和经济杠杆。汇率与利率的高低，能反映一国宏观经济运行的基本状况，其变动又将影响所有宏观经济变量如国民生产总值、物价水平、就业水平、国际收支、经济增长率等，对宏观经济运行与微观经济活动都有极其重要的调节作用。开放经济条件下，无论实行什么样的汇率制度，汇率与利率都存在紧密的联系。

汇率变动对利率的影响渠道主要有：一是通过影响国内物价水平引起实际利率变化；二是通过改变公众预期影响短期资本流动，进而改变国内资金供求对利率产生影响；三是通过改变该国的贸易条件进而影响外汇储备并改变国内资金供应，进而影响利率。

> **原理 3-2**
>
> 汇率作为重要的金融价格，其变动影响进出口、资本流动、物价和金融资产的选择。

三、汇率发生作用的条件

汇率影响机制能否在各国充分发挥作用以及作用程度的大小，除了受上面提到的进出口商品的需求弹性、出口商品的供给弹性制约外，还会因经济体制、市场条件、市场运行机制、对外开放程度不同而异。通常，市场调节机制发育得越充分，外汇市场与其他金融市场和商品市场的相关度越高，国内市场与国际市场的联系越密切，微观经济主体与经济变量对汇率的反应才越灵敏，汇率作用才能越有效地发挥。此外，在讨论汇率能否充分发挥作用时，人们往往与应该实行怎样的汇率安排联系在一起思考。

四、汇率风险与规避

汇率的变化常给交易人带来损失（当然也可能是盈利），这通常被称为外汇风险或汇率风险。主要表现为以下几方面。

（一）进出口贸易的汇率风险

这是指在进出口贸易中收付外汇因汇率变动引起损失的可能性。例如，商品出口后至结算收入外汇往往有一段滞后期，期间如果本币升值，将使得出口商的实际收入相应减少。类似地，如果遇本币贬值，则进口商需要支付更多本币，从而蒙受损失。

（二）外汇储备风险

一国为应付日常外汇支付以及平衡国际收支，常常需要保持一定数量的外汇储备，并被用来投资于国际金融市场上的外币资产（存款、有价证券等）。如果所持有的那些外汇资产的汇率长期地、大幅地贬值，就可能会蒙受损失。

（三）外债风险

这是指对外举债因汇率变动而引起损失的可能性。例如，在期初借入日元，兑换成美元进口设备，但到期归还日元债务时如果遇到日元升值，美元贬值，就需要支付更多美元才能够清偿外债。

为避免或减轻汇率风险损失，在对外交易中需要采取一些防范措施。例如，进口支付外汇时尽量选择"软货币"（即有贬值趋势或压力的货币），出口收入外汇时尽量选择"硬货币"，运用远期外汇买卖以套期保值等。

第四节　汇率制度的安排与演进

一、汇率制度的演进阶段与特征

汇率制度的安排是货币当局对本经济体汇率水平的确定、汇率变动方式等问题所作的一系列规定。汇率制度的演进大致经历了以下三个阶段。

（一）国际金本位制下的汇率制度

在国际金本位制下，各国货币之间的汇率由各自的含金量之比而定。在外汇市场上汇率则围绕两种货币含金量之比所确定的金平价（mint par）上下波动，但这种波动被限定在黄金输送点之间，汇率的稳定与黄金输送点的作用相关。因此，国际金本位制下的汇率制度是一种较稳定的固定汇率制。其特征表现为：第一，汇率制度以黄金作为物质基础，保证了各经济体的对内价值和对外价值的稳定。第二，汇率具有自动稳定的机制，货币当局不加以干预。第三，汇率制度有利于黄金拥有量更多的发达经济体。国际金本位制下的汇率制度持续了30多年，有力地促进了世界经济发展与繁荣。

但是当其稳定基础不复存在时，必然被新汇率制度所取代。

（二）布雷顿森林体系下的固定汇率制度

在布雷顿森林体系下，确立的是以黄金－美元为基础的、可调整的固定汇率制。主要特征是"双挂钩"，即美元与黄金挂钩，各经济体的货币与美元挂钩。各国货币之间的汇率也是由各自的含金量之比即法定平价来决定。它对于维护和促进第二次世界大战之后各经济体的经济稳定与发展发挥过积极的作用，但自身存在的不合理因素和不稳定性最终导致了该汇率制的解体。

（三）牙买加体系下的汇率制度

布雷顿森林体系解体后，进入牙买加体系时代，汇率制度呈现出多样性。主要可以归结为三大类：可调整的钉住汇率制、有限浮动的中间汇率制以及更灵活的浮动汇率制。牙买加体系下的汇率制度的特征表现为：第一，在多种汇率制度安排中，以浮动汇率为主导，但并不意味着固定汇率制已经消亡。第二，黄金与各国货币彻底脱钩，已不再是汇率的参考物，汇率制度是以信用货币本位为基础的。第三，国际货币基金组织成员国均可自主决定其汇率制度的安排。

牙买加体系的运行经历了多次冲击，验证了汇率制度安排的灵活性对于现行国际货币体系的稳定具有重要的意义，但是缺陷和不足也日益凸显。主要表现在：第一，汇率波动更加严重，过度波动导致了多次货币危机甚至是金融危机。第二，浮动汇率制并没有实现国际收支的自动调节。事实证明，国际收支经常项目的失衡并不能通过汇率变动来自动调节，普遍的做法是用跨境资金流入为经常项目赤字提供融资，其长期结果是可能导致债务危机。20世纪80年代的国际债务危机充分反映了这一问题。第三，当局对宏观经济的调控难度加大了。

二、固定汇率制和浮动汇率制

在采取固定汇率制的布雷顿森林体系解体后，尤其是工业化国家普遍采取浮动汇率制。一些发展中经济体，由于经济实力限制难以使本币保持稳定的汇率水平，或为了稳定与其关系最密切、最重要经济体的经贸往来，而采用一种钉住汇率制，把本币与主要贸易伙伴的货币确定在一个固定的比价，而对其他经济体的货币则随该货币锚浮动而浮动。为此，货币当局需要在外汇市场上进行干预。

当前各经济体汇率制度的选择已明显地呈现出多样性，严格的固定汇率制与浮动汇率制的二分法已不符合各国汇率制度安排的实际。事实上，实行完全固定或完全浮动汇率制的国家很少，一般是采取不同程度的管理浮动。国际货币基金组织于1999年开始对各成员国的名义汇率制度按照事实上的汇率制度进行分类，共分为4个大类和10个小类，具体如表3-1所示。与固定汇率制不同的是，**钉住汇率制**下，货币当局可依据经济形势，一定幅度地调整其所钉住的固定比价。

表 3-1　国际货币基金组织于 1999 年开始使用的汇率制度分类

种类	汇率制度分类
硬钉住汇率制	无独立法定货币的汇率安排
	货币局制度
软钉住汇率制	传统的钉住安排
	区间钉住汇率制
	稳定化安排
	爬行钉住
	类似爬行的安排
浮动汇率制	浮动制
	自由浮动制
剩余的汇率制	其他的有管理安排

资料来源：IMF.Annual Report on Exchange Arrangements and Exchange Restrictions 2016.

不同的汇率制度各有利弊，人们对其利弊也有争论。

（一）浮动汇率制的优点

与固定汇率制相比，浮动汇率制的有利方面被认为主要有以下三点。

1. 有助于发挥汇率对国际收支的自动调节作用

当一国发生国际收支逆差时，外汇市场上出现外汇供不应求，浮动汇率制下的汇率会迅速作出反应，本币贬值，可刺激外汇供给，抑制外汇需求，国际收支趋于平衡。此外，对外经济管理也变得简便易行，灵活主动。浮动汇率制可避免货币当局不恰当的行政干预或拖延采取调节措施，以及由此形成的汇率高估或低估，以致国际收支迟迟得不到改善等情形出现。

2. 减少国际游资的冲击，减少国际储备需求

在固定汇率制下，国际游资尤其是投机性资金往往通过抛售"软货币"、抢购"硬货币"谋利。而且，投机者常常表现出一致的行为，对"软货币"经济体的汇率冲击很大，并导致国际储备大量流失，也使得国际金融市场动荡不安。在浮动汇率制下，由于"软货币"的汇率会及时贬值从而可化解国际游资的冲击，且货币当局不承担必须干预汇率的义务，不必保留过多的国际储备。

3. 内外均衡易于协调

在一国经济出现衰退或国际收支逆差时，在固定汇率制下只能通过紧缩性的财政或货币政策来改善国际收支，但这却会加剧经济衰退，政策有效性也常常因为跨境资金流动而受到抵消和削弱。在浮动汇率制下，国际收支可由汇率来调节，避免跨境资金流动对政策效应的不利影响，从而实现对外均衡；对内均衡则可依赖财政或货币政策，内外均衡就不致发生冲突。

（二）浮动汇率制的弊端

与固定汇率制相比，浮动汇率制也被认为存在一些弊端。

1. 不利于国际贸易和投资的发展

汇率经常波动和难以预测使得国际贸易和投资的成本、收益不易准确核算，汇率风险在一定程度上阻碍了国际贸易和投资的发展。

2. 浮动汇率助长国际金融市场上的投机活动

在浮动汇率制下虽然"单向投机"不复存在，但汇率波动频率和幅度增大却为外汇投机活动提供了机会，并加剧了国际金融市场的动荡。

3. 可能引发竞相贬值

各经济体可通过本币贬值的方法来改善国际收支，但这会使其他经济体的国际收支处于不利地位，引发竞相贬值。

4. 可能诱发通货膨胀

在固定汇率制下，货币当局为了维持汇率水平，就不能过度超发货币，以免本币受到贬值压力，这就是所谓的货币纪律约束。但在浮动汇率制下，由于国际收支可完全依赖汇率的自由浮动而得到调节，货币纪律约束减弱，货币当局就会偏好于采取扩张性政策来刺激经济增长，而不必顾忌和受限于其对国际收支的不利影响。

三、人民币汇率制度

在改革开放前的计划经济时期，一方面，由于对外贸易实行国家垄断，人民币汇率无须服务于对外贸易，不具备调节进出口的功能，实质上只是充当外贸的内部核算和计划编制的一种会计工具；另一方面，整个国际货币体系采取固定汇率安排，因此，人民币也是固定汇率制。人民币对美元的汇价从 1955 年至 1981 年 12 月基本未动，一直保持在 1 美元 =2.461 8 元人民币的水平，汇率对贸易和国际收支调节作用微弱。

改革开放之后，对人民币汇率的重要改革也随之展开。1993 年 11 月，党的十四届三中全会提出建立社会主义市场经济体制，改革开放进入新时期。其后对外汇管理体制进行了重大改革，主要内容为：

（1）从 1994 年 1 月 1 日起，实行官方汇率与外汇调剂市场汇率并轨，实行以市场供求为基础的、单一的、有管理的浮动汇率制。

（2）实行银行结售汇，废止外汇留成和上缴制度。企业出口所得外汇须于当日结售给指定的经营外汇业务的银行，同时经常项目下正常的对外支付只需持有效凭证用人民币到外汇指定银行办理。

（3）建立统一的银行间外汇市场，中国人民银行只是根据银行间外汇市场交易情况公布汇率，规定银行间市场汇率幅度及银行结售汇市场的幅度，并通过中央银行外汇公开市场操作，对人民币汇率实行有管理的浮动，形成了人民币汇率决定的市场化机制。

（4）1996 年 12 月 1 日起，实现了经常账户下的人民币完全可兑换。

1997 年，中国经济开始面临内外严重挑战。在这一形势下，中国政府明确宣布坚持人民币汇率不贬值的方针，同时实行积极财政和货币政策。由于我国金融账户尚未全面开放，加上经济基本面因素支持，国际收支仍然保持较高的盈余，人民币对美元汇率成功坚守 8.27 元人民币兑 1 美元的水平。到 2002 年前后，外部冲击带来的人民币贬值预期影响已基本化解，国际收支持续双顺差，国民经济进入新一轮景气期。在这一背景下，又开始激烈争论人民币汇率低估和升值问题。

2005 年 7 月 21 日，人民币汇率制度又进行了一次重要改革，新制度是以市场供求为基础、参考一篮子货币进行调节、有管理的浮动汇率制，同时宣布人民币升值约 2 个百分点。银行间外汇市场人民币对外汇的交易价格在一定幅度内浮动。

为增强人民币兑美元汇率中间价的市场化程度和基准性，中国人民银行持续完善人民币汇率机制。自 2015 年 8 月 11 日起，实施新的人民币兑美元汇率中间价报价机制，要求做市商在每日银行间外汇市场开盘前，参考上日银行间外汇市场收盘汇率，综合考虑外汇供求情况以及国际主要货币汇率变化向中国外汇交易中心提供中间价报价。2015 年 12 月 11 日，中国外汇交易中心发布人民币汇率指数，加大了参考一篮子货币的力度，以更好地保持人民币兑一篮子货币汇率基本稳定，初步形成了"收盘价＋一篮子货币汇率变化"的人民币兑美元汇率中间价形成机制。2016 年 6 月成立了外汇市场自律机制，以更多地发挥金融机构在维护外汇市场运行秩序和公平竞争环境方面的作用。2017 年 5 月，外汇市场自律机制在"收盘汇率＋一篮子货币汇率变化"的中间价形成机制基础上，组织各报价行在报价模型中增加了"逆周期因子"，以对冲外汇市场的顺周期性。人民币对美元双边汇率弹性逐渐增强，双向浮动的特征更加显著，汇率预期平稳。

综合来看，人民币汇率制度和政策调整的主要内容就是要确立一个与改革开放进程相适应、反映和适应经济基本因素的汇率水平和制度。

微视频 3-2
人民币汇率
为什么要参
考一篮子货
币

本章小结

1. 广义的静态外汇泛指以外币标价的金融资产，包括外国货币、外币有价证券、外币支付凭证等一切可用于国际结算的债权。

2. 汇率是两种货币之间兑换的比率。汇率标价分为直接标价法和间接标价法，直接标价法是用本币表示外币价格，而间接标价法是用外币表示本币价格。世界大部分国家的货币采用直接标价法。

3. 按照不同的分类标准，汇率可分为基础汇率与套算汇率，买入汇率、卖出汇率与中间汇率，即期汇率与远期汇率，固定汇率与浮动汇率，名义汇率与实际汇率等。

4. 早期的汇率决定理论有国际借贷理论、购买力平价理论、利率平价理论和汇兑心理学说，分别从一国对外净债权债务、两国货币购买力和物价水平、两国间的利差、人们的主观心理因素等角度解释汇率决定和变动的影响因素。

5. 现代汇率决定理论主要有货币分析法和资产组合分析法等，认为汇率是由两国货币供应量对比、投资者境内外金融资产的配置结构等因素决定的。

6. 名义汇率反映的是市场外汇供求状况，而实际汇率反映的是一国对外竞争力水平。

7. 汇率变动对进出口的影响比较明显，本币贬值有利于出口，不利于进口。汇率变化也影响物价水平，本币升值有助于抑制国内物价上涨；反之，本币贬值可能带动国内物价上涨。汇率波动对长期资本流动影响小，本币升值会吸引短期资本流入，本币贬值则可能引起短期资本流出。

8. 汇率风险主要影响进出口贸易、外汇储备价值和外债负担。

9. 固定汇率制和浮动汇率制各有利弊。一般来说，固定汇率制有利于国际贸易和投资的稳定发展，有利于市场稳定；而浮动汇率制则有利于国际收支的自动调节，减少国际投机冲击、实现内外均衡。

10. 改革开放40多年来，人民币汇率制度改革不断深化，汇率的市场化形成机制逐步形成，初步建立了以市场供求为基础、参照一篮子货币进行调整的有管理的浮动汇率制度。人民币汇率的报价机制正在逐步完善。

复习思考题

1. 比较外汇与本币的异同。本国居民持有的外汇在本国境内是否具有货币的各种职能？

2. 试概括决定和影响汇率的因素。怎样理解改革开放40多年来人民币汇率趋势及近期波动？

3. 说明一国物价的变动是怎样影响汇率的。

4. 汇率变动对跨境资金流动会产生何种影响？

5. 浮动汇率制与固定汇率制各自的利弊是什么？汇率市场化是否意味着实行完全的浮动汇率？

6. 假设：期初（基期）时，本币（¥）对美元（$）的名义汇率（$NER_0$）为¥8.27/$1；期末时，本币对美元的名义汇率（NER_1）为¥7/$1，本国物价（$P_{D1}$）相对于基期上涨了20%，美国的物价（$P_{F1}$）相对于基期上涨了10%。试大致估算期末时，本币对美元的实际汇率（RER_1）相对于基期的实际汇率（RER_0）的升值/贬值之幅度（%）。

7. 了解我国目前的外汇管理制度。为什么说人民币还不是完全可兑换货币？

即测即评

网上更多⋯⋯　🔧 教学案例　📄 名词术语　💬 学生讨论

第4章
信用与信用体系

📖 本章导读 》》》

　　信用是金融学最基本的范畴，它与金融范畴的形成密切相关。分析信用的产生和发展，从道德和经济两个层面剖析信用的内涵，有助于我们深入认识信用活动及建立信用秩序时道德规范的作用。分析私有制与信用的关系，认识产权制度本身对信用关系发展的影响，为我们结合中国现实分析信用状况提供了一个新的视角。高利贷是最古老且至今仍存在的信用形式，从资金供求、市场结构及风险因素等角度理解其内在特性，有助于我们从经济内涵上去认识信用的特性。盈余和赤字广泛存在以及因此普遍形成的债权债务关系，是现代信用活动的基础。本章先分析了五部门经济中的信用关系、各经济部门之间的资金流动关系，以及由此形成的债权债务关系，由此可以深入理解"现代经济是信用经济"的观点。直接融资和间接融资的区分，使我们明晰了金融机构在融资活动中扮演的不同角色。随后我们重点对商业信用、银行信用、国家信用、消费信用和国际信用等主要信用形式进行了具体分析，对信用体系建设进行了探讨，关注市场经济发展与信用秩序之间的关系，分析市场空间扩展、产权制度变迁以及计划经济因素等对我国当前信用状况的影响。在此基础上总结现代信用体系构建的三个重要制度保障：道德规范、社会征信系统和完备的法律规范。最后是对现代信用机构体系和社会征信体系的简要介绍。

第一节　信用概述

一、信用及其基本形态

（一）信用的内涵

"信用"一词，在现代社会中使用频率极高，如信用形式、信用管理体系、信用缺失、信用危机等。信用对于现代经济的重要性也是不言而喻的。企业失去了信用，其经营会受到很大的负面影响；个人被贴上"不守信用"的标签，会给其生活和发展带来诸多不便；各类以信用为生命线的金融机构，丧失信用的后果就更加难以想象。以上所讲的信用，其内涵有所差异。通常我们可以从信用的道德范畴和经济范畴来讨论其内涵。

道德范畴的信用主要是指诚信，即通过诚实履行自己的承诺而取得他人的信任。古往今来，人们将诚实守信视为最基本的道德规范和行为准则之一，它不仅是个人之间正常交往的基础，而且是个人与机构、机构与机构乃至国与国之间交往的重要基础。与诚实守信相对立的是失信和欺诈行为，我们每个人和机构都会面临失信和欺诈行为的威胁与困扰。如果一个社会失信和欺诈行为盛行并导致信用缺失，则会极大地干扰正常的人际交往和经济交易。

经济范畴的信用是指以还本付息为条件的借贷活动，它代表着一种债权债务关系。经济范畴的信用是以还本付息为条件的价值单方面让渡，与"一手交钱，一手交货"的商品买卖具有本质区别。正是这种价值单方面让渡与未来还本付息承诺的组合，使得我们不得不关注借款人的诚信问题，这必然涉及道德范畴的信用。因为对借款人而言，未来会否兑现还本付息的承诺，除去借款人不可控的风险因素，在很大程度上要取决于其是否具有信守承诺的意愿。

当然，如果将诚信理解为允诺者愿意承担并在未来兑现某种义务，且将其类比借贷关系中借款者要承担将来还本付息的义务，我们可以在"承担并兑现义务"这一本源意义上找到信用的经济范畴与道德范畴之间的内在联系。在某种意义上，"债"本来就意味着一种义务，义务就是一笔尚未偿还的"债"。

（二）信用的基本形态

借贷活动自产生以来一直采取两种基本形态：实物借贷和货币借贷。但随着经济发展和社会分工的专业化，货币借贷逐渐成为居于主导地位的信用形式。

实物借贷是以实物为标的进行的借贷活动，即贷者将一定数量的实物贷给借者，借者在约定时间内以多于初始借入数量的实物归还，其中多出部分为实物借贷的利息。在商品货币关系未普及、自然经济占主导的时期，社会分工不足，产品种类有限，借贷双方的生产和生活方式相差不大，亲属邻里间通过实物借贷来调剂生产和生活余缺，是非常平常的事情。经济发展和分工专业化，使得商品种类变得丰富，要使实物借贷的供给和需求正好吻合，就变得越来越困难。当用货币购买所需商品成为常态时，货币借贷也就逐渐替代实物借贷成了调剂余缺的主要方式。此时实物借贷仍存在，但其存在范围和规模都逐渐缩减并变得微不足道。

货币借贷是以货币为标的进行的借贷活动，即贷者将一定数额的货币贷放给借者，借者到期用货币归还本金和利息。货币借贷与实物借贷相比，不仅解决了以上提到的专业化分工导致需求和供给的错位问题，还在于货币借贷更加简便，不存在实物借贷中鉴定相关实物品质时可能出现的纠纷。

二、信用的产生与发展

（一）私有制与信用

从逻辑上讲，私有财产的出现是借贷关系赖以存在的前提条件。只有在财产与其所有者利益息息相关的私有财产制度下，借贷作为一种经济行为才具有存在的必要性，因为它解决了以不损害所有者利益为前提在不同所有者之间进行财富调剂的问题。

在我国计划经济时期，行政命令和指令性计划是配置资源的主要手段，信用生存和发展的空间非常有限，在某些特殊时期甚至有要消灭信用的极端倾向。计划经济时期否定了私有财产，否定了我国长期以来靠信用调剂余缺的传统观念和业已形成的信用秩序，由此造成的负面影响至今尚存。

逐步建立现代产权制度，是我国信用秩序良性发展的重要基础。追求产权必须以诚实守信并遵守市场秩序为前提，履行信用的能力也在很大程度上受制于是否拥有产权。对产权的清晰界定、严格保护和产权的顺畅流转，也是增强生产经营动力、稳定投资预期、规范投资和经营行为的基础条件。

（二）信用、货币与金融范畴的形成

信用和货币是两个不同的经济范畴。信用是一种借贷行为，它在不同所有者之间调剂余缺时扮演着重要角色。货币是一般等价物，是不同所有者之间进行商品交换的媒介。信用与货币的产生都与私有制密切相关，都与不同所有者之间的财富调剂与转移密切相关。货币和信用两个范畴的发展经历了三个阶段：

（1）在纯粹的实物借贷和实物货币流通时期，信用与货币相对独立。当货币以实物和足值金属货币形态存在时，它是以其内在价值与各种有价物交换，货币本身与信用没有任何必然联系。实物信用及其关系的建立，也不包含货币因素。

（2）随着货币借贷和不足值金属货币的出现与演进，二者的联系逐渐密切起来。货币借贷的方式拓展了信用的范围和规模，而包含信用因素的货币及流通也拓宽了货币的形态及流通领域。

（3）现代银行出现后，有了银行券和存款货币，金属货币逐步退出流通，银行券和存款货币逐渐变得不可兑现，并在 20 世纪初以后成为货币的主要形态。此时，任何货币的运动都是以信用为基础，任何一枚货币，无论是银行券还是存款货币，其本身就是信用的产物，都意味着相应的债权债务关系，我们几乎难以设想任何独立于信用的货币制度。与此同时，实物信用在整个信用规模中的比重已经变得微不足道，信用活动也几乎都是指货币的运动：信用扩张与紧缩通常意味着货币供给的扩张与紧缩，信用活动也意味着货币在不同主体之间的流动。此时货币运动与信用活动融为一体、相互渗透且不可分割，不存在独立于信用的货币和货币制度，也不存在不依赖于货币的信用体系。当货币流通与信用活动变得密不可分时，在经济生活中又增添了一个由货币范畴与信用范畴相互渗透、相互融合而形成的新范畴——金融。"金融"一词，其本意就是"资金的融通"，即"以货币为载体的信用活动"，而这正好与以上新范畴的外延相吻合。

三、最古老的信用——高利贷

高利贷作为最古老的信用形式，始于原始社会末期，在奴隶社会和封建社会成了最基本的信用形式。高利贷最初采取实物借贷的形式，但随着分工的深入以及商品货币关系的发展，高利贷也逐渐转向采取货币借贷的形式。

高利贷是以极高的利率为基本特征的借贷活动，利率不稳定且差异极大则是其另外一个重要的特征。其原因首先是借贷资金的供求状况严重失衡，借贷需求非常普遍且具有刚性，而能被用于借贷的实物或货币非常短缺，借贷严重供不应求必然会导致极高的利率。其次是贷者的垄断地位。在高利贷盛行时期，借款者高度分散，而借贷的供给主体集中在少数几家，同时因交通不便和信息传递闭塞，导致借贷行为具有很强的地域性。在这样一个典型的卖方垄断市场中，贷方具有绝对话语权和定价权，而买方毫无议价能力，利率自然就高。最后是风险补偿。高利贷借方的小生产者多用于天灾、伤病和婚丧嫁娶等应急之需，而奴隶主、封建主等则是为了维持其统治或挥霍享受，借钱时根本不考虑成本及将来偿还的问题，因此，高风险以高利率作为一种补偿。

奴隶社会和封建社会，自然经济和小生产方式占统治地位，无法改变借贷资金严重供不应求的局面，高利贷具有存在和发展的经济基础。在封建社会向资本主义社会过渡期间，高利贷的作用其实具有两重性：一方面，高利贷者积累的大量货币财富成为资本原始积累的重要来源，高利贷活动促使广大农民和手工业者破产，还为资本主义发展准备了产业后备军，这些都有利于促进资本主义的发展。但另一方面，资本主义生产方式的发展，会侵蚀高利贷赖以存在的自然经济和小生产占主导的经济基础，高利贷者就会极力阻碍高利贷资金转化为社会化的生产资本，制约了资本主义的发展。

随着资本主义的发展，新兴资产阶级展开了反对高利贷的斗争。他们需要将利率降到产业资本家所能承受的范围，让生息资本能够为资本主义生产方式服务。资本主义生产方式的确立推动了社会生产力快速发展，财富积累速度空前提高，借贷资本供给变得日益充裕。而现代银行体系和信用货币制度的建立，不仅能快速聚集社会闲余资金，而且还能够创造信用流通工具。整个货币体系逐步突破了金属货币制度下货币供给数量的限制，借贷资本的供给能力空前提高，供给主体也随银行业扩张而快速增加。此时，高利贷赖以存在的基础条件，即借贷资本不足以及贷者的垄断地位都不复存在，高利贷的垄断地位也就随之被彻底摧毁，取而代之的是现代信用活动。但这并不意味着高利贷的绝迹，在特定地区或特定时期，高利贷活动仍有可能因资金供求关系紧张而出现。

四、现代信用活动的基础与特征

（一）赤字、盈余与债权债务关系

信用是一种借贷活动，是债权债务关系的体现，而债权债务关系的发生主要是由收支状况决定的：收入小于支出，即出现赤字，就需要借入资金或动用历史结余，从而增加债务或减少债权，亦即赤字会导致净债务增加或净债权减少；收入大于支出，即出现盈余，利用盈余放贷会形成新的债权，以货币形式持有盈余，意味着增加对银行体系的债权，利用盈余偿还历史债务，则会导致净债务减少，亦即盈余会导致净债务减少或净债权增加。

如第 2 章所述，在现代经济生活中，各经济主体往往是既有借入又有贷出，扮演着债务人和债权人的双重角色。一般来说，经济主体的盈余主要体现为债权，而经济主体的赤字与债务相关。但同一主体在同一时点并不必然如此，盈余者既有债权也可能同时存在债务，而赤字单位既有债务也会拥有一些债权，关键是经济主体债权债务的净差额。赤字会增加净债务或减少净债权，盈余则会减少净债务或增加净债权。

（二）五部门经济中的信用关系

按照经济主体的基本特征，可将其划分为五大部门：居民、企业、政府、金融机构和国外部门。

1. 信用关系中的居民

居民是指有货币收入的自然人。就单个居民的收支状况而言，既可能是盈余，也可能是赤字。但一般来说，居民支出主要依靠其收入，由于个人生命周期中取得收入的时间要小于其生存的时间，为了能够在没有收入时保持一定的生活水准，通常会保留一定的结余。因此，居民部门作为一个整体，总体上是盈余部门，并对其他部门拥有净债权。

2. 信用关系中的企业

企业在信用关系中是至关重要的一环。作为最基本的生产单位，企业通常都具有明显的扩张性而需要增加资金投入，如果完全依靠企业自身积累，不仅速度缓慢，而且筹资规模会受到严重制约，通过信用方式筹集资金通常是最有效的途径。单个企业既可能因盈余而拥有净债权，也可能因赤字而需要借入资金。但企业作为一个整体，却是五部门中最大的赤字部门，并因此对外承担净债务。

3. 信用关系中的政府

政府在信用关系中的地位取决于政府的财政收支状况。政府收大于支就形成财政结余，收不抵支则形成财政赤字。半个多世纪以来，世界各国的财政出现赤字几乎是一种常态。政府弥补财政赤字最常用的手段就是通过发行国债向其他部门借款，从而与本国居民、企业、金融机构以及国外部门建立起信用关系，成为这些部门的债务人。

4. 充当信用中介的金融机构

金融机构的主要功能就是充当信用中介。作为信用媒介，金融机构一方面从社会各个部门吸收和聚集资金，另一方面通过贷款、投资等活动将所筹集的资金运用出去。吸收资金形成金融机构的负债，运用资金形成金融机构的债权，因此金融机构的日常经营活动本身就是信用活动。

5. 信用关系中的国外部门

将除本国之外的所有经济体视为一个整体，则形成了与国内部门相对应的国外部门。国内与国外部门之间的商品和服务交易、资金流动以及由此形成的债权债务关系，其流量体现为一国的国际收支状况，可用国际收支平衡表来显示；其存量变化体现为该国的国际投资头寸变化，通常用国际投资头寸报表来反映。国际收支盈余则表现为顺差，顺差意味着向国外部门提供了相应规模的信用并增加对外债权（或减少对外债务），逆差则意味着从国外部门借入相应规模的资金并增加对外债务（或减少对外债权）。国际投资头寸表反映了因上述流量引起的对外资产和负债存量以及对外资产负债净值的变化。

国民经济中居民、非金融企业、政府、金融机构与国外部门，五个部门的资金余缺状态是现代信用关系存在的宏观经济基础。

（三）直接融资与间接融资

在信用活动中，存在两种基本的融资形式：直接融资和间接融资。

直接融资（direct finance）是盈余方直接把资金贷给赤字方使用，即赤字方通过发行所有权凭证或债权债务凭证融入资金，而盈余方则通过购买这些凭证向赤字方提供资金。与银行作为中介的间接融资相对应，证券市场的投融资活动通常被视为直接融资的典型代表。在证券市场的投融资活动中，尽管也会有金融中介参与，但其职责却是为盈余方和赤字方牵线搭桥，通过为证券发行和流通提供相关服务来赚取佣金和其他服务收入。尽管在证券市场的投融资活动中，金融中介也会作为债权人参与证券投资活动，或者作为债务人为筹集资金而发行证券，但这并不能改变证券投融资的直接融资特性，因为此时的金融中介并不是以中介身份，而是以盈余方或赤字方的身份来参与证券市场的投融资活动。

间接融资（indirect finance）是盈余方和赤字方以金融机构为中介而进行的融资活动。在间接融资活动中，金融机构首先需要与盈余方建立债权债务关系，从盈余方那里融入资金，然后再与赤字方建立债权债务关系，向赤字方提供资金。间接融资活动中金融机构需要同时扮演债权人和债务人的双重角色：通过债务人身份获得资金来源以实现资金集中，通过债权人身份运用资金以实现资金分配。在各种信用形式中，银行信用通常被视为间接融资的典型代表。

简言之，我们可以将融资过程分为无中介参与和有中介参与两大类。如果在融资过程中没有中介参与，而是盈余方与赤字方直接达成协议并建立信用关系，则毫无疑问属于直接融资的范畴。如果融资过程有中介参与其中，则要看中介在融资过程中所扮演的角色：如果中介仅仅是牵线搭桥并提供相关的服务，并没有在其中扮演债务人和债权人的双重角色，则依然属于直接融资。只有当中介像银行那样在融资过程中同时扮演着债务人和债权人双重角色时，才将其列入间接融资的范畴。

直接融资和间接融资各具优点，也各有局限。一般来说，直接融资是通过某种金融工具将最终投资者和最终融资者直接联系起来，由投资者承担投资风险并享有投资收益。间接融资则是让金融中介充当资金汇集和分配的角色，金融中介需要管理投融资风险并承担相应的责任，因而会分享一部分投资收益。投资者完全可以根据自身的风险偏好来选择不同的投资方式，融资者也可以根据自身的信用状况来选择适合自己的融资方式。在现代经济发展的过程中，直接融资和间接融资各有特色，在充分发挥各自优点的同时，也在相互弥补对方的缺点，并有通过产品和组织机构创新而相互交叉发展甚至逐步融合的趋势。

（四）现代经济是信用经济

在现代社会，各经济主体之间都存在错综复杂的信用关系。债务关系无所不在，相互交织，形成了一个覆盖整个经济生活的庞大网络。在各主体都要使用货币，并需要以货币或各类金融资产持有其盈余的货币经济中，赤字必然意味着资金流入并形成债务，盈余也同时意味着资金流出并拥有相应的债权。即使那些恰好收支平衡的主体，也并非没有任何债权债务，只不过是其债权、债务正好相等而已。每个经济主体都被覆盖在信用关系的大网之下。

此外，各类经济活动开展都需要信用作为支撑，个人与企业的商业活动、金融市场的各类投融资活动、金融机构的正常运营等，都需要以良好的信用为基础。经济的扩张与紧缩，以及针对经济波动的宏观调控政策，本身就与信用的扩张与紧缩密切相关，而就信用本身而言，也已经成为经济活动的重要组成部分。因此，现代经济是信用经济。理解信用的内涵，才能真正理解现代经济运行的内在规律。

> **原理 4-2**
>
> 现代经济是信用经济，其健康运行依托信用关系的良性运转。

（五）信用风险和杠杆率

1. 信用风险

信用风险（credit risk）是指借款人因各种原因未能及时、足额偿还债务而出现违约的可能性。在现代经济中，由于信用关系无所不在，债务人违约的信用风险也就变得非常普遍。当出现违约事件时，债权人会因为未能得到预期收益而出现财务上的损失。在债权人通常也同时拥有债务的情况下，其债权无法回收，自然会影响到其债务的偿还，并因此导致违约事件连锁发生。在由 2007 年美国次贷危机引发的席卷全球的金融海啸中，人们已经深刻体会到信用风险沿债务链传导所带来的严重后果，并使得人们不得不对信用风险给予足够的重视。

一般信用违约的出现包括债务人刻意违约和被迫违约两种情况：

（1）基于债务人道德风险的刻意违约，一定是其违约收益要远远高于其失信成本，这需要通过制度设计来加大对违约的惩罚力度、增加违约的成本，从而减少刻意违约事件的发生。

（2）债务人因客观原因被迫违约。一是因经济运行的周期性。在经济扩张期，信用风险会明显降低，因为较强的盈利能力会使总体违约率下降；而在经济紧缩期，信用风险则会明显增加，因为盈利情况的总体恶化会导致借款人不能及时足额还款的可能性增加。二是发生了财务收支失常或对公司经营有负面影响等特殊事件，导致债务人无力还款。如由三鹿奶粉引发的"三聚氰胺事件"，使得中国所有涉及这一问题的牛奶企业都受到了沉重打击，并直接导致了三鹿集团破产倒闭，也使得许多相关企业出现违约。

2. 杠杆率

杠杆率一般是指资产负债表中权益资本与总资产的比率。杠杆率可以反映出债务人的还款能力，是主要用于衡量债务人负债风险的指标。一般来说，杠杆率越高信用风险就越大，通过分析政府、企业、居民、金融机构等不同主体的杠杆率可以判断其信用风险的大小。因此，针对近年来在我国经济迅速发展过程中各部门杠杆率偏高的问题，从 2015 年年底起国家把去杠杆作为防范金融风险的重要措施。

第二节　信用形式

各国的现代信用主要有以下五种形式。

一、商业信用

（一）商业信用及其特征

商业信用（commercial credit/business credit）是指在工商企业之间买卖商品时，卖方以商品形式向买方提供的信用。赊销是商业信用中最为典型的形式，它实际包含着两种同时发生的经济行为：商品买卖与货币借贷。它等同于商品买卖完成的同时，买方因无法实时支付货款而对卖方承担了相应的债务。在买卖完成的同时，商品的所有权由卖方转移给了买方，就如同现款交易一样。而在此之后，就如同买方向卖方借款一样，买卖双方只存在相应货币金额的债权债务关系，而且这种关系并不会因为买方通过赊销方式购入的商品能否顺利销售而有任何变化。

商业信用的良性发展，对商品流通和经济发展起着重要的促进作用。企业之间建立稳定、顺畅的联系，是商品生产正常进行的必然要求，也是经济发展的内在要求。具有供销关系的上下游企业，由于资金短缺而无法顺畅交易时，商业信用介入能使中断的商业链条重新连接起来，促进生产和流通的顺畅进行。

尽管如此，商业信用也存在一定的局限性。首先，商业信用在规模上存在局限性。商业信用以商品买卖为基础，其规模会受到商品买卖数量的限制，而且生产企业也不可能超出所售商品量向对方提供商业信用，这也决定了商业信用在规模上的界限。其次，商业信用存在方向上的局限性。商业信用通常是由卖方提供给买方，由上游企业提供给下游企业，一般很难逆向提供，相互之间没有买卖关系的生产企业通常也不容易发生商业信用。最后，商业信用在期限上也存在限制。其期限一般较短，通常只能用来解决短期资金融通的需要。商业信用的局限性，也决定了其流通范围的局限性，作为支付凭证时也会受到一定的限制。

（二）商业票据

商业票据是在商业信用中被广泛使用的表明买卖双方债权债务关系的凭证。它是商业信用中卖方为保证自己对买方拥有债务索取权而保有的书面凭证。商业票据主要分为商业汇票和商业本票两种，二者的主要特征及区别，将在第 8 章作详细介绍。

商业票据可以经债权人背书后转让流通，从而使其具有了流通手段和支付手段的职能。在这一意义上，商业票据在背书转让过程中，事实上发挥着货币的职能。商业票据因此也被称为商业货币，并被纳入广义信用货币的范畴之内。商业票据需经背书后才能转让流通。**背书**（endorsement）是商业票据的债权人转让票据时在其背面签字以承担连带责任的行为。因此，一张商业票据的背书人信用等级越高，参与背书的人数越多，该商业票据接受方所面临的信用风险也就越低。

二、银行信用

（一）银行信用及其特征

银行信用（bank credit）是银行或其他金融机构以货币形态提供的信用。银行信用是伴随着现代资本主义银行的产生，在商业信用基础上发展起来的。与作为直接融资范畴的商业信用不同，银行信用属于间接融资的范畴，银行在其中扮演着信用中介的角色。

与其他信用形式相比，银行信用具有三个突出特点：第一，银行信用可利用社会各部门的闲置资金。银行通过吸收存款积聚巨额的可贷资金，充分利用银行体系的信用创造功能，资金贷放可以达到非常大的规模。第二，银行信用是以货币形态提供的，可以独立于商品买卖活动，具有广泛的授信对象。第三，作为银行信用的存贷款在数量和期限上都相对灵活，可满足存贷款人在数量和期限上的多样化需求。

（二）银行信用与商业信用

商业信用的出现先于银行信用，但其局限性使其难以满足资本主义社会化大生产的需要。银行信用及其内在特性，则使其克服了商业信用的局限性。首先，在资金提供规模方面，银行不仅能满足小额资金需求，还能满足大额信贷资金需要。其次，在信贷资金提供的方向性上，拥有闲余资金者都能够在银行存款，而需要资金者只要符合信贷条件都可能获得银行的贷款支持。银行联系资金供求双方，促进储蓄向投资转化，他们完全不必受商业信用中上下游关系的限制。最后，就银行信用的期限而言，存款期限可短可长，贷款亦是如此。由于存款客户不可能同时提取存款，银行可以利用短期存款发放长期贷款实现"续短为长"，这也有利于银行信用克服商业信用在期限上的局限性。银行信用在资金提供规模、资金流向与范围、借贷期限三个方面都克服了商业信用的固有局限，因而逐步成为经济中占主导地位的信用形式。

银行信用相对于商业信用尽管有诸多优势，但其发展却不会排斥商业信用。恰恰相反，银行信用通常与商业信用有着极为密切的联系，前者通常是在后者的基础上产生和发展起来的。如银行通过办理商业票据贴现和抵押贷款，为商业汇票提供承兑服务等业务介入商业信用领域，不仅促进了商业信用的发展，也为银行信用的良性发展奠定了坚实基础。

三、国家信用

（一）国家信用的含义

国家信用（state credit）是指政府作为一方的借贷活动，即政府作为债权人或者债务人的信用活动。

国家信用是一种很古老的信用形式。在历史上，政府除作为债务人从民间借款外，也会作为债权人发放贷款。而在现代经济活动中，国家信用主要表现为政府作为债务人而形成的负债。现代经济中政府的职能得到了空前强化，政府不仅作为最重要的经济部门参与经济活动，而且还作为宏观经济的调控者干预经济。政府在履行经济职能时，如果财政收入无法满足财政支出的需要，就要借助国家信用来筹集资金，特别是当政府通过财政政策干预经济时，通常会主动利用国家信用筹集资金，以增强政府干预经济的能力。

（二）国家信用的形式

在现代经济中，国家信用的形式主要有内债和外债两种。内债是对国内的负债，外债则是对其他国家的负债。在现代社会，国家信用主要包括中央政府债券、地方政府债券和政府担保债券三种形式。

中央政府债券亦称**国债**（national debt），是一国中央政府为弥补财政赤字或筹措建设资金而发行的债券。根据期限不同，国债可分为短期国债和中长期国债。短期国债又称**国库券**（treasury bills），是指期限在 1 年或者 1 年以下的国债，发行国库券的主要目的是调节年度内的财政收支不平衡。中长期国债是指期限超过 1 年的国债。其中期限在 10 年或者 10 年以下的通常称为**中期国债**（treasury notes），又称国库票据；而期限在 10 年以上的则称为**长期国债**（treasury bonds），亦称**国库债券**。中央政府发行中长期国债，是为了缓解长期财政赤字压力，或者为公共建设筹集资金。

地方政府债券（local government bonds），是由地方政府发行的债券，通常也称**市政债券**（municipal securities/municipal bonds）。由于购买市政债券的利息所得通常会享有免缴地方所得税的优惠，对那些边际税率较高的投资者而言，市政债券通常会具有很大的吸引力，即使其利率相对较低仍会受到欢迎。

政府担保债券（government guaranteed bond）是指政府作为担保人而由其他主体发行的债券，发行主体通常是政府所属的企业或者与政府相关的部门。政府担保债券的信用等级仅次于中央政府债券，因为其发行人一旦失去了偿还能力，则由中央政府代其偿还债券的本息。其利率水平一般与市政债券相当，但不享受利息免税的优惠。

四、消费信用

（一）消费信用及其主要形式

消费信用（consumer credit）又称消费者信用，是工商企业、银行和其他金融机构提供给消费者用于消费支出的一种信用形式。随着生产力的快速发展和人民生活水平的提高，市场消费品的供给结构也在不断变化，一些价格昂贵的耐用消费品逐步成为居民生活必需品。对那些并不富裕的居民和家庭而言，往往很难在短期内靠自身收入去购买这些耐用消费品。而对兼有投资品和消费品双重属性的住房[①]尤其如此，如果仅

---

① 正是因为住房兼有消费品和投资品的双重属性，在一些关于信用的分类中将其专门归入不动产信用之列而专门讨论。

依靠居民当前积累的财富去全款购买，则只会有很少一部分居民和家庭具有购买能力，整个社会的购买力会大幅下降。为提高居民部门对高价格耐用消费品和住房的购买能力，消费信贷应运而生。

目前，消费信用主要包括赊销、分期付款和消费贷款三种形式。赊销是工商企业对消费者提供的短期信用，即消费者以延期付款的方式进行购买，到期后一次付清货款。分期付款是指消费者购买消费品或享受相关服务时，只需支付一部分货款，然后按合同条款分期支付其余货款的本金和利息。消费贷款是银行及其他金融机构采用信用放款或抵押放款方式对消费者发放的贷款。消费贷款的期限一般比较长，最长可达30年，属于长期消费信用。

在西方发达国家，对一般的消费信用多通过信用卡发放，即由银行或其他信用卡发行机构向其客户发行信用卡，消费者可凭信用卡在信用额度内购买商品或做其他支付，也可以在一定额度内提现。

（二）消费信用的作用

消费信用的发展，能在很大程度上有效地解决耐用消费品供给快速增加与居民当期购买能力相对不足的矛盾。这对于促进耐用消费品生产，帮助居民提前实现较高的生活水准，促进现代科技发展和生产力水平的提高，促进产品更新换代等，都具有非常重要的作用。在宏观层面，消费信用的重要意义集中体现在其对宏观经济的调节作用；在微观层面，消费信贷则是帮助个人实现生命周期内财物安排合理性的最有效途径。

1. 消费信用与宏观经济调节

消费信用是扩大有效需求、促进商品销售的一种有效手段。一方面，通过调整消费信用的总量和规模，在总需求不足、经济面临滑坡时适当增加消费信用规模，在经济过热、商品供不应求时适当控制消费信用规模，我们可以调节总需求中的消费需求，以实现总供求的调节。另一方面，通过调节消费信用的投向，还可以针对某些领域和部门进行结构上的调节，从而起到促进或者限制某些领域或经济部门发展的作用。

2. 消费信用与生命周期内的财务安排

金融学所要解决的核心问题，是研究人们在不确定的环境中如何进行资源的时间配置。我们通常都会面临如何在生命周期内有效地进行财务安排的问题。一般来说，我们可通过储蓄来应对未来支出的不确定性，即通过延迟当期消费的方式来满足未来消费的资金需求。但我们还会面临当期财富积累水平不足、收入水平不高时需要进行大额消费支出的问题，如果等到财富积累和收入水平足够高时才去消费，则生活质量将会受到严重影响，甚至会失去最佳的时机。此时，消费信贷为我们提供了将未来的预期收入用于当前消费的有效途径，为我们在生命周期内合理地进行财务安排提供了可能。

3. 消费信用可能导致的负面影响

消费信用具有诸多好处和便利，但其发展也需要遵循信贷的基本规律，如果盲目地过度发展，也会给正常经济生活带来不利影响。消费信用过度发展，很容易导致以下三个方面的负面影响：短期内会掩盖供求矛盾，向生产者传递错误信息从而导致产能过剩；很容易导致信用膨胀和通胀压力；会透支消费者未来的购买力，导致坏账风险并增加社会不稳定因素。

五、国际信用

（一）国际信用的内涵

国际信用是指一切跨国的借贷关系和借贷活动。国际信用体现的是国与国之间的债权和债务关系，直接表现为资本在国家间的流动，是国际经济联系的一个重要方面。对债权国来说，国际信用意味着资本的流出；而对债务国而言，国际信用则意味着资本的流入。一般来说，西方发达国家在国际信用中往往扮演着债权国的角色，而发展中国家往往是引进外资的债务国。但随着某些发展中国家经济的快速发展，它们在大量利用外资的同时，也拥有了大量的对外债权，某些发展中国家甚至表现为对外的净债权。

（二）国际信用的主要形式

国际信用大体上可以划分为两大类：国外借贷和国外直接投资。

1. 国外借贷

国外借贷（foreign loan）是指一国与该国之外的主体之间进行的借贷活动，其基本特征是在国内主体与国外主体之间形成债权债务关系。国外借贷主要包括：出口信贷、国际商业银行贷款、外国政府贷款、国际金融机构贷款、国际资本市场融资和国际融资租赁等。

2. 国外直接投资

国外直接投资（foreign direct investment，FDI）是指一国居民直接对另一个国家的企业进行生产性投资，并由此获得对投资企业的管理控制权。直接投资的方式主要包括：在国外开办独资企业，包括设立分支机构、子公司等；收购或合并国外企业，包括建立附属机构；与东道国企业合资开办企业；对国外企业进行一定比例的股权投资；利用直接投资的利润在当地进行再投资。

第三节　信用体系

一、市场经济与信用秩序

市场经济是以自由缔约和自由交易为基础的经济。在交易过程中，信用活动如影随形，并成为市场经济的重要组成部分。信用活动在媒介经济交易，促进资金合理有序流动，推动经济增长和社会发展等方面，扮演着极为重要的角色，已成为发展市场经济的基础性要素。

作为借贷行为的信用，自然会涉及守信与失信的问题。守信是支撑信用关系良性发展的前提条件，良好的信用秩序，可以降低市场运行的成本，也是经济良性运转的基础性保障。而失信行为的出现，无论是蓄意赖账，还是由于出现意外而迫不得已的行为，都会影响到信用关系的良性发展。当失信行为超过一定规模和范围时，则会导致信用秩序混乱。失信行为持续、大量地存在，会大幅提高市场乃至整个社会的运行成本，正常的信用关系无法建立，正常的商业行为也因此受到阻滞。因此，从市场经济发展的角度来看，维护信用的制度基础就变得至关重要。

在商业交易和市场空间拓展的过程中，完全依赖"钱货两清"的交易方式，往往会使得诸多交易无法进行。各类信用形式的介入，有助于商业交易的完成和推进。在信用秩序良好，人们都将诚信视为最大的美德，并将蓄意赖账视为最大耻辱的社会环境中，商业交易中的卖方就能够放心地向买方提供信用，资金盈余方也敢于向资金短缺者出让资金，从而有利于商业交易进行，也有利于市场范围和空间的拓展。而在一个信用秩序不佳、恶意赖账盛行的社会环境中，除非确有把握，卖方不敢向买方提供信用，资金盈余方也不敢贸然出借资金，商业交易的范围和活动空间将会非常狭小，甚至只能局限在相互熟知的狭小圈子或者狭小区域，对市场空间的拓展造成极大的阻碍。

二、我国经济发展中的信用秩序

（一）市场空间扩展对诚信的冲击

在自然经济为主的农耕社会，交通不发达，人口迁移和流动概率相对较低，人们祖祖辈辈生活在相对狭小的地域之内。在这样一个"方圆之内皆邻居"的环境中，信息传递是相对充分的，邻里间的流言蜚语较好地传递了信息。某人"不守信用，欠债不还"的事情，很快就会传遍他赖以生存的这个小的区域，他会因此经常遭人鄙视而失去继续得到他人帮助的机会。由于无法离开这片他赖以生存的土地，失信的惩罚对失信者来说是非常残酷的，失信成本也就变得极其高昂。这也是乡土社会人们极为珍视信用的重要原因之一。

改革开放推进使人们的生存活动空间急剧拓展，人口流动逐渐成为普遍现象。出生地、现实生活和工作地都不再是人们赖以生存和安身立命的唯一场所。市场空间拓展，也意味着我们需要同越来越多的陌生人打交道。交易过程中能否有效惩罚违约和失信行为，不仅取决于法律制度是否完善，还取决于当事人的违约信息能否被很好地传递出去，并给其未来发展带来较大损害。在市场空间急剧扩展初期，信息传递效率很低，不利于防范持续的违约、欺诈行为，再加上司法诉讼成本高昂和执法方面存在严重缺陷，使得违约、欺诈行为很难得到有效惩罚，当违约、欺诈即能获得巨大利益时，当事人具有很强的违约、欺诈冲动。

对比我国乡土社会和改革开放后的信用状况，不难得到这样的启示：要减少违约和欺诈现象，我们不仅要建立一套对违约和欺诈行为予以严惩的机制，而且还需要一个高效的能够将违约和欺诈事件进行公示的信息传递系统。

（二）产权制度、计划经济与信用关系

经济范畴的信用究其本质是债权债务关系，与私有产权制度密不可分。要保持良好的信用秩序，根本问题是要建立严格保护债权人利益的制度：不仅要有一整套机制能够对私有产权加以明晰化，而且能够激励产权所有者关心并保护自身的合法利益，通过包括法律和社会舆论在内的多种手段严惩侵犯产权人利益的行为。而这也正是产权制度建设的核心内容。

计划经济是我国特定历史时期的产物，对我国国民经济体系构建和发展做出了一定贡献。但从信用关系发展的角度看负面影响较大。首先，计划经济时期禁绝一切形式的商业信用，导致我国商业信用发展出现了一个几十年的断层期。改革开放虽然恢复了商业信用，但基础非常薄弱，计划经济的观念对于我国建立良好的商业信用关系仍然有影响。其次，计划经济时期最重要的信用形式——银行信用，究其本质也不能算是严格意义的信用。因为银行资金是通过计划指令调拨给国有企业，资金流动不具有信用关系的本质特征。作为债务人的国有企业，有一部分没有严格遵守信用规则，甚至恶意逃废银行债务，对整个信用秩序的发展造成了非常恶劣的影响。

（三）建立并维护良好的信用秩序

人们通常认为，守信的社会基础是道德规范。良好的社会道德风尚，将会极大地降低主观失信的概率。作为一个重要的经济范畴，守信机制的核心则是经济行为主体对经济利益的权衡。当失信的收益远远高于需要承担的成本时，将会对经济行为主体的失信行为造成正向激励；反之，如果对失信行为施以严厉惩罚，使失信成本变得极为高昂，经济行为主体就会在主观上降低失信的动机。因此，在设计信用制度时，除了需要倡导诚实守信的道德风尚，还需要建立并完善违约和欺诈信息的公示系统，建立诚信黑名单制度，并通过法律和各种合理手段对恶意失信和欺诈行为进行严惩，需要通过大幅增加失信的成本，来有效遏制失信行为，逐步建立良好的信用秩序。

三、现代信用体系的构建

信用制度是规范和约束社会信用活动和信用关系的行为规则。信用制度既包括对信用活动本身的规范和约束，也包括为保证信用安全和秩序而进行的制度安排。信用制度安排既有正式的法律法规，又有非正式的约定俗成的道德规范。现代经济是信用经济，信用关系错综复杂，信用在经济中的作用举足轻重，信用制度是否完善影响巨大。信用缺失、信用危机会直接危及社会经济发展和政治稳定。现代经济同时也是法治经济，自然经济中起重要作用的约定俗成的道德规范，已无法适应现代经济错综复杂的信用关系，具有强制力的法律法规已经逐步成为现代信用制度的主要构成部分。

（一）信用体系构建的基础性保障

在信用体系构建的过程中，应该在三个层面上加以考虑：

（1）道德规范仍然是信用体系构建的重要基础。道德规范不具有强制力，但在信用秩序形成的过程中，良好的社会道德风尚，可以形成强大的舆论压力，大大降低市场参与者主观违约和欺诈的可能性。道德规范在促进良好信用秩序形成的过程中，具有无成本或低成本的特殊优势。

（2）高效的社会征信系统是防止同一主体重复出现失信的利器。社会征信系统通过信用调查，建立信用档案，进行信用评估，建立并完善信用查询和失信公示系统，能够在相当程度上降低识别和避免信用欺诈的难度。其中，信用查询和失信公示系统的建立，极大地缓解了市场交易中的信用信息不对称问题，降低了市场参与者甄别失信和欺诈的成本。

（3）法律对失信行为的严厉制裁是完备信用体系的重要制度保障。法律由于其强制力，在信用秩序形成和重建的过程中，具有无可比拟的优势，也是信用体系建设的重要制度保障。但法律制定、实施和执行都需要投入大量人力、物力，成本极高。法律的最理想状态，应该是其具有的强大威慑力，使得人们因为畏惧法律威严而不敢以身试法，这就需要法律不仅仅停留在书面条文的层面，而是在违法行为出现时能够被不折不扣地严格执行。当然，惩罚失信行为的法律精神和导向，也应该不违背最基本的社会道德内涵，从而有利于引导并形成诚实守信的道德风尚。

现代信用体系构建和完善，以上三个方面得到了较为充分的体现。形成守信的氛围和道德风尚，需要顺应社会的主流价值观，在舆论上加以引导宣传。与规范信用关系及产权保护相关的法律，散见于各国民法、证券法以及合同法等相关法律文本之中，还有一些国家专门针对信用违约行为进行立法。而要能够真正将这些精神付诸实施，则需要建立与之配套的信用机构体系和社会征信系统。

（二）信用机构体系

信用机构体系在现代信用活动中发挥着非常重要的作用，主要机构类型及其在信用活动中的作用如下：

（1）信用中介机构。信用中介机构是指为资金借贷和融通直接提供服务的机构，通常简称为金融机构。在不同国家，信用中介机构的形式和名称会有较大差别，它们不仅能为资金借贷和融通提供相关服务，而且还能够收集市场参与者的信用信息，在监督违约行为、预防失信行为发生中扮演重要角色。

（2）信用服务机构。信用服务机构是指提供信息咨询和征信服务的机构，主要包括信息咨询公司、投资咨询公司、征信公司、信用评估机构等。除专业信用服务机构外，律师事务所、会计师事务所等机构也可算作信用服务机构。

（3）信用管理机构。信用管理机构是指对各种信用中介机构和信用服务机构实施管理的机构，可分为政府设立的监管机构和行业自律型管理机构。前者主要包括中央银行和其他专业监管机构，后者主要指与信用管理相关的行业协会。我国政府设立的信用管理机构主要有中国人民银行、中国银行保险监督管理委员会、中国证券监督管理委员会。行业自律型管理机构主要有中国银行业公会、中国证券业协会、中国保险业协会、中国证券投资基金业协会等。2003 年 9 月，中国人民银行成立征信管理局，负责管理信贷征信业。

经过十余年的发展，我国社会信用体系建设虽然取得一定进展，但离经济社会发展的要求仍有差距。2014 年 6 月 14 日，国务院印发《社会信用体系建设规划纲要（2014—2020 年）》，对我国信用体系建设进行了总体部署。社会信用体系建设的主要目

微视频 4-2
全国信用信息共享平台收集数亿信用信息，建立信用体系

标是：到 2020 年，社会信用基础性法律法规和标准体系基本建立，以信用信息资源共享为基础的覆盖全社会的征信系统基本建成，信用监管体制基本健全，信用服务市场体系比较完善，守信激励和失信惩戒机制全面发挥作用。政务诚信、商务诚信、社会诚信和司法公信建设取得明显进展，市场和社会满意度大幅提高。全社会诚信意识普遍增强，经济社会发展信用环境明显改善，经济社会秩序显著好转。经过全社会的共同努力，已基本实现以上目标。

本章小结

1. 信用有两个不同的含义：道德范畴的信用是指诚信，经济范畴的信用是指借贷活动以及由此引出的债权债务关系。两个范畴的信用有着密切的内在联系：无诚信则借贷活动就无法正常进行，在"承担并兑现义务"这一本源意义上还可以找到这两个范畴的信用之间的内在联系。

2. 信用历史悠久，高利贷在资本主义产生前的自然经济中曾占主导地位。高利贷之高利率，是由借贷资金供求状况、市场结构及其风险特性决定的。资本主义推动经济快速发展，撼动了高利贷存在的经济基础。

3. 信用与货币是两个不同但密切相关的经济范畴，货币与信用相互独立但相互促进并融合发展。二者最终在信用货币制度下更加紧密地联系在一起，并产生了由货币和信用相互渗透而形成的新范畴——金融。

4. 现代经济中普遍存在的盈余和赤字，是信用关系发展的重要基础。分析五部门经济的盈余、赤字特性及资金流动关系，有利于加深对"现代经济是信用经济"的理解。

5. 融资过程可以有中介参与也可以无中介参与。无中介参与，资金最终使用者与最终提供者直接达成协议并建立信用关系的，毫无疑问属于直接融资。有中介参与时，则要看中介在融资过程中扮演何种角色：如果中介仅牵线搭桥并提供相关服务，没有在融资过程中扮演债权人和债务人的双重角色，则依然属直接融资；只有当中介像银行那样扮演债务人和债权人的双重角色时，才将其列入间接融资范畴。

6. 根据信用活动的主体，可将信用区分为商业信用、银行信用、国家信用、消费信用和国际信用等主要形式。

7. 商业信用的出现虽先于银行信用，但其局限性使其难以满足资本主义社会化大生产的需要。银行信用及其内在特性，使其在资金提供规模、资金流向和范围、借贷期限三个方面克服了商业信用的局限性，因而成为现代经济中最基本、占主导地位的信用形式。但银行信用发展却不会排斥商业信用，恰恰相反，银行信用通常与商业信用密切关联，前者通常是在后者的基础上产生和发展起来的。

8. 政府在现代经济中的职能被空前强化，政府不仅作为最重要的经济部门参与经济活动，还作为宏观经济调控者来干预经济运行。当财政收入无法满足财政支出需要时，政府需要借助国家信用筹集资金，政府通过财政政策干预经济时，更需要主动利用国家信用筹集资金以增强其干预经济的能力。财政赤字的常态化，使得政府债务规模随之不断扩大。

9. 消费信用又称消费者信用，是工商企业、银行和其他金融机构提供给消费者用于消费支出的一种信用形式。它是现代经济中的一种重要信用形式，对宏观经济调节、个人生命周期内的财务安排都非常重要，但对消费信用的不当利用，也可能导致诸多问题。

10. 国际信用是指一切跨国的借贷关系和借贷活动。它体现国与国之间的债权和债务关系，直接表现为资本在国家间的流动。对债权国来说国际信用意味着资本流出，对债务国而言国际信用则意味着资本流入。

11. 市场经济是以自由缔约和自由交易为基础的经济。交易过程中信用活动如影随形，并成为市场经济的重要组成部分。信用活动在媒介经济交易、促进资金合理有序流动、推动经济增长和社会发展等方面，扮演着极为重要的角色。在现代经济中，信用秩序好坏不仅影响市场运行成本，而且还会直接对市场空间拓展产生重要影响。

12. 改革开放后我国信用秩序恶化，一定程度上与市场空间快速扩展对诚信的冲击、产权制度存在缺陷、长期计划经济导致的负面影响有关。在重建信用和设计信用制度时，除了要倡导诚实守信的道德风尚，还要建立并完善违约和欺诈信息公示系统，通过法律和各种合理手段严惩恶意失信和欺诈行为。

13. 在信用体系构建的过程中，基础性的制度保障有三：道德规范是信用体系构建的重要基础；高效的社会征信系统，是防止同一主体重复失信的利器；法律对失信行为的严厉制裁，是完备信用体系的终极制度保障。

复习思考题

1. 列出生活中遇到的信用形式和信用问题。
2. 信用产生和发展与私有制之间存在何种联系？
3. 道德范畴的信用与经济范畴的信用之间存在何种联系？
4. 货币借贷为何能成为主要信用形式？
5. 分析高利贷之所以高利的原因。这对现代信用发展有何启示？
6. 分析五部门经济中的资金流动关系，解释"现代经济是信用经济"的提法。
7. 如何区分直接融资和间接融资？列出几种典型的直接融资和间接融资形式。
8. 商业信用和银行信用之间有何联系？
9. 分析国家信用在现代经济中的作用。如何看待当今诸多政府事实上"债台高筑"的局面？
10. 如何看待消费信用的正面效应和负面影响？
11. 结合我国现实，谈一谈信用秩序与市场经济发展的关系。
12. 我国建立健全信用体系存在哪些主要障碍？

网上更多……　⚙教学案例　📋名词术语　💬学生讨论

第5章
货币的时间价值与利率

本章导读 》》

> 货币具有时间价值，使得在涉及资金和资源跨期配置的领域，利息和利率是一对非常重要的基础性概念。货币具有时间价值，使得不同时间的货币量不能简单加减，为解决不同时点货币金额相加减的问题，本章引入贴现概念及贴现现金流分析方法，并将其用于项目评价和投资决策。按不同标准对利率分类，认识利率体系的复杂性，为分析利率的风险结构和期限结构作了必要准备。对利率和收益率的比较，有助于认识理论研究和现实运用中二者的差异。对利率决定理论及利率影响因素的分析，可以全面系统地认识利率水平的决定和影响因素，也是分析判断利率走势的理论依据。利率是重要的经济杠杆，对一国经济的宏、微观层面都有重要影响，而要使利率作用有效发挥，需要满足一些基本条件，并要求具备相应的经济和制度环境。

第一节　货币的时间价值与利息

一、信用与货币的时间价值

经济范畴的信用是指以还本付息为条件的借贷活动。在现代信用活动中，货币几乎是唯一的载体。当借贷本金相同时，借贷时间越长所需支付利息也越多，时间长短是影响利息多少的重要因素，即资金出借方贷出的货币是有时间价值的。

货币的时间价值（time value of money）是指当前持有一定数量的货币，要比未来等量货币的价值更高。货币具有时间价值的原因有三：首先，货币既可满足当前消费，又可用于投资而产生投资收益，占用货币是有机会成本的；其次，通货膨胀会导致货币贬值，需要补偿由此给出借方造成的损失；最后，投资活动有风险，需要对资金出让方可能面临的损失风险进行风险补偿。

（一）货币时间价值的体现——利息与利率

利息（interest）是借贷关系中资金借入方支付给贷出方的报酬。由于货币具有时间价值，相对于当期付出的本金而言，一段时间后偿还时需在本金之外附加一定数额的利息，利息也是货币时间价值的具体体现。

利率（interest rate）是利息率的简称，是指借贷期满时利息总额与贷出本金总额的比率。由于利率剔除了本金数额多少对利息总额的影响，即给出了单位货币的时间价值，所以它能够比利息更好地衡量货币的时间价值。一般来说，利率高低主要受制于上述三个影响货币时间价值的因素，即货币占用的机会成本、对通货膨胀的补偿以及对投资风险的补偿。

（二）与货币时间价值相关的术语

在货币时间价值的计算中，通常会涉及几个关键术语：① 现值（present value，PV），即当前的价值；② 终值（final value，FV），即未来某个时间点的价值；③ 时间区间（t），表示终值和现值之间的时间区间；④ 利率（r），即单位时间内单位货币的时间价值。一般来说，所有金融工具的定价问题都与 PV、FV、t、r 这四个变量密切相关，确定了其中任何三个变量，就能够得出第四个变量。

二、利息的实质

利息的实质是资本主义早期经济学家探讨的重点。其中亚当·斯密从产业资本角度出发，指出利息是产业利润的一部分的分析，对利率理论发展具有十分重要的意义。此后西方经济学家对利息实质的认识，大致分为以下三类。

（一）从非货币因素对利息实质的考察

从该角度对利息实质的界定以古典的实际利率理论为代表，它以利息产生于借贷资本为基础，从影响储蓄和投资的实际因素来考察利息的来源。这方面的代表性观点有庞巴维克的时差利息论、西尼尔的节欲论和马歇尔的等待论等。

（二）从货币因素对利息实质的考察

20世纪以来西方国家经济货币化程度逐渐提升，货币对经济运行的重要影响使得经济学家越来越关注货币性因素。凯恩斯的流动性偏好利息论是货币性因素的代表。凯恩斯把利息定义为人们放弃货币周转灵活性的报酬。他认为人们得到货币收入后要做两个选择：一是时间偏好的选择，以决定现期消费和储蓄的比例；二是灵活偏好的选择，以决定储蓄形式中持有货币与债券的比例。与债券相比，货币风险最小而流动性最大，人们在选择储蓄形式时会偏好于货币的流动性。要让人们放弃对货币流动性的偏好就要给予利息作为补偿。

（三）从风险补偿的视角研究利息与利率

现代经济学对利息实质的研究更侧重对利息补偿的构成以及利率影响因素的分析。基本观点是将利息看作投资者让渡资本使用权而索取的补偿或报酬，这种补偿一般包括两部分，即对放弃投资于无风险资产的机会成本的补偿和对风险的补偿。投资者至少可以投资于国债这一几乎没有风险的资产，如果投资于其他有风险的资产，则必须放弃持有国债的利息收入，应该对这部分损失进行补偿，该补偿即为用国债利率表示的无风险利率。此外，投资者持有风险资产时需承担更高的风险，要根据投资者持有资产的风险高低对其进行风险补偿，这部分补偿即为风险溢价。因此，风险资产的收益率也就等于无风险利率加上风险溢价。

原理 5-1

　风险资产的收益率等于无风险利率加上风险溢价。

这一原理，也是现代金融资产定价的依据和基础。

三、利息与收益的一般形态

（一）利息转化为收益的一般形态

利息是资金所有者出借资金取得的报酬，是资金所有者放弃该笔资金使用权而获得的收益。利息的产生显然与借贷活动密切相关，没有借贷就没有利息。但在现实中利息通常被人们看作收益的一般形态：无论贷出资金与否，利息都被看作资金所有者理所当然的收入——可能取得或将会取得的收入；与此相对应，无论借入资金与否，生产者也总是会把利润分成利息与企业收入两部分，似乎只有扣除利息后剩余的利润才是经营所得。此时利息还成了衡量是否值得投资的一个尺度：利润总额与投资额之比低于利息率，则不应该投资；扣除利息后所余利润与投资额之比太低，则表明经营效益不高。

对利息转化为收益的一般形态，马克思曾做过深入分析，认为三方面因素起决定作用：首先，利息源于借贷资本使用过程中的增值，源于产业利润，如果忽略生产过程创造价值这一实质性内容，就容易形成利息是"资本所有权的果实"这一泛化观念。其次，利息及利息率是事前约定的确定变量，利润率则与企业经营状况息息相关。企业利润和利润率的高低与作为成本的利息和利息率的高低负相关，利息和利息率的高低因而也成了衡量企业收益的重要指标。最后，货币可提供利息的观念由来已久，且被人们普遍接受，以至于货币是否被当作资本使用，人们都丝毫不怀疑其产生收益的能力。这样，本来以借贷为前提并源于产业利润的利息，逐渐被人们从借贷和生产活动中抽象出来，赋予其与借贷、生产活动无关的特性，将利息直接与资本所有权联系起来，认为利息是资本所有权的必然产物，人们可凭借资本所有权而获得收益。利息也因而转化为收益的一般形态。

（二）收益资本化规律及其应用

利息转化为收益的一般形态，其主要作用是导致**收益的资本化**，即各种有收益的事物，不论其是否为一笔贷放出去的货币金额，甚至也不管它是否为一笔资本，都可以通过收益与利率的对比倒算出它相当于多大的资本金额。收益的资本化涉及本金、收益、利息率之间的关系问题，收益是本金与利率的乘积，用公式表示为：

$$B = P \cdot r \tag{5-1}$$

式中：B 为收益；

P 为本金；

r 为利息率。

已知 B 与 r 时，可求出 P：

$$P = \frac{B}{r} \qquad\qquad (5\text{-}2)$$

根据这种带有规律性的关系，有些本来不是资本的东西（如技术、专利等）也可被视为资本，并有相应的报价；有些本身并不存在某种内在规律来决定其相当于多大资本的事物（如土地），也可以有一定的资本价格。当土地可以获得收益时，我们可以根据其收益与市场利率的对比来确定其市场价格。一块土地的年平均收益为 5 000 元 / 亩，年利率为 5% 时，其市场价格大致为 10 万元 / 亩。当利率不变时，土地预期收益越大，其市场价格越高；预期收益不变时，市场均衡利率越高，土地价格会越低。这也表明收益资本化规律在市场化的土地价格形成中扮演重要角色。同理，房价租金比作为衡量房价是否合理的重要指标之一，也正是基于收益的资本化规律。

收益资本化是商品经济中普遍存在的规律，只要利息成为收益的一般形态，该规律就会起作用。但这并不意味着现实市场价格不会偏离收益资本化规律所决定的内在价格。由于市场结构、过度投机以及其他非市场化因素，市场价格可能在短期内偏离甚至严重偏离其内在价格。但从长期看，市场价格对内在价格的偏离程度越严重，其向内在价格回归的动力也就越强。

四、金融交易与货币的时间价值

前面介绍了与货币时间价值相关的四个变量：现值、终值、时间区间和利率。在金融交易以及金融产品定价过程中，始终会涉及这四个关键变量及相关计算。我们先比较两种计算利息的方法，然后分析终值和现值的计算方法，并在此基础上引出贴现和贴现率问题。

（一）利率的计算：单利和复利

利率是借贷期满的利息总额与贷出本金总额的比率。利息计算有两种基本方法：单利法和复利法。

单利法在计算利息额时，只按本金计算利息，而不将利息额加入本金重复进行计算。其计算公式为：

$$I = P \cdot r \cdot n \qquad\qquad (5\text{-}3)$$

$$S = P (1 + r \cdot n) \qquad\qquad (5\text{-}4)$$

式中：I 为利息额；

P 为本金；

n 为借贷期限；

S 为本金和利息之和，简称本利和。

复利法在计算利息额时，将按本金计算出来的利息额再计入本金，重新计算下一期利息。其计算公式为：

$$I = P[(1+r)^n - 1] \tag{5-5}$$

$$S = P(1+r)^n \tag{5-6}$$

将单利和复利计算过程及结果进行比较，可得出这样的结论：以单利计算，程序相对简单方便，借款人利息负担较轻，资金出让方利益会有一定的损失；以复利计算，程序相对复杂，借款人利息负担较重，但资金出让方利益会得到较好的保护。从利息的实质看，复利更加合理，最初凭借本金而获得的利息只要没有收回就应该享有进一步获得额外报酬的权利。现实中即便向债权人按单利计息，他们也可以选择在每期期末将利息取出后再出借从而获得复利收益。

（二）终值和现值

根据复利计息的原理，可以在现值（PV）、终值（FV）、时间区间（t）和利率（r）之间建立起联系。式 5-7 和式 5-8 分别为已知现值求终值和已知终值求现值的公式。

$$FV = PV(1+r)^t \tag{5-7}$$

$$PV = \frac{FV}{(1+r)^t} \tag{5-8}$$

我们将式 5-7 中的 $(1+r)^t$ 称为终值复利因子，它是指 1 元钱在投资收益率为 r 的情况下投资 t 年后的终值。我们将式 5-8 中的 $\frac{1}{(1+r)^t}$ 称为现值复利因子，亦称贴现因子，它是指 t 年后的 1 元钱在投资收益率为 r 时的现值。

（三）贴现与贴现率

计算终值其实是要解决这样的问题："假如你现在有 10 000 元，以每年 10% 的利率计算，5 年后你将有多少钱？"

而求现值则是要解决这样的问题："如果 15 年后你需要为孩子准备 50 万元上大学的费用，当年投资收益率为 6% 时，现在需要投资多少钱呢？"

我们通常将计算现值的过程称为贴现，也称为现金流贴现分析。计算现值时使用的利率，通常称为贴现率。从以上现值计算公式可知，当其他条件相同时，现值大小与贴现率负相关。

（四）投资决策中的现金流贴现分析

货币由于具有时间价值，使得只有同一时点的货币金额才能够简单相加减，不同时点的货币金额是不能简单加减的。终值、现值及现金流贴现分析方法的引入，可有效地解决不同时点的货币金额相加减的问题。即将不同时点的货币金额通过求现值贴现到相同的时点，就可以对这些已经经过贴现运算的货币金额进行简单加减了。[①] 投

---

① 当然，我们也可以通过求终值的方法求出不同时点的货币金额在未来某一时点的价值，然后就可以对其简单加减。

资决策实质上是进行成本与收益的权衡，而作为成本的资金流出和作为收益的资金流入是在多个不同时点发生的，我们首先需要将这些不同时点的资金流动换算成同一时点的可进行简单加减的货币金额，然后才能去评价项目是否值得投资并得出最终结论。因此，贴现现金流分析也就成了投资决策中必不可少的分析方法。

净现值（NPV）方法是运用最为广泛、适用性最强的一种投资决策方法。NPV 方法的核心思想是只能接受未来现金流的现值大于初始投资额的项目。已知未来某一时点的现金流、现金流发生的时间以及贴现率，我们就可以得到该现金流的现值。因此 NPV 方法可以详细表述为：**NPV 等于所有未来流入现金的现值减去现在和未来流出现金现值的差额。如果一个项目的 NPV 是正数，就采纳它；如果一个项目的 NPV 是负数，就不采纳。**

为什么要使用 NPV 作为投资项目评估的标准呢？这是因为接受 NPV 为正值的项目符合投资人的利益和投资目标，这样的项目会为投资人带来正的投资收益，而且，NPV 越大，投资项目的绝对收益也就越高。

案例 5-1

某投资项目 A 的初始投资为 900 万元，项目要求的投资收益率为 10%，该项目每个年度的现金流入和流出情况如表 5-1 所示，试分析该项目是否值得投资。

表 5-1 投资项目 A 各年度的现金流入和流出情况

单位：万元

年度	收入	支出
1	1 100	600
2	1 900	1 200
3	2 800	3 300
4	1 800	600

案例分析：该项目的资金流出、流入情况如图 5-1 所示。

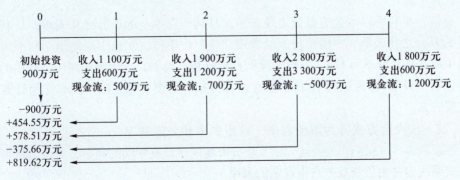

图 5-1 项目 A 的现金流及净值

该项目的净现值为：

$$NPV = PV_0 \ (CFs) \ -C_0$$

$$= \sum_{i=1}^{4} \frac{C_i}{(1+r)^i} -C_0$$

$$= \frac{500}{1.1} + \frac{700}{1.1^2} + \frac{-500}{1.1^3} + \frac{1\,200}{1.1^4} -900$$

$$= 577.02 > 0$$

式中：NPV 是净现值；

　　　PV 是现值；

　　　CFs 代表各个不同时点的一系列现金流；

　　　C 为现金流。

由于项目 A 的 NPV>0，所以投资人应采纳该项目。

第二节　利率分类及其与收益率的关系

利率是借贷期满的利息总额与贷出本金总额的比率，只是我们给出的一个关于利率的简单定义。利率体系极其庞杂，可根据需要按不同标准对利率加以分类。

一、利率的分类

（一）按计息时间分为年利率、月利率和日利率

年利率（annual interest rate）是以年为单位来计算利息。月利率（monthly interest rate）是以月为单位来计算利息。日利率（daily interest rate）则是以日为单位来计算利息。

通常，年利率以本金的百分之几表示；月利率以本金的千分之几表示；日利率以本金的万分之几表示。中国传统上经常用"厘"作单位，年息 1 厘是指年利率为 1%，月息 1 厘是指月利率为 1‰，日拆 1 厘则是指日利率为 1‰。中国民间经常使用的利率单位还有"分"，分为厘的 10 倍。而在西方国家，习惯上则是以年利率作为计算利率的主要方式。

（二）按决定方式分为市场利率、官定利率和公定利率

市场利率（market interest rate）是按市场规律自发变动的利率，即由借贷资本的供求关系决定并由借贷双方自由议定的利率。

官定利率（official interest rate）是一国货币管理部门或中央银行所规定的、对所有金融机构都有法律强制约束力的利率。

公定利率（trade-regulated interest rate）是由作为非政府部门的民间组织，如银行公会、行业协会等，为维护公平竞争所确定的属于行业自律性质的利率，亦称行业利率。该利率对行业成员尽管没有法律约束力，但作为行业成员一般都会遵照执行。

（三）按借贷期内是否浮动分为固定利率与浮动利率

固定利率（fixed interest rate）是指在整个借贷期限内，按借贷双方事先约定计算的；不随资金供求所导致的利率变化进行调整的利率。固定利率便于借贷双方准确计算成本与收益，适于借贷期限较短或市场利率变化不大的情形。而在借贷期限较长、市场利率波幅较大较频繁时，借款协议通常会采取浮动利率形式。

浮动利率（floating interest rate）是指在借贷期限内根据市场利率变化定期进行调整的利率，多用于期限较长的借贷和国际金融市场上的借贷。在采取浮动利率计息时，借贷利率通常会依据某一基准利率（如伦敦同业拆借利率）定期（通常3~6个月）进行调整。浮动利率能灵活反映市场资金供求，发挥利率调节作用，利率定期调整也有利于降低利率风险，克服固定利率的缺陷，但核算借贷成本则要相对复杂。

（四）按是否考虑币值变化分为实际利率与名义利率

实际利率（real interest rate）是指物价水平不变从而货币实际购买力不变时的利率。**名义利率**（nominal interest rate）是指包含物价变动因素的利率。用名义利率减去物价变动率就可得到实际利率，即

$$i = r - p \qquad\qquad (5-9)$$

式中：i 为实际利率；

　　　r 为名义利率；

　　　p 为物价变动率，视物价水平涨跌可正可负。[1]

只要物价水平有变动，我们见到的各种利率都是名义利率，实际利率则不易直接观察，需进行计算后方可得到。而对经济产生实质性影响的则是实际利率。在不同的实际利率状况下，借贷双方及微观主体的行为模式会完全不同，对资金流动以及消费和投资决策会产生重要影响。合理的正的实际利率，有利于引导资金有序流动，促进资源的优化配置；实际利率为零乃至为负，都会导致资金流动无序和资源错配，危害经济成长。

（五）按利率的地位分为基准利率与一般利率

基准利率（benchmark interest rate）是在多种利率并存条件下起决定作用的利率，其他利率会随其变动而相应变化。把握这一关键性利率的变动，有助于判断整个利率体系的变化趋势。基准利率应该是一个市场化的利率，有广泛的市场参与性和代表性，能充分地反映市场供求，并在整个利率体系中处于主导地位。西方国家的基准利率通常为金融机构之间的同业拆借利率，如著名的伦敦同业拆借利率（LIBOR）和美国联邦基准利率等。随着利率市场化的推进，我国的基准利率逐步向货币市场基准

---

[1] 以上实际利率计算公式，仅考虑了物价变动对借贷本金的影响，如果还考虑物价变动对利息的影响，则有三者关系的精确公式：$1+r=(1+i)(1+p)$，$r=i+p+ip$，$i=\dfrac{r-p}{1+p}$。当物价变动率不大时，ip 远小于 r 和 p，此时忽略 ip，则可得到公式5-9。

利率——上海银行间同业拆放利率（SHIBOR）转变。

一般利率（general interest rate）是指金融机构在金融市场上参照基准利率而形成的各种利率。

（六）按信用活动期限长短分为短期利率与长期利率

一般来说，1 年期以内的信用活动为短期信用，其适用利率即为**短期利率**；1 年期以上的信用活动通常称为长期信用，其适用利率即为**长期利率**。基于对货币时间价值以及风险因素的考量，长期利率一般要高于短期利率。但对不同种类的信用，由于借贷主体和借贷条件存在差异，不宜对其利率水平高低作简单对比。

（七）按给定的不同期限分为即期利率与远期利率

即期利率是指对不同期限的金融工具以复利形式标示的给定期限的利率。如 2015 年 10 月 24 日中国工商银行挂牌的存款利率 1.75%、2.25%、2.75%、2.75%，即为该行 1 年期、2 年期、3 年期、5 年期定期存款按复利计息的即期利率。

远期利率（forward interest rate）是指隐含在给定即期利率中的从未来某一时点到另一时点的利率。

如果用 f_i 代表第 i 年的远期利率，用 r_i 代表 i 年期的即期利率，则 n 年期的即期利率与各年的远期利率之间存在如下关系：

$$(1+r_n)^n = (1+r_{n-1})^{n-1}(1+f_n) = (1+r_1)\prod_{i=2}^{n}(1+f_i) = (1+r_1)(1+f_2)(1+f_3)\cdots(1+f_n) \qquad (5\text{--}10)$$

则第 n 年远期利率的计算公式为：

$$f_n = \frac{(1+r_n)^n}{(1+r_{n-1})^{n-1}} - 1 \qquad (5\text{--}11)$$

第 n 年的远期利率是通过推算得到的，常称为隐含的远期利率。需要重点指出的是，远期利率与即期利率之间的关系以及上述计算公式，是理解本章稍后的利率期限结构及相关理论的重要基础。

二、利率与收益率

在分析利率问题时，通常还会遇到**收益率**（亦称回报率）的概念，收益率常与利率并行使用，从本质上讲收益率就是利率，有时收益率会直接表现为存款利率或债券票面利率等，在理论探讨和学术研究中通常不加区分。但在实际投资过程中，利率被定义为利息与本金的比率，而能够准确衡量一定时期内投资回报高低的指标则是收益率。收益率不仅受利息支付额和投资额影响，还受计息期间、利息支付周期以及投资标的市场价格变动等因素影响，这也使得投资收益率与利率通常存在差异。

（一）收益率的计算

对于证券投资者而言，其收益率包括两部分：其一，是每年的利息收入与证券购买价格的比率，通常称为**当期收益率**。其二，是证券价格变动所导致的收益或损失，我们称之为**资本利得（损失）率**。例如，投资者在时点 t 到时点 $t+1$ 期间持有某债券，该债券支付的息票利息为 C，在时点 t 该债券的价格为 P_t，在时点 $t+1$ 该债券的价格为

P_{t+1}，则投资者投资该债券的收益率（RET）为：

$$\text{RET} = \frac{C + P_{t+1} - P_t}{P_t} = \frac{C}{P_t} + \frac{P_{t+1} - P_t}{P_t} \qquad (5\text{--}12)$$

式中：$\dfrac{C}{P_t}$ 为利息与购进价格的比率，即当期收益率；

$\dfrac{P_{t+1} - P_t}{P_t}$ 为债券价格变动与购进价格的比率，即资本利得（损失）率。

由公式 5-12 可知，债券购进价格不等于面值，或债券价格变动较大，都会导致收益率与票面利率在数值上出现偏差，二者甚至可能相差甚远。这也表明票面利率并不是一个反映投资者实际回报的合理指标。相比较而言，收益率则能够更好地反映投资者的实际回报率。

尽管收益率相对于票面利率有很多优势，但它也只是考虑了持有债券期间的总回报，未考虑持有债券的时间期限对收益率的影响，更未考虑利息支付时点和债券买卖时点的时间间隔差异对收益率的影响。更加精确地计算和比较证券投资的实际收益率，则需要引入到期收益率和持有期收益率的概念。

（二）到期收益率和持有期收益率

1. 到期收益率

到期收益率是衡量债券投资收益最常用的指标，是在投资者购买债券并持有到期的前提下，未来各期利息、到期本金的现值之和等于债券购买价格的贴现率，即使债券各个现金流（包括购买价格）的净现值等于零的贴现率。到期收益率的计算公式为：

$$\sum_{i=1}^{T} \frac{C}{(1 + y_{\text{TM}})^i} + \frac{\text{FV}}{(1 + y_{\text{TM}})^T} - P = 0 \qquad (5\text{--}13)$$

式中：C 为该债券每年定期支付的利息；

　　　P 为债券的购买价格；

　　　FV 为到期应支付的面值；

　　　y_{TM} 为该债券的到期收益率；

　　　T 为该债券的到期年限。

已知 P、C、FV 和 T，就可用财务计算器计算出该债券的到期收益率 y_{TM}。

2. 持有期收益率

持有期收益率是指现在买进某一证券，持有一段时间后以某个价格出售，在整个持有期内该证券的平均回报率。它是使投资者持有证券期间获得的各个现金流的净现值等于零的贴现率。持有期收益率的计算公式为：

$$\sum_{i=1}^{T} \frac{C}{(1 + y_{\text{HP}})^i} + \frac{P_T}{(1 + y_{\text{HP}})^T} - P = 0 \qquad (5\text{--}14)$$

式中：P_T 为证券的出售价格；

　　　y_{HP} 为该债券的持有期收益率（其他符号的含义同到期收益率计算公式）。

已知 P、C、P_T 和 T，就可用财务计算器计算出该债券的持有期收益率 y_{HP}。

第三节　利率的决定及其影响因素

在现代经济中，由于资金流动支配着实物资源的流动，作为货币资金价格的利率是否合理，自然会对资金流动和资源配置产生重要影响。因此，利率水平如何决定，哪些重要因素会导致利率变化，是金融理论中极为重要的内容。

一、利率决定理论

利率究竟由什么因素决定？经济学家有多种解释，影响较大的有以下五种。

（一）马克思的利率决定理论

马克思对利率决定的研究，是以剩余价值在货币资本家和职能资本家之间的分割为起点的。他认为货币资本家凭借对货币的所有权，与职能资本家共享产业利润，而产业利润是由工人创造的剩余价值的转化形式。利息这种质的规定性决定了其量的规定性，即利息量的多少取决于利润总额，利息率取决于产业平均利润率，产业平均利润率也就构成了利率的上限。至于利率的下限，则取决于职能资本家和货币资本家之间的竞争。但利率一般不能小于等于零，否则货币资本家会失去借贷的积极性。因此，马克思认为利率水平一般应处于零与产业平均利润率之间，利率低于零或高于产业平均利润率的情况是不可能长期维持的。

（二）古典学派的实际利率理论

古典经济学关注非货币的实际因素对利率决定的影响，因此也将这一时期的利率理论称为实际利率理论。该理论认为：投资流量导致的资金需求是利率的减函数，储蓄流量导致的资金供给是利率的增函数，利率变化则取决于投资流量与储蓄流量的均衡。利率决定中的这种关系如图5-2所示。

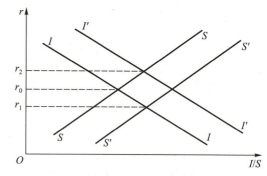

图 5-2　古典学派的实际利率理论

图5-2中，II 为投资曲线，向下倾斜，表明投资流量是利率的减函数；SS 为储蓄曲线，向上倾斜，表明储蓄流量是利率的增函数。两条曲线的交点意味投资流量和储蓄流量正好相等，对应的利率为均衡利率 r_0。投资需求不变时，储蓄意愿增强会导致 SS 曲线右移至 $S'S'$，新的均衡利率随之下降为 r_1；储蓄意愿不变时，投资需求增加会导致 II 曲线上移至 $I'I'$，新的均衡利率也随之提高至 r_2。

（三）凯恩斯的流动性偏好理论

凯恩斯的流动性偏好理论更加重视货币因素对利率水平的影响。他认为利率取决于货币供求数量的对比，货币供给量由货币当局决定，而货币需求取决于人们的流动性偏好。货币供给不变时，人们的流动性偏好增强，意愿持有的货币数量（即货币需求）上升，利率也会随之走高；反之，人们的流动性偏好减弱，会导致货币需求下降，利率也会随之走低。

如图 5-3 所示，货币供给曲线由货币当局外生决定，是一条垂直于横轴的直线，货币供给增加会导致供给曲线右移和均衡利率走低，货币供给减少则会导致供给曲线左移和均衡利率走高。流动性偏好曲线即货币需求曲线，是一条向右下方倾斜的曲线，流动性偏好增强会导致货币需求曲线上移和均衡利率走高，流动性偏好减弱则会导致货币需求曲线下移和均衡利率走低。凯恩斯认为，当利率不断下降至低位，以至于不可能再下降时，人们就会产生利率上升、债券价格下跌的预期，人们的流动性偏好就会趋于无限大，货币需求的利率弹性也会变得无穷大，此时无论增加多少货币供给，都会被人们储存起来，这就是著名的"流动性陷阱"假说。图 5-3 中流动性偏好曲线右方趋于平直的部分即为"流动性陷阱"，此时供给再多货币也无法导致利率进一步下降。

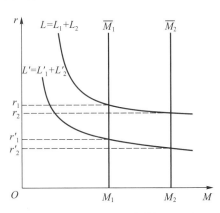

图 5-3 凯恩斯的流动性偏好理论

（四）新古典学派的可贷资金理论

可贷资金理论是在批判、综合实际利率理论和流动性偏好理论的基础上提出来的。该理论在实际利率理论的框架内纳入货币供求变动因素，同时考虑实际因素和货币因素对利率决定的影响。

该理论认为利率是借贷资金的价格，因而取决于可贷资金供求状况。可贷资金供给（F_s）来自某一时期的储蓄流量（S）和货币供给增量（ΔM_s），与利率水平正相关；借贷资金需求（F_d）则取决于同期的投资流量（I）和人们希望保有的货币余额变化（ΔM_d），与利率水平负相关。因此，均衡条件可表达为：

$$F_s = F_d \tag{5-15}$$

$$S + \Delta M_s = I + \Delta M_d \tag{5-16}$$

该理论认为，投资和储蓄这对实际因素是相对稳定的，而货币供求则是经常变化的，在这一意义上，利率变动在一定程度上受货币因素的影响更大些。由于可贷资金总量在很大程度上受制于中央银行，货币政策也就成了利率决定中必须考虑的重要因素。

（五）新古典综合派的 *IS-LM* 模型

IS-LM 模型是由英国经济学家约翰·希克斯根据凯恩斯宏观经济理论框架创建，后经美国经济学家汉森完善和发展的一个经济模型，也称希克斯－汉森模型。模型将市场划分为商品市场和货币市场，认为国民经济均衡是商品市场和货币市场同时出现均衡。该模型在分析利率时加入国民收入这一重要因素，认为利率是在既定国民收入

下由商品市场和货币市场共同决定的。

如图 5-4 所示，IS 曲线是商品市场均衡时利率（r）与收入（Y）的组合。由于利率与市场需求呈负相关，从而 r 与 Y 负相关。
LM 曲线为货币市场均衡时利率（r）与收入（Y）的组合。货币需求与 Y 正相关，与 r 负相关。在货币供给为外生变量的假设前提下，必须使 Y 和 r 同向变动才能保持货币市场均衡，即在 LM 曲线上 r 与 Y 正相关。

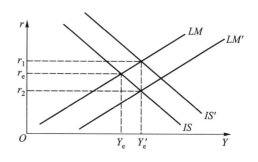

图 5-4　新古典综合派的 IS-LM 模型

IS 曲线和 LM 曲线的交点即为商品市场和货币市场同时达到均衡时的利率和收入，这对宏观经济问题的分析具有非常重要的意义。当 IS 曲线和 LM 曲线发生移动时，均衡利率也会发生变动。由于 IS 曲线移动是由投资和储蓄变动引起的，LM 曲线移动是由货币供求变化引起的，因而这些变量变动都会改变均衡利率的位置，并引起均衡收入的变化。

二、影响利率变化的其他因素

上述理论讨论了最基本、最重要的利率决定因素。此外，以下因素对利率变化具有重要影响。

（一）宏观经济因素对利率变化的影响

影响利率的宏观因素很多，国民收入、储蓄、投资、货币供给、货币需求的变化等都会引起利率的变化，各种宏观经济政策的调整也会影响利率的走势。这些影响在经济周期中更为明显。

宏观经济周期表现为危机、萧条、复苏、繁荣四个循环往复的阶段。在经济周期的不同阶段，商品市场和资金市场供求会发生相应变化，财政政策和货币政策也会相应调整，从而对利率走势产生重要影响。危机阶段，工商企业库存增加，资金紧张，债务可能无法按期偿还，严重时甚至会引起货币信用危机。企业缩减生产规模，赊销意愿降低，这导致货币需求急剧增加，利率水平高企。萧条阶段，物价已跌入谷底，企业生产处于停滞，企业因缺乏信心对资金的需求大幅降低，而治理危机的扩张性财政政策和货币政策，则会导致资金供给增加，这使得利率不断走低，极端时甚至会出现零利率。复苏阶段，企业和居民信心逐步恢复，消费和投资需求回升，物价水平走高，借贷资金需求相应增加。但前期的宽松经济政策使得借贷资金供给相对充裕，利率水平相对不高，企业仍能以较低利率获得资金。繁荣阶段，生产迅速发展，物价稳定上升，利润急剧增长，新企业不断建立，借贷资金需求增加。在繁荣初期，由于购销两旺，资金回流迅速，利率并不是很高。但随着繁荣期持续以及生产规模进一步扩张，原材料价格和劳动力成本快速上升会导致物价上涨压力剧增，利率水平不断走高。而在繁荣和高涨期货币当局为抑制经济过热而采取的紧缩性货币政策，不仅加剧了利率上行压力，也为下一轮危机埋下了伏笔。

（二）影响利率变化的风险因素——利率的风险结构

相同期限的金融资产，因违约风险、流动性风险和税收风险等差异而形成不同的利率，我们称其为利率的风险结构。

1. 违约风险

违约风险（default risk）又称信用风险，是指不能按期还本付息的风险。债务人的收入及盈利能力会随经营状况而发生变化，这会给债务本息偿还带来不确定性。在具体分析时，可将违约风险分解为两部分：**违约概率**（default probability）以及违约后的**损失挽回比率**（recovery rate）。一般来说，违约风险与违约概率正相关，而与违约后的损失挽回比率负相关。违约风险低的债务，其利率也较低；违约风险高的债务，其利率也相对较高。有违约风险的债务与无违约风险的债务之间的利率差，即**违约风险溢价**（default risk premium），它是债务风险溢价的一个重要组成部分。

2. 流动性风险

流动性风险（liquidity risk）是指因资产变现能力弱或变现速度慢而可能遭受的损失。金融工具的流动性风险通常与其发行量及市场容量密切相关：当发行量和市场容量较大时，其变现能力较强，变现速度较快，流动性风险也会较低。但流动性风险相对于其他风险类别而言，其形成原因要更加复杂，通常被视为一种综合性风险。一般来说，金融工具的利率与其流动性风险正相关，即流动性风险越大，利率也会越高。信用级别相同但流动性不同的金融工具之间的利率差，即为**流动性风险溢价**（liquidity risk premium），它也是债务风险溢价的一个重要组成部分。

3. 税收风险

根据各国规定，债权人获得的利息收益通常必须纳税。因此，债权人真正关心的是税后的实际收益率。各国政府在税收上采取不同的政策，税率也会经常调整，从而给债权人带来**税收风险**。一般来说，税率越高的债券，其税前利率也应该越高；而低税率或免税债券的利率支付则可以相对低些。例如，与美国国债相比，美国地方政府债券具有较高的违约风险，流动性也较差，但由于其利息收入是免税的，所以可以支付较低的利率。为了使免税债券与纳税债券的收益率具有可比性，通常需要计算出应税债券的**税后收益率**（after-tax yield），然后与免税债券的利率进行比较。

4. 购买力风险与费雪效应

黄金非货币化后，通货膨胀成为常态，物价上涨导致货币贬值，购买力下降，资金贷出方的本息都会因货币购买力下降而面临贬值损失，即面临购买力风险（purchasing power risk）。通货膨胀程度越严重，资金贷出方的损失越大。为弥补其损失，在确定借贷利率时需考虑通货膨胀预期对本金和利息的影响，并通过提高名义利率来降低预期的通货膨胀损失。

对于通货膨胀预期与名义利率之间的关系，著名经济学家欧文·费雪认为：当预期通货膨胀率上升时，名义利率也将上升。这就是著名的**费雪效应**（Fisher effect）。因此，通货膨胀预期导致的名义利率上升的部分，也可视为对购买力风险的补偿。

5. 汇率变动风险与利率平价

随着各国资本项目开放度的提高，跨国资本流动和套利行为逐渐成为常态，而这必然涉及不同货币的兑换及汇率问题。浮动汇率制下，汇率剧烈波动会增加跨国资本流动和套利的风险。资本由低利率国家流向高利率国家套利时，不仅要关注两国利差，还需要考虑汇率变动所导致的预期汇兑损益。汇率变动风险越大，预期的汇兑损失越大，套利活动所需的利差也就越大。因此，跨国套利活动中的利差也可以看作对汇率变动风险的补偿。

（三）影响利率的时间因素——利率的期限结构

各种利率都会与不同的期限相关联。如存款利率随期限增加而增加，形成存款利率的期限结构；国债利率因期限长短不同而有高有低，形成国债利率的期限结构。市场利率不断变化，所以利率的期限结构表现为某一时点上因期限差异而有所不同的一组利率所构成的利率体系。需要注意，利率期限结构只能就与某种同质的债务相关的利率讨论，若加入包括信用品质差异在内的其他因素，利率期限结构则不再具有可比性。

利率期限结构理论认为，利率高低主要取决于金融工具的到期收益率与到期期限之间的关系。利率的期限结构曲线即在某一时点以同类金融工具的不同到期期限为横轴，不同到期期限的同类金融工具的到期收益率为纵轴而画出的一条曲线。金融工具价格会出现波动，其到期收益率自然也会随之变动，利率期限结构曲线在不同时点也会有所不同，在不同时点会得到不同的收益率曲线。

经济学家对收益率与期限关系的解释基于如下三个经验事实：① 不同期限的债券，其利率随时间变化一起波动。② 短期利率低，收益率曲线更倾向于向上倾斜；如果短期利率高，收益率曲线可能向下倾斜。③ 收益率曲线通常是向上倾斜的。在解释上述经验事实时，由于基本假设不同，形成了三种不同的理论，即预期假说、分割市场理论、期限选择与流动性升水理论。

1. 预期假说

该理论的基本假设是：不同债券完全可替代，投资者并不偏好于某种债券。在这一基本假设下，投资者会根据不同债券收益率的差异，在不同期限的债券之间进行套利，使得不同期限的债券价格能够相互影响、同升同降。这解释了第一个经验事实。此外，由于长期债券的到期收益率（r_n）取决于长期债券到期前人们对短期利率预期的几何平均值，即 $(1+r_n)^n=(1+r_1)(1+f_2)(1+f_3)\cdots(1+f_n)$。如果短期利率处于高位，则未来各年度远期利率趋于下降的可能性更大，长期债券的到期收益率也就会低于短期债券的到期收益率，收益率曲线向下倾斜；反之，如果短期利率处于低位，则未来各年度远期利率趋于上升的可能性更大，长期债券的到期收益率将高于短期债券的到期收益率，收益率曲线向上倾斜。这很好地解释第二个经验事实。尽管预期假说能够很好地解释前两个经验事实，却无法解释第三个经验事实，即收益率曲线通常会向上倾斜。因此，有人提出分割市场理论来对其进行解释。

2. 分割市场理论

分割市场理论又称期限偏好理论，其假设前提是：不同期限的债券根本不是替代品，不同投资者会对不同期限的债券具有特殊偏好。人们一般会偏好期限较短、利率风险较低的债券。基于该假设，要使投资者放弃其希望持有的利率风险较低的短期债券，需要在收益率方面进行补偿，让投资者持有其并不偏好的长期债券需要给其更高的收益率。因此，该理论能够很好地解释第三个经验事实。但由于其假设过于极端，认为不同期限的债券根本不可替代，长、短期债券市场处于互不影响的分割状态，也就无法解释第一个和第二个经验事实。

3. 期限选择和流动性升水理论

该理论在假设前提上对前两个理论进行了综合与折中，认为不同期限的债券是替代品，但不完全可替代，要让投资者持有风险较高的长期债券，必须向其支付流动性升水。不同期限的债券是替代品，则长、短期债券的收益率可以联动，预期因素也能够实现长、短期利率之间的关联和传递，从而能够解释第一个和第二个经验事实。而对于第三个经验事实，该理论是这样解释的：由于短期利率所处位置不同（高位或低位），本来收益率曲线可能向上也可能向下倾斜。而一旦加入期限选择和流动性升水所导致的收益补偿，则向上倾斜的收益率曲线仍会保持向上倾斜，但会变得更陡峭。向下倾斜的收益率曲线则可能出现三种情况：变得向上倾斜；变得较为平缓；仍向下倾斜但变得平缓。即考虑期限选择和流动性升水因素时，收益率曲线向上倾斜的概率会大大增加，即收益率曲线通常会向上倾斜。因此，该理论能够较好地解释以上三个经验事实。

（四）利率管制

以利率管制为代表的制度性因素，也是直接影响利率水平的重要因素。其基本特征是由政府有关部门或中央银行直接制定利率或规定利率的上下限。

由于利率管制具有强行政干预力和法律约束力，它会弱化甚至排斥各类经济因素对利率决定和变动的影响，能够直接决定利率水平和结构。在发达市场经济国家，尽管也可能实行利率管制，但其范围通常相当有限，经济非常时期一旦结束很快就会解除管制。相比之下，发展中国家由于经济落后，资金严重不足，多通过利率管制来促进经济发展，一般都是通过压低居民储蓄存款利率或通过高价发行股票的方式，为企业提供低成本融资以促进经济增长。但在市场经济体制中，利率管制会产生利率水平或高或低、难以灵活变化反映资金供求和风险状况、扭曲利率作用、导致不同群体间的隐形利益转移和输送等诸多不良影响，因此，在市场经济体制下，利率作为最重要的金融价格，其形成机制的市场化是非常必要的。

原理 5-2

市场经济中的利率是由多种因素决定和影响的。宏观层面利率主要受储蓄投资、货币供求、货币政策、经济周期、利率管制等因素的影响；在微观层面，期限、风险、担保品、信誉、预期等都会对利率变动产生影响。

第四节　利率的作用及其发挥

一、利率的一般作用

在现代市场经济中，利率作为重要的经济杠杆，牵一发而动全身，对一国经济发展具有极为重要的影响。利率不仅在宏观层面影响经济运行的方方面面，还在微观层面直接影响企业及个人的经济行为。

（一）利率对储蓄和投资的影响

对个人而言，储蓄是其可支配收入减去消费后剩余的部分。利率高低会对居民部门的储蓄产生重要影响，利率变动会影响居民消费和储蓄的相对比重。居民保有其储蓄的方式，既可以是持有实物资产，也可以是持有金融资产，而在金融资产中，既可选择货币类资产，也可选择股票、债券等非货币类资产。而通货膨胀率和各种金融资产收益率的差异，会在很大程度上影响人们持有资产的结构。

利率对投资规模和结构都有非常直接的影响。企业投资需要大量借用外部资金，利率作为企业借款的成本，是影响企业借款规模的重要因素，企业投资规模通常与利率升降反向变化。此外，利率作为借贷资金的"价格"，其变化会影响资金流动的方向与规模，从而影响投资的结构，政府也可以通过差别化的利率政策来影响国民经济的产业结构。

（二）利率与借贷资金供求

利率高低也会影响借贷资金供求。借贷资金需求与利率负相关，高利率会抑制企业和个人的借贷资金需求，低利率则鼓励企业和个人的借贷资金需求。借贷资金供给在理论上与利率正相关，利率水平高低不仅会影响居民消费和储蓄选择，还会影响居民持有现金和存款的比例。高利率有利于储蓄动员，也有利于增加借贷资金供给；低利率则正好相反。但在现实中，利率升降对借贷资金供给的影响却很有限。一国借贷资金的供给，主要取决于该国经济发展和积累的规模以及中央银行的货币政策。

（三）利率与资产价格

利率是实物资产和金融资产定价的关键变量。利率不仅在有价证券的价值评估中发挥重要影响，而且对资产价格及其变化产生重要影响。由于资产价格等于该资产未来现金流或收益的贴现，当未来现金流或收益既定时，用来代表贴现率的利率水平越低，该资产的价格也就越高；贴现率或利率水平越高，资产价格也就越低。在投资活动中，加息通常被视为利空房地产价格和证券行市，降息则被看作利好因素，也正是基于这一分析逻辑。利率变动对资产价格的影响本书将在第 6 章中详细讨论。

（四）利率与社会总供求的调节

利率是调节社会总供求的一个重要变量。利率对社会总供求起着重要的调节作用。从总需求角度看，利率降低，会增强居民的消费需求和企业投资需求，导致总需求增长；反之亦然。从总供给角度看，低利率导致的企业投资规模扩张会有利于增加总供给，而利率上升会在长期内导致总供给下降。当然，利率升降变化对社会总供求及其平衡状况的影响需要从动态的视角加以把握。

（五）利率水平与资源配置效率

现代经济具有"资金流动决定物质流动，即物随钱走"的特征。利率高低及其变化能够引导资金流动，从而对实物资源流动和配置效率产生重要影响。较高水平的利率，会将经营效率低、盈利能力弱的企业淘汰出局，资源可以更多地集中于优质高效企业，有利于提高资源配置效率。低利率使经营效率低、盈利能力弱的企业也能够维持生存，延缓了资源向优质、高效企业集中的进程。众多企业都能够加入生产过程，尽管有利于经济增长和就业，但却意味着更快的资源耗费速度和更低的资源配置效率，对环境的破坏也更加严重。

（六）利率与金融市场

就利率与金融市场的关系而言，利率是金融工具定价的基本要素。利率水平合理与否，将直接决定金融工具的定价是否合理，以及通过该金融工具引导的资金流动是否合理。扭曲的、不能反映资金稀缺程度的、不合理的利率水平，自然会导致金融工具和金融资产定价扭曲，导致不合理的资金流动以及低效率的资源配置。这也正是我国利率体制改革进程中需要重点关注的问题。本书在第 7 至第 10 章中还有讨论。

（七）利率对金融机构经营管理的影响

作为经营货币信用的特殊企业，利率对于金融机构的经营管理具有重大影响，金融机构是利率敏感性最为明显的企业。

1. 利率对金融机构负债的影响

在金融机构的经营活动中，其能否以较低成本获得长期稳定的资金来源是至关重要的。以银行为例，吸收存款的利率高低决定了其主要资金来源的成本，债券市场现行利率及其变化对银行发债融资的成本和种类选择具有决定性影响，货币市场的利率对于银行的流动性负债规模及其成本影响很大，中央银行利率是商业银行流动性管理的重要考虑因素，而资本市场长期利率对于银行发行资本性债务工具的成本和种类选择也有决定性影响。

2. 利率对金融机构资产运作的影响

金融机构在经营资产项目时首先要考虑利率，因为资金来源与资金运用的利差是金融机构获利的主要来源。因此，当资金来源的利息成本既定时，能否通过资产运用获得较高收益就成为金融机构资产管理的重要内容。例如，当市场利率水平较高时，金融机构的放贷意愿就会比较高；利率也是金融机构资产经营的重要手段，银行既会根据申请人的情况采用不同利率向授信对象提供借款，也会通过利率浮动来对客户进行筛选。

3. 利率对金融机构风险管理的影响

利率风险是指因利率变化所造成损失的可能性。市场利率是灵活多变的，而利率的变化会改变金融机构的净利息收益和其他利率敏感性负债与资产的内在价值，一旦利率出现不利的变化，就会给金融机构造成损失。所以，无论是金融机构的负债还是资产运营，利率风险始终是最为重要的管理内容。正因为如此，巴塞尔委员会发布的银行监管要求中，一直把利率风险管理作为重要的监管内容。本书在相关章节中还有讨论。

（八）利率与宏观经济政策

中央银行利率是货币政策的重要工具。同时，现行利率的高低对于宏观经济政策的制定和实施具有重要影响。首先，会影响宏观经济政策的决策。例如，当现行利率处于较高水平时，税收政策就会受到制约，如果此时再提高税率，企业和负债人就会难以承受；货币政策也会受到牵制，如果高利率时再推出紧缩性的政策措施，对于企业和负债人而言无疑是雪上加霜。其次，利率会影响政策传导及其效果，尤其是货币政策将利率作为中介目标时，利率能否顺畅地将政策意图传导到实体经济，是货币政策是否有效的重要环节。这些问题本书在第 18 章中还有讨论。

原理 5-3

利率对宏观经济各变量和微观经济主体的经济行为具有重大影响，而且对金融机构的经营管理、金融市场交易和资产定价及其变动、宏观经济政策都有重要影响。

二、利率发挥作用的环境与条件

利率在市场经济中发挥作用的领域十分广泛。微观层面，对于个人收入在消费和储蓄之间的分配、企业的经营管理和投资决策等，利率的影响都非常直接。宏观层面，对于借贷资金的供求、市场的总供求、物价水平的升降、国民收入分配的格局、汇率和国际资本的流动、经济的成长和就业，利率都具有重要影响。而在经济学中，无论是微观经济分析还是宏观经济分析，利率都是不可或缺的重要变量。这是因为，对那些可以独立决策的主体而言，利润最大化是一个最基本的准则，而利率高低会直接影响这些主体的利益。在利益约束机制下，利率自然就有了广泛而重要的作用。

微视频 5-2
日本进入负利率时代

（一）利率发挥作用的基础性条件

1. 独立决策的市场主体

利率要想发挥应有的作用，需要微观行为主体是能够独立决策、独立承担责任的经济人。市场主体只有在其利益与投资决策息息相关，且需要为投资决策后果承担责任时，其投资决策才会对利率水平高度敏感。如果不能够满足这一基本条件，投资效果与市场主体自身利益关系不大，则利率高低也就无法对其产生影响，利率的作用也就无法有效发挥。

2. 市场化的利率决定机制

市场化的利率决定机制，使得资金供求状况和利率水平能够相互影响，利率能反映资金稀缺性和机会成本。作为经济人的市场参与者可根据自身情况和利率高低进行理性决策：盈余方可根据自己投资的收益率与出让资金的市场利率，决定是自己投资还是贷放资金。企业也可根据项目投资收益和借款成本，决定是否增加投资。通过利率信号，能够有效筛选优质项目，将资金配置给那些最需要资金也具有最佳效益的项目。

3. 合理的利率弹性

利率弹性是指经济变量对利率变化的敏感程度。经济变量的利率弹性越强，其对利率变化也就越敏感，通过利率变动引导其达到预期目标也就更容易；反之，如果经济变量对利率变化缺乏弹性，通过利率变动就很难影响该经济变量以达到预期目标。

（二）制度经济环境与利率作用的发挥

除以上影响利率作用发挥的基础性条件外，还有一些制度经济环境因素影响利率作用的发挥。

1. 市场化改革与利率作用的发挥

对于实行计划经济的国家，市场化改革是利率发挥作用的前提。只有市场化改革才能造就独立决策、独立承担责任的市场行为主体，其才会对利率变化做出反应。在我国实行严格计划经济时期，企业不是关心自身利益的市场主体，无权决定生产什么和生产规模，利率自然也就不能发挥应有的作用。随着市场化改革的推进，企业逐步成为独立经营的市场主体，再加上国企改制后预算约束相对硬化，其自身利益诉求逐步增强，利率在资金和资源配置中的作用才逐步显现。

2. 市场投资机会与资金的可得性

发达国家市场充分竞争，导致投资机会减少，盈利空间收窄，利息成本是制约企业投资和盈利能力的重要因素。而在众多发展中国家，市场竞争不充分和大量投资机会的存在，使得不少项目投资收益率相对较高，这导致利息成本影响投资决策但却不是主导因素。真正对投资决策具有决定性影响的则是能否获得资金，即资金的可得性。发展中国家相对较高的投资收益率和利率管制导致的低利率，使得相对于利率高低而言，资金可得性对项目投资决策的约束更具实质性。对中国而言，随着近些年竞争加剧和投资收益率下降，利率高低对投资决策的影响正变得越来越重要。

3. 产权制度与利率作用的发挥

微观经济主体是否自我约束、自负盈亏，对利率作用的发挥至关重要。而在不同的产权制度下，微观主体面临的激励和约束明显不同，其行为方式也有本质差异。在公有产权和国企制度下，预算约束相对软化，管理者面临的激励和约束明显不足，通常都会有资源掌控最大化与成本费用最大化动机，而对利润的关注明显不足，通常都具有"投资饥渴"的典型特征。产权制度的改革，在规范和发展非公有产权制度的同时，还通过诸多制度设计明显强化了公有产权背景下的激励和约束，微观行为主体的逐利动机明显增强，对利率变化的敏感性也随之提高。

（三）我国的利率市场化改革

新中国成立之初，针对严重通货膨胀、囤积居奇和高利贷盛行的状况，政府采取包括利率管制在内的经济管制措施，收到了较理想的效果。此后，利率管制随高度集中的中央计划经济管理体制建立而进一步强化。这一阶段利率管制具有"利率档次少、利率水平低、利差小、管理权限高度集中"的典型特征。计划经济体制下生产、销售、分配和资金供求均基本取决于国民经济计划，利率对经济变量自然也就起不了什么作用。

改革开放后，我国经济市场化程度逐步提升，利率对宏观经济和微观行为主体的影响逐步增强，利率体制改革问题也逐渐变得迫切。尤其是在我国现代企业体制改革全面推进并取得实质性进展，利率体制僵化逐渐成为经济优化和良性发展的严重障碍时，利率市场化问题也就变得更加迫切。

所谓利率市场化，是指通过市场和价值规律机制，在某一时点上由供求关系决定的利率运行机制，是价值规律起作用的结果。利率市场化实际上就是将利率的决策权交给金融机构，由金融机构根据资金供求状况及对金融市场走势的判断，自主调节利率水平，最终形成以中央银行基准利率为基础，以货币市场利率为中介，由市场供求决定金融机构存贷款利率和证券市场利率的市场化利率形成机制和市场化利率体系。

与我国渐进式改革战略相适应，利率市场化也具有渐进式改革的典型特征。根据十六届三中全会精神，结合我国经济金融发展和加入世界贸易组织后开放金融市场的需要，中国人民银行按照"先外币、后本币，先贷款、后存款，存款先大额长期、后小额短期"的步骤，逐步建立由市场供求决定金融机构存、贷款利率水平的利率形成机制。中国人民银行调控和引导市场利率，使市场机制在金融资源配置中发挥主导作用。2015 年 10 月 23 日，存款利率上限完全放开，我国实现了银行存贷款利率的市场化。2019 年 8 月 17 日，中国人民银行发布改革完善贷款市场报价利率（LPR）形成机制的方案，有利于提高利率决定的市场化程度和利率传导效率。

微视频 5-3
中国利率市场化已基本完成

本章小结

1. 货币的时间价值是指当前持有一定数量的货币，要比未来的等量货币价值更高。货币具有时间价值的原因有三：货币占用具有机会成本，补偿通货膨胀损失，对投资风险的补偿。

2. 利息是资金借入方支付给贷出方的报酬。因为货币具有时间价值，所以与当期付出的本金相比，未来偿还时需要在本金之外附加利息，利息是货币时间价值的具体体现。

3. 利率是利息率的简称，是指借贷期满时利息总额与本金总额的比率。由于利息率给出了单位货币的时间价值，所以是一个比利息更好的衡量货币时间价值的指标。

4. 对于利息的实质，早期的经济学家主要从非货币性因素和货币性因素两个视角来分析。现代经济学对利息的研究更加侧重于对利息补偿的构成以及利率影响因素的分析。

5. 以借贷为前提并源于产业利润的利息，一旦被抽象出来，赋予其与借贷、生产活动无关的特性，将利息直接与资本所有权联系起来，认为利息是资本所有权的必然产物时，利息也就转化为收益的一般形态。利息转化为收益的一般形态，其主要作用是导致了收益的资本化。

6. 利息的计算有单利计息和复利计息两种。单利计息程序相对简便；复利计息程序相对复杂，但能较好地保护资金出让方的利益。复利更能反映利息的本质和经济规律。

7. 计算现值的过程即为贴现，也称现金流贴现分析，所使用的利率即为贴现率，现值的大小与贴现率负相关。

8. 投资决策实质上是进行成本 – 收益权衡，由于资金流出、流入在不同时点发生，需要将这些不同时点上的资金流出、流入换算成同一时点的可以进行简单加减的货币金额，然后才能评价项目是否值得投资。投资决策方法的核心思想其实就是贴现现金流分析，目前最常用的项目选择和投资决策方法是净现值方法。

9. 按不同标准，可以将利率划分为不同的种类。

10. 收益率实质上就是利率，但在实际投资过程中，收益率则是能够更加准确衡量一定时期内投资人获得收益多少的指标。

11. 利率水平决定及其影响因素，在金融理论中极为重要。主要的利率决定理论有：马克思的利率决定理论、古典学派的实际利率理论、凯恩斯的流动性偏好理论、新古典学派的可贷资金理论以及新古典综合派的 *IS–LM* 模型。

12. 金融资产期限相同，因违约风险、流动性风险、税收风险、购买力风险、汇率变动风险等方面差异而具有不同的利率，此即利率的风险结构。利率的期限结构是指违约风险相同，但期限不同的证券的收益率之间的关系。

13. 收益率曲线通常具有三个经验事实：① 不同期限的债券，其利率随时间变化一起波动。② 短期利率低，收益率曲线更倾向于向上倾斜；短期利率高，收益率曲线更可能向下倾斜。③ 收益率曲线通常是向上倾斜的。研究者在解释三个经验事实时，产生了如下三个利率期限结构理论：预期假说、分割市场理论、期限选择和流动性升水理论。

14. 利率管制是影响利率的重要因素。在管制利率体系下，利率丧失了作为市场资金供求指针的作用，金融工具定价扭曲，导致资金流动和实物资源的错配。

15. 利率是现代市场经济中最重要的经济杠杆，牵一发而动全身，对经济的宏观层面和微观层面都有重要影响。利率的作用具体体现在对储蓄和投资、借贷资金供求、资产价格、社会总供求以及资源配置效率的影响上。

16. 利率发挥作用需要满足一些基础性条件：独立决策的市场主体、市场化的利率决定机制、合理的利率弹性等。而市场化改革、市场投资机会与资金可得性、产权制度等也会对利率发挥作用有重要影响。

17. 利率市场化是指通过市场和价值规律，在某一时点上由供求关系决定利率的运行机制。它是价值规律起作用的结果。

复习思考题

1. 货币的时间价值与利息及利率之间有何关系？

2. 利息转化为收益的一般形态与收益资本化有何关系？

3. 根据银行一年期储蓄存款利率及上年的物价变动率，计算银行储蓄存款的实际利率。

4. 什么是贴现现金流分析？它与投资决策有何关系？

5. 利率和收益率之间存在怎样的关系？

6. 什么是利率的风险结构？对比国债和企业债券说明利率风险结构的影响因素。

7. 利率管制对我国经济体制改革有何负面影响？

8. 利率发挥作用应具备哪些基础性条件和环境？

9. 在我国经济转型过程中，哪些因素严重影响了利率作用的发挥？

10. 什么是利率市场化？分析我国推进利率市场化改革的意义。

 即测即评

网上更多…… ⚙ 教学案例　　📋 名词术语　　💬 学生讨论

第6章
金融资产与价格

本章导读 》》

> 金融资产价格关系居民的金融投资利益，也影响实体经济的发展。从中央银行角度看，货币政策实施可能引起金融资产价格波动，影响投资倾向和经济运行，中央银行也会关注金融资产总量、结构和价格等问题。监管部门要维持市场秩序，维护金融稳定，资产价格波动也是其关注的问题。金融资产及其价格与政府、居民、金融机构和企业的利益息息相关。通过本章的学习，可以使学生更好地理解金融资产类型、价值评估和定价原理与方法，掌握现代资本市场理论发展脉络，正确理解金融资产价格波动的规律。

第一节　金融工具与金融资产

金融工具包括经济活动主体之间签订的各种金融合约，可以分为金融资产和其他金融工具，金融资产的范围小于金融工具的范围。金融资产也被人们习惯称为金融工具或金融产品，一般具有内在价值。

一、金融工具

（一）金融工具的概念

金融工具是指金融经济交易行为主体之间签订的金融契约或合同。有的金融工具标示了明确的价值，表明了交易双方的债权债务关系，从持有者的角度，这类金融工具可以称为金融资产；而另一类金融工具则依据双方约定的不确定性事件发生情况决定价值，属于或有性质的债权债务，交易双方权利义务有时不对等，如各种衍生金融工具。

（二）金融工具的特征

金融工具一般具备法律性、流动性、收益性和风险性四个特征。

金融工具的本质是承载信用关系的契约，而契约需要法律做保障，因此，法律性是金融工具的首要特征。法律保护金融工具范畴内的债权债务，金融工具的交易、执行、履约等过程都有明确、详细的法律保障条文，保护交易各方的利益和保证义务的履行。

流动性是指金融工具的变现能力或交易对冲能力。金融工具都是可交易的，有相应的流通市场。在市场上变现或对冲，正是金融工具流动性特征的表现。不同的金融工具变现能力不同。

收益性是金融工具给交易者带来的货币或非货币收益。货币作为流动性最强的工具，虽不能给持有人带来利息收益，但能够带来非货币收益——解决支付需要、方便交易等；股票、债券等可以给持有人带来股息、利息等收益。

风险性是金融工具市场价值变化给持有人带来收益与损失的不确定性。无论是基础性金融工具还是衍生工具，市场交易过程中其价格总是处于起伏变化当中。价格变化意味着金融工具的市场价值在变化，金融工具持有人的预期收益不确定，可能出现损失。因此，风险性是金融工具与生俱来的特征。

（三）金融工具分类标准与特点

1. 货币金融统计角度的分类标准与特点

国际货币基金组织发布的《货币与金融统计手册 2000》将金融工具按照流动性由强到弱划分成八大类：① 货币黄金与特别提款权；② 通货与存款；③ 股票以外的证券；④ 贷款；⑤ 股票和其他权益；⑥ 保险专门准备金；⑦ 金融衍生工具；⑧ 其他应收或应付账款。

国际货币基金组织对金融工具的分类标准强调了金融工具分类与金融工具交易主体分类原则上保持一致的特点，以金融工具的法律特征和债权人、债务人基本关系的法律特征作为主要分类标志，分类目的明确，具有灵活性和动态性特点。

2. 金融市场投资者交易角度的分类标准与特点

从金融市场投资者角度看，以金融工具赋予持有人的权利和应履行的义务作为分类标准，可以将金融工具大体分为债权类、股权类、衍生类和合成类四大类金融工具。债权类金融工具载明的是持有人对发行人的债权，股权类金融工具载明的是持有人对发行公司财产的所有权和剩余索取权等，衍生类工具是基于原生性或基础性资产的远期性契约，合成类金融工具是一种跨越了债券市场、外汇市场、股票市场和商品市场中两个以上市场的金融工具。

从金融市场投资者角度划分金融工具，强调了交易市场分类与交易工具分类原则上保持一致的特点，直观、明确，不易引起概念混淆和分类交叉问题。

二、金融资产

（一）金融资产的概念与要素

金融资产是金融市场中的交易工具，涉及债权方和债务方两个主体，依托的是信用关系，因此，同一个金融工具，从债权方看是资产，而对债务方则是负债。站在持有人角度，金融资产是指那些具有价值并能给持有人带来现金流收益的金融工具。在金融市场上，金融资产价值大小由其能够给持有者带来的未来收入现金流的大小和可能性高低决定。

金融资产一般包括五个基本要素：① 金融资产的发售人。金融资产都标示了具体的发售人。② 金融资产的价格。金融资产发行时有面值，有发行价格，在市场上交易时有市场价格。③ 金融资产的期限。金融资产本质上是契约，有存续期限的规定。④ 金融资产的收益。不同的金融资产给持有人带来的货币收入不同。⑤ 标价货币。金融资产价格的衡量要有相应的货币单位，可以是本币、外币，也可是双重货币。

（二）主要的金融资产

1. 债权类金融资产

债权类金融资产以票据、债券、基金等契约型投资工具为主。票据主要是银行、企业发行的短期融资工具，有汇票、本票等；债券按照发行主体分为政府债券、公司债券、金融债券等，按期限长短分为短期债券、中长期债券；基金是集合投资的产品，资本市场上交易的公司型基金分为封闭式与开放式两种。

2. 股权类金融资产

股权类金融资产以股票为主。股票是由股份有限公司发行的用以证明投资者身份和权益的凭证。股票赋予持有人的是剩余索取权、决策权和资产分配权。股票可以分为普通股票和优先股票，按记名方式可分为记名股票和不记名股票，按有无面值还可分为有面额股票和无面额股票。

三、金融资产的风险与收益

（一）金融资产的风险

1. 金融资产风险类型

金融资产的风险是指资产给持有人带来的未来收益或损失的不确定性。主要风险种类包括：

信用风险，是指金融资产的发售人不履行承诺，或者在金融资产清偿支付前破产、消亡，导致投资人资产全部或部分损失的可能性。

市场风险，是指金融资产价格由于基础金融因素的影响发生变化，使投资者资产的市场价值低于投资本金而发生损失的可能性。

流动性风险，是指某种金融资产在市场交易过程中出现买盘或卖盘为零时，资产持有人因找不到交易对手无法变现的风险。流动性风险的另一表现是现金流风险，指投资者因自身流动性不足而被迫在非预期价位卖出资产造成损失的可能性。

操作风险，是指由于交易过程中技术系统出现问题，或交易人员工作失误导致投资者无法在理想的时间和价位上卖出资产，或者由于交易过程失误导致交易指令出错造成损失的可能性。

法律风险，是指金融资产交易过程中，有关各方签署的协议不符合法律规定，交易中存在违反监管规定的情况，事后被有关部门处罚的风险。

政策风险，是指宏观经济政策和对外政治、经济、外交、军事等政策变化导致金

微视频 6-1
日本家庭金
融资产创八
年来新高

融资产价格变化，给投资者带来损失的可能性。

道德风险，是指金融资产出售人不能如实履行信息披露义务，夸大或隐瞒信息，财务上弄虚作假，控制人利用信息优势为自己牟利，损害投资者利益的可能性。

2. 系统性风险与非系统性风险

投资者在金融市场上对其持有的金融资产进行有效组合，可以降低或规避一些风险。非系统性风险是指通过增加资产持有种类能够相互抵消的风险，也称个别风险。投资所讲究的"不要把鸡蛋放在同一个篮子里"就是规避非系统风险最朴素的表述。而无法通过资产组合规避的风险则称为系统性风险。

（二）金融资产的收益

金融资产给持有者带来的收益不外乎两类：① 利息、股息与红利等现金流收益；② 资产买卖价差收益，也称为资本利得。一般来说，在无风险利率一定的条件下，金融资产现金流收益的高低是决定金融资产市场价格的主要因素，影响着买卖价差收益的大小。收益高低的衡量采用相对指标——收益率，它是金融资产收益与购买金融资产现值之比。对于大部分个人投资者而言，资本市场工具是其最主要的投资性金融资产，债券、股票、基金三种金融工具的投资收益率一般分为当期收益率、到期收益率和持有期收益率。相关计算详见第 5 章。

（三）金融资产风险与收益的关系

如果从金融资产大类划分看，名义收益相对较低的债券风险要比基金的风险小一些，基金的风险又比股票小，这就是人们常说的高风险有高收益。但是，同一类资产会因发行主体不同而出现风险高低的差异。因此，风险与收益之间不是简单的等比例关系。从投资者角度看，这里所说的风险，是指投资者未来投资收益率与期望投资收益率的偏离程度。

1. 非组合投资资产的收益与风险

非组合投资是投资者进行单一资产投资，风险和收益是单只股票或债券的收益。不考虑股票、债券、基金的差异，简化的金融资产投资收益率计算公式为：

$$r = \frac{C + (P_1 - P_0)}{P_0} \qquad (6-1)$$

式中：r 为投资收益率；

　　　C 为投资资产的现金流收入；

　　　P_0 为资产的期初价格；

　　　P_1 为资产的期末价格。

投资者的期望收益率是未来投资收益率各种可能值的加权平均，权数为每种可能值出现的概率。计算公式为：

$$\bar{r} = \sum_{i=1}^{n} p_i \cdot r_i \qquad (6-2)$$

式中：$\bar{r}$ 为投资期望收益率；

　　　r_i 为未来第 i 种投资收益率；

p_i 为第 i 种投资收益率出现的概率。

投资收益率与期望投资收益率的偏离程度用标准差统计值表示：

$$\sigma = \sqrt{\sum_{i=1}^{n} (r_i - \bar{r})^2 \cdot p_i} \qquad (6-3)$$

研究证明，在一定观察期内，多数金融资产投资收益率变化基本服从正态分布。如果未来收益率的概率分布与过去实现的收益率分布情形相似，则可认为未来投资收益率近似服从正态分布。

假设在 2016—2019 年，A、B 两只股票收益率如表 6-1 所示。

表 6-1　A、B 两只股票的投资收益率（％）

年份	2016	2017	2018	2019
A 股票	−5	10	20	22
B 股票	9	−3	10	18

那么，A、B 股票的平均收益率为：

$$\bar{r}_A = \frac{22\% + 20\% + 10\% - 5\%}{4} = 11.75\%$$

$$\bar{r}_B = \frac{18\% + 10\% - 3\% + 9\%}{4} = 8.50\%$$

两只股票的风险可用估算的收益率标准差计算：

$$\sigma = s = \sqrt{\frac{\sum_{t=1}^{n} (r_t - r_{Avg})^2}{n-1}} \qquad (6-4)$$

式中：r_{Avg} 为各期收益率平均值。

A、B 两只股票收益率的估计标准误差分别为：

$$\sigma_A = \sqrt{\frac{(22\% - 11.75\%)^2 + (20\% - 11.75\%)^2 + (10\% - 11.75\%)^2 + (-5\% - 11.75\%)^2}{4-1}}$$

$$= 12.34\%$$

$$\sigma_B = \sqrt{\frac{(18\% - 8.50\%)^2 + (10\% - 8.50\%)^2 + (-3\% - 8.50\%)^2 + (9\% - 8.50\%)^2}{4-1}}$$

$$= 8.66\%$$

风险与收益的关系可用两者的弹性系数（coefficient of variation，CV）表示：

$$CV = \frac{\sigma}{r_{Avg}} \qquad (6-5)$$

A、B 两只股票的风险－收益比分别为：

$$CV_A = \frac{12.34\%}{11.75\%} = 1.05$$

$$CV_B = \frac{8.66\%}{8.50\%} = 1.02$$

从投资角度讲，A 股票的单位收益风险比较高，B 股票的单位收益风险比较低。对于风险厌恶者而言，B 股票是比较理想的选择。

2. 资产组合投资的风险与收益

投资者为分散风险，往往采取组合投资的策略。组合收益率是所有组合资产期望收益率的加权平均值，权数是各资产在组合总资产中所占比重，计算公式为：

$$r_p = \sum_{i=1}^{n} w_i \overline{r}_i \qquad (6\text{-}6)$$

式中：r_p 为组合投资的期望收益率；

　　　w_i 是第 i 种资产所占比重；

　　　$\overline{r}_i$ 是第 i 种资产期望收益率。

组合风险是所有资产标准差的协方差：

$$\sigma_p = \sqrt{\sum_{i=1}^{n} w_i^2 \sigma_i^2 + 2\sum_{0 \leqslant i < j \leqslant n} w_i w_j \sigma_i \sigma_j \rho_{ij} + \sum_{j=1}^{n} w_j^2 \sigma_j^2} \qquad (6\text{-}7)$$

式中：σ_p 表示组合投资的风险度，是各种资产的协方差；

　　　ρ_{ij} 表示第 j 种资产收益率与第 i 种资产收益率的相关系数。

组合投资风险与收益的关系：

$$CV = \frac{\sigma_p}{r_p} \qquad (6\text{-}8)$$

CV 表示组合投资单位收益承受的风险。

四、金融资产的配置与组合

金融资产投资组合是从时间和风险两个维度配置资产。从时间角度看，投资期限是决定收益的重要因素，一般来说，存续时间短的金融资产，其收益水平也比较低。从风险角度看，高收益伴随着高风险。投资组合在确定不同期限的投资品种以后，需要在同类品种当中进行风险评估，依据风险偏好进行资产选择。因此，在时间和风险两个维度上配置资产，实现资产的有效组合是投资管理的核心。

（一）现代资产组合理论

现代资产组合理论是针对化解投资风险的可能性而创立的资产定价理论体系。通过持有资产多元化来分散投资风险是最朴素的资产组合思想。现代资产组合理论通过建立数学模型进而精确地计算各种资产的持有量来分散投资风险。但是，因为存在系统风险，通过分散投资、构建投资组合并不能完全消除风险。同时，投资组合不可能包括所有类别的所有资产。因此，投资组合可以分散风险，但无法消除风险。

原理 6-1

　　现代投资组合理论认为，个别风险可以通过分散投资来消除，系统性风险无法通过分散投资消除。

（二）时间维度与风险维度的配置

　　金融资产组合首先面临的是选择什么时间性质资产的问题，选择什么期限的资产就是资产在时间维度上的配置。资产组合的第二考虑要素是如何在风险维度上进行资产配置。从实际操作过程看，资产在时间维度的配置很难与其在风险维度的配置截然分开。

　　举例，投资者可选择的资产如表 6-2 所示，该投资者应如何选择投资组合呢？

　　首先要判断每类资产的预期收益率，并测算风险度。国债是无风险资产，无论经济状况如何，投资收益都是 4%。公司浮息债收益高于国债，风险略高。在三只代表不同行业的股票中，股票 B 收益最高，为 9.1%，风险也最大；股票 A 收益相对低一些，风险也较低；股票 C 收益与风险居中。

表 6-2　不同经济状况下证券资产的收益与风险

经济状况	概率	不同证券的投资收益（%）				
		国债 T	公司浮息债 F	股票 A	股票 B	股票 C
过热	0.2	4	8	15	20	18
正常	0.5	4	6	8	12	11
衰退	0.3	4	4	3	−3	−1
计算指标	预期收益（$E(r)$）	4	5.8	7.9	9.1	8.8
	风险（σ）	0	2	8.63	16.54	13.62
	收益的风险系数（CV）	0	0.34	1.09	1.82	1.55

　　如果投资者是厌恶风险的，最安全的投资是将资产全部配置在国债上，获得 4% 的收益；如果是一个喜欢冒险的投资者，会将资产全部配置在股票 B 上，获得最大 9.1% 的收益。

　　通常情况下，期限长的资产收益率高，因此可以将收益率看作时间变量的替代变量，投资者资产在时间和风险两个维度上均衡配置可以有无数组合点，如图 6-1 所示，图中的点为资产组合对应的风险与收益点。那么，这些组合点

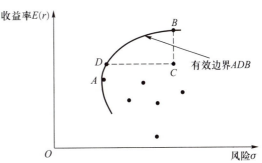

图 6-1　资产组合曲线与效益边界

是否都有效呢？

（三）金融资产的有效组合与最佳组合

资产组合理论提出了**效益边界**概念，它是指在相同风险度上收益最大的点连成的曲线，在这条线上的组合都是有效的——同等的风险上具有最高收益率。图 6-1 中曲线 *ADB* 就是效益边界，其他点上的资产组合都是无效组合。如 *C* 点组合，风险与 *B* 点相同，但收益小于 *B* 点组合；*C* 点组合的收益与 *D* 点相同，但风险大于 *D* 点组合，因此是一种无效组合。

原理 6-2

金融资产投资组合选择，本质上是实现资产在时间维度和风险维度上的有效配置。效益边界是风险相同、收益最大，或收益相同、风险最小组合点的连线。效益边界上的资产组合为有效组合。

效益边界上的资产组合是有效资产组合，那么，如何才能确定最佳组合点呢？因为每个投资者风险偏好不一样，所以最佳组合对于不同的投资者是不同的，喜欢冒险的投资者会选择 *B* 点处组合资产，风险厌恶者会选择在 *A* 点，中性风险偏好的投资者则会在 *D* 点组合自己的投资。

第二节　金融资产的价格

一、有价证券的价格

（一）票面价格、发行价格与市场价格

1. 票面价格

票面价格是有价证券的面值，是发行时规定的账面单位值。一般而言，债券以 10、100、1 000 个货币单位作为面值，以 100 为主。股票通常以 1 个货币单位为面值，也有小于 1 个货币单位为面值的股票，有的股票甚至无面值。基金份额面值基本都是 1 个货币单位。

2. 发行价格

有价证券公开发行时投资者认购成交的价格为发行价格。多数债券的发行价格等于票面价格，即平价发行；如发行价格低于票面价格，称折价发行；如发行价格高于票面价格，称溢价发行。股票发行价格往往高于票面价格，溢价率比较高。基金发行价格一般等于票面价格，按 1 个货币单位价格发行。

3. 市场价格

有价证券公开上市以后，在二级市场上流通交易时的价格为市场价格。债券的市场价格总是围绕面值，并随市场利率的变化而变化。股票的市场价格则受到多种因素的影响，可能高于也可能低于发行价格。基金的市场价格取决于基金净值以及预期。

（二）证券市场价格衡量：价格指数

证券市场价格的总体变化采用指数来衡量。按照不同品种分为股票价格指数、债券价格指数、基金价格指数等。按照指数包容的样本数量划分，指数可以分为综合指数和成分指数。从股票价格指数编制情况看，一般采用相对指标和绝对指标两种模式。相对指标是确定一个基期，加权计算出样本股票的市值，后续报告期样本股票的市价总值与报告期市价总值相比后乘以 100 就可以得到报告期的股价指数。上海证券交易所股票价格综合指数、深圳证券交易所成分指数，就是采用这种编制方法。

二、证券价值评估

证券价值评估是对有价证券的**内在价值**做出科学合理的评判，进而找出市场价格与理论价值的偏离程度，为投资决策提供依据。影响有价证券价值的因素有证券的期限、市场利率水平、证券的名义收益与预期收益水平等。市场价格的变化除了受这些基本因素影响外，还会受到政治、经济、外交、军事等诸多因素的影响。价值评估以分析可测度的基础因素为主。

（一）有价证券价值评估原理

证券的内在价值，也称证券的理论价值，是证券未来收益的现值，取决于预期收益与市场收益率水平。计算证券的内在价值，一般采用现金流贴现法。该方法的理论思想是，投资的目的是获得未来的现金流，因此，未来现金流的高低决定了投资对象内在价值的高低。只要能找到一个合适的贴现率，就可计算出某项投资的现值。现金流贴现法需要估算投资对象的未来现金流，找到能够反映投资风险的贴现率，然后对未来估计的现金流进行贴现。

（二）债券的价值评估

债券价值评估相对容易。债券付息方式相对灵活，但无论何种付息方式，只要能确定每期的现金流，用合适的贴现率折算为现值即可。贴现率往往依据债券的信用等级确定。

到期一次性支付本息的债券价值计算公式为：

$$P_B = \frac{A}{(1+r)^n} \tag{6-9}$$

式中：P_B 为债券价值；

A 为到期本利和；

r 为贴现率；

n 为债券到期前剩余期限。

分期付息，到期一次还本的债券价值计算公式为：

$$P_B = \sum_{t=1}^{n} \frac{C}{(1+r)^t} + \frac{M}{(1+r)^n} \tag{6-10}$$

式中：C 为每期支付的利息；

　　　M 为债券的面值。

分期付息的永久性债券价值计算公式为：

$$P_B = \frac{C}{r} \qquad (6\text{-}11)$$

举例，面值为 100 元的 1 年期国债、5 年期金融债券和永久性企业债券，票面利率均为 8%，按年支付利息。当市场利率分别为 5%、8% 和 10% 时，它们的理论价格计算结果如表 6-3 所示。

表 6-3　债券理论价格计算

债券	按不同市场利率贴现折算出的理论价格		
	5%	8%	10%
1 年期国债	102.86	100	98.18
5 年期金融债券	112.99	100	93.32
永久性企业债券	160	100	80

（三）股票的价值评估

股票价值评估比债券价值评估过程要复杂一些，现金流贴现法计算过程需要做更多工作，如判断每股收益，确定合理的贴现率等。优先股的收益固定，其价值评估方法与永久性债券相同（式 6-11）。普通股价值评估方法是将股票的未来预期收益全部折算为现值，用 P_S 表示；预期收益用 D_t 表示；t 为未来各分红期；贴现率为 r。计算公式为：

$$P_S = \sum_{t=1}^{\infty} \frac{D_t}{(1+r)^t} \qquad (6\text{-}12)$$

如果分红是呈等比上升趋势，预期增长率为 g，D_0 为基期的每股收益，则股票的理论价值是：

$$P_S = \sum_{t=1}^{\infty} \frac{D_0(1+g)^t}{(1+r)^t} \qquad (6\text{-}13)$$

即

$$P_S = \frac{D_0(1+g)}{r-g} \qquad (6\text{-}14)$$

从企业生命周期的发展过程看，企业在不同发展阶段的盈利能力不同，初创期和上升期盈利增长速度比较快，进入稳定期后盈利增长基本不会有太大变化。相应地，股票价值可分两段计算，然后将两个评估价值相加。事实上，企业生命周期发展阶段的转化时间难以被准确判断，分阶段评估价值只是提供一个思路，实用价值不大。

（四）市盈率与市净率

1. 市盈率

市盈率是反映股票市场价格高低的一个相对指标，亦称本益比，是股票市价同每股盈利的比率。

$$市盈率 = \frac{股票市价}{每股盈利} \qquad （6-15）$$

一般情况下，一只股票市盈率越低，市价相对于股票的盈利能力越低，表明投资回收期越短，投资风险就越小，股票的投资价值就越大；反之则相反。市盈率有两种计算方法。一是股价同过去一年每股盈利的比率，二是股价同本年度每股盈利的比率。第二种市盈率反映了股票现实的投资价值。

2. 市净率

市净率是股票市价与每股净资产的比值，比值越低意味着风险越低。

$$市净率 = \frac{股票市价}{每股净资产} \qquad （6-16）$$

每股净资产是股东权益与总股数的比值。一般来说，市净率较低的股票投资价值较高，反之则相反。但在判断投资价值时还要考虑当时的市场环境以及公司经营情况、盈利能力等因素。

第三节　金融资产定价

一、市场估值与定价原理

（一）市场估值

有价证券的理论价值评估并不能将所有影响因素考虑进去，因此，有价证券的市场价格不一定与其理论价值一致。而且，市场本身也是一个现实的估值体系。

市场估值的结果即市场价格，市场价格的决定因素除了包括决定证券理论价格的因素，还包括证券的上市规模、发行人状况、行业状况、宏观经济政策等因素。因此，有价证券的市场价格经常会偏离其理论价值，市场交易可能出现非理性结果。

证券市场价格与内在价值的偏离，不同证券品种之间的市场比价不合理等，使得投机者有了套利空间，引起投机套利，投机套利交易最终会使价格回归均衡。现代资本市场理论正是建立在套利分析基础之上，无套利均衡成为市场定价的基本标尺。

（二）资本市场理论的产生

资本市场理论源于对资本市场的分析。20世纪20—40年代，资本市场分析以基本分析与技术分析为主。20世纪50年代后，出现了数量分析，并逐渐占据主导地位。1952年，马科威茨提出了均值–方差投资组合理论，在研究方法上创立了衡量效用与风险程度的指标，确定了资产组合的基本原则。马科威茨的资产组合理论的提出被认为是现代资本市场理论诞生的标志。

（三）资本资产定价原理

现代资本市场理论的产生使关于金融问题的分析实现了从定性到定量的转变，其所涵盖的大量科学分析方法与著名的金融理论，如资产组合理论、资本资产定价模型、套利定价理论、期权定价理论以及作为它们理论基础的有效市场假说等，皆在理论界得到普遍认同和接受。

有效市场假说把有效市场分为三种不同类型：弱有效市场、中度有效市场和强有效市场。弱有效市场指股价已反映了全部能从市场交易数据中得到的信息；中度有效市场认为股价已反映了所有公开信息；强有效市场指股价已反映了全部与公司有关的信息，包括所有公开及内部信息。

二、资本资产定价模型

（一）模型的假设前提

1970 年，威廉·夏普提出了资本资产定价模型（capital asset pricing model，CAPM）。他指出，个人投资者面临系统风险和非系统风险，投资组合可以降低乃至消除非系统风险，但无法避免系统风险。

资本资产定价理论假设：第一，投资者是理性的，而且严格按照马科威茨模型规则进行多样化投资，并从效益边界的某处选择投资组合；第二，资本市场是完全有效市场，没有任何摩擦阻碍投资。

投资者的效用是财富的函数，财富又是投资收益率的函数，因此可认为效用为收益率的函数。投资者事先知道投资收益率的概率分布为正态分布，影响投资决策的主要因素为期望收益率和风险两项。在同一风险水平下，投资者选择收益率较高的证券；同一收益率水平下，选择风险较低的证券。

（二）资本资产定价模型计算公式

资本资产定价模型即投资组合的预期收益率 $\bar{r}_a$ 计算公式为：

$$\bar{r}_a = r_f + \beta_a(\bar{r}_m - r_f) \tag{6-17}$$

式中：r_f 为无风险收益率；

  β_a 为组合证券的 β 系数；

  r_m 为市场期望收益率；

  $(\bar{r}_m - r_f)$ 为股票市场溢价。

CAPM 公式中右边第一项是无风险收益率。如果股票投资者需承受额外的风险，那么他将需要在无风险收益率的基础上多获得相应的溢价。股票市场溢价等于市场期望收益率减去无风险收益率。证券风险溢价是股票市场溢价和 β 系数的乘积。

（三）β 系数的确定

按照 CAPM 的规定，β 系数用来衡量一种证券或一个投资组合相对总体市场波动性的一种风险评估工具。如果一只股票价格和市场价格波动性一致，那么该股票的β系数就是1。如果一只股票的β系数是1.2，当市场上升（下降）10%时，该股票价格则上升（下降）12%。

β系数是通过统计分析同一时期市场每天的收益情况以及单只股票每天的价格收益计算出的。当β值处于较高位置时，投资者便会因为股票风险高，而相应提升股票的预期收益率。

CAPM给出了一个非常简单的结论：只有一种原因会使投资者得到更高收益，那就是投资高风险股票。尽管资本资产定价模型不是一个完美的模型，如假设前提有局限性，不过其分析问题的角度无可争议，它提供了一个可以衡量风险大小的模型，帮助投资者判断所得到的额外收益是否与当中的风险相匹配。

三、套利定价理论

套利定价理论（arbitrage pricing theory，APT）导出了与CAPM相似的一种市场关系。它以收益率形成过程中的多因子模型为基础，认为证券收益率与一组因子线性相关。事实上，当收益率通过单一因子（市场组合）形成时，将会发现套利定价理论形成了一种与资本资产定价模型相同的关系。因此，APT被认为是一种广义的CAPM，为投资者提供了一种替代性方法，以理解市场中风险与收益率间的均衡关系。

（一）套利与无套利法则

APT的基础是一价法则，可表述为：在均衡市场上，两种性质相同的商品以相同价格出售。另一情况是，两种资产A和B，A资产比B资产更有价值，但A的市场价格低于或等于B的市场价格，这时就存在套利机会，投机者会做多A资产，做空B资产。还有一种情形就是两种资产组合，前者组合价值比后者高，但价格却低于后者，就存在套利机会。

（二）套利定价模型

APT的基本机制是：在给定资产收益率计算公式的条件下，根据套利原理推导出资产的价格和均衡关系式。该理论假设条件为：① 投资者有相同的投资理念；② 投资者回避风险，且要求效用最大化；③ 市场是完全的。

1. 单因素套利定价

APT假定资产收益率的影响因素来自公司特有因素和宏观经济因素（共同因素）两方面。F为共同因素，$E(F)$为预期的共同因素，$F-E(F)$为预期以外因素，β_p为证券对该因素的敏感性，r_p为公司最近一期收益，e_p为公司因素引起的收益波动率，则有：

$$E(r_p) = r_p - \beta_p[F - E(F)] + e_p \qquad （6-18）$$

2. 多因素套利定价

现实中，证券资产收益率受到多种宏观经济因素影响。在一个资产组合中，有无风险资产和股票等风险资产，r_f为无风险收益率，F_j表示第j种因素，$j=1,2,\cdots,k$，$E(r_{F_j})$

为该因素的期望值，β_{ij} 表示第 i 种股票收益率对因素 F_j 的敏感性，e_i 为第 i 种股票发行公司因素引致的收益波动率。多因素套利定价模型为：

$$E(r_i) = r_{\mathrm{f}} + \sum_{j=1}^{k} \beta_{ij}[\ E(r_{F_j}) - r_{\mathrm{f}}] + e_i \qquad （6-19）$$

套利定价模型中多因素确定和估计比较困难，确定敏感系数 β_{ij} 也需要处理大量数据。不过，APT 比 CAPM 考虑的因素更多，将 CAPM 向前推进了一大步。

微视频 6-2
利率与安全
资产价格

第四节　金融资产价格与利率、汇率的关系

一、资产价格与利率

（一）金融资产价格与利率变化的关系

分析金融资产价格与利率的关系，需假定金融资产价格是无套利均衡价格，价格偏离内在价值很小，偏离仅仅是交易成本的表现，不存在套利的可能。金融资产未来现金流贴现所使用的贴现率是无风险利率。一般来说，中央银行的基准利率可以作为无风险利率标准来使用。

金融资产价值是该项资产未来现金流收入的贴现值，贴现率通常采用无风险利率，因此，利率变化与金融资产价值变化总是反方向的。

（二）利率变化对资产价格的影响机制

1. 预期的作用

微视频 6-3
美联储加息
对全球资产
价格的影响

金融资产价格主要受市场预期影响，金融市场投资者预期是对投资资产未来前景的判断。由于利率具有经济运行风向标的功能，故成为投资者预期的主要考虑因素。市场利率上升时，多数投资者预期上市公司盈利水平有可能降低，进而抛售股票，导致资产价格下跌；反之，结论相反。

2. 供求对比变化

金融资产价格变化主要受制于资产供给与需求之间的力量对比，而利率对资金供求具有重要影响。利率上升时，金融资产交易的供给相对需求存在过剩，价格即下跌；而利率下降时，交易性货币需求的机会成本下降，会吸引一部分货币流入资本市场，金融资产供求对比发生变化，需求增加，价格上涨。

3. 无套利均衡机制

利率变动会使金融资产收益的均衡被打破，产生套利空间。如利率上升，银行存款收益提高，由于债券票面收益固定，人们会增加存款，抛售债券，固定收益债券价格就会下跌。同样股票的相对收益也会由于利率上升而受到影响，使得股票价格出现调整。

微视频 6-4
日元汇率与
日经指数

原理 6-3

利率变化通过预期、市场供求机制、无套利均衡机制作用于金融资产价格，使资产价格出现反方向变化趋势。

二、资产价格与汇率

（一）金融资产价格与汇率变化的关系

汇率变化对金融资产价格影响是一个复杂的过程。从现象上看，本币汇率升值或贬值，金融资产价格可能上涨，也可能下跌。

1. 汇率升值推动金融资产价格上涨

汇率升值是一个逐步上升的过程。在升值初期，国际套汇资金会流入转化为本币后投资到金融资产或不动产上，导致资产市场原有均衡被打破，需求超过供给，资产价格上升。另外，套汇资金进入转换为本币，导致外汇市场上本币需求旺盛，进一步推动汇率升值。同时，在中央银行没有实施货币冲销政策前提下，套汇外币大量涌入导致基础货币投放快速增长，货币供应增加，推动市场利率走低，金融资产价格上涨。

本币汇率升值接近市场预期高度时，套汇资金会迅速从资产市场撤出，转化为外币出逃。这时，汇率升值步伐停滞，甚至倒退，资产价格下跌。

2. 汇率升值导致金融资产价格下跌

对于出口导向型经济且外贸依存度高的国家而言，本币升值将大大削弱本国出口品竞争力，出口为主的企业、产业效益下降，严重的可能出现企业亏损、倒闭，行业衰退。本币升值使出口需求下降，进口需求增加，抑制了国内的产品生产，国民经济可能进入衰退期，投资者预期悲观，金融资产价格必然下跌。另外，从货币角度分析，本币升值导致经常账户逆差，外汇储备下降，进而引致货币紧缩，市场利率上升，金融资产价格下跌。

3. 汇率贬值推动金融资产价格上涨

汇率贬值对于改善一国经常账户作用明显，有助于促进出口，减少进口，改善人们的预期。在资本市场上，贸易型公司、出口受惠行业的上市公司股票会上涨。如果出口在国民经济中的比重比较高，国内总需求会被有效拉动，经济增长速度加快，整个经济预期前景看好，资本市场价格上升。

4. 汇率贬值导致金融资产价格下跌

汇率出现贬值趋势后，国际套汇资金进入，在资本市场和衍生工具市场上做空股票、债券的现货与期货，卖出看跌期权。国内投资者也会产生同样预期，进而加入做空队伍中，导致资产价格下跌。当金融资产价格下跌到投机者、套汇者预期目标时，他们会进行对冲交易，获得资产高卖低买的价差收益，并将本币转化为外币撤出。这时，资产价格停止下跌，汇率贬值也会停止。

（二）汇率变化影响金融资产价格的约束条件

1. 经济的外贸依存度

一国经济的外贸依存度高，汇率变化会影响到经济发展预期。汇率升值，会导致预期看淡，资本市场投资意愿减退，金融资产价格下跌；反之，则相反。经济的外贸依存度低，汇率变化对经济发展的影响很小，与资本市场没有明显的联动性，资产价格受汇率的影响很小。

2. 资本账户开放程度

一国资本账户存在严格管制时，国际套汇、套利资金难以进入，汇率升值、贬值对资本市场资产价格几乎没有影响。如果资本账户开放程度比较高，尤其是资本可以自由进出的国家，汇率升值会引起金融资产价格上涨，汇率贬值可能会引起资产价格下跌。

3. 本币的可兑换程度

如果本币完全可兑换，国际套汇、套利资金流入后会顺利转化为本币进入资本市场，对金融资产价格影响时滞比较短；如果本币不能自由兑换，或只是经常项目可兑换，国际投机资本进入后的转换成本比较高，对金融资产价格影响时滞比较长。

4. 资本市场的有效性

资本市场如果是一个强有效市场，资产价格能够反映所有公开和隐蔽信息，那么，汇率变化对金融资产价格影响就比较明显；反之，资本市场如果是一个弱有效市场，汇率变化对金融资产价格没有影响。中度有效的资本市场中，金融资产价格对汇率变化有一定的反应，但不强烈。

（三）汇率变化对金融资产价格影响机制

1. 预期机制

预期机制是汇率通过市场预期作用于金融资产价格，外贸依存度高的国家该传导机制有效。汇率变化会引起贸易状况变化，引起经济发展预期变化，决定资本市场投资倾向，投资者采取相应的投资行动，引起金融资产价格波动。

2. 资本与资产供求均衡机制

对于资本账户开放度高、货币可自由兑换的国家，由于国际投机资本进出方便，该机制的作用明显。当汇率变化时，投机资本进入，转换为本币后，依据汇率波动方向在资本市场上做出相应的多头或空头交易选择，打破了市场原有的均衡格局，导致金融资产价格波动。

本章小结

1. 金融工具是金融经济交易主体之间签订的金融契约或合同，是金融市场交易的对象。金融资产，是标示了明确的价值、表明了交易双方的债权债务关系的金融工具。金融工具可分为金融资产和其他金融工具。

2. 金融工具一般具备法律性、流动性、收益性和风险性四个特征。金融资产一般包括发售人、价格、期限、收益、标价货币五个基本要素。债权类金融资产以票据、债券、基金等契约型投资工具为主，股权类金融资产以股票为主。

3. 风险是未来收益与损失的不确定性。金融风险包括信用风险、市场风险、流动性风险、操作风险、法律风险、政策风险和道德风险。个别风险或非系统性风险可以通过资产组合规避，但整体性的系统性风险无法通过资产组合规避。

4. 金融资产的收益包括利息、股息与红利等现金流收益与资产买卖价差收益，买卖价差收益也称为资本利得。资产组合投资收益是所有单个资产收益的加权平均值。

5. 金融资产投资组合是从时间和风险两个维度配置资产。在时间和风险两个维度上有效配置资产，是投资管理的核心。

6. 证券的价格包括面值、发行价格、市场价格三种形式。证券的内在价值是其理论价格，影响证券内在价值的因素有证券的期限、市场利率水平、证券的名义收益与预期收益水平等。市场价格的变化除了受这些基本因素影响外，还会受到政治、经济、外交、军事等诸多因素的影响。价值评估以分析可测度的基础因素为主。

7. 证券的市场价格是市场对证券估值的结果，经常会偏离证券的内在价值。不同证券品种之间的市场比价不合理，使得投机者有了套利的空间。投机套利交易最终会使价格回归均衡。现代资本市场理论正是建立在套利分析的基础之上，无套利均衡成为市场定价的基本标尺。

8. 资本资产定价模型和套利定价模型解决了资产组合预期收益的测算问题。资本资产定价模型揭示：风险较高的资产，其风险溢价也比较高。套利定价模型比资本资产定价模型考虑的因素更多，尤其是考虑了宏观经济因素的影响，将资本资产定价模型向前推进了一大步。

9. 利率变化对金融资产价格的影响通过预期、供求变化、无套利均衡机制实现，利率与金融资产价格一般呈反方向变动关系。汇率变化对金融资产价格影响比较复杂，不一定是同方向变化关系，受制于一国经济的外贸依存度、货币自由兑换程度、资本管制程度、资本市场的有效性等。汇率通过预期、资本与资产供求均衡机制作用于金融资产价格。

复习思考题

1. 金融资产与金融工具的联系与区别是什么？

2. 国际货币基金组织对金融工具的分类有何特点？

3. 金融资产的基本要素有哪些？

4. 面值为 100 元，票面利率均为 5%，期限分别为 1 年、5 年和无到期日的三只债券，当市场利率为 3%、5% 和 8% 时，三只债券的理论市场价格应该是多少？

5. 在过去 5 年，A 公司股票收益率分别为 7%、10%、15%、4%、1%，B 公司股票收益率分别为 –1%、0、9%、17%、20%。计算两只股票的风险 – 收益系数（CV），比较哪只股票更适合投资。

6. 在投资组合中，有效组合和最佳组合点如何确定？

7. 联系实际分析：① 利率变化如何影响金融资产价格；② 本币汇率升值时股票价格会出现怎样的变化。

即测即评

网上更多……　　🗗 教学案例　　🗐 名词术语

第7章
投融资活动与金融市场

 本章导读 »»

金融市场是随着金融投资的兴起而产生并不断发展的，金融投资的不断
丰富使得金融市场的种类也相应增加。决定和影响金融投资收益的关键因素是
市场利率。在金融全球化背景下，各国投资收益率和利率的差异引起国际资本
流动，促进国际金融市场发展。本章重点阐释金融投融资与金融市场发展的关
系、金融市场的一般构成要素、金融市场的主要种类和基本功能及其效率。

第一节　投融资活动与金融市场的产生发展

金融市场是资金供求双方实现货币借贷和资金融通、办理各种票据和有价证券交
易活动的市场。如前所述，随着商品货币经济的发展，商业信用、银行信用和政府信
用等多种信用形式日益发展，催生了金融市场。

一、资金融通与货币市场的产生

12世纪初世界上开始出现汇票等信用工具的交易，金融市场的起点一般认为是票
据市场的出现。工业革命以后，人们进行产业投资时购买机器设备、原材料，雇用劳
动力都需要货币；机器的广泛使用使生产规模急剧扩大，单个资本的产业投资远远不
能满足自身发展和生产社会化的需要，有必要筹集社会资金来满足这种需要。随着社
会化大生产和信用的广泛发展，资金融通日益活跃，货币市场迅速发展起来。

我国货币市场的发展也有久远的历史，公元前11世纪的周朝就已经出现了以"泉
府"为中心的赊贷业务，到汉唐时期已有较大规模的集中的货币市场，明代中叶以后
出现在浙江一带的钱业市场基本具备了货币市场的功能。改革开放以后，随着商品经
济的发展，为满足日益增加的短期资金融通需求，我国恢复发展了货币市场。1981年
开始发行国库券，1988年4月国库券开始上市交易；商业票据市场起步于20世纪80
年代初；1988年开办了国债回购业务；全国银行间同业拆借市场于1996年1月3日开

始运行。目前，我国的货币市场主要包括同业拆借市场、回购市场、票据市场、大额可转让定期存单市场等。

二、金融投资与资本市场的出现

投资是经济主体为了获得未来的收益而投入资本的活动，一般分为产业投资和金融投资。产业投资是投资于实体经济的活动，如投资于工业、农业、服务业等，这些投资最后会形成各种各样的固定资产和流动资产，通过生产经营会产生利润，从而给投资者带来相应的回报。金融投资是以金融资产为标的物的投资活动。如前几章所述，资金余缺的并存和信用的发展催生了多种金融工具，资金短缺的企业、政府和金融机构通过发行金融工具筹集资金，筹资者提供的金融工具就成为投资的对象；资金盈余者通过买卖金融工具进行投资，成为投资主体，由此形成了供求双方，通过交易来完成金融投资活动。

资本市场是资金供求双方借助金融工具进行各种投融资活动的场所。金融市场上的资金供给者通过购买并持有各种金融工具拥有相应金额的债权或所有权，资金需求者通过发行或卖出各种金融工具承担着相应金额的债务或责任。资本市场的产生和发展提供了合理的定价机制，使投融资活动更为顺利，也增强了资本的配置功能和产权功能，进一步促进了经济的发展。

三、国际资本流动与国际金融市场的形成

国际资本流动是指资本跨越国界从一个国家或地区向另一个国家或地区流动。根据资本的使用或交易期限不同，可以将国际资本流动分为长期资本流动和短期资本流动。长期资本流动是指期限在 1 年以上的资本的跨国流动，包括国际直接投资、国际间接投资和国际信贷三种方式。短期资本流动是指期限在 1 年或 1 年以下的资本的跨国流动，其形成较为复杂，存单、国库券、商业票据及其他短期金融资产交易、投机性的股票交易等都可以形成短期资本流动。短期资本流动可分为贸易性资本流动、套利性资本流动、保值性资本流动以及投机性资本流动等。

国际资本流动的原动力来自资本的逐利性，并进一步要求在风险一定的前提下获得尽可能多的利润，不同的国家或地区资本回报率的差异是引起长期资本国际流动的根本原因。当然资本能否在各国间流动，还取决于各国资本管制政策与制度。

当国际资本流动借助于相应的金融工具或投资品种时，便形成了各类国际金融市场。国际金融市场是指按照国际市场规则进行跨国投资活动的场所或运营网络，主要有国际货币市场、国际资本市场（包括股票、债券等）、国际衍生产品市场等。国际金融市场的交易对象和交易活动与国内金融市场并无本质差异，只是交易范围和参与者往往跨越国界，其作用也有所不同：一是提供国际投融资渠道，有利于促进生产要素在世界范围内实现合理的配置；二是调节国际收支，有助于改善各国国际收支的调剂能力；三是提供多种金融工具和交易技术，有利于规避风险。

第二节　金融市场的构成要素与功能

一、金融市场的构成要素

（一）市场参与者

目前，金融市场的参与者非常广泛，包括政府、中央银行、金融机构、企业和居民。在开放的金融市场上，还包括国外金融交易者。

1. 政府

政府是一国金融市场上主要的资金需求者。为了调节国库收支，建设公共工程，干预经济运行，弥补财政赤字，政府通常需要通过发行公债筹措资金。在货币市场上，政府通过发行国库券借入资金；在资本市场上，政府通过发行国债满足其对中长期资金的需求。

2. 中央银行

中央银行既是国家重要的宏观经济管理部门，也是金融市场的重要参与者。中央银行与政府部门一样，参与市场的目的是实现国家宏观经济目标，但参与市场的方式不同。中央银行在金融市场上进行公开市场操作，通过买卖有价证券，吞吐基础货币，调节市场上的货币供应量。

3. 金融机构

在金融市场上，金融机构的作用较为特殊。首先，它是金融市场上最重要的中介机构，是储蓄转化为投资的中介机构。其次，金融机构在金融市场上同时充当资金供给者和需求者，它既发行、创造金融工具，也在市场上购买各类金融工具。具体内容参见第 8 至第 10 章。

4. 企业

企业是微观经济活动的主体，是股票和债券市场上的主要筹资者，也是货币市场的重要参与者。企业既用现金余款来进行短期投资，又利用货币市场融入短期资金以满足季节性、临时性的融资需求，还可以通过资本市场筹措长期资金，是金融市场最活跃的主体。

5. 居民

居民是金融市场主要的资金供给者。居民出于预防未来支出的不确定性或节俭等考虑，将收入的一部分用于储蓄。与此同时，居民可将储蓄资金投资于资本市场、保险市场或黄金市场，通过金融资产的投资组合，实现收益和风险的最佳匹配。居民是金融市场供求均衡的重要力量。

（二）金融工具

从本质上说，金融市场的交易对象是货币资金，但由于货币资金的交易通常需要借助金融工具来进行，因此，金融工具就成为金融市场上的交易载体。不同的金融工具具有不同的特点，能满足资金供求双方在数量、期限和条件等方面的需要，在不同的市场上为不同的交易者提供服务，具有广泛的社会可接受性。

（三）金融工具的价格

金融工具的价格是金融市场的另一个重要构成要素。价格反映资金的供求关系，也影响和制约资金供求双方的交易活动；政府对宏观经济的调节也通过间接调控金融工具的价格来实现。因此，在金融市场上价格发挥着核心作用。有关金融工具、金融资产价格等内容见第 6 章。

（四）金融交易的组织形式

受市场本身的发育程度、技术的发达程度以及交易双方交易意愿的影响，金融交易主要有以下三种组织方式：一是在固定场所有组织、有制度地集中进行交易的方式，即交易所交易方式；二是在各个金融机构柜台上进行面议、分散交易的方式，即柜台交易方式；三是没有固定场所，交易双方主要借助电子通信或互联网等手段完成交易的无形方式。这几种组织方式各有特点，分别可以满足不同的交易需求。在完善的金融市场上，这几种组织方式通常是并存的。

（五）金融市场的基础设施

金融市场的基础设施主要包括金融资产登记托管系统、清算结算系统、交易设施、交易报告库、重要支付系统、基础征信系统六类设施。

二、金融市场的分类

按照不同的标准可以对金融市场进行不同的分类。常见的有以下四种。

（一）按市场交易工具的功能分

按市场交易工具的功能，金融市场可分为货币市场、资本市场、外汇市场、黄金市场和保险市场。

货币市场又称短期金融市场，是指专门融通 1 年以内的短期资金的场所，主要功能是满足市场参与者对资金短期性的周转和余缺调剂等需求。货币市场主要包括票据市场、同业拆借市场、回购市场、短期政府债券市场、大额可转让存单市场等。

资本市场又称长期金融市场，是指期限在 1 年以上的中长期资金交易的市场。广义的资本市场包括两部分：一是银行中长期存贷款市场，二是证券市场。狭义的资本市场专指证券市场，主要是股票市场和中长期债券市场。资本市场的主要功能是满足长期的投融资需求。

外汇市场有广义和狭义之分。狭义的外汇市场指的是银行间的外汇交易，包括外汇银行间的交易、中央银行与外汇银行的交易以及各国中央银行之间的外汇交易活动，通常被称为外汇批发市场。广义的外汇市场是指各国中央银行、外汇银行、外汇经纪人及客户组成的外汇买卖、经营活动的总和，包括狭义的外汇市场以及银行同企业、个人之间进行外汇交易的零售市场。外汇市场的主要功能是为交易者提供外汇资金融通的便利，也可以满足外汇保值和投机的需求。

黄金市场是专门进行黄金买卖的交易中心或场所。黄金市场形成于 19 世纪初，是最古老的金融市场。随着黄金非货币化，其市场地位也在下降。但由于目前黄金仍是国际储备资产之一，所以黄金市场仍被看作金融市场的组成部分。黄金市场的主要功能除了解决黄金供求矛盾以外，还为广大投资者增加了一种投资渠道，为中央银行提供了调节国际储备的场所。

保险市场是以保险单为交易对象的场所。保险市场的主要功能是满足保险单的流动性需求，同时为保险单的市场化定价提供场所。

（二）按交易标的物的层次分

按交易标的物的层次，金融市场可分为金融原生工具市场和金融衍生工具市场。

金融原生工具市场是指各种金融原生工具交易的市场。所谓**金融原生工具**指在实际信用活动中出具的能证明债权债务关系或所有权关系的合法凭证，主要有各种票据、**债券**等债权债务凭证和**股票**、**基金**等所有权凭证。金融原生工具是最基础、最本源的金融工具，是货币市场和资本市场上的主要交易对象，也是金融衍生工具赖以存在的基础。

金融衍生工具市场是指各种金融衍生工具进行交易的市场。**金融衍生工具**包括远期合约、**期货合约**、**期权合约**、互换协议等各种标准化合约。金融衍生工具市场的功能主要是满足套期保值和防范风险的需求。但因其自身的特点，金融衍生工具已经成为一种投机对象，且由于其杠杆化比率较高，交易风险远远大于基础性金融工具，重要性也越来越明显。

（三）按交割期限分

按交割期限，金融市场可分为现货市场和期货市场。

现货市场是指交易协议达成后在 2 个交易日内进行交割的市场。由于现货市场的成交与交割的时间间隔较短，因而对交易双方来说，市场风险较小。

期货市场是指交易协议达成后并不立即交割，而是约定在某一特定时间进行交割的市场。在期货交易中，由于交割双方要按约定的协议价格进行交易，交易者会因交易对象价格升降获得利润或蒙受损失，因此市场风险较大。

（四）按地域分

按地域，金融市场可分为地方性和全国性、区域性和国际性金融市场。

地方性和全国性金融市场同属国内金融市场，交易主体都是本国的自然人和法人，市场金融工具也大多在国内发行。

区域性金融市场同国际性金融市场一样，参与者与交易对象都超越国界。二者的区别仅在于，前者的活动范围限于某一地区，而后者则可以分布在世界各地。

国际性金融市场按照不同的标准，可以有多种分类。按照标的物可划分为国际货币市场、国际资本市场、国际外汇市场和国际黄金市场，按照投融资方式可划分为国际信贷市场和国际证券市场。国际性金融市场中还有一种**离岸金融市场**，是以金融交易发生地之外的他国货币为交易对象的市场，如欧洲美元市场等。

三、金融市场的功能及其发挥

（一）金融市场的一般功能

1. 资源配置与转化功能

金融市场上多种形式的金融交易形成纵横交错的融资活动，可以不受行业、部门、地区或国家的限制，灵活地调度资金，充分运用不同性质、不同期限、不同额度的资金，实现资金性质和期限的转化。例如，股票、债券的发行能将储蓄转化为投资资金，将流动的短期资金转化为相对固定的长期资金；证券的转让出售能将投资者的长期投资转化为现金；远期票据的贴现能使将来的收入转化成现金收入。

金融市场通过收益率的差异，通过市场上优胜劣汰的竞争以及对有价证券价格的影响，能够引导资金流向那些经营管理好、产品畅销、有发展前途的经济单位，从而有利于提高投资收益，实现资金在各地区、各部门、各单位间的合理流动，完成社会资源的优化配置。

2. 价格发现功能

金融产品的价格是所有参与市场交易的经济主体对这些产品未来收益的期望。交易双方会根据自身立场和所掌握的市场信息，对过去的价格表现加以研究，做出买卖决定。而交易所通过公开竞价出来的价格进行交易。可以说，市场交易具有价格发现功能。

3. 风险分散和规避功能

金融市场灵活多样的融资形式和各种金融工具的自由买卖使资金供应者能够灵活地调整其闲置资金的保存形式，增强了金融交易的安全性，提高了融资效率，达到安全性、流动性和盈利性的统一。虽然金融市场并不能最终消除金融风险，但却为金融风险的分散和规避提供了丰富的手段和平台。

4. 宏观调控传导功能

现代金融市场是中央银行实施宏观经济调控的场所。首先，金融市场为货币政策提供了传导路径。中央银行通过货币市场进行公开市场业务，买卖有价证券以调节货币供应量；实施再贴现政策，调整再贴现率以影响信用规模。其次，财政政策的实施也离不开金融市场，在金融市场上发行国债成为当代各国政府筹集资金的重要方式，是财政政策发挥积极作用的前提条件。而国债的发行又为中央银行提供了公开市场操作的工具，从而为货币政策创造手段。最后，金融市场可以为政府产业政策的实施创造条件，政府可以通过设立创业板市场鼓励高新技术企业和中小企业的发展。

原理 7-1

金融市场具有资源配置、价格发现、风险分散和规避、宏观调控传导等基本功能。

（二）金融市场功能发挥的条件

金融市场仅具备基本要素并不意味着一定能发挥其应有的功能。金融市场功能的发挥，首先取决于市场的建立基础与发展方向。各国金融市场发展的历史和现实表明，金融市场只有建立在真实信用和现实社会再生产的基础上，坚持与生产流通紧密相关并为之服务的发展方向，才能在经济发展中充分发挥其功能。如果金融市场的活动脱离了上述市场建立基础与方向，不仅不能发挥其基本功能，还会加大金融风险，破坏金融市场的正常运作和经济的稳定，引发经济危机。其次，金融市场功能的发挥，还需要具备以下外部和内部条件。

1. 外部条件

（1）法制健全。从某种程度上说，市场经济就是法制经济。完备的法律和规章制度，不仅是金融市场参与主体的行为规范，而且是行政及执法部门的行动指南。金融市场是一个风险与收益并存的市场，全面、系统、完善的法律法规是规范市场秩序，充分发挥市场功能的基础。

（2）信息披露充分。金融市场是一个信息不对称的市场。如在借贷市场上，借款人比银行拥有更多的有关借款人自身的信息；在证券市场上，上市公司比投资者拥有更多的有关公司本身的信息，其往往将最有利于公司形象、最能吸引投资者的信息公之于众，而将那些对公司可能产生负面影响的信息加以隐瞒，误导、损害投资者尤其是中小投资者的利益。因此，金融市场比较发达的国家都将监管的重点放在证券发行人的信息披露方面，规定披露的信息要充分、及时、真实，否则就要受到处罚。

（3）市场进退有序。能正常发挥功能的金融市场应该是一个充分竞争的市场。从市场准入看，在准入条件面前人人平等，不存在超市场力量（如行政权力）决定的准入标准；在市场运作过程中，各主体平等展开竞争，由市场评判孰优孰劣，优者胜，劣者汰；从退出市场的角度看，在竞争中被淘汰者已经丧失生存能力，应该退出市场，不存在政府或其他组织以补贴等形式延缓甚至阻拦被淘汰者退市的做法。

2. 内部条件

（1）国内、国际统一的市场。金融市场要正常发挥功能，不能是地区分割或者行业分割的市场，否则金融资源就难以合理配置到最需要和最能发挥效益的地方。随着经济全球化和金融国际化的推进，国内外金融资源的流入与流出日益频繁，国内市场与国际市场的统一成为金融市场发挥作用的必要条件。

（2）丰富的市场交易品种。交易品种的丰富程度是衡量金融市场发达程度的重要标志，也是市场功能能否发挥的重要基础。交易品种越丰富，市场参与主体的目标越容易实现，市场效率也越高；反之，有限的金融工具不但不能促进市场功能的实现，反而容易成为金融投机的对象，阻碍市场正常运行。

（3）健全的价格机制。健全的价格机制主要体现在两个方面：一是合理的定价机制，包括交易定价的制度安排，如询价、议价、竞价机制等；二是灵活的价格机制，即价格能够及时、真实地反映供求关系，从而能够调节资金供求双方的行为，并使金融资源在价格的引导下流向能够有效使用资金、最能产生效益的行业、企业。价格机制灵活还意味着政府可以通过价格波动，相应增减市场主体的融资成本或投资收益，调节市场上的货币供应量，最终实现宏观经济政策目标。

（4）必要的技术支持。在国内和国外市场一体化程度不断加深的背景下，瞬息万变的市场走势往往在很短的时间内决定参与主体的盈亏状况、金融资源的运用效率，以及政府进行宏观调控的效果，这些都依赖于必要的技术条件，包括计算机硬件和软件，以及金融工程技术。

原理 7-2

金融市场的功能发挥既需要具备必要的外部和内部条件，更应该建立在真实信用和现实社会再生产的基础上，坚持与生产流通紧密相关并为之服务的发展方向。

第三节　金融市场体系

一、金融市场体系的组成

（一）金融市场体系的形成与发展

随着商品货币经济的发展，商业信用、银行信用和政府信用等多种信用形式日益发展，催生了金融市场。投融资活动的多样性促使金融工具不断创新，金融交易活动规模日益扩大，逐步形成了多元化的金融市场体系。

从时间上考察，广义金融市场的源头可以追溯到公元前 2000 年巴比伦寺庙经营的货币保管和收取利息的放款业务。货币兑换业和金匠业从公元 11 世纪开始向近代银行业过渡。狭义金融市场的起点一般认为是票据市场的出现。12 世纪初，汇票等信用工具出现。中世纪欧洲已经出现了国债发行市场。14 世纪至 15 世纪，热那亚出现了认股文书作为个人财产凭证及其转让活动。16 世纪初在伦敦和安特卫普等主要商业金融中心出现了外币交易所。而 1613 年阿姆斯特丹证券交易所的开市通常被认为是以股票交易为中心的证券市场的开端。

随着社会化大生产和信用的广泛发展，投融资活动日益活跃，金融市场迅速发展起来。第二次世界大战前，金融市场的发展主要以扩大金融与其他经济活动的联系面为特征。第二次世界大战后，特别是 20 世纪 60 年代以来，金融市场的发展则主要以深化金融对其他经济活动的渗透为特征。

我国金融市场的发展也有着久远的历史。广义的金融市场起点可上溯到公元前 11 世纪的周朝，当时以"泉府"为中心的赊贷业务开始发展。到汉唐时期，金融市场已有较大的规模。现代金融市场的雏形是在明代中叶以后出现在浙江一带的钱业市场，它兼有早期银行与早期金融市场的功能。20 世纪 30 年代，我国沿海地区形成了较为完善的金融市场体系。

新中国成立之初，金融市场在我国曾短暂存在过。随着高度集中的计划经济体制的建立，信用集中于银行，财政拨款代替了企业的股票和债券融资，金融市场基本消失。

改革开放以来，我国的金融市场发展很快。1980 年恢复保险业务以后，保险市场获得长足发展。商业票据市场起步于 20 世纪 80 年代初，1994 年后，中国人民银行大力推广使用商业汇票，票据市场开始以较快的速度发展。1981 年，国家开始发行国库券。1985 年，银行也开始发行金融债券。全国银行间拆借市场于 1996 年 1 月 3 日开始运行。全国银行间债券市场于 1997 年 6 月 16 日开始运行。之后，企业债券、股票、各种政府债券等金融工具也陆续出现。深圳证券交易所和上海证券交易所于 1990 年 12 月先后开始营业。1993 年 10 月 21 日，上海证券交易所首开国债期货交易。1994 年人民币汇率并轨后，全国统一的外汇交易市场在上海成立并运行。2001 年 10 月，上海黄金交易所成立，在试运行 1 年后于 2002 年 10 月正式开业。至此，货币市场、资本市场、外汇市场、保险市场、黄金市场、期货市场等主要金融市场全部形成。

（二）市场体系与金融市场

在市场经济条件下，各类市场在资源配置中发挥着基础性作用，这些市场共同组合成一个完整、统一且相互联系的有机整体。市场体系分为两大类：一是产品市场，如消费品市场、生产资料市场、旅游服务市场等；二是为这些产品提供生产条件的要素市场，如劳动力市场、土地市场、金融市场等。

金融市场是统一市场体系的一个重要组成部分，属于要素市场。在整个市场体系中，金融市场是最基本的组成部分之一，是联系其他市场的纽带。因为在现代市场经济中，无论是消费资料、生产资料的买卖，还是技术和劳动力的流动等，各种市场的交易活动都要通过货币的流通和资金的运动来实现，都离不开金融市场的密切配合。从这个意义上说，金融市场的发展对整个市场体系的发展起着举足轻重的作用，市场体系中其他各市场的发展则为金融市场的发展提供了条件和可能。

微视频 7-1
周小川：通过资本市场发展，减少杠杆依赖

（三）金融市场体系的主要构成

按照金融市场的主要功能，各国金融原生工具市场体系的构成大致如图 7-1 所示。

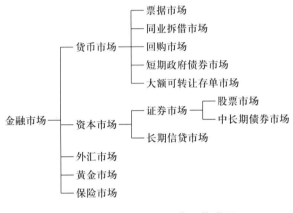

图 7-1　一国金融市场体系构成图

随着经济和金融发展的不断深化，金融市场逐渐演变成种类齐全、专业分工明确的金融市场体系。由于货币市场、资本市场和衍生工具市场的特殊重要性，本书在第8、9、10 章中专门讨论，此处简要介绍外汇、黄金和保险市场。

二、外汇市场

（一）外汇市场的分类

按不同的标准，外汇市场可以有多种分类，最常见的是划分为外汇零售市场和外汇批发市场。

银行与客户间的外汇交易构成了外汇零售市场。在外汇交易中，由于外汇买卖双方资信、偿还能力的差异，外汇买卖通常是由承办外汇业务的银行承担的。外汇供给方将外汇卖给银行，银行支付本国货币；外汇需求方向银行买入自己所需要的外汇。其中，对法人的外汇交易，多采用转账结算，而对居民个人的外汇交易通常在银行柜台上结算，由于金额较小，笔数较多，故称为零售外汇交易。

银行同业间的外汇交易构成外汇批发市场。银行在向客户买入或卖出外汇后，其自身所持有的外汇就会出现盈余或短缺，意味着有出现损失的可能性，因此银行在与客户完成外汇交易后，就会在本国银行同业外汇市场上，或在某种外币发行中心国的银行同业市场上，做外汇即期或远期的抛补，以保持银行资产负债的合理配置，保持银行外汇头寸的平衡，将风险减小到最低程度，这种银行与银行或其他金融机构之间的外汇交易就称为批发性外汇交易。

（二）外汇市场的地位与发展

外汇市场是国际金融市场的一个重要组成部分。在外汇市场上，可以实现购买力的国际转移，为交易者提供外汇保值和投机的场所，也可以向国际交易者提供资金融通的便利，从而有效推动国际借贷和国际投资活动。

近年来，外汇市场发展呈现出以下主要特点：一是全球化。第二次世界大战后，新加坡、中国香港、马尼拉、开曼群岛和巴林等新兴外汇市场迅速崛起，交易规模急剧增加，外汇市场已经是全球化的市场。二是复杂化。布雷顿森林体系崩溃后，国际范围内的汇率稳定机制不复存在，新的交易工具和交易方式不断涌现，使得外汇市场成为 24 小时连续运行的市场。

（三）中国的外汇市场

1994 年，中国实行结售汇制度，建立了统一的银行间外汇市场，人民币汇率实现了有管理的浮动。2005 年 7 月 21 日，中国外汇市场又进行了一次重大改革，其目的是增强人民币汇率弹性，更大程度地发挥市场机制调节外汇供求的作用，为实现资本和金融项目的可兑换创造条件。

2015 年 8 月 11 日，中国启动新一轮汇率改革，中国人民银行宣布即日起将进一步完善人民币汇率中间价报价，中间价将参考上日银行间外汇市场收盘汇率。这意味着人民币汇率将相当程度上与美元脱钩，汇率决定的市场化程度提高。2016 年 10 月 1 日，人民币正式加入国际货币基金组织特别提款权货币篮子，成为继美元、欧元、日元和英镑之后的又一个国际储备货币，并成为其中唯一的新兴经济体货币。人民币正式"入篮"也被各方视为中国资本账户开放和金融改革的新起点。

目前，中国外汇市场由零售市场和银行间市场两部分构成。在外汇零售市场上，企业和个人按照《外汇管理条例》和结售汇政策规定通过外汇指定银行买卖外汇。银行间市场则由外汇指定银行、具有交易资格的非银行金融机构和非金融企业所构成。外汇指定银行是连接零售市场和银行间市场的主要机构。在新的制度安排下，外汇市场引入了做市商制度，货币当局同时增加了外汇做市商的头寸额度，中国人民银行不再直接参与外汇市场的日常交易，而是通过外汇交易商进行间接调控。可见，商业银行在市场供求方面的影响力加大，市场因素对人民币汇率的影响力也不断增强。

三、黄金市场

黄金市场是集中进行黄金买卖和金币兑换的交易中心。历史上，黄金曾经作为货币在市场上流通，现在虽然普遍实行信用货币制度，但是各国仍然保留一定的黄金储备。当本国货币汇率大幅波动时，政府仍然会利用增减黄金储备、吸纳或投放本币的方法来稳定汇率。20世纪70年代以来，黄金市场发生了巨大变化，不但市场规模扩大，交易量猛增，而且投机活动日益频繁，黄金期货市场不断壮大。

黄金市场上的供给者主要是各国中央银行、黄金生产企业、预测金价下跌做空头的投机商，另外还有一些拥有黄金需要出售的企业或个人；需求者则包括需要增加本国黄金储备的中央银行、预测金价上涨而做多头的投机商，以及以保值、投资或生产为目的的企业或个人。一些国际金融组织，如国际货币基金组织，也是黄金市场的参与者。

黄金的价格经常发生波动，除了受供求关系影响之外，受经济周期的影响也很大。在经济复苏和繁荣时期，由于人们投资的欲望强烈，纷纷抛出黄金，换取纸币以追求利润，导致金价下跌；反之，在萧条或衰退期，金价上涨。此外，通货膨胀与利率的对比关系也影响黄金价格。当利息收入无法抵补通货膨胀造成的纸币贬值的损失时，人们对纸币失去信心，就会转而买入黄金以保值，金价上涨；反之，当利息收入高于纸币贬值的损失时，金价就会受到抑制。与此同时，外汇价格变动也会影响黄金价格，一种外汇下跌，人们就有可能抛出该种外汇而买入黄金，刺激金价上涨。政治局势与突发事件也会影响金价，如果政局动荡引起人们对资产贬值的恐惧，他们就会大量抢购黄金，导致金价上涨。

1999年以前，我国一直对黄金实行严格的"统收统配"制度，取缔了黄金的市场交易，金、银收购均由中国人民银行统一审批和供应。1999年，我国放开了白银市场。2001年6月，取消黄金定价制，对黄金收售价格实行周报价制度；同年8月，取消黄金制品零售业务许可证管理制度，实行核销制。2002年10月，上海黄金交易所正式运营。截至2019年，上海黄金交易所成交额突破29万亿元，现货黄金场内交易额已连续11年蝉联世界第一。

四、保险市场

保险市场是以保险单为交易对象的场所。传统的保险市场大多是有形的市场，如保险交易所。随着社会的进步和科学技术的发展，尤其是信息产业的高速发展、现代通信设备和计算机网络技术的广泛运用，无固定场所的无形保险市场已成为现代保险市场的主要形式。世界上最早的保险市场是1568年伦敦开设的专门提供保险交易的皇家交易所。1771年成立的英国劳埃德保险社很快发展成英国保险交易的中心，至今仍然是世界上最大的保险市场。

依据不同标准，可对保险市场进行不同分类。

（1）根据保险交易对象，可以将保险市场划分为财产保险市场和人身保险市场。财产保险市场为各类有形的物质财产和与有形的物质财产相联系的经济利益及损害赔偿责任提供保险交易场所，而人身保险市场则为健康、安全、养老等保险提供交易场所。

（2）根据保险交易主体，可以将保险市场划分为原保险市场和再保险市场。原保险市场是保险人与投保人进行保险交易的市场，可以视为保险的一级市场。再保险市场是保险人之间进行保险交易的市场，即保险人将自己承保的部分风险责任向其他保险人再进行保险，分出保险业务的保险人为原保险人，接受分保业务的保险人为再保险人。再保险市场可以视为保险市场的二级市场。

（3）根据保险交易地域，可以将保险市场划分为国内保险市场和国际保险市场。国内外保险市场的主要差异：一是交易者是否为本国居民，二是交易活动是受本国还是多国法律法规约束，三是保险市场活动是否会引起资本的国际流动。

保险市场除了具备一般金融市场的功能外，还有一些特殊的功能：首先，保险市场能提供有效的保险供给。保险市场提供的竞争机制能使保险经营者不断开发新险种，提高保险服务质量，满足人们的保险需求。其次，保险市场能提高保险交易的效率。保险市场有如保险产品的集散地，保险交易双方在市场上可以自由选择，公平竞争，促使保险经营者尽可能地降低交易成本，提供交易便利，从而在客观上提高了保险交易的效率。再次，保险市场上由于交易双方的相互作用以及保险人之间的相互竞争，可以形成较为合理的交易价格。最后，保险市场的保险和再保险业务可以为投保人、保险人提供最广泛的风险分散机制。

改革开放以来，中国的保险市场得到了快速发展，保险业务品种日益丰富，保险业务范围逐步扩大，保费收入增长较快。商业保险已经成为中国社会保障体系的一个重要组成部分。保险市场的发展在保障经济、稳定社会、造福人民等方面发挥了重要作用。

五、金融资产交易市场

金融资产是指金融体系里的一切金融工具或金融合约。金融资产交易市场是以金融资产为交易标的而形成的场外交易市场。在我国主要以金融资产交易所（中心）形式出现，是地方政府批准设立的综合性金融资产交易服务平台。

我国金融资产交易市场的发展起步较晚。脱胎于产权交易所原有的金融资产交易业务，2010 年 5 月开业的北京金融资产交易所是国内第一家正式揭牌运营的金融资产交易平台。随后，天津、重庆、上海等地纷纷跟进，其他主要省份也都设立了区域性金融资产交易平台。截至 2017 年 3 月 1 日，全国共有金融资产交易平台 79 家。从市场影响力来看，我国金融资产交易市场不仅为应收账款、存单等低流动性金融资产提供了交易场所，而且其发现金融资产价格、分散金融资产风险的功能均逐步显现。

目前，我国金融资产交易市场上的交易品种十分丰富，主要包括三个方面：一是金融资产公开交易业务，包括金融企业国有产权转让、不良金融资产转让、债转股以及其他金融产权转让交易；二是金融产品非公开交易业务，包括信贷资产、银行理财产品、股权投资基金权益、信托产品的募集和凭证、资产权益份额转让等金融产品交易；三是其他标准化金融创新产品的咨询、开发、设计、交易和服务。在实际经营中各金融资产交易平台偏向于不同的业务侧重点，并致力于开发创新性金融产品和交易模式。

第四节　金融市场的波动与效率

一、金融市场的波动

金融市场的波动主要体现在金融资产价格和相关指数的变动上。尽管各国内外部条件不同，金融市场发达程度不同，金融产品种类可能有差异，但是金融市场波动普遍存在。

金融市场波动是金融市场实现其功能的必然体现。只有通过价格变动，市场才能发现资金在不同交易主体间的不同价值，才能引导资金向更合理的地方配置，才能更好地发现风险并提供规避，才能使宏观调控等措施通过改变资金的成本和收益改变投资者行为，进而影响实体经济。因此，承认、理解和接受金融市场的波动，理解金融市场参与者的定价行为，是所有市场参与者投融资、政策制定者正确决策的前提。根据金融资产定价的基本原理，金融资产的当前价格取决于预期的未来现金流，以及投资者的主观折现率。因此，金融市场上资产价格的波动主要源于：未来现金流贴现值的不确定性，投资者预期的偏差，以及投资者主观判断的谬误。

（一）估值与定价的相对准确性

资产价格本质上是投资者对其未来现金流的当期估值，未来现金流是投资者购买金融资产的最终目标，但是未来现金流本身可能是不确定的，用以收益资本化的利率也可能是不确定的，这些都会带来资产价格波动。以股票为例，其未来现金流包括每期分红和卖出时的资本利得：分红取决于企业未来的经济能力和盈利状况，涉及竞争、创新、经营、违约等微观因素，以及经济周期、产业周期、通货膨胀、税收、汇率等宏观因素，具有不确定性；资本利得既取决于之后的现金流，也取决于未来交易日的供求关系、利率波动、宏观因素等，具有很大的不确定性。因此，股票的未来现金流是不确定的，这必然导致资产价格随着有关现金流的信息变化而产生波动。又以固定收益债券为例，虽然未来现金流的面值是确定的，但是因为通货膨胀、名义利率等随着时间发生变化，贴现到当期的价值也在不断变化。因此，资产价格只是相对准确的估价，随着时间的推进、更多的信息获取，价格必然发生变化。最后，金融市场整体虽然可以通过多样化组合规避一定的风险，减少波动，但是资产间仍然存在关联，系统性风险如宏观政策仍然存在，因此，整个金融市场仍然会出现波动。

（二）预期的理性化程度

预期是投资者对于可能影响未来现金流的因素包括其他投资者行为的判断。在经济学原理中，无论是蛛网模型中的简单预期，或是凯恩斯有关投资的心理预期，还是弗里德曼强调的适应性预期、卢卡斯等人提出的理性预期，各种预期变化都会改变市场参与者的行为进而对金融市场价格波动产生影响。即使未来现金流确定，因为预期的理性化程度不同，投资者对同一资产的价格也会有不同的判断，从而导致价格波动。

例如，理性预期假设投资者的预期是对未来变量的最好的猜测，这种猜测不会出现系统性失误，资产价格平均来讲等于贴现的未来现金流。但这并不意味着资产价格任何时候都是准确的，资产价格仍然会出现波动。理性预期可能因为获取有用信息的成本太高而失败，投资者此时的理性选择是不予关注此类信息；也可能因为投资者根本没有意识到这类信息，当新的信息出现时，资产价格必然出现波动。一般而言，预期的理性化程度越高，投资者对于未来现金流和其他投资者行为的判断越准确，资产价格和金融市场的波动越小。

（三）经济主体的行为与情绪

投资的最终目的是满足投资者的期望效用，因此投资者对于资产价值的主观评判在很大程度上会影响资产价格，这就涉及经济主体的行为与情绪。行为金融学将之定义为经济主体在面对未来不确定性进行决策时的认知偏差。由于市场各参与主体在利用信息进行决策时存在认知偏差，比如人们总是过分相信自己的判断，往往根据自己对决策结果的盈亏状况的主观判断进行决策，因而他们对市场的未来不可能做出无偏差估计。由于市场各参与主体有回避损失和"心理"会计的偏差，还有减少后悔、推卸责任的心理，因而在进行决策时不可能总以实现期望效用最大化为准则，尤其是这种对理性决策的偏差是系统性的，并不能因为统计的平均而削减。具体到资产定价中，即使有关未来现金流和市场收益率的信息没有发生任何变化，经济主体可能由于认知偏差，对于投资的未来现金流、折现后的效用满足判断发生变化而改变自己的交易行为，从而导致资产价格变化，引起金融市场波动。

二、金融市场的效率

（一）金融市场效率的含义

金融市场功能发挥的有效性程度通常用金融市场效率来衡量。在 20 世纪 70 年代，法玛提出了"有效市场假说"，认为如果在一个证券市场中，价格完全反映了所有可以获得的信息，那么就称这样的市场为有效市场。有效市场有内部和外部之分。内部有效市场主要反映投资者买卖证券时所支付交易费用是否合理，外部有效市场主要考量证券的价格是否迅速地反映出所有与价格有关的信息。该假说将市场分为三种形态：一是弱式有效市场，即市场价格已充分反映出所有过去历史的证券价格信息。在弱式有效市场下，股价的技术分析失去作用，基本面分析可能帮助投资者获得超额利润。二是半强式有效市场，即价格已充分反映出所有已公开的有关公司营运前景的信息。在半强式有效市场中，基本面分析失去作用，内幕消息可能使投资者获得超额利润。三是强式有效市场，即价格已充分地反映了所有关于公司营运已公开的或内部未公开的信息。在强式有效市场中，没有任何方法能帮助投资者获得超额利润，即使基金和有内幕消息者也一样。因此，衡量证券市场是否具有外部效率有两个标志：一是价格是否能自由地根据有关信息而变动；二是证券的有关信息能否充分披露和均匀分布，投资者能否在同一时间内得到等量等质的信息。

一般而言，金融市场的有效性或金融市场的效率高低主要反映在以下三个方面：

第一，金融市场活动的有效性。即交易成本较低，金融市场秩序和市场交易制度足够完善，能够吸引众多的交易者。

第二，金融市场定价的有效性。即金融市场的信息公开透明且充分，价格弹性较高，能够较快形成新的均衡价格，防止价格与价值脱离。此外，市场上的价格不仅反应迅速，同时还要能够反映所有已经公开的信息。

第三，金融市场配置的有效性。即金融市场的流动性很高，供需方的资金能够根据公开信息和价格信号迅速并合理地流动，从而能够快速地实现资源的优化配置，进一步促进金融市场的效率提升。

（二）我国金融市场的效率及其提升

改革开放以来我国金融市场发展很快，无论是货币市场还是资本市场都已经有了一定的规模。但是许多制度建设和行为规范仍不够完善，市场管理的行政化程度较高而市场化程度较低，存在交易成本较高、信息不够充分透明、市场交易主体理性程度低且行为不规范、市场投机氛围较浓、优胜劣汰机制缺失等诸多问题，导致了金融市场运作效率较低。

我国在未来的金融市场发展中应该更加致力于提升市场效率。第一，需要完善制度建设，让一切市场活动都有法可依。第二，要提高市场化程度，核心是要减少对金融市场运作的行政干预，促进金融市场化运作模式的形成，尽快实现利率市场化，提高金融市场价格形成的有效性，提高资源配置的合理性。第三，应规范市场参与者行为，整治金融市场乱象，对各种违法违规活动进行严肃处理，引导投资者重长期投资，上市公司重成长，监管机构重规则，中介机构重信誉。第四，推动金融产品的创新，丰富产品种类以满足不同需求，降低交易成本。监管机构要积极鼓励金融创新，同时要对各种产品的风险进行穿透性监管，科学设计以保证金融产品风险和收益的匹配性，真正保护长期投资者和金融消费者权益，提高金融市场的有效性。

本章小结

1. 产业投资是进行物质生产领域和非物质生产领域投资的经济活动，金融投资是以货币标示的金融资产投资活动，如股票、债券、外汇、黄金以及金融衍生工具等投资。金融投资与金融市场的发展互相影响，相互促进。

2. 跨国性的金融投融资活动促进了国际金融市场的发展。近年来国际资本流动规模大，结构变化快，日益脱离实体经济并呈现出证券化、虚拟化、多元化的特征。

3. 金融市场的构成要素主要有市场主体、金融工具、交易价格以及市场交易的组织形式。市场板块不同，具体的构成要素也有差异。

4. 按照不同的标准金融市场可以进行不同的分类。金融市场体系主要由资本市场、货币市场、外汇市场、黄金市场、保险市场以及衍生工具市场构成，其中最重要的是货币市场和资本市场。

5. 金融市场具有资源配置与转化、价格发现、风险分散与规避以及宏观调控传导等功能，但这些功能的发挥必须以法制健全、信息披露充分、市场进退有序、国内外统一的市场、丰富的交易品种、灵活的价格机制和必要的技术支持等为条件。

6. 金融市场的波动主要体现在金融资产价格和相关指数的变动上。金融市场波动是金融市场实现其功能的必然体现。金融市场上资产价格的波动主要源于：未来现金流贴现值的不确定性，投资者预期的偏差，以及投资者主观判断的谬误。

7. 金融市场功能发挥的有效性程度通常用金融市场效率来衡量。有效市场有内外之分，内部有效市场主要反映投资者买卖证券时所支付交易费用是否合理，外部有效市场主要考量证券的价格是否迅速地反映出所有与价格有关的信息。金融市场的有效性主要反映在金融市场活动、定价和资源配置的有效性上。

💡 复习思考题

1. 投融资活动和金融市场的关系是什么？如何理解这种关系？

2. 当前国际资本流动的势头异常迅猛，你认为出现这一现象的主要原因是什么？从这些原因中你能得到什么启示？

3. 金融市场的构成要素有哪些？如何看待这些要素之间的关系？

4. 金融市场分类标准主要有哪几种？

5. 如何理解金融市场的基本功能和发挥作用的条件？

6. 我国金融市场体系的主要构成是什么？你认为是否合理？

7. 什么是金融市场效率？其表现形式有哪些？试根据相关理论具体分析我国金融市场的效率以及存在问题。

📋 即测即评

网上更多……　⚙ 教学案例　📄 名词术语　💬 学生讨论

第8章
货币市场

📖 **本章导读** »

货币市场是指以期限在 1 年以内的金融工具为媒介进行短期资金融通的市场。市场的称谓来源于市场中交易的金融工具有"期限短、流动性强、安全性高"的特点，类似于货币。在日常的电视、报纸和网络新闻中，人们经常看到或听到同业拆借、回购、票据交易和货币市场利率。2013 年 6 月 20 日，上海银行间同业拆放利率（SHIBOR）罕见"爆表"，中国银行业的"钱荒"同时引发了货币市场的震荡和社会的广泛关注。为什么会形成货币市场？货币市场利率为什么那么重要？金融机构和企业的财务人员为什么格外关注货币市场？本章将通过系统介绍货币市场的特点、功能和货币市场的几个重要子市场即同业拆借市场、回购协议市场、国库券市场、票据市场、大额可转让定期存单市场的运作等来解读这些问题。

第一节　货币市场的特点与功能

一、货币市场的特点

货币市场是指以期限在 1 年以内的金融工具为媒介进行短期资金融通的市场，具有以下几个特点。

（一）交易期限短

货币市场中的金融工具一般期限较短，最短的期限只有 2 小时，最长的不超过 1 年，这就决定了货币市场的筹资者只能在此市场中筹集短期临时性周转资金，其原因在于货币市场上的资金主要来源于居民、企业和金融机构等暂时闲置的资金，调剂资金头寸成为货币市场主要的功能之一。

（二）流动性强

金融工具的流动性与其偿还期限成反比，偿还期越短，流动性越强。货币市场金融工具偿还期限的短期性决定了其较强的流动性。此外，货币市场活跃的二级市场交易进一步增强了货币市场的流动性。

（三）安全性高

货币市场是个安全性较高的市场，除了交易期限短、流动性强的原因外，更主要的原因在于货币市场金融工具发行主体的信用等级较高，只有具有高资信等级的企业或机构才有资格进入货币市场来筹集短期资金，也只有这样的企业或机构发行的短期金融工具才会被主要追求安全性和流动性的投资者所接受。

（四）交易额大

货币市场是一个批发市场，大多数交易的交易额都比较大，个人投资者难以直接参与市场交易。

二、货币市场的功能

（一）货币市场是政府、企业调剂资金余缺，满足短期融资需要的市场

政府的国库收支经常面临先支后收的矛盾，解决这个矛盾的一个较好的方法就是政府在货币市场上发行短期政府债券——国库券。流动资金快速周转的特征决定了短期融资是企业生产经营过程中最经常的融资需求，通过签发合格的商业票据，企业可以从货币市场及时、低成本地筹集大规模的短期资金满足这种需求。与此同时，流动资金暂时闲置的企业也可以通过购买国库券、商业票据等货币市场工具，实现资金合理的收益回报，达到安全性、流动性和收益性相统一的财务管理目的。

（二）货币市场是商业银行等金融机构进行流动性管理的市场

商业银行等金融机构的流动性是指其能够随时应付客户提取存款或满足必要的借款及对外支付要求的能力。流动性管理是商业银行等金融机构资产负债管理的核心，流动性的缺乏意味着偿付能力不足，有可能引发挤兑危机。商业银行等金融机构通过参与货币市场的交易活动可以保持业务经营所需的流动性。

（三）货币市场是一国中央银行进行宏观金融调控的场所

在市场经济国家，中央银行为调控宏观经济运行所进行的货币政策操作主要是在货币市场中进行的。例如，公开市场业务作为一种货币政策操作手段就是由各国中央银行在货币市场上进行操作的。

（四）货币市场是市场基准利率生成的场所

基准利率是一种市场化的无风险利率，被广泛用作各种利率型金融工具的定价标准，是名副其实的市场利率的风向标。货币市场交易的高安全性决定了其利率水平作为市场基准利率的地位，发挥基准利率特有的功能。利率是联系宏观经济运行与微观经济活动的关键因素，基准利率不仅是中央银行重要的货币政策中介指标，也是决定和影响其他利率的基础变量。

微视频 8-1
保罗·沃克：
市场过度依
赖货币政策
刺激经济

原理 8-1

货币市场利率是一国利率体系中的基准指标，是影响其他金融和经济指标的基础性变量。

第二节 国内货币市场

各国的货币市场主要由以下五个子市场组成。

一、同业拆借市场

同业拆借市场是金融机构同业间进行短期资金融通的市场。其参与主体仅限于金融机构。同业拆借通常是在无担保的条件下进行的，是信用拆借，因此市场准入条件往往比较严格。在美国，只有在联邦储备银行开立准备金账户的商业银行才能参加联邦基金市场（美国的同业拆借市场）的交易活动。我国同业拆借市场的主体目前包括了所有类型的金融机构，但金融机构进入同业拆借市场必须经中国人民银行批准。

（一）同业拆借市场的形成与功能

同业拆借市场的形成源于中央银行对商业银行法定存款准备金的要求。中央银行规定，商业银行吸收来的存款必须按照一定的比率缴存到其在中央银行开立的准备金账户上，用以保证商业银行的清偿能力。如果商业银行缴存的准备金达不到中央银行规定的比率，商业银行将受到中央银行的处罚；如果商业银行缴存的准备金超过了中央银行规定的比率，对于超过部分，中央银行不支付利息或仅按照极低利率支付利息。于是，准备金不足的银行从准备金盈余的银行拆入资金，以达到中央银行对法定存款准备金的要求；准备金盈余的银行也因资金的拆出而获得收益。拆出拆入银行间资金的划转通过它们在中央银行开设的准备金账户进行，拆借期限很短，最常见的是隔夜拆借，即拆入资金在交易后的第二天偿还。可见，同业拆借市场上交易的主要是商业银行等存款性金融机构存放在中央银行存款账户上的超额准备金，其主要功能在于为商业银行提供准备金管理的场所，提高其资金使用效率。

在同业拆借市场不断发展中，由于其交易期限的短期性、市场的高流动性和资金的快速周转性，该市场又成为商业银行等金融机构进行短期资产组合管理的场所。

（二）同业拆借的期限与利率

1. 同业拆借的期限

同业拆借市场的拆借期限有隔夜、7天、14天、21天、1个月、2个月、3个月、4个月、6个月、9个月、1年等，其中最普遍的是隔夜拆借。在2019年和2020年我国的同业拆借市场交易中，隔夜拆借占到了90%以上，其次是7天拆借（见表8-1）。

在中国人民银行2007年7月颁布的《同业拆借管理办法》中，不同类型金融机构可拆入资金的最长期限有所不同。

2. 同业拆借利率

同业拆借利率是一个竞争性的市场利率，市场上资金供求力量的对比决定利率的变动。同业拆借利率是货币市场的基准利率，在整个利率体系中处于相当重要的地位，

表 8-1　2019 年和 2020 年中国拆借市场交易情况

	2019 年		2020 年	
	交易量（亿元）	占比（％）	交易量（亿元）	占比（％）
1 天	1 386 203	91.42	1 327 283	90.20
7 天	100 603	6.63	113 094	7.69
14 天	11 898	0.78	12 191	0.83
21 天	2 628	0.17	1 789	0.12
1 个月	4 562	0.30	7 108	0.48
2 个月	3 614	0.24	3 077	0.21
3 个月	5 011	0.33	4 931	0.34
4 个月	664	0.04	316	0.02
6 个月	473	0.03	842	0.06
9 个月	180	0.01	295	0.02
1 年	538	0.04	498	0.03

资料来源：中国人民银行网站 2019 年、2020 年统计数据中的金融市场统计。

对货币市场上其他金融工具的利率具有重要的导向和牵动作用，被视为观察市场利率趋势变化的风向标。

通常来说，中央银行对同业拆借利率具有重要的影响。例如，中央银行提高法定存款准备金率，则商业银行等金融机构持有的超额准备金减少，同业拆借市场上的资金供给相应降低，同业拆借利率随之上升。

3. 我国同业拆借市场的发展

1984 年，中国人民银行专门行使中央银行职能后，鼓励金融机构利用资金的行际差、地区差和时间差进行同业拆借。于是，一些地区的金融机构开始出现同业拆借活动，但拆借量很小，没有形成规模市场。

1986 年是我国同业拆借市场真正启动的一年。当年 1 月，国务院颁布《中华人民共和国银行管理暂行条例》，对银行间资金的拆借作出了具体规定。从此，同业拆借在全国各地迅速开展起来。1988 年，部分地区金融机构违反资金拆借的有关规定，超过自己承受能力大量拆入资金，致使拆借资金到期无法清偿，拆借市场秩序混乱，国务院决定对同业拆借市场秩序进行整顿。1990 年，中国人民银行下发了《同业拆借管理试行办法》，第一次用法规形式对同业拆借市场管理做了比较系统的规定。1992 年至1993 年，受当时经济金融环境的影响，同业拆借市场又出现了严重的违规现象，影响了银行的正常运营，扰乱了金融秩序。1993 年 7 月，中国人民银行根据国务院整顿拆借市场的要求，把规范拆借市场作为整顿金融秩序的一个突破口，出台了一系列措施，再次对拆借市场进行整顿，撤销了各商业银行及其他金融机构办理同业拆借业务的代理中介机构，规定了同业拆借的最高利率，拆借秩序开始好转。

1996 年 1 月，全国统一的同业拆借市场网络开始运行，标志着我国同业拆借市场进入一个新的规范发展时期。1996 年 6 月，中国人民银行放开了对同业拆借利率的管制，

微视频 8-2
央行继续开展逆回购，保持市场流动性平稳

拆借利率由拆借双方根据市场资金供求状况自行决定，由此形成了全国统一的同业拆借市场利率——CHIBOR。1998 年之后，中国人民银行不断增加全国银行间同业拆借市场的交易成员，保险公司、证券公司、财务公司等金融机构陆续被允许进入银行间同业拆借市场进行交易，市场交易量不断扩大，拆借期限不断缩短，同业拆借市场已经成为金融机构管理流动性的重要场所。

2007 年 1 月 4 日，**上海银行间同业拆放利率（SHIBOR）**的正式运行，标志着中国货币市场基准利率培育工作的全面启动。经过几年建设，SHIBOR 已经确立了货币市场基准利率的地位，在反映市场资金供求状况，为金融产品定价提供基准参考标准、促进金融机构提高自主定价能力、完善货币政策传导机制等方面发挥日益重要的作用。

二、回购协议市场

（一）回购协议与回购协议市场

回购协议是指证券持有人在卖出一定数量证券的同时，与证券买入方签订协议，双方约定在将来某一日期由证券的出售方按约定的价格再将其出售的证券如数赎回。从表面上看，回购协议是一种证券买卖，但实际上是以证券为质押品而进行的短期资金融通。证券的卖方以一定数量的证券进行质押借款，条件是一定时期内再购回证券，且购回价格高于卖出价格，两者的差额即为借款的利息。作为质押品的证券主要是国库券、政府债券或其他有担保债券，也可以是商业票据、大额可转让定期存单等其他货币市场工具。

与上述证券交易方向相反的操作被称为**逆回购协议**，即证券的买入方在获得证券的同时，与证券的卖方签订协议，双方约定在将来某一日期由证券的买方按约定的价格再将其购入的证券如数卖回给卖方。实际上，回购协议和逆回购协议是一个事物的两个方面。同一项交易，从证券提供者的角度看是回购，从资金提供者的角度看是逆回购，一项交易究竟被称为回购还是逆回购主要取决于站在哪一方的立场上。

回购协议市场就是指通过回购协议进行短期资金融通的市场。

（二）**回购协议市场**的参与者及其目的

回购协议市场的参与者十分广泛，中央银行、商业银行等金融机构、非金融企业都是这个市场的重要参与者，在美国等一些国家，甚至连地方政府也参与这个市场的交易活动。

中央银行参与回购协议市场的目的是进行货币政策操作。在市场经济较为发达的国家或地区，回购协议是中央银行进行公开市场操作的重要形式。同样的货币政策目标，中央银行可以通过买卖政府债券实现，也可以通过回购协议实现。回购协议交易对债券市场的冲击小于直接买卖债券对市场的冲击，而且由于回购协议是自动清偿的，因此当经济形势出现新的变动时可以使中央银行具有更强的灵活性。

商业银行等金融机构参与回购协议市场的目的是在保持良好流动性的基础上获得更高的收益。因为同业拆借通常是信用拆借，无担保的特性使得中小银行难以从同业拆借市场上及时拆入自己所需的临时性资金，而回购协议的证券质押特征则解决了这个问题。

证券公司等非银行类金融机构是回购协议市场的重要参与者，它们既可以用所持有的证券作为担保来获得低成本的融资，也可以根据对市场利率的预期进行回购与逆回购的投资组合来获利。

非金融企业参与回购协议市场既可以使它们暂时闲置的资金在保证安全的前提下获得高于银行存款利率的收益，也可以使它们以持有的证券组合为担保获得急需的资金。

广泛的市场参与者使回购协议市场的交易量巨大。以我国为例，1997 年 6 月银行间债券回购市场设立，全年交易额为 307 亿元。此后，市场交易额呈几何级数增长，2020 年交易额达到 9 527 158 亿元，远远高于同年同业拆借市场 1 471 425 亿元的交易额。

（三）回购协议的期限与利率

回购协议的期限从 1 天到数月不等，期限只有 1 天的称为隔夜回购，1 天以上的都称为期限回购协议。最常见的回购协议期限在 14 天之内。

在回购协议的交易中，回购利率是交易双方最关注的因素。约定的回购价格与售出价格之间的差额反映了借出资金者的利息收益，它取决于回购利率的水平。回购利率与证券本身的年利率无关，而与证券的流动性、回购的期限有密切关系。完全担保的特点决定了回购利率通常低于同业拆借利率等其他货币市场利率。证券回购价格、售出价格与回购利率之间的关系可用下列公式表示：

$$回购价格=售出价格+约定利息$$

$$回购利率 = \frac{回购价格-售出价格}{售出价格} \times \frac{360}{距到期日天数} \times 100\% \qquad (8-1)$$

原理 8-2

证券流动性越高，回购利率越低；回购期限越长，回购利率越高。

三、国库券市场

国库券是国家政府发行的期限在 1 年以内的短期债券。高安全性、高流动性是国库券的典型特征。由于有国家信用作支撑，二级市场发达，流通转让十分容易，投资者通常将国库券看作无风险债券。

国库券市场即发行、流通转让国库券的市场。

（一）国库券的发行市场

1. 国库券的发行人

国库券的发行人是政府财政部门。在大多数发达国家，所有由政府（无论是中央政府还是地方政府）发行的债券统称为公债，但只有中央政府发行的 1 年期以内的债券才称为国库券。在我国改革开放初期，曾将所有由政府财政部门发行的政府债券都称为国库券，而不管其期限是在 1 年以内还是在 1 年以上。目前，这种称法已很少见到，更多的是将中央政府发行的所有期限的债券统称为国债，对国库券的界定也与国际社会相一致。

政府财政部门发行国库券的主要目的有两个：一是融通短期资金，调节财政年度收支的暂时不平衡，弥补年度财政赤字。此外，通过滚动发行国库券，政府可以获得低息、长期的资金用以弥补年度的财政赤字。二是作为一项重要的财政政策工具，实现调控宏观经济的目的。

2. 国库券的发行方式

作为短期债券，国库券通常采取贴现发行方式，即政府以低于国库券面值的价格向投资者发售国库券，到期后按面值偿付，面值与购买价之间的差额即为投资者的利息收益。收益率的计算公式为：

$$i=\frac{F-P}{P}\times\frac{360}{n}\times100\%$$ (8-2)

式中：i 为国库券投资的年收益率；

F 为国库券面值；

P 为国库券购买价格；

n 为距到期日的天数。

国库券通常采取拍卖方式定期发行。财政部接受出价最高的订单，出价最高的购买者首先被满足，然后按照出价的高低顺序，购买者依次购得国库券，直到所有的国库券售完为止。在这个过程中，每个购买者支付的价格都不相同，这便是国库券发行市场中典型的美国式招标。如果国库券的最终发行价格按所有购买人实际报价的加权平均价确定，不同的购买人支付相同的价格，则称为荷兰式招标。

3. 国库券发行市场中的一级交易商

短期国库券的拍卖发行通常需要专门的中介机构进行，其中最重要的中介机构是一级交易商，即具备一定资格、可以直接向国库券发行部门承销和投标国库券的交易商团体，一般包括资金实力雄厚的商业银行和证券公司。一级交易商通过批发购买，然后分销、零售，使国库券顺利地发售到最终的投资者手中，形成"批发－零售一体化"的分工型发售环节，有利于降低发行费用、减少发行时间，明显地提高了发行效率。

（二）国库券的流通市场

国库券流通市场的参与主体十分广泛，中央银行、商业银行、非银行金融机构、企业、个人及国外投资者等都广泛地参与到国库券市场的交易活动中。在这个市场中，还有一级交易商发挥做市商的职能，通过不断买入和卖出国库券活跃市场，保持市场交易的连续性、及时性和平稳性，提高市场的流动性。

大部分国家的法律规定，中央银行不能直接在发行市场上购买国库券，因此，中央银行只能在流通市场上参与国库券的买卖。中央银行买卖国库券的市场被专业化地称为公开市场。在这个市场上，中央银行仅与市场的一级交易商进行国库券的现券买卖和回购交易，用以影响金融机构的可用资金数量。

商业银行等金融机构积极地参与国库券市场的交易活动。国库券的高安全性、高流动性和税收优惠（各国通常规定来自国库券的收入免交所得税）特点使各类金融机构都将其作为投资组合中的一项重要的无风险资产。

非金融企业和居民个人参与国库券市场的交易活动大都通过金融中介机构。20 世纪 70 年代之后，货币市场基金成为居民个人参与国库券交易的主要渠道。

（三）我国的国库券市场

长期以来，我国国债发行以 1、3、5、7、10 年期限国债为主要品种，短期国债发行频次较低，市场规模不大。1996 年，为配合公开市场业务的启动，财政部曾发行两期国库券，金额为 348.7 亿元。此后直到 2002 年，财政部又象征性地发行 355 亿元的国库券。2015 年，为进一步完善国债收益率曲线，优化国债期限结构，财政部建立国库券定期发行机制，自 2015 年第二季度起每月滚动发行一次 6 个月期国库券，自第四季度起每周滚动发行一次 3 个月期国库券。

四、票据市场

票据市场是各类票据发行、流通转让的市场。由此定义出发，则票据的外延界定了票据市场的边界。在大多数西方发达国家，票据市场通常分为商业票据市场和银行承兑汇票市场，两个市场有着不同的运作机制；在我国目前的票据市场统计中，由于西方典型的融资性商业票据的缺失，仅包括商业汇票的承兑市场、贴现市场和再贴现市场。此外，2003 年以来，由于每年都有数额较大的中央银行票据发行，本书将该票据也列在此处，作为票据市场的一种类型，权且当作我国过渡时期的一种特色市场。据此，本节所介绍的票据市场便是一个涵盖中西方票据范畴的广义的票据市场，包括商业票据市场、银行承兑汇票市场、票据的贴现市场以及中央银行票据市场。

（一）商业票据市场

中西方对商业票据的界定存在一定的差异。《中华人民共和国票据法》（简称《票据法》）将商业票据视为商业信用中签发的、表明买卖双方债券债务关系的凭证，强调商业票据的签发以真实的商品交易为基础，是商品交易支付和结算的工具。相关的票据行为，如汇票承兑、贴现等形成银行承兑汇票市场、票据贴现市场等。在以美国为代表的大多数西方发达国家，**商业票据**被界定为一种由企业开具的无担保、可流通、期限短的债务性融资本票。这种纯粹的融资性本票类似于我国非金融企业在银行间债券市场发行的短期融资券，也是本书在此处介绍商业票据市场时使用的商业票据概念。由于无担保，所以只有信誉卓越的大公司才有资格发行商业票据。商业票据的期限较短，在世界最发达的美国商业票据市场上，商业票据的期限不超过 270 天，通常为 20~45 天。

1. 商业票据的发行市场

商业票据的发行主体包括工商企业以及各类金融公司。工商企业和金融公司通过发行商业票据获得低于银行贷款成本的资金。低成本的融资特征使商业票据成为银行贷款的重要替代品。商业票据的投资人极其广泛，商业银行、保险公司、非金融企业、信托机构、养老基金、货币市场基金等都是商业票据的购买者。

商业票据的发行分为直接募集和交易商募集两种方式。前者是指不经过交易商或中介机构，商业票据的发行人直接将票据出售给投资人，好处在于节约了佣金。交易商募集则是指发行人通过交易商来销售自己的商业票据，市场中的交易商既有证券机构，也有商业银行。无论是直接募集还是交易商募集，商业票据大都以贴现方式发行。

随着越来越多的信用优良的大企业通过发行商业票据等集低成本的运营资金，商业银行的短期贷款业务逐渐萎缩，经营面临巨大挑战。为了应对挑战，商业银行创造出一种新产品——**贷款承诺**，也叫**信用额度**，即银行承诺在未来一定时期内，以确定的条件向商业票据的发行人提供一定数额的贷款，为此，商业票据的发行人要向商业银行支付一定的承诺费。贷款承诺降低了商业票据发行人的流动性风险，大多数的商业票据发行人都尽量利用商业银行的贷款承诺来为他们的商业票据提供支持，这在降低票据购买者风险的同时，也降低了票据的利率水平。

2. 商业票据的流通市场

商业票据的流通市场不发达。商业票据的持有者一般都将票据持有到期。如果票据的持有者有迫切的现金需要，可以把票据回售给交易商或发行人。

《票据法》第 10 条明确规定："票据的签发、取得和转让，应当遵循诚实信用的原则，具有真实的交易关系和债权债务关系。"但在 2005 年，中国人民银行为了进一步发展货币市场，扩宽企业融资渠道，颁布了《短期融资券管理办法》，允许符合规定条件的非金融企业在银行间债券市场发行、交易类似于西方融资性商业票据的短期融资券。短期融资券采用信用发行，企业可自主确定每期融资券的期限，但最长不超过 365 天，发行人主要是大型优质企业。为了支持企业自主开展直接债务融资，缓解中小企业融资难的问题，2008 年 4 月中国人民银行发布了《银行间债券市场非金融企业债务融资工具管理办法》，规范了企业发行债务工具的种类，除了原有的短期融资券以外，增加了超短期融资券、中期票据、资产支持票据、企业集合票据等类别，并对票据发行注册、发行规则、持有人、信息披露、中介服务等相关业务作出了具体指引。

（二）银行承兑汇票市场

银行承兑汇票是在票据承兑的基础上出现的。承兑是指商业汇票到期前，汇票付款人或指定银行确认票据记明事项，承诺在汇票到期日支付汇票金额给汇票持有人并在汇票上签名盖章的票据行为。如果是银行在汇票上签名盖章，承诺在汇票到期日承担最后付款责任，则此汇票为银行承兑汇票。

银行承兑汇票广泛应用于国际与国内贸易。以国内贸易为例，A 公司与 B 公司达成了商品交易合同，约定 3 个月后 A 公司向 B 公司支付 100 万元的货款。在此项商业信用中，为了规避风险，B 公司要求 A 公司开具银行承兑汇票，则 A 公司向其开户银行 C 银行申请开立以 A 公司为出票人、B 公司为收款人、C 银行为承兑人、票面金额为 100 万元人民币、期限为 3 个月的汇票。C 银行审查同意后，对汇票进行承兑。A 公司将此张经 C 银行承兑的汇票交付给 B 公司，B 公司向 A 公司发货。汇票到期前，A 公司应将 100 万元的货款交存 C 银行。汇票到期后，B 公司向 C 银行提示汇票，则 C 银行向 B 公司支付货款。如果汇票到期时 A 公司在 C 银行存款账户上的存款不足 100 万元，C 银行也必须向 B 公司无条件地履行支付责任，并对其垫付的部分款项视同逾期贷款向 A 公司计收罚息，直至 A 公司还清为止。

银行承兑汇票将购货商的企业信用转化为银行信用，降低了商品销售方所承担的信用风险，有利于商品交易的达成。

（三）票据贴现市场

票据贴现市场可以看作银行承兑汇票的流通市场。接着上面的例子，如果 B 公司在持有此张银行承兑汇票期间有融资的需要，它可以将还没有到期的银行承兑汇票转让给银行，银行按票面金额扣除贴现利息后将余额支付给 B 公司，此种票据行为称为贴现。贴现利息的计算公式为：

$$贴现利息=汇票面额×实际贴现天数×月贴现利率/30$$
$$实际获得的贴现金额=汇票面额-贴现利息 \qquad (8-3)$$

如果在此张银行承兑汇票到期前贴现银行也出现了融资需求，则贴现银行可以将这张银行承兑汇票向其他金融机构进行转让。转让给其他商业银行，叫**转贴现**；转让给中央银行，叫**再贴现**。

总之，票据的贴现直接为企业提供了融资服务；转贴现满足了商业银行等金融机构间相互融资的需要；再贴现则成为中央银行调节市场利率和货币供给量，实施货币政策的重要手段。

我国的票据市场主要体现为银行承兑汇票市场和票据贴现市场。1984 年，中国人民银行颁布了《商业汇票承兑、贴现暂行办法》。1986 年，商业汇票的承兑、贴现、转贴现、再贴现业务全部开办起来。但是，由于长期的计划经济体制所导致的信用观念缺失，整个社会的信用基础十分薄弱，票据市场中的违约行为相当严重，制约了市场的发展。1995 年，《票据法》颁布并执行，商业票据的使用范围扩大，票据市场进入一个新的发展时期，商业汇票承兑额、贴现额不断增加。2016 年 12 月，上海票据交易所正式挂牌成立，全国统一的票据交易平台建立，进一步促进了票据市场的规范发展。

（四）中央银行票据市场

中央银行票据是中央银行向商业银行发行的短期债务凭证，其实质是中央银行债券。大多数中央银行票据的期限在 1 年以内。中央银行发行票据的目的不是筹集资金，而是减少商业银行可以贷放的资金量，进而调控市场中的货币量，因此，发行中央银行票据是中央银行进行货币政策操作的一种重要手段。

一般来说，中央银行通过发行票据进行公开市场操作是在一国国库券市场不发达的情况下所采取的权宜之计，印度尼西亚、韩国、菲律宾、泰国等国的中央银行都曾在一定时期内发行过中央银行票据，对中央银行利用经济手段进行间接金融调控起到了一定的支持作用。但大规模的票据的发行会使中央银行背上沉重的利息负担，例如 1986 年与 1987 年，韩国中央银行因为支付大量的中央银行票据利息而形成 570 亿与 870 亿韩元的亏损。[1] 因此，中央银行票据通常不会无限发行下去，在国库券市场发展

---

① Robert F. Emery. The Money Markets of Developing East Asia［M］. New York：Greenwood Publishing Group，INC，1991：117.

起来后，会逐渐减少中央银行票据的发行，直至取消。

我国中央银行票据的发行始于 2002 年 9 月 24 日，中国人民银行将公开市场业务未到期的回购转换为中央银行票据，金额为 1 937.5 亿元，期限分别为 3 个月、6 个月和 1 年。此后的几年中，为了控制商业银行的信贷投放速度，回笼因外汇储备迅速增长造成的货币的过多投放，中国人民银行逐渐加大中央银行票据的发行，2010 年累计发行 4.2 万亿元，达到最高值。2011 年，随着外汇净流入的减少，外汇占款增速下降，中国人民银行相应减少了中央银行票据的发行，2012 年甚至没有发行中央银行票据。到 2017 年年底，中央银行票据余额为 500 亿元。2019 年，中国人民银行在香港建立了常态化发行人民币央行票据的机制，当年成功发行 12 期共计 1 500 亿元人民币央行票据，丰富了离岸市场高信用等级的人民币资产，有利于推动人民币国际化。

五、大额可转让定期存单市场

大额可转让定期存单是由商业银行发行的具有固定面额、固定期限的可以流通转让的大额存款凭证。大额可转让定期存单市场就是发行与流通转让大额可转让定期存单的市场。

（一）大额可转让定期存单市场的产生与发展

大额可转让定期存单市场首创于美国。1961 年 2 月，为了规避"Q 条例"对银行存款利率的限制，抑制银行活期存款数量因通货膨胀的发生而持续下降的局面，花旗银行开始向大公司和其他客户发行大额可转让定期存单。这种存单与普通定期存款相比区别在于：存单面额大，不记名，存单的二级市场非常发达，交易活跃。大额可转让定期存单将活期存款的流动性和定期存款的收益性合为一体，从而吸引了大批客户。1970 年，伴随着美国通货膨胀率的持续上涨，美国国会取消了对大额可转让定期存单的利率限制，从而使这种存单成为美国商业银行筹集信贷资金的重要工具。此后，许多国家纷纷效仿美国建立大额可转让定期存单市场，促进了此市场在全世界范围内的发展。

（二）大额可转让定期存单市场的功能

商业银行是大额可转让定期存单市场的主要筹资者。在大额可转让定期存单市场出现以前，商业银行通常认为其对于负债是无能为力的，存款人是否到银行存款、存多少取决于存款人的经济行为，商业银行处于被动地位，因而其流动性的保持主要依赖持有数额巨大的流动性资产，但这会影响其盈利性。大额可转让定期存单市场诞生后，商业银行发现通过主动发行大额可转让定期存单增加负债也是其获取资金、满足流动性的一个良好途径，而不必再持有大量的、收益较低的流动性资产。于是，大额可转让定期存单市场便成为商业银行调整流动性的重要场所，商业银行的经营管理策略也在资产管理的基础上引入了负债管理的理念。

大额可转让定期存单市场的投资者种类众多，非金融企业、非银行金融机构、商业银行甚至富裕个人都是这个市场的积极参与者。大额可转让定期存单到期前可以随时转让流通，具有与活期存款近似的流动性，但与此同时又拥有定期存款的收益水平，这种特性很好地满足了大宗短期闲置资金拥有者对流动性和收益性的双重要求。

（三）大额可转让定期存单的期限与利率

期限最短的大额可转让定期存单是 14 天，典型的大额可转让定期存单的期限多为 1 个月到 4 个月，也有 6 个月的，但超过 6 个月的存单较少。

大额可转让定期存单的利率有固定的，也有浮动的，浮动利率的存单期限较长。发行银行的信用评级、存单的期限和存单的供求量是决定大额可转让定期存单利率水平的主要因素。

通常来说，大额可转让定期存单的利率水平类似于其他货币市场工具，但略高于同期限的国库券利率，利差为存单相对于国库券的风险溢价。

原理 8-3

> 发行银行的信用等级越高，存单的期限越短，银行借助于存单筹集资金的需求越低，则存单的利率越低；反之则相反。

（四）我国的大额可转让定期存单市场

1986 年下半年，中国银行和交通银行开始发行大额可转让定期存单，之后逐渐扩展到所有的商业银行。1989 年，中国人民银行制定相应的管理办法，对大额可转让定期存单的期限、面值、利率、计息办法和转让问题作出了统一规定。当时我国的大额可转让定期存单普遍具有面额小、利率高于同期限的定期存款利率、购买者绝大部分是城乡居民个人的特点，存单流动性很差，始终未能形成二级市场。1998 年中国人民银行停止了大额可转让定期存单的发行，市场消失。2015 年 6 月，为拓宽商业银行等存款类金融机构负债产品市场化定价范围，推进利率市场化改革，中国人民银行制定了《大额存单管理暂行办法》，我国的大额可转让定期存单市场重新恢复运行。

第三节　国际货币市场

一、国际货币市场的含义

国际货币市场是指以期限在 1 年以内的金融工具为媒介进行国际短期资金融通的市场。国际短期资金的融通一般有两种方式：一种是在一国原有的国内货币市场中允许外国交易者参与市场交易活动，本国和外国交易者均需按照本国的交易规则和政策法规参与交易，交易使用本国货币，市场运作机制与上一节介绍的国内货币市场相同。另一种是独立于各国国内的货币市场专门设立一个国际市场，在这个市场中，世界各国的参与者可以不受任何一国国内政策法令的约束，自由地参与市场交易活动，交易使用的货币可以是任何一种可自由兑换的但非市场所在国家的货币。这类市场被称为**欧洲货币市场**。欧洲货币市场是一种超越国界的市场，是国际货币市场的核心，甚至在许多情况下，国际货币市场就特指欧洲货币市场。超越国界的特点使欧洲货币市场在利率、业务惯例上具有自己的特征。本节将主要介绍欧洲货币市场。

二、欧洲货币市场的产生与发展

（一）政治因素导致欧洲货币市场的诞生

欧洲货币市场的前身是欧洲美元市场，产生于20世纪50年代。欧洲美元市场的诞生纯粹是由于政治原因。在布雷顿森林体系下，美元国际储备货币的地位让许多国家愿意持有美元，但第二次世界大战后日益严重的冷战局势使苏联和东欧社会主义国家越来越担心其在美国银行的大量美元存款会被美国政府冻结，于是，在20世纪50年代初冷战最紧张的时期，这些国家将其美元存款转存到欧洲各国尤其是英国的银行，于是欧洲美元——存在美国领土之外的美元——诞生了，借贷欧洲美元的市场随之产生。

到了20世纪60年代，欧洲美元市场上交易的货币不再局限于美元，德国马克、瑞士法郎等货币也开始出现在这一市场上。同时，市场的地理位置也扩大了，在亚洲的新加坡、中国香港等地也出现了对美元、德国马克等货币进行融通借贷的市场，原来的欧洲美元市场便演变为欧洲货币市场。在这里，"欧洲"一词不再表示地理位置，而是"境外"的意思。所谓"欧洲货币"，就是指在货币发行国境外流通的货币，如欧洲美元、欧洲日元等。而流通转让欧洲货币的市场，就被称为欧洲货币市场。

（二）欧洲货币市场迅速发展的主要原因

欧洲货币市场自20世纪60年代后期发展迅速，交易额快速增加，金融管制、利率波动以及欧洲货币市场自身的利率优势等都是导致这一现象的重要因素。

1. 美国的金融管制政策为欧洲货币市场的发展提供了客观条件

金融管制与欧洲货币市场的发展十分明显地体现出管制与创新的辩证规律：管制诱发创新，创新是为了规避管制。在20世纪80年代以前，美国金融监管部门的一系列监管措施为欧洲货币市场的发展提供了客观条件。利率管制限制了美国的银行支付的存款利率水平，使其不能随着物价的上升而上升；准备金和存款保险的强制性要求提高了美国的银行持有存款的成本。这些要求与限制突出了欧洲货币市场这个新兴市场的竞争优势，在这个自由的、超越国家的、充分竞争的市场中，没有利率管制，没有准备金和存款保险要求，为存款提供更高的利率使美元的存款人更倾向于在欧洲的银行存放美元，欧洲货币市场获得充足的资金。利息平衡税和自愿对外信贷限制计划则使外国借款者很难在美国发行美元债券或获得美元贷款，他们开始转向欧洲货币市场融资。供需的增长促进了欧洲货币市场快速发展。

2. 利率优势始终是推动欧洲货币市场持续发展的重要动力

作为一个不受任何国家管制和完全竞争的金融市场，与各国国内市场相比，欧洲货币市场的存款利率总是处于较高的水平，而贷款利率总是处于较低的水平。在20世纪六七十年代整个资本主义社会处于普遍的通货膨胀时期，欧洲货币市场利率的自由性不仅为欧洲货币的供给者支付了较高的利率用以弥补通货膨胀损失，还通过浮动利率贷款的方式使出借欧洲货币的金融机构免受利率波动风险。欧洲货币市场的充分竞争性和交易的大额性也使各类贷款利率相对较低，信誉优良的大型跨国公司更愿意到欧洲货币市场进行融资。

三、欧洲货币市场中的重要子市场

在各种文献中，欧洲货币市场包含的交易十分宽泛，所有流通转让欧洲货币的交易都被划入欧洲货币市场中，本节仅仅介绍欧洲货币市场中的伦敦银行同业拆借市场、欧洲商业票据市场和欧洲大额可转让定期存单市场。

（一）伦敦银行同业拆借市场

在欧洲货币市场上，业务规模最大的是伦敦银行同业拆借市场，世界各地的银行在这一市场上拆出拆入隔夜资金，极富竞争性。**伦敦银行同业拆借利率**（LIBOR）是欧洲货币市场乃至全球金融市场的基准利率，众多的金融工具的定价以 LIBOR 为基准，LIBOR 的变动对全世界的金融活动都将产生重要的影响。

LIBOR 由英国银行协会授权路透公司负责计算和发布。路透公司根据伦敦银行间市场报价银行各自报出的资金拆出利率，分别去掉最高、最低各 25% 的报价，对剩余 50% 的报价进行简单算术平均求得对应币种的 LIBOR，每天在伦敦时间 11:00 后发布。LIBOR 涵盖了英镑、美元、欧元、日元、加元、澳元、瑞士法郎、新西兰元和丹麦克朗共 9 种货币的同业拆借利率，利率期限从隔夜到 1 年不等，共 15 个品种。

（二）欧洲商业票据市场

欧洲商业票据是由信用等级高的国际公司在欧洲货币市场上发行的无担保、短期、不记名的票据。大多数欧洲商业票据的期限为 7 天至 365 天，一般采用贴现发行方式，有发达的二级流通市场。最高信用等级的国际公司通常自己直接发行欧洲商业票据进行筹资，而信用等级较低的公司则在银行的帮助下通过该市场进行筹资。银行向信用等级较低的公司提供票据发行便利，即银行承诺在确定的时间内（通常是 5 年）买入票据发行公司连续发行的无法出售给其他投资者的商业票据。票据发行便利使信用等级较低的公司可以在欧洲商业票据市场上筹集到利息成本低于银行贷款的资金。

发行人的信用等级是决定欧洲商业票据利率水平的重要因素。在所有的欧洲商业票据的发行人中，具有最高信用评级的发行人占到 50% 以上。跨国公司和银行是欧洲商业票据最主要的发行人。欧洲美元在欧洲商业票据发行的货币中占有支配地位。

（三）欧洲大额可转让定期存单市场

欧洲大额可转让定期存单市场十分发达，世界上众多的国际性大银行都在此市场上筹集资金。存单的期限通常为 3 个月和 6 个月，面额一般不低于 100 万美元。欧洲大额可转让定期存单没有法定存款准备金和存款保险的要求，因而资金筹集成本往往低于国内市场。

本章小结

1. 货币市场是以期限在 1 年以内的金融工具为媒介进行短期资金融通的市场。市场中交易的短期金融工具主要有银行同业拆借资金、回购协议、商业票据、银行承兑汇票、国库券、大额可转让定期存单等。对不同金融工具的交易行为形成了不同的货币市场子市场。

2. 交易期限短、流动性强、安全性高、交易额大是货币市场的基本特征。

3. 货币市场的重要性体现在它可以满足政府、企业短期融资的需要，为商业银行等金融机构的流动性管理、中央银行的宏观金融调控提供场所。同时，货币市场利率还通常被视为市场基准利率，广泛用作各种利率型金融工具的定价标准。

4. 同业拆借市场的参与主体仅限于金融机构。市场上交易的主要是商业银行等存款性金融机构存放在中央银行存款账户上的超额准备金，功能在于提高其资金使用效率。

5. 回购协议实质上是以一笔证券为质押品而进行的短期资金融通。一般而言，证券流动性越高，回购利率越低；回购期限越长，回购利率越高。

6. 高安全性、高流动性是国库券的典型特征。投资者通常将国库券看作无风险债券。

7. 商业票据的融资成本低于银行贷款的成本，只有信誉卓越的大公司才有资格发行商业票据。银行承兑汇票将购货商的企业信用转化为银行信用，降低了商品销售方所承担的信用风险。票据的贴现直接为企业提供了融资服务，转贴现满足了商业银行等金融机构间相互融资的需要，再贴现则成为中央银行调节市场利率和货币供给量、实施货币政策的重要手段。中央银行票据的发行丰富了公开市场业务的操作工具。

8. 面额大、不记名、二级市场发达是大额可转让定期存单的典型特征。通过主动发行大额可转让定期存单增加负债是商业银行获取资金、满足流动性的一个良好途径。

9. 欧洲货币市场是国际货币市场的核心。作为一个超越国界、不受任何国家管制、完全竞争的金融市场，利率优势始终是推动欧洲货币市场持续快速发展的重要动力。

复习思考题

1. 如果你是一位中央银行的决策者，你该如何考察货币市场的功能？又该如何考虑充分发挥货币市场的功能？

2. 中央银行怎样影响同业拆借市场利率？

3. 什么是回购协议？什么是逆回购协议？比较两者之间的关系。

4. 什么原因导致我国国库券市场发展滞后？

5. 商业票据市场的发展将会对商业银行的经营产生怎样的影响？商业银行应如何应对不良影响？

6. 你觉得我国现在有必要发展大额可转让定期存单吗？其市场前景如何？

7. 推动欧洲货币市场持续发展的动力是什么?

网上更多……　　🛠 教学案例　　📋 名词术语　　💬 学生讨论

第9章
资本市场

本章导读 》

　　2015 年 6 月到 8 月，上证指数从 5 178 点暴跌到 2 851 点，短短两个月在上海证券交易所上市的股票市值蒸发 45%。这次股价暴跌被形象地称为"股灾"。是什么因素引起我国股市价格如此剧烈地波动？要回答这个问题，我们首先需要理解资本市场是如何运作的，它有什么功能；有价证券是如何在市场上发行和流通的；面对资产价格的巨大波动，投资者应该如何进行投资。本章将从资本市场的功能入手，介绍证券的发行和流通、资本市场的投资分析、资本市场国际化等内容。

第一节　资本市场的特点、功能与层次结构

　　资本市场是指以期限在 1 年以上的金融工具为媒介进行长期性资金融通交易活动的场所，又称长期资金市场。广义的资本市场包括两部分：银行中长期信贷市场和有价证券市场，后者包括中长期债券市场和股票市场。狭义的资本市场专指发行和流通股票、债券、基金等有价证券的市场，也称证券市场。本章重点介绍狭义的资本市场。

一、资本市场的特点

　　第一，交易工具的期限长。中长期债券的期限都在 1 年以上；股票没有到期日，属于永久性证券；基金的存续期限一般都在 15~30 年。第二，筹资目的是满足投资性资金需要。在资本市场筹措的长期资金主要用于补充固定资本，扩大生产能力，如开办新企业、更新改造或扩充厂房设备、国家长期建设性项目的投资等。第三，筹资和交易的规模大。企业在资本市场初始发行或增资发行的规模一般比银行借贷的规模要大。第四，二级市场交易的收益具有不确定性。资本市场交易工具的价格变动幅度大，收益较高但风险较大。

二、资本市场的功能

（一）有效配置资源

资本市场作为长期资金的交易场所，它的基本功能是实现资源的有效配置。资本市场可以通过各种金融工具将社会闲散资金汇集起来支持社会化大生产，促进经济发展。通常，高技术拥有者缺乏投资资金，而财富拥有者不掌握高水平生产技术。通过资本市场的竞争性交易，使得社会资金重新分配，资金会被配置到最高使用效率的场所，促进资金使用效率和经济发展。

资本市场的资源配置功能能够有效地促进产业升级。资本市场上投资者的选择机制能筛选出效率较高的企业，同时也能激励所有的融资企业更加有效地改善经营管理，加快新技术的开发，促使产业结构优化。另外，在产业、行业周期性的发展与更迭过程中，高成长性的企业和行业可以通过资本市场上的外部直接融资，进行存量与增量的扩张与重组，得到充分而迅速的发展，率先实现并推动产业升级换代。

（二）促进投融资活动

资本市场是高度竞争性和高度异质性的市场。资本的趋利避害本性使得资本总是试图寻找高收益、低风险的投资机会。竞争带来的价格发现能够为不同风险和收益组合的金融工具提供合理的价格。丰富多样的金融工具为不同风险偏好的投资者提供了多样化的选择，同时还能够为风险管理提供手段。这些特性一方面能够促进投资者的投资活动；另一方面由于资本市场交易的活跃性，各种类型的企业可以较容易地通过资本市场发行股票或债券筹集中长期资金，用以补充自有资金的不足，或开发新产品、上新项目，进而促进了资本性的筹资活动。

（三）促进并购与重组

交易活跃的资本市场为企业并购和重组打开了方便之门。资本市场中确立的市场价格为寻找并购对象和确立并购价格提供了便利。在资本市场中，企业可以发起要约收购来购并其他企业。同时，为了防范被其他企业恶意收购，上市公司展开反收购策略。在发达的资本市场中，收购与反收购战争成为最惊心动魄的场景。并购与重组能够快速有效地调整社会资本的再配置，淘汰管理能力低和技术水平落后的企业，促进管理能力高和技术先进的企业的发展，提高经济效率。

（四）管理财富和风险

随着证券业的发展，企业越来越多地依赖债券、股票等直接融资工具，居民的财富结构也从单一的储蓄存款更多地向理财、基金、股票、债券和保险等领域配置，资本市场的财富管理功能日益凸显。例如，随着我国多层次资本市场体系的建设，金融市场的层次和产品越来越丰富，不仅为解决企业投融资需求拓宽了渠道，而且可以增加居民的财产性收入，为企业和居民财富管理提供了更大的市场空间。

资本市场应该是一个透明化、标准化的市场，相对完善的运行机制和交易规则本身就可以发挥防范风险的作用。同时，多种类、多元化的交易能够发挥分散决策和风险分担的作用，投资者可以通过调整资产组合来进行风险管理。

原理 9-1

资本市场利率的主要功能是有效配置资源，促进投融资活动，促进并购与重组，管理财富与风险。

三、资本市场的层次结构

完善的资本市场是一个多层次的资本市场，通常由主板市场、创业板市场和场外市场等有机构成。如美国的证券市场分为纽约证券交易所（主板市场）、纳斯达克市场（创业板市场）和柜台交易市场（场外市场）三个层次。经过 30 多年的建设，我国的资本市场的层次结构逐渐完善。目前，我国资本市场层次结构如下。

（一）我国的股权交易市场

我国已经建立起多层次的股权交易市场，包括主板市场（一板市场）、创业板市场（二板市场）、股份报价转让系统（三板市场）、区域性股权交易市场（四板市场）、科创板等。

1. 主板市场

主板市场也称为一板市场，即传统意义上的股票市场，一般是指上市标准最高、信息披露最好、透明度最强、监管体制最完善的全国性证券交易大市场，主要适用于规模较大、基础较好、已步入成熟期和扩张期阶段且占有一定市场份额的收益高、风险低的公司。我国上海和深圳两个交易所市场都属于主板市场。

2. 中小企业板

2000 年，国务院要在深圳证券交易所开设创业板市场，在准备过程中发现时机不成熟，于是就在 2004 年先开设了一个"中小企业板"，在发行上市标准不变（主板发行上市标准）的前提下，让主业突出、具有成长性和科技含量的中小企业在这里上市交易。因此，中小企业板市场仍然是主板市场。

3. 创业板市场

创业板市场又称二板市场，是指主板之外的专为暂时无法上市的中小企业和新兴公司提供融资途径和成长空间的证券交易市场，是对主板市场的有效补充，在资本市场中占据着重要的位置。创业板市场的主要功能是为中小型创业企业，特别是为中小型高科技企业服务，它的上市标准与主板市场有所区别。

4. 股份报价转让系统与"新三板"市场

股份报价转让系统（三板市场）是由中国证券业协会组织设计、具有资格的证券公司参与的为非上市股份公司流通股份提供转让的场所。

2001 年 6 月 12 日，经中国证监会批准，中国证券业协会发布《证券公司代办股份转让服务业务试点办法》，代办股份转让工作正式启动。为解决退市公司股份转让问题，2002 年 8 月 29 日起退市公司纳入代办股份转让试点范围。2006 年《证券公司代办股份转让系统中关村科技园区非上市股份有限公司股份报价转让试点办法》的公布，使得中关村科技园区非上市股份有限公司也进入代办股份转让系统，俗称"新三板"。2012 年 9

微视频 9-1
什么是新
三板

月 20 日，全国中小企业股份转让系统（national equities exchange and quotations，NEEQ）有限责任公司在国家工商总局注册成立，注册资本 30 亿元。至此，全国性"新三板"市场形成，截至 2019 年 3 月，新三板挂牌公司突破 1 万家，分为创新层和基础层。

5. 区域性股权交易市场

区域性股权交易市场也称四板市场，是为特定区域内的企业提供股权、债券的转让和融资服务的私募市场。一般以省级为单位，由省级人民政府监管，是我国多层次资本市场的重要组成部分，亦是中国多层次资本市场建设中必不可少的部分。

6. 科创板

为推动科技进步，我国 2018 年 11 月 5 日宣布设立科创板，6 月 13 日科创板正式开板。科创板是独立于现有主板市场的新设板块，并在该板块内进行注册制试点。

设立科创板并试点注册制有利于提升服务科技创新企业能力，增强市场包容性，强化市场功能。通过发行、交易、退市、投资者适当性、证券公司资本约束等新制度以及引入中长期资金等配套措施，力争在科创板实现投融资平衡、一二级市场平衡、公司的新老股东利益平衡，提升资本市场服务实体经济的能力。

（二）债券市场

我国债券市场分为银行间债券市场和交易所债券市场。银行间债券市场是指依托于中国外汇交易中心暨全国银行间同业拆借中心和中央国债登记结算公司、银行间市场清算所股份有限公司，以及商业银行、保险公司、证券公司等金融机构进行债券发行和交易的市场。交易所债券市场是依托于上海证券交易所和深圳证券交易所，各类投资者进行债券发行和交易的市场。

2014 年以来，我国债券市场迅猛发展。2019 年，我国债券市场共发行各类债券的 45.3 万亿元，其中国债 4 万亿元，地方政府债券 4.4 万亿元，金融债券 6.9 万亿元，政府支持机构债券 3 720 亿元，资产支持证券 2 万亿元，同业存单 18 万亿元，公司信用类债券 9.7 万亿元。银行间债券市场现券交易量 209 万亿元；交易所债券市场现券交易量 8.4 万亿元，托管余额为 99.1 万亿元。债券市场在金融市场体系和经济发展中的地位越来越重要。

第二节　证券发行与流通市场

一、证券发行市场

证券发行市场是发行人向投资者出售证券的市场，又称为一级市场。证券发行市场通常无固定场所，是一个无形的市场。

（一）证券发行市场的参与主体

1. 证券发行人

证券发行人是指符合发行条件并且正在从事证券发行或者准备进行证券发行的商

业组织、金融机构或者政府组织，它是构成证券发行市场的首要因素。为了保障证券发行的安全和公平，多数国家的证券法都对证券发行人的主体资格、净资产额、经营业绩和发起人责任等设有条件限制。

证券发行人一般有：

（1）企业。企业是证券市场的主要发行人，为了满足经营活动中的资金需求，它们通常面向社会发行股票和债券筹集资金。

（2）金融机构。现代金融机构的经营资本主要是以发行股票方式募集的，有些金融机构还以发行金融债券的方式筹集资金，增加负债，以扩大资产业务。

（3）政府。现代社会中，发行公债已成为财政收入的重要来源之一。

2. 证券投资者

证券投资者是指以取得利息、股息或资本收益为目的而买入证券的个人和机构。证券发行市场上的投资者主要包括：

（1）个人投资者。在收入水平较低的时期，居民个人主要采取银行储蓄存款的形式进行投资。

（2）工商企业。企业通过买卖证券以实现资产的多样化，满足流动性、安全性、收益性的需要。

（3）金融机构。各类金融机构可以在政策允许的范围内，用自有资金及符合规定的其他资金进行证券投资。

（4）证券经营机构。证券经营机构通常会运用自有资金或者筹资获得的资金从事自营业务来谋取收益，是资本市场的重要参与者。

3. 证券中介机构

在证券发行市场上，证券中介机构主要是指撮合证券发行人与投资人交易的证券承销人，通常是负担承销义务的投资银行、证券公司或信托投资公司。

在证券发行中，发行人通常并不把证券直接销售给投资者，而是在证券承销人的主导或协助下出售证券。证券中介机构在发行市场上起着沟通买卖、连接供求的重要的桥梁作用。另外，在证券发行中，相关的律师事务所、会计师事务所和资产评估机构也是法定的中介机构。这类中介为保障证券顺利发行、减小证券承销风险及避免可能发生的纠纷提供服务。

（二）证券发行方式及其选择

1. 证券发行方式

（1）按发行对象，证券发行方式可分为私募发行和公募发行。私募发行是指仅向少数特定投资者发行证券的一种方式，或称内部发行，我国也称非公开发行或定向增发。发行对象一般是与发行者有特定关系的投资者，如发行公司的职工或与发行人有密切关系的金融机构、企业等。

公募发行是指向广泛的非特定投资者发行证券的一种方式。公募发行涉及众多的投资者，其社会责任和影响很大。为了保证投资者的合法权益，政府对证券的公募发行有严格的监管。公募证券可以上市流通，具有较强的流动性，因而易被广大投资者接受。

（2）按发行过程，证券发行方式可分为直接发行和间接发行。**直接发行**是指发行人不通过证券承销机构而自己发行证券的一种方式。通常股份有限公司的发起设立筹资、公司的公积金转增股本、股票分红、股份分割以及债券股票化等都属于直接发行。

间接发行亦称承销发行，是指发行人不直接参与证券的发行过程，而是委托给一家或几家证券承销机构承销的一种方式。间接发行的方式有四种：① 代销。代理发行机构不垫付资金，只负责按发行人的条件推销，发行风险（如滞销和减价）由发行人自行承担，手续费一般较低。② 承销。承销人承担部分发行风险，推销一定时间后，所剩证券由承销人全部买进，故承销费用高于代销手续费。③ 包销。代理发行机构用自己的资金先买下全部待发行证券，然后按市场条件转售出去。若有滞销证券，可减价出售或者自己持有。④ 赞助推销。发行公司增资扩股时，为防止难以及时筹集到所需资金，一般委托证券公司办理对原有股东发行新股的工作。

2. 证券发行方式的选择

（1）证券发行方式的比较。私募发行手续简单，可节省发行费用，也不必公开内部信息或取得资信等级，但私募发行必须提供较优厚的报酬，并易受认购人的干预，且私募证券一般不允许上市流通，因而证券的流动性较差。公募发行则能提高发行者在证券市场的知名度，扩大其社会影响，并在较短的时间内筹集到大量资金，但公募发行必须公布一系列的报表和有关文件，或者取得资信等级，因而手续比较复杂，发行成本较高。

直接发行简便易行，发行费用低廉，筹资速度快，但这种发行方式在许多国家要受到法律法规的诸多限制。间接发行对于发行人来说，虽然要支付一定的发行费用，但是有利于提高发行人的知名度，筹资时间也不长，风险也比较小。

（2）证券发行方式的选择。证券发行人在发行证券时需要做出两种选择：一是选择认购人，以决定是私募还是公募。二是选择销售人，以决定是直接发行还是间接发行。若选定间接发行，除选择中介机构外，还要选择以何种间接发行方式发行。选择何种发行方式，发行人主要考虑自己在市场上的信誉、用款时间和发售成本，中介机构则主要考虑承担的风险和发行收入的多少。

二、证券流通市场

（一）证券流通市场的参与主体

证券流通市场的参与人除了买卖双方外，中介人也非常活跃。这些中介人主要有证券经纪人、证券商和第二经纪人。

1. 证券经纪人

证券经纪人是在证券交易所充当交易中介而收取佣金的商人。经纪人必须是交易所会员。他们受证券买卖者的委托，进入交易所为其委托者进行证券交易。作为顾客的代理人，他们只代顾客买卖证券，不承担任何风险，并以佣金的形式向顾客索取报酬。

2. 证券商

证券商是指买卖证券的商人。他们自己从事证券的买卖，从贱买贵卖中赚取差价，作为经营证券的利润。证券商分为两类：一类是场外证券商，他们不参加交易所内的证券买卖，而是在自己开设的店堂或柜台进行交易，买卖的对象主要是未上市或不足成交批量的证券，由此形成了店头市场或柜台交易市场。第二类是场内证券商，即在交易所内买卖证券的商人，他们在交易所内经营一定数量和种类的证券，或与经纪人进行交易。

3. 第二经纪人

第二经纪人是指交易所经纪人与外界证券商或客户的中介。他们一般不直接参与交易所经营，主要是接受证券交易者的委托，将委托人的证券转交给交易所内的经纪人；向客户提供情况和通报信息，从中收取手续费。随着现代通信业的快速发展，第二经纪人的活动空间越来越小。

（二）证券的上市与交易

1. 证券上市

证券上市是指将证券在证券交易所登记注册，并有权在交易所挂牌买卖，即赋予某种证券在某个证券交易所进行交易的资格。

（1）股票上市的一般程序。股票发行公司提出上市申请→证券交易所上市委员会对该上市申请进行审批→拟上市公司与证券交易所订立上市协议书，将股东名册送交证券交易所或证券登记公司备案并在指定的媒体刊登上市公告书→股票挂牌交易。

（2）债券上市的一般程序。发行公司提出上市申请→证券交易所初审→证券管理委员会核定→订立上市契约→发行公司交纳上市费→确定上市日期→挂牌买卖。

2. 证券交易程序

（1）开设股东账户及资金账户。按照法律规定，每个投资者从事证券交易，须先向证券登记公司申请开设股东账户，办理股东代码卡（实质上为证券交易账户）。此外，投资者委托买卖股票，还必须向具体的证券公司申请开设资金账户，存入交易所需的资金。

（2）委托买卖。开户后，投资者可委托经纪商买卖股票，其过程为：投资人报单给证券商→证券商通过其场内交易员将委托人的指令输入计算机终端→各证券商的场内交易员发出的指令一并输入交易所计算机主机，由主机撮合成交→成交后由证券商代理投资人办理清单、交割和过户手续。

（3）竞价成交。证券商在接到投资人的买卖委托后，应立即通知其场内交易员申报竞价。证券交易所的竞价方式有两种，即集合竞价和连续竞价，这两种方式是在不同的交易时段上采用的。集合竞价在每个交易日开始前一段时间进行，用于产生第一笔交易，这笔交易的价格称为开盘价。产生开盘价之后的正常交易就采用连续竞价方式进行。

（4）清算、交割与过户。**清算**是指证券买卖双方在证券交易所进行的证券买卖成交以后，通过证券交易所将各证券商之间买卖的数量和金额分别予以抵销，计算应收应付证券和应收应付金额的一种程序。**交割**是指证券卖方将卖出证券交付买方，买方将买进证券的价款交付卖方的行为。证券买卖都是通过证券商进行的，证券成交和交割等也均由证券商代为完成。**过户**是指在记名证券交易中，成交后办理股东变更登记的手续，即原所有者向新所有者转移有关证券全部权利的记录手续。

（三）证券流通的组织方式

证券流通市场上证券交易的组织方式按场所划分，主要分为场内交易和场外交易两种。场内交易是指在证券交易所内进行的有组织的交易。场外交易是指在证券交易所以外进行的交易，主要有柜台交易市场和无形市场两种方式。在发达国家，场外市场是证券交易的主要形式，占全部证券交易的绝大部分。

1. 证券交易所

证券交易所是二级市场的组织方式之一，是专门的、有组织的证券买卖集中交易的场所。只有具备交易所席位的证券商和经纪人才有权在交易所内进行交易活动，一般客户买卖证券必须通过经纪人代为办理。交易所必须在指定地点公开营业，一切交易必须在场内公开作价成交，并向客户公布每天的证券交易信息。

传统的证券交易所是会员制的非营利组织。它是由经纪人、证券商组成的会员制组织，只有会员能在交易所内直接交易证券。随着交易所的发展，目前出现了公司制的证券交易所。公司制的交易所是通过提供证券交易服务和市场信息服务的营利组织。目前，全球越来越多的证券交易所从会员制转变为公司制。

2. 柜台交易市场

柜台交易市场是通过各家证券商所设的专门柜台进行证券买卖的市场，故又称店头市场。柜台交易以多家证券公司为中介进行，投资者可以直接通过柜台进行买卖，也可以委托经纪人代理买卖。到这里进行交易的证券主要是不具备在交易所上市条件的证券，或不愿意上市交易的证券。该市场没有固定的交易场所和固定的交易时间，也没有限制交易对象。柜台交易是一种松散的、无组织的市场，采用买入价、卖出价的双价形式，由交易双方协商议定价格。

3. 无形市场

无形市场是通过计算机、电话、电信方式进行证券交易的市场，实际上是证券交易的一个电信网络，又称为网络市场。交易者通常只涉及买卖双方，双方并不见面，只是通过电信方式协议定价，成交价格不公开。它是一种无组织的分散市场。

（四）证券交易成本

证券交易成本可以分为显性成本和隐性成本两种。显性成本主要有手续费、税费、通信费等。显性成本的高低主要取决于交易市场之间的竞争和市场繁荣程度、政府管制、技术进步等因素。在市场间竞争较激烈、市场升温、政府对市场持鼓励支持态度、技术进步等情况下，显性交易成本会下降；反之则会上升。

隐性成本主要是价差和信息成本。在隐性成本中，决定价差成本的因素主要是影响证券流动性的因素，如证券质量、市场交易机制等。决定信息成本的因素主要是信息透明度。信息透明度越高，信息成本就越低。而政府监管效率、公司治理结构、社会的法制化程度、经济的市场化程度、中介服务机构的服务质量和相互之间的竞争程度等则是影响信息透明度的主要因素。

第三节　资本市场的投资分析

一、证券投资的基本面分析

证券投资的基本面分析是分析经济运行周期、宏观经济政策、产业生命周期以及上市公司本身的状况对证券市场和特定股票行市的影响。

（一）宏观经济周期性运行与证券市场

通常，宏观经济周期与证券价格之间存在大体一致的变化：经济繁荣，证券价格上涨；经济衰退，证券价格下跌。

证券市场价格的变动周期虽然大体上与经济周期相一致，但在时间上并不完全与经济周期相同。从实践看，证券市场走势比经济周期提前1个月到半年，证券市场走势对宏观经济运行具有预警作用。

（二）宏观经济政策与证券市场

市场经济国家对经济的干预主要通过货币政策和财政政策进行，政策工具的使用及政策目标的实现均会反映到作为国民经济晴雨表的证券市场上。

1. 货币政策的调整会直接、迅速地影响证券市场

通常，紧缩性的货币政策带来证券价格下降，扩张性的货币政策带来证券价格上升。货币政策的这种影响是多渠道的。首先，货币供应量增加时，一方面证券市场的资金增多，另一方面通货膨胀也使人们为了保值而购买证券，从而推动证券价格上扬。其次，利率的调整通过决定证券投资的机会成本和影响上市公司的业绩来影响证券市场价格。最后，中央银行在公开市场上买卖证券时，证券的需求发生变化，影响证券价格。

2. 财政政策的调整对证券市场具有持久但较为缓慢的影响

一般来说，扩张性财政政策刺激证券价格上涨，紧缩性财政政策引起证券价格下降。财政政策影响证券价格的途径包括以下方面。首先，实行扩张性财政政策，可增加总需求，使公司业绩上升，经营风险下降，居民收入增加，从而使证券市场价格上涨。其次，扩大政府购买水平，增加政府在道路、桥梁、港口等非竞争性领域的投资，可增加公司利润，从而促使证券价格上涨。再次，提高政府转移支付水平，会使一部分人的收入水平得到提高，也间接地促进了公司利润的增长，因此有助于证券价格上涨。最后，税率的提高将抑制证券价格上涨，而税率的降低或税收的减免将有助于证券价格上涨。

3. 汇率政策的调整从结构上影响证券市场价格

汇率对证券价格的影响方向具有不确定性。汇率变化通过影响贸易影响证券价格：本币贬值，本国产品的竞争力增强，出口型企业受益，此类公司的证券价格上涨。汇率变化还通过影响资本流动影响证券价格：本币贬值，将导致短期投机套利性资本流

出本国，使本国的证券市场资金供给减少，证券需求下降，价格下跌。汇率变化对证券价格的影响方向取决于上述两种影响的相对大小。

（三）产业生命周期与证券行市

产业生命周期各阶段的风险和收益状况不同，处于产业生命周期不同阶段的产业在证券市场上的表现有较大的差异。处于初创期的产业，因其发展前景具有高度不确定性，其证券价格的大幅波动不可避免。处于成长期的产业，由于利润快速成长，因而其证券价格也呈现快速上扬之势。处于成熟期的产业，是蓝筹股的集中地，其证券价格一般呈现稳步攀升之势，大涨和大跌的可能性都不大。处于衰退期的产业，由于已丧失发展空间，所以在证券市场上全无优势，是绩差、绩平股和垃圾股的摇篮。

（四）公司状况与证券行市

1. 公司基本面分析

公司基本面分析主要包括公司获利能力分析和公司竞争地位分析。一个公司的价值取决于它的获利能力同资本成本的比较。获利能力越强，资本成本越低，公司的净值就增长得越快，这个公司的价值就越大，投资者愿意为其支付的价格就越高。现代经济社会中，正确的竞争定位是确保公司在行业中生存并得以发展的战略基础。无论是采用成本主导型还是差异营销型竞争定位战略，拥有优势地位的企业就有优势的股价。

2. 公司会计数据分析

会计数据分析的目的是评估一个上市公司的会计记录是否真实地反映了其经济活动。通过对其会计政策和会计预测进行评估，证券分析人员试图发现公司财务报表在多大程度上存在扭曲和不实，进而对这些扭曲进行修正，为后面的财务分析提供一个真实的数据基础。

3. 公司财务分析

财务分析的目的是从财务数据的角度评估上市公司在何种程度上执行了既定战略，是否达到了既定目标。公司财务分析的基本工具有两种：比率分析和现金流量分析。比率分析的重点在于评价公司财务报表中各会计科目之间的相互关系，可以通过纵向或横向的比较来挖掘公司的投资价值。现金流量分析则使证券分析人员能正确地估测公司资产的流动性，并了解经理如何管理公司经营、投资和筹资活动所产生的现金流。

原理 9-2

　　资本市场的投资分析主要分析经济运行周期、宏观经济政策、产业生命周期以及上市公司本身的状况等基本面因素。

二、证券投资的技术分析

（一）技术分析的理论基础

技术分析是通过分析证券市场的市场行为，对市场价格变化趋势进行预测的研究活动。它的目的是预测市场价格的趋势。技术分析的理论基础主要是三大假设，即市场行为包含一切信息；价格沿趋势波动，并保持趋势；历史会重复。

（二）技术分析的方法

从不同的角度对市场行为进行分析，寻找和发现其中不直接显露的实质内容，是进行技术分析最基本的出发点。由于侧重点和观测角度不同，技术分析的研究方法也就不同。按照目前市场流行的说法，技术分析方法大致可以分为技术指标法、切线法、形态法、K 线法、波浪法和周期法六种。

1. 技术指标法

技术指标法要考虑市场行为的各个方面，建立一个数学模型，得到一个反映证券市场某个方面实质内容的数值，这个数值叫作技术指标值。技术指标反映的内容大多数是从行情报表中不能直接得到的。目前，世界上用在证券市场上的技术指标至少有上千种，如相对强弱指标（RSI）、随机指标（KD）、平滑异同移动平均线（MACD）、心理线（PSY）以及乖离率（BIAS）等。

2. 切线法

切线法是指按照一定的方式和原则在根据价格数据绘制的图表中画出一些直线，然后根据这些直线的情况推测证券价格的未来走势，这些直线就是切线。切线主要起分析价格支撑和压力位置的作用，因而被称为支撑线或压力线。一般说来，价格从下向上抬升的过程中，触及压力线，甚至远未触及，就会调头向下；如果继续向上，就出现了压力线的被突破。著名的有趋势线、通道线、黄金分割线、甘氏线和速度线等。

3. 形态法

形态法是根据价格在一段时间内走过的轨迹形态来预测证券价格趋势的方法。用证券过去的价格形态可以在一定程度上推测将来的证券价格。著名的形态有双顶（M头）、双底（W底）、头肩顶、头肩底等多种。

4. K 线法

K 线法侧重于若干交易单位（通常是以交易日作为交易单位）的 K 线组合情况，以此来推测证券市场多空双方力量的对比，进而判断多空双方哪一方占优势。K 线是对一定时期内的价格波动的总结，反映了该时期内开盘、收盘、最高和最低四个价格（见图 9-1）。K 线图是进行各种技术分析最重要的图表。

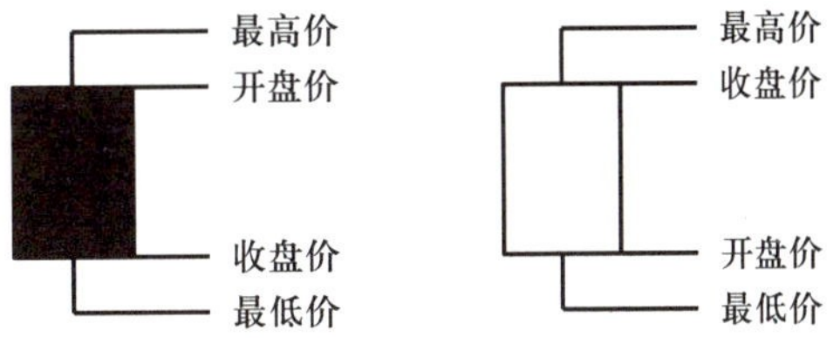

图 9-1 两个最常见的 K 线形状

5. 波浪理论

波浪理论把价格的上下波动和波动的持续看成与波浪的上下起伏一样，遵循波浪起伏的规律。简单地说，上升是 5 浪，下降是 3 浪。数清楚了每个浪就能准确预见到跌势已经接近尾声，牛市即将来临；或者牛市已经是强弩之末，熊市将不可避免。

6. 循环周期理论

循环周期理论认为，价格高点和低点的出现在时间上存在一定的规律性。正如事物有发展周期一样，价格的上升和下降也存在某些周期性特征。如果我们掌握了价格高低出现时间上的规律，对证券的实际交易就会有一定的帮助。

三、资本市场的投资分析与有效市场假说

资本市场投资分析的有效性在于它能够提供证券价格未来走势的信息。然而，有效市场假说表明，证券价格由信息所决定，已经包含在当前价格里的信息对于预测未来价格毫无作用。从这个意义上说，有效市场假说否定了资本市场投资分析的作用。

有效市场假说将影响证券价格的信息分成三类：历史信息、当前公开的信息和内部信息。并以证券价格包含信息的多少将市场分成三种：强有效市场、中度有效市场和弱有效市场。

（一）资本市场的投资分析与强有效市场

在强有效市场中，证券价格已经包含了所有与公司有关的信息，包括所有历史信息、公开信息和内部信息。那么，无论采用证券投资的基本面分析还是技术分析，都无法获取影响证券价格的新信息。因此，在强有效市场中，证券投资的基本面分析和技术分析都无用。所谓无用，是指它不能使投资者获得超过平均报酬以上的收益。

（二）资本市场的投资分析与中度有效市场

在中度有效市场中，证券价格里已经包含了所有历史信息和当前公开的信息。如果投资分析只能获得历史信息和当前公开的信息，这种分析也无助于投资决策。只有投资分析能够获得一些公司内部信息，才能使得分析有效。因此，在这类市场中，技术分析无效；而基本面分析可能有所帮助，特别是对公司状况的分析。精明的分析师能够还原企业的真实运营状况，从而获得比其他投资者更多的公司信息。然而，如果财务报告中的数据能够被所有投资者理解，那么基本面分析也无效。

（三）资本市场的投资分析与弱有效市场

在弱有效市场中，证券价格只包括所有历史信息和部分公开信息，部分公开信息和内部信息没有包含在价格里。因此，通过发掘未反映在价格里的公开信息和内部信息，基本面分析有助于提高投资效率。但是，技术分析在弱有效市场中仍然是无效的。

对有效市场的大量研究发现，绝大部分证券市场都是弱有效的，部分是中度有效的，而强有效市场假设通常很难得到证实。这一结论对于证券投资分析意味着，所有的技术分析都是无效的，而基本面分析的有效性依赖于市场有效程度的高低，故依靠计算机技术开展量化投资、人工智能投资等新型投资分析决策方式层出不穷。然而，仍然有大量的分析师和投资者相信技术分析，各种各样的技术分析方法仍然不断地在涌现。

第四节　资本市场国际化

一、资本市场国际化的含义与衡量

（一）资本市场国际化的含义

资本市场国际化是指资本市场活动在全球范围内进行，资本可以在市场中自由流入或者流出。资本市场国际化的前提条件是资本能够自由地跨境流动。发达国家的资本市场如美国的纽约证券交易所、英国的伦敦证券交易所等就是高度国际化的资本市场，世界各地的公司都可以到这些市场融资，各国的投资者也可以在这些市场投资。

（二）资本市场国际化的衡量

衡量一个市场国际化程度的高低，主要可从以下三方面进行：

（1）市场进入的限制。一般来说，市场准入限制越少，市场的国际化程度越高。

（2）市场机构与品种的丰富程度。通常，市场机构种类和数量越多，产品越丰富，国际化程度也就越高。

（3）市场价格与国际市场价格的联动程度。国际化程度高的资本市场之间通常存在较强的联动效应，往往是齐涨齐跌，先开市的市场涨跌后，隔夜开盘的市场也跟着补涨或是补跌。因此，市场价格与国际市场的联动程度也是衡量资本市场国际化的重要指标。

二、主要国际资本市场

（一）国际债券市场

国际债券是指一国发行人在国外债券市场上发行的以外国货币或第三国货币为面值货币并由外国金融机构承销的债券。

国际债券市场除了交易本国各类债券外，还交易各种境外债券、外国债券、欧洲债券等。这些债券的发行和流通分别形成了外国债券市场、欧洲债券市场和全球债券市场。外国债券市场是外国债券发行和流通的市场。外国债券主要在美国、瑞士、日本、德国和卢森堡这几个国家的债券市场上发行。欧洲债券市场是欧洲债券发行和流通的市场，是欧洲货币市场的重要组成部分。欧洲债券是指融资者在外国债券市场上发行的以第三国货币计价的债券。全球债券市场则是全球债券发行和流通的市场。全球债券市场可以同时跨洲运作，其发行人的信用等级更高，投资者更为广泛，单笔发行额更大。

（二）国际股票市场

国际股票市场是指市场参与者从事国际股票发行和流通的场所。狭义的国际股票市场是交易市场所在地非居民公司股票所形成的市场，广义的国际股票市场还包括国际化的各国股票市场。

国际股票是发行人在国际资本市场上筹措长期资金的工具。国际股票发行人是那些为筹集长期国际资金而发行国际股票的公司。这些发行公司几乎遍布全球各个角落，但主要以发达国家的大公司为主。发行国际股票要遵循发行地的股票市场规则和惯例，接受当地证券管理部门的监管。

目前，著名的国际股票市场包括美国的纽约证券交易所和纳斯达克市场、英国的伦敦证券交易所、法国的巴黎证券交易所等。伦敦证交所是世界上国际化程度最高的股票市场，其外国股票的交易比重超过其他任何证券交易所。美国的纳斯达克市场属于后起之秀，已经成为全球高新技术企业融资的理想之地。

三、中国资本市场的国际化发展

（一）国际化发展的背景与要求

我国资本市场的国际化既是我国经济发展的结果，也是我国深化改革开放的必然要求。

1. 经济的快速发展是资本市场国际化的经济基础

1978 年改革开放以来，我国经济保持快速增长，到 2020 年国内生产总值突破 100 万亿元，经济总量仅次于美国，排名世界第二。经济总量的提高使得居民可支配收入显著增加，从而扩大了对金融资产的需求，也有能力对外进行金融投资。

2. 国际贸易和国际资本流动格局的变化要求我国资本市场国际化

随着中国经济的不断开放，中国对外贸易的规模和贸易在经济中的比重都上升到前所未有的水平。2020 年中国货物进出口总额为 32.16 万亿元，为全球第一贸易大国。与此同时，我国资本流入和流出的速度也非常快，2019 年全年国外流入的直接投资达 3 994 亿元。中国对外贸易的崛起和资金的持续流动，已经深刻地改变了世界贸易和国际资本流动的格局，从而增强了中国经济与世界经济的联系，强化了中国金融市场与国际金融市场的联系，加强了我国在世界金融市场的话语权，推动了我国资本市场的国际化。

3. 我国资本市场的快速发展能够满足市场国际化的要求

2006 年以来，随着中国股市的急剧扩张，世界股市的格局已经发生了显著的变化。2019 年年底的全球交易所股市市值排名中，上海证券交易所和深圳证券交易所分别为第 4 位和第 8 位，中国的股市已经成为仅次于美国的世界第二大股票市场。中国资本市场正在发展成为世界最重要的资本市场之一。QFII（境外合格机构投资者）纷纷要求增加投资额度，各种外资通过不同渠道进入我国市场，不少国外著名金融机构要求与我国证券交易所、金融机构及相关上市公司展开多层次的合作。我国资本市场容量的扩大是对外合作的重要前提，也是我国市场国际化的必要条件。

（二）国际化的进程与现状

我国资本市场经历了十几年的发展，国际化程度逐渐提高，已经取得显著的成就，尤其是股权分置改革以来，资本市场在投资者和中介组织国际化方面加快了脚步。通

微视频 9-2 QFII 额度松绑利好也须防风险

过资本市场进行国际并购的上市公司越来越多，中国资本市场与全球资本市场的联动性也在逐步增强。我国资本市场国际化具体体现在以下几个方面。

1. 投资者的国际化

早在 1991 年设立的 B 股市场，就允许境外投资者直接投资我国资本市场，这是我国资本市场国际化的开端。在债券市场方面，中国人民银行于 1998 年开始逐渐批准外资银行进入全国同业拆借市场，进行人民币同业拆借、债券买卖和债券回购，从此外国金融机构开始对中国债券市场进行有限的参与。2002 年，我国设立了 QFII 制度，允许境外机构直接投资于 A 股市场，这是 A 股市场投资者国际化的标志。2006 年年底，加入世界贸易组织过渡期结束之后，银行间债券市场已经全面对境内外资银行开放。

2. 金融中介的国际化

金融中介的国际化进程始于中国加入世界贸易组织。中国证监会于 2002 年发布《外资参股证券公司设立规则》和《外资参股基金管理公司设立规则》，允许外国证券机构驻华代表处成为所有中国证券交易所的特别会员，允许外国机构设立合营公司，从事国内证券投资基金管理业务等。2002 年，中国证监会批准国泰君安证券股份有限公司和德国安联集团发起设立中外合资基金管理公司——国安基金管理公司，成为我国第一家获准组建的中外合资基金管理公司。2007 年第三次中美战略经济对话后，中国同意调整外资参股中国证券公司的股权比例，美国承诺对中国证券公司和投资咨询机构在美登记和开展业务实施国民待遇，我国金融中介的国际化进程逐渐加快。

3. 资本市场的对外互联互通

中国香港是主要的国际金融中心，拥有发达的国际资本市场。实现内地资本市场与香港资本市场的互联互通有利于巩固和提高香港国际金融中心的地位，同时也是内地资本市场国际化的重要步骤。2014 年以来我国内地和香港地区相继推出以下互联互通机制：

（1）沪港通，即沪港股票市场的互联互通机制，指两地投资者可以委托上海证券交易所（简称上交所）的会员或者香港联合交易所有限公司（简称联交所）的会员，买卖规定范围内的对方交易所上市股票。沪港通于 2014 年 11 月正式启动。

（2）深港通，即深圳和香港股票市场的互联互通机制，2016 年 12 月 5 日正式启动。截至 2018 年 4 月 3 日，深港通中的深股通（北向）从香港流入深圳的资金共计 1 800 亿元，港股通（南向）从深圳流入香港的资金共计 1 672 亿元。

（3）债券通，即内地债券市场与香港债券市场之间的互联互通。其中"北向通"已于 2017 年 7 月 3 日开通，即通过内地与香港债券市场基础设施的互联互通，境外投资者投资于内地银行间债券市场的机制安排。境外投资者可以通过"北向通"投资内地银行间债券市场发行交易的所有证券，既可以参与一级市场的债券发行认购，也可以参与二级市场的债券买卖。2019 年 11 月末，通过债券通进入我国银行间债券市场的境外机构投资者达 2 517 家。

不仅中国内地资本市场与香港资本市场的互联互通机制取得积极进展，中国和英国的资本市场也实现了互联互通，2019 年 6 月 17 日正式启动了沪伦通，东向 2 500 亿元人民币，西向 300 亿元人民币。随着内地资本市场的国际影响力不断提高，国际著名的指数编制公司摩根士丹利资本国际公司（MSCI）决定从 2018 年 6 月开始将中国 A 股纳入全球最具影响力的指数：MSCI 新兴市场指数和全球基准指数（ACWI）。A 股纳入 MSCI 指数表明国际资本市场认可中国股票可以作为全球可配置资产，也是 A 股迈向国际化的一个重要表现。

（三）国际化风险的应对策略

金融安全是现代产业安全和经济安全的核心。随着我国资本市场国际化水平不断提高，金融风险也相应增加。为此，我们要未雨绸缪，应对我国资本市场国际化进程中可能产生的风险。

1. 改革金融监管体制

目前，我国采用的监管模式是一线多头监管模式，即金融监管权集中在中央政府一级，由中国人民银行、银保监会、证监会等多个中央级的金融监管机构及派出机构负责监管。但是随着信用风险转移市场和金融衍生产品的加速发展，金融市场的一体化进程不断加快，分业监管模式的缺陷逐渐显露，它不仅花费了很大的成本，各个监管主体之间的协调难度也在增大。因此这一模式应该加以改变，只有建立一个信息共享和沟通协调的监管体制，才有可能对跨市场的风险交易行为进行有效的监管，防止风险跨市场传递和蔓延。

2. 建立分级风险管理体系

有效的风险管理是金融稳定发展的重要保障，也是社会经济和谐安定的重要因素。在我国资本市场国际化进程中，我们需要构建一个分级分层次的全面的风险管理系统，通过各个层次的监督和控制，将风险降到最低程度。第一是产品市场的风险管理，即企业层次的风险管理技术，从产品市场开始防范风险，遏制风险发展的源头。第二是金融中介机构的风险管理，促使金融企业结合自身经营特点，控制自身的经营风险。第三是国家层次的风险管理，主要从国家宏观和微观监管的角度来考虑风险管理问题。

☰ 本章小结

1. 资本市场是为企业、金融机构和政府提供长期性资金融通，为投资者提供多样化的收益和风险组合的金融投资的场所。资本市场能发挥有效配置资源、促进投融资活动、促进并购与重组以及管理财富和风险的功能。

2. 证券市场是资本市场的主体，可以分为发行市场和流通市场。证券发行主体须对证券种类和证券发行方式进行选择。证券流通的组织形式主要有证券交易所、柜台交易市场和无形市场。证券交易是有成本的，主要包括显性成本和隐性成本两种。

3. 证券投资分析包括基本面分析和技术分析。基本面分析从宏观经济、宏观政策、产业发展和公司经营等方面判断证券价格的未来走势，技术分析从证券的历史价格走势判断证券价格的未来走势。证券投资分析的作用受市场有效性的影响。

4. 随着我国对外开放的扩大，我国资本市场国际化的趋势日益明显。我国享受到了国际化带来的诸多好处，也需要面对并防范由此产生的风险。

 **复习思考题**

1. 比较资本市场与货币市场的功能与特点。

2. 查一查我国 20 世纪 90 年代初有关组建沪、深两市的背景资料。在你看来，当时我们建立证券交易所的目的是什么？这些年的运作是否达到了目的？

3. 你选择证券进行投资时，主要考虑什么因素？

4. 在你决定购买股票前，你怎样做上市公司的基本面分析？

5. 我国资本市场国际化具体体现在哪几个方面？我们应该怎样应对国际化可能带来的冲击？

 **即测即评**

网上更多……　　🔧教学案例　　📋名词术语　　💬学生讨论

第10章
衍生工具市场

本章导读 >>>

作为多层次资本市场的有机组成部分，衍生工具市场发挥着定价、保值和避险的重要作用，全球衍生工具交易规模也早已超过了金融原生工具的交易量。不过，衍生工具交易的风险及影响是深远的，在历次金融危机中，国际大型金融机构因涉及衍生工具交易而破产的案例屡见不鲜。出于规避风险目的创新出来的衍生工具，其风险似乎更大。控制风险首先要掌握衍生工具的属性、功能和市场规律，真正使衍生工具为投资者发现价格、套期保值和规避风险发挥作用。本章重点介绍衍生工具的类型、交易和定价模型，通过本章学习，可以全面认识衍生工具的产生与发展过程，理解衍生工具的功能和定价原理，把握现代金融资本市场定价理论发展的脉络。

第一节　衍生工具的产生及其种类

一、衍生工具概述

在全球金融交易中，期货、期权等衍生工具的交易规模大大超过了股票、债券等金融原生工具的交易量。衍生工具市场与股票和债券市场一样，成为国际资本投资交易的重要场所，其影响力已经不容小觑。

（一）衍生工具的概念

衍生工具，是指在一定的原生工具或基础性工具之上派生出来的金融工具，其形式是载明买卖双方交易品种、价格、数量、交割时间和地点等内容的标准化合约或证券。

一般衍生工具是指远期、期货、期权、互换等以标准化合约形式存在的金融工具，交易双方买入或卖出的只是一张标准化的合同，交易受有关法律和交易所制度规则的保护。衍生工具的本质是合约，其基本要素包括合约标的物、约定的执行价格、标的物数量和单位、交割方式、交割时间和地点、交易双方的权利和义务等。期货合约交易通常在有组织的交易所交易。期货的原始形态是远期合约，一般在场外柜台市场（OTC）交易，合约标准化程度比较低，交易双方可以协商价格、标的物的数量、交割时间等内容。期权可以在有组织的交易所交易，也可以在场外银行柜台市场交易。

衍生工具的标的物通常有农产品、有色金属、能源产品、金融产品等。随着金融创新不断推进，天气指标，如温度、降水、空气质量等，也成为衍生工具的标的物进行交易。另外，衍生工具也作为合约标的物，产生了复杂衍生工具，如期货期权、互换期权等。

（二）主要的衍生工具

1. 可转换债券

可转换债券是一种被赋予股票转换权的公司债券。发行公司事先规定债权人可以选择有利时机，按发行时规定的条件把其债券转换成发行公司的等值普通股票。可转换债券最早出现在英国，现已成为各国债券市场的重要交易品种。

2. 权证

权证是由上市公司发行，赋予持有人能够按照特定的价格在特定的时间内购买或出售一定数量该上市公司普通股票的选择权凭证。它赋予持有人的是一种权利而不是义务。上市公司常常把权证作为新股配售的一部分，用权证来吸引投资者认购新股。如果权证标的股票的价值能随时间增加，那么权证也能增强股东的信心。权证按照持有人的买卖权利分为认购权证和认沽权证。权证持有人拥有在特定的时间内以特定的价格从发行人处购买一定数量标的股票的权证为认购权证，也称为看涨权证；相反，权证持有人拥有在特定的时间内以特定的价格向发行人出售一定数量标的股票的权证为认沽权证，或称看跌权证。权证按行权时间分为美式权证、欧式权证和百慕大式权证。美式权证持有人在权证到期日以前的任何时间均可对权证进行行权；而欧式权证持有人只有在权证到期日当天才可对权证进行行权；百慕大式权证的行权时间介于二者之间，一般是到期前的某几天可以行权。

3. 远期合约

远期合约是指合约双方承诺以当前约定的条件在未来规定的日期交易商品或金融工具的合约，它规定了明确的交易商品或金融工具类型、价格及交割结算的日期。远期合约是必须履行的协议，其合约条件是为买卖双方量身定制的，合约条款因合约双方的需要不同而不同，通过场外交易达成。远期合约主要有远期利率协议、远期外汇合约、远期股票合约等。

4. 期货

期货也称期货合约，其交易的买卖对象或标的物由有组织的期货交易所统一制定，是规定了在某一特定的时间和地点交割一定数量和质量的商品、金融产品或其他标的物的标准化合约。期货价格则是通过公开竞价而达成的。期货一般分为商品期货、金融期货和其他品种期货。

5. 期权

期权也称选择权，是指在未来一定时期可以买卖某种商品或资产的权利。作为衍生工具，期权是一种标准化合约，是合约的持有人向签发人支付一定数额的权利金后拥有的在未来某一段时间内（**美式期权**）或未来某一特定日期（**欧式期权**），以事先约定的执行价格向卖方购买或出售一定数量的标的物的权利。期权持有人也可以放弃这种权利。期权合约赋予持有人的是履约或不履约的选择权利，而不负有必须履约的义务。期权合约的持有人是合约的购买者，拥有的权利可能是买权，称为**看涨期权**，也可能是卖权，称为**看跌期权**。**双重期权**是指期权买方在一定时期内有权选择以预先确定的价格买进，也有权选择以该价格卖出约定数量标的物的期权合约。合约的签发人是合约的卖方，获得期权费收入，但在合约的执行日只能被动卖出或买入合约标的物，承受比较大的价格波动风险。期权一般在有组织的交易所或银行柜台交易。

6. 互换

互换是交易双方通过签订合约形式在规定的时间调换货币或利率（或者货币与利率同时交换）的协议，目的是规避管制，降低融资成本。互换交易，主要指对相同货币的债务或不同货币的债务通过金融中介进行调换的行为。

（三）衍生工具的特征与功能

1. 衍生工具的特征

衍生工具一般具有以下四个基本特征：

（1）跨期交易。衍生工具是为规避或防范未来价格、利率、汇率等变化风险而创设的规范化、标准化的合约，合约标的物的实际交割、交收或清算都是在未来约定的时间进行，因此，衍生工具所载明标的物的交易是跨期交易。跨期交易可以是即期与远期的跨期，也可以是远期与远期的跨期。

（2）杠杆效应。金融衍生工具具有以小博大的能量，借助合约标的物市场价值5%~10%的保证金，或者支付一定比例的权益费而获得一定数量合约标的物在未来时间交易的权利。无论是保证金还是权益费，与合约标的物价值相比都是很小的数目，相当于打了 0.5 或 1 折买到商品或金融资产，具有 10~20 倍的交易放大效应。

（3）高风险性。衍生工具价格变化具有显著的不确定性，由此给衍生工具的交易者带来的风险是很高的。由于杠杆效应的存在，衍生工具的价格变化有可能给交易的一方造成重大损失，而另一方获得收益。通常情况下，期货、期权交易的风险要比互换交易大；一般衍生工具的风险比复杂衍生工具的风险小。

（4）合约存续的短期性。衍生工具是规范化、标准化的合约，合约都有期限，从签署生效到失效的这段时间为存续期。与股票、有价证券的期限不同，衍生工具的存续期限都是短期性的，一般不超过 1 年。

2. 衍生工具的功能

衍生工具具有套期保值、价格发现和投机套利的功能。

（1）**套期保值**。最早出现的衍生工具——远期合约，就是为适应农产品的交易双方出于规避未来价格波动风险的需要而创设的。现货供应商和采购商通过远期合约将未来的价格事先确定下来，这一合约对交易的货物发挥了套期保值的功能。其他衍生工具也是通过事先约定价格，实现标的物的保值目的。

（2）**价格发现**。衍生工具交易价格是对合约标的物未来价格的事先确定，如果市场竞争是充分的和有效的，衍生工具价格就是对标的物未来价格的事先发现。由于大部分衍生工具交易集中在有组织的交易所内进行，市场参与主体比较多，通过竞价方式形成市场价格，能够相对准确地反映交易者对标的物未来价格的预期。

（3）投机套利。只要商品或资产存在价格的波动就有投机与套利的空间。衍生工具交易采用现金清算，而不实行强制交割，这就使衍生工具成了事实上的一类投资品。衍生工具将大宗商品细化为标准化的可交易合约，使交易双方买卖更加便利。衍生工具都是跨期交易，存在一个期限，相同期限的不同衍生品、同一衍生品的不同期限之间往往存在套利的可能。

二、衍生工具的产生

（一）商品期货的产生

最早出现的衍生工具是商品远期合约。19世纪上半叶，随着铁路、水运、仓储、贸易的发展，农业发达的美国五大湖流域逐步形成了以芝加哥为中心的重要粮食集散地。由于农产品生产受气候等因素影响比较大，商人和农民经常会遇到价格风险，丰收年会出现粮价过低，歉收年又出现价格飞涨。为改变这种状况，有人设计了远期合同，事先将交易农产品的价格、数量、交割方式约定下来。1848年，82位商人发起组建了芝加哥谷物交易所，该交易所后发展为芝加哥期货交易所（CBOT），交易扩大到盐、酒、皮革、煤炭、木材、石头、砖等。远期合约也逐步规范化、标准化，并在有组织的交易所内挂牌交易，演变为期货合约。目前，世界主要的商品期货品种有粮食、咖啡和可可等农产品，煤炭、石油等能源产品，铜、铝等有色金属产品，以及建筑材料等。

微视频 10-1 证监会副主席谈商品期货市场

（二）金融期货的出现

金融衍生工具是基于商品类衍生工具发展的金融创新产品，在20世纪70年代出现。1973年布雷顿森林体系崩溃，美元大幅度贬值，全球经济陷入滞胀，汇率体系进入浮动汇率时代；金融自由化浪潮推动各国放松管制，利率市场化改革不断推进。正是通货膨胀、浮动汇率和浮动利率波动的风险，促使人们通过金融创新来规避损失。1972年5月16日，美国芝加哥商业交易所（CME）率先创办了国际货币市场（IMM），推出了英镑、加拿大元、联邦德国马克、日元、瑞士法郎、法国法郎、墨西哥比索7种货币的期货合约。1975年，芝加哥期货交易所（CBOT）陆续推出了联邦抵押协会存单和财政部短期债券（T-bills）期货，标志着利率期货诞生。1982年，美国堪萨斯农产品交易所（KCBT）率先推出股票指数期货，并将欧洲美元期货采用现金交割方式加以推广，消除了期货发展的羁绊，打开了期货发展的空间。

微视频 10-2 资本的股市——金融期货之父

（三）其他衍生工具的产生与发展

金融衍生工具产生以后，不断推陈出新。1973年4月，芝加哥期权交易所（CBOE）成立，正式推出了股票期权合约交易，标志着金融期权的诞生。1981年，美国所罗门兄弟公司为美国商用机器公司（IBM）和世界银行进行了美元和联邦德国马克、瑞士法郎之间的互换。不久又出现了利率互换。20世纪80年代是衍生工具创新发展最快的阶段，各种期货、期权，以及期货期权、互换期权、复合期权层出不穷。20世纪90年代以后，主要出现股票指数互换、证券组合互换和特种互换等衍生工具。

（四）中国衍生工具的发展

我国商品类衍生工具出现在 20 世纪 90 年代初。1990 年，郑州粮食批发市场成立并试行远期交易。1993 年，推出小麦等粮食期货合约交易。1992—1995 年，上海、大连等期货交易所推出了金属、石油、农资、粮油、建材、化工等期货品种。1995—1999 年，国内商品期货品种随着治理整顿而减少。进入 21 世纪以后，国内期货市场平稳发展，又先后推出燃料油、天然橡胶、线型低密度聚乙烯、黄金等期货合约品种。

1992 年，我国开始试点国债期货，在上海、深圳证券交易所，以及武汉证券交易中心、广东联合交易所等挂牌交易。1995 年出现"327 国债事件"后于当年 5 月暂停交易。1993 年 3 月 10 日，海南证券交易报价中心在全国首次推出股票指数期货，可交易品种包括深圳综合指数和深圳综合 A 股指数各 4 个到期月份的期货合约，后因出现诸多问题被监管部门叫停。2005 年 6 月，上海证券交易所推出权证交易，并颁布了《上海证券交易所权证业务管理暂行办法》。2006 年，中国金融期货交易所在上海成立。2010 年 4 月 16 日，正式推出沪深 300 指数期货。2013 年 9 月 6 日，国债期货交易恢复。2015 年 2 月 9 日，上证 50ETF 期权在上海证券交易所正式上市。

三、衍生工具的分类

一般来讲，衍生工具可以有以下几种划分及归类法。

（一）按照衍生工具的法律形式划分

衍生工具的本质是合约，按照法律形式可以将其划分为契约型衍生工具和证券型衍生工具。

契约型衍生工具是以标准的合约方式存在，交易双方约定了合约标的物的执行价格、交割方式、交割时间与地点等，远期、期货、期权、互换等都属于此类。

证券型衍生工具是以证券的形式存在，如权证、可转化债券、以抵押贷款为基础发行的债券等。

（二）按合约基础工具划分

衍生工具合约标的物——原生工具或者基础工具——多种多样，按照原生工具种类可以将衍生工具划分为商品类衍生工具、金融类衍生工具以及其他衍生工具。

（1）商品类衍生工具一般将农产品、能源产品、有色金融产品、建筑材料产品等作为标的物，期货、期权、互换所占比重大。

（2）金融类衍生工具的合约标的物是金融工具或股票价格指数，又可以细分为股权式衍生工具、货币衍生工具、利率衍生工具。

（3）其他衍生工具的合约标的物既不是商品，也不是金融工具，更不是衍生工具，而是一些特殊的事物，如天气、空气污染物、工业排污权、节能指标等。这些标的物可以被合约化、标准化，以衍生工具的形式进行交易。

（三）按风险－收益的对称性划分

衍生工具从签发生效到期末失效带给不同交易主体的风险和收益结果是不同的，

按照风险和收益是否对称可以将衍生工具划分为风险 – 收益对称型衍生工具和风险 – 收益不对称型衍生工具。

（1）风险 – 收益对称型衍生工具交易的结果是"零和游戏"，不考虑交易手续费成本，交易双方一方的收益等于另一方的损失。远期、期货、互换等属于此类衍生工具。

（2）风险 – 收益不对称型衍生工具交易带给合约双方的收益和损失不对称，一般是收益一定，但损失风险不确定，可能无限大。期权、权证类工具等属于此类衍生工具。期权的签发人一般要承受比较大的风险，而持有人只承受损失期权费的风险。

（四）按照衍生工具是否赋予持有人选择权划分

（1）期货型衍生工具对于持有人而言没有履约与不履约的选择权，无论是买方还是卖方，合约到期前或者对冲平仓，或者交割履约。买方接受货物，卖方出售货物。金融期货则采用现金结算差价的方式交割。

（2）期权型衍生工具对于持有人来说有执行或放弃的选择权利。期权型衍生工具对于签发人来说是没有选择权的，只能被动接受。持有人则依据标的物价格是否对自己有利而做出执行或放弃期权的选择。

第二节　衍生工具市场与交易

一、远期合约、期货交易与期货市场

（一）远期合约交易

本节主要介绍远期外汇交易和远期利率协议。

1. 远期外汇交易

远期外汇交易又称期汇交易，是指交易双方约定交易货币的币种、金额、汇率、交割时间等交易条件，到期进行交割的外汇交易。远期外汇交易的目的主要是保值，避免汇率波动的风险，外汇银行与客户签订的交易合同须经外汇经纪人担保，客户还应缴存一定数量的押金或抵押品。当汇率变化不大时，银行可以用押金或抵押品抵补应负担的损失。当汇率变化使客户的损失超过押金或抵押品时，银行就应通知客户加存押金或抵押品；否则，合同就无效。客户所存的押金，银行视其为存款予以计息。

2. 远期利率协议

远期利率协议（forward rate agreement，FRA）是一种远期合约，合约的买卖双方约定未来某一时间点作为利息起算日，约定某期限的协议利率、市场参照利率和计息名义本金数额，在利息起算日，双方按规定的协议利率、期限和名义本金额，由一方向另一方支付协议利率与参照利率之间的利息差额的贴现值。

交易过程按以下步骤进行：

第一步，交易双方签订远期利率协议，成交以后等待结算日结算利差。

第二步，计算 FRA 期限内利息差。银行一般按照结算日前两个营业日的 LIBOR

来确定结算日的参照利率，计算协议利率与参照利率之间的利差。由于 FRA 差额的支付是在协议期限的期初（即利息起算日），而不是协议利率到期日，因此，利息起算日所交付的差额要按参照利率折算为现值。

第三步，确定一方向另一方支付的利差金额。计算结果大于 0 时，由 FRA 的卖方将利息差贴现值付给 FRA 的买方；当计算结果小于 0 时，则由 FRA 的买方将利息差贴现值付给 FRA 的卖方。

第四步，利差支付完毕，交易结束，远期利率协议自动失效。

（二）期货交易

期货交易是在现货交易和远期合约交易的基础上发展起来的，是交易双方通过在期货交易所买卖标准化的期货合约而进行的一种有组织的交易形式。作为期货市场交易主体，很少有人愿意参与商品的最终实物交割，在合约到期前都以对冲的形式了结，结算差价。对冲是指买进期货合约的人，在合约到期前会将合约卖掉；而卖出期货合约的人，在合约到期前会买进合约来平仓。

1. 期货交易的特点

首先，期货交易是一种双向交易，市场的参与者在交易过程中既可以先买入后卖出，也可以先卖出后买入，双向交易都可以获利。期货交易中实行的是 T+0 的交易制度，即买入的合约可以在当日平仓，交易者可以在当日利润大的时候先落袋为安，也可在短线风险大的时候及时撤出。其次，期货交易一般需要缴纳交易保证金，交易保证金占合约价值的比重通常在 5%~20%，即交易杠杆比率为 5~20 倍，"以小博大"的特征非常明显。最后，期货交易实施每日无负债结算制度，对交易者持有的未平仓合约，结算所会以每日的结算价（合约的当日均价或收盘价）计算客户的持仓合约盈亏和权益状况，当客户权益低于最低保证金水平时，期货经纪公司会向客户下达追加保证金通知，如果客户在规定的时间（一般为下一交易日开盘前）未能将保证金存入账户，经纪公司有权将客户持有的合约部分或全部强制平仓，以控制风险。

2. 期货合约规格

期货合约规格是指对交易品种的质量、数量、最小单位、合约月份、交易时间、交易结算日、交割方式、保证金等内容作出的详细规定。表 10-1 是上海期货交易所黄金期货合约规格，合约交易单位是 1 000 克 / 手。纽约交易所黄金期货合约交易单位为每手 100 盎司金条或 3 块 1 000 克的金条。

表 10-1　上海期货交易所黄金期货标准合约

交易品种	黄金
交易单位	1 000 克 / 手
报价单位	元（人民币） / 克
最小变动价位	0.01 元 / 克
每日价格最大波动限制	不超过上一交易日结算价 ±5%
合约交割月份	1—12 月

续表

交易品种	黄金
交易时间	上午 9:00—11:30　下午 1:30—3:00
最后交易日	合约交割月份的 15 日（遇法定假日顺延）
交割日期	最后交易日后连续 5 个工作日
交割品级	金含量不小于 99.95% 的国产金锭及经交易所认可的伦敦金银市场协会（LBMA）认定的合格供货商或精炼厂生产的标准金锭
交割地点	交易所指定交割金库
最低交易保证金	合约价值的 7%
交易手续费	不高于成交金额的万分之二（含风险准备金）
交割方式	实物交割
交易代码	AU
上市交易所	上海期货交易所

资料来源：上海期货交易所网站。

3. 期货交易过程

第一，客户或交易者在一家经纪公司开户。在经纪公司，客户需要签署风险揭示声明书、交易账户协议书、授权经纪公司代为买卖合同及缴付手续费的授权书，交存初始保证金。经纪公司获得授权，保证金到账后，就可根据合同的条款，按照客户的指令进行期货交易。

第二，客户交易要在经纪人的建议下进行。经纪人接到客户的订单后，立即用电话、电传或其他方法迅速通知经纪公司交易下单员。下单员将收到的订单打上时间图章，传递给本公司派到交易所场内的出市代表。场内出市代表将客户的指令输入计算机进行交易。

第三，成交以后，场内出市代表须将交易记录通知场外经纪人，并由经纪人通知客户。

第四，客户要求将期货合约平仓时，要立即通知经纪人，由经纪人用电话通知场内出市代表将该笔期货合约进行对冲，同时通过交易计算机进行清算，并由经纪人将对冲后的纯利或亏损报表寄给客户。

第五，如客户短期内不平仓，一般在每天或每周按当天交易所结算价格结算一次。如账面出现亏损，客户需暂时补交亏损差额；如有账面盈余，即由经纪公司补交盈利差额给客户。直到客户平仓时，再结算实际盈亏额。

（三）国内外主要的期货市场

1. 国外主要期货市场

世界主要金融期货市场集中在北美、欧洲和亚太地区。美国是现代金融期货交易的发祥地，重要的交易所有芝加哥商业交易所、纽约商品交易所等；加拿大的多伦多期货交易所和蒙特利尔交易所也具有代表性。欧洲地区的交易所有英国的伦敦金属交易所和伦敦洲际交易所、法国国际期货交易所、欧洲期货交易所等。亚太地区主要有东京金融交易所、新加坡国际金融交易所、澳大利亚悉尼期货交易所、新西兰期货交易所等。

2. 国内期货市场

中国内地主要有 4 家期货交易所，其中 3 家为商品期货交易所，分别是上海期货交易所、大连商品交易所和郑州商品交易所；1 家金融期货交易所，即中国金融期货交易所。香港交易所是世界主要的期货交易所之一。

二、期权交易与期权市场

（一）期权交易

期权交易是从期货交易中发展来的，也是出于规避价格、利率、汇率等风险的需要而开发设计的衍生工具，比期货更灵活、方便。

1. 期权交易的要素

期权交易过程要涉及买卖双方、价格、行权规定等要素。期权的买方是指购买期权的一方，拥有期权载明的权利；卖方是指出售权利的一方，或者是期权的签发人；价格称为**期权费**或权价，是指买方向卖方支付的费用，相当于保险费；合约价格或执行价格是交易双方约定的合约标的物未来交割时的价格；通知日指期权买方要求执行合约时，必须在预先确定的交割日前通知卖方的某一天，也称声明日；到期日是指预先确定的合约执行日，它是期权合同有效期的终点。

2. 期权合约

期权合约按照标的物不同，有商品期权，如石油期权、天然气期权等；有金融期权，如外汇期权、利率期权、股票期权等。这里以利率期权合约为例，说明期权合约的规格和要素。

（1）期权合约的规格。外汇期权合约一般规定交易外汇的协议价格、到期月份、到期日、合约单位、卖方保证金、期权费等。

（2）期权报价。期权交易报价涉及两个性质的价格：一是合约标的物的执行价格，另一个是期权费。期权费又分为看涨期权费和看跌期权费。

3. 期权保值交易

外汇期权交易是客户对未来外汇资金进行保值的有效手段。在到期日之前，期权的买方有权利决定是否按照合同约定价格买入或卖出约定数量的外汇。为了获得这一权利，期权的买方需要在交易之初付出一笔费用，如果合同期满期权的买方不行使权利，则权利失效，费用并不退还。

（二）期权市场

标准化的期权合约交易是在期货交易之后出现的。1973 年芝加哥期权交易所正式成立，进行统一化和标准化的期权合约买卖。之后，芝加哥商业交易所、芝加哥期货交易所、纽约商品交易所等纷纷推出期权交易。1987 年 5 月 29 日，伦敦金属交易所正式开办期权交易。20 世纪 90 年代以来，世界期权交易实现了规范化，交易规模迅速扩大，期权标的物从商品、金融资产、股票价格指数等，扩大到天气、衍生工具等。全球期权交易量比较大的交易所有美国费城交易所、芝加哥商业交易所、纽约商品交易所、阿姆斯特丹交易所、蒙特利尔交易所、伦敦洲际交易所和中国的香港交易所等。

中国大陆尚没有建立专门的期权市场，带有期权性质的股票权证在上海和深圳两个证券交易所进行交易。黄金、白银和外汇期权柜台交易曾经于 1985 年和 1986 年出现，由中国银行代客户进行国际盘交易。2015 年 2 月 9 日，经中国证监会批准，上海证券交易所推出 50ETF 期权。

三、互换交易

互换交易主要出现在国际借贷领域，是约定两个或两个以上当事人按照商定条件，在约定的时间内，交换一系列现金流的合约。

（一）互换交易的功能

1. 保值功能

互换交易的保值功能体现在应对汇率与利率风险方面。由于国际性企业的资产和负债以多种货币计价，货币互换可使与计价货币相关的汇率风险最小化。在防范利率风险方面，对于一种货币来说，无论是固定利率还是浮动利率，债权债务的持有者，都面临着利率变化的风险，利率互换可以实现降低利率风险的目标。

2. 套利功能

有些投资者或融资者，由于其信用等级较低，难以获得低利率成本融资，通过货币互换和利率互换可以得到比直接融资成本低的资金，节约了费用。

3. 财务结构调整功能

互换交易可以使国际性企业的资产与负债货币实现匹配，减少货币暴露，降低汇率波动造成的资产与负债不对称风险。

4. 规避管制功能

许多国家都实行外汇管制，在外汇管制比较严格的国家获得贷款、发行债券融资是比较困难的。资金汇出汇入成本比较高。通过货币互换，可以避开部分外汇管制，降低交易成本。

（二）互换交易

1. 货币互换交易

货币互换是指两笔金额相同、期限相同、计算利率方法相同但货币不同的债务资金之间的调换，同时也进行不同利息额的货币调换。货币互换双方交换的是货币，其各自的债权债务关系并没有改变。

2. 利率互换交易

利率互换通常是相同货币债务间的调换，货币互换则是不同货币债务间的调换。不过，货币互换当中经常涉及利率互换问题。

第三节　衍生工具的定价

一、远期与期货定价

（一）远期与期货定价基本分析

在商品市场上，远期价格与期货价格的影响因素是一致的，其定价原理也相同。计算远期价格是用交易时的即期价格加上持有成本（carry cost）。根据商品的情况，持有成本要考虑的因素包括仓储、保险和运输等。商品价格对供求波动较为敏感。农产品收成会受到天气和自然灾害的影响，商品消费会受到技术进步、生产加工过程以及政治事件的影响。但从理论上讲，远期价格主要是受持有成本的影响。

$$远期价格＝即期或现金价格＋持有成本 \tag{10-1}$$

期货合约比起远期合约更具有金融工具的特征，因为期货合约是一个以后对应现货资产交易的临时替代物。期货合约不是真实的资产而是买卖双方之间的协议，双方同意在以后的某个时间进行现货交易，因此该协议开始的时候没有资金的易手。期货合约的卖方要以后才能交付对应现货得到现金，因此必须得到补偿来弥补因持有对应现货而放弃马上到手资金的机会成本；相反，期货合约的买方要以后才付出现金交收现货，必须支付使用资金头寸推迟现货支付的费用，因此期货价格必然要高于现货价格以反映这些融资或持仓成本，这个融资成本一般用这段时间的无风险利率表示。那么，期货价格决定基本模型是：

$$期货价格＝现货价格＋融资成本（或利息成本） \tag{10-2}$$

远期合约、期货合约按照标的资产在合约存续期间是否产生现金流可以分为无收益资产的远期合约、已知现金收益资产的远期合约、支付已知现金收益率资产的远期合约。后两种合约都能产生现金流，称之为标的资产在合约期限内提供的收益。因此远期合约价格要向下调整相当于股息的幅度，将商品期货、金融期货统一考虑。远期与期货基本定价模型为：

$$远期或期货价格＝现货价格＋持有成本＋融资成本－标的资产在合约期限内的收益 \tag{10-3}$$

原理 10-1

资产远期价格是在即期价格的基础上加上持有成本、融资成本，并扣除资产在到期前产生的收益后确定的。

（二）远期与期货定价模型

1. 基本假设

远期（期货）定价模型不考虑交易费用和税收，且市场参与者能以相同的无风险利率借入和贷出资金；远期合约没有违约风险，允许现货卖空，交易市场为均衡市场，期货合约的保证金账户支付同样的无风险利率。

定价模型的基本变量包括：

T，为远期（期货）合约的到期时间，单位为年。

t，是现在的时间，单位为年。变量 T 和 t 是从合约生效之前的某个日期开始计算的，$T-t$ 代表远期（期货）合约中以年为单位的距离到期日的剩余时间。

$S(t)$，为远期（期货）标的资产在时间 t 时的价格。

$S(T)$，为远期（期货）标的资产在时间 T 时的价格（在 t 时刻这个值是个未知变量）。

K，为远期合约中的交割价格。

$f(t)$，为远期合约多头在 t 时刻的价值，即 t 时刻的远期价值。

$F(t)$，为 t 时刻的远期合约和期货合约中的理论远期价格和理论期货价格，即远期价格和期货价格。

r，为 T 时刻到期的以连续复利计算的 t 时刻的无风险利率，用年利率表示。

2. 无收益资产远期与期货的定价

无收益资产远期与期货定价模型建立在无套利定价原理基础之上，即构建两种投资组合，令其终值相等，则其现值一定相等，否则就可进行套利，即卖出现值较高的投资组合，买入现值较低的投资组合，并持有到期末，套利者就可赚取无风险收益。

远期合约到期时，两种组合都等于一单位标的资产，因此现值必须相等。

$$f(t) + Ke^{-r(T-t)} = S(t) \tag{10-4}$$

可以推出：

$$f(t) = S(t) - Ke^{-r(T-t)} \tag{10-5}$$

无收益资产远期合约多头的价值等于标的资产现货价格与交割价格现值的差额。一单位无收益资产远期合约多头可由一单位标的资产多头和 $Ke^{-r(T-t)}$ 单位无风险负债组成，合约价值应该是两者的差价。

原理 10-2

无收益资产的现货—远期平价定理：远期价格等于其标的资产现货价格的终值，$F(t) = S(t)e^{r(T-t)}$，$F(t)$ 就是使合约价值（$f(t)$）为零的交割价格（K）。

3. 已知现金收益资产的远期合约定价

已知现金收益资产是在到期前会产生完全可预测的现金流的资产，如附息债券和支付已知现金红利的股票。这里以付现金收益的资产为例说明远期合约定价。

组合 A：一份远期合约多头加上一笔数额为 $Ke^{-r(T-t)}$ 的现金。

组合 B：一单位标的证券加上利率为无风险利率、期限为从现在到现金收益派发日、本金为 I 的负债。

远期合约到期时，两种组合都等于一单位标的资产：

$$f(t) + Ke^{-r(T-t)} = S(t) - I \qquad (10-6)$$

可以推出：

$$f(t) = S(t) - I - Ke^{-r(T-t)} \qquad (10-7)$$

支付已知现金收益资产的远期合约多头价值等于标的证券现货价格扣除现金收益现值后的余额与交割价格现值之差。

一单位支付已知现金收益资产的远期合约多头可由一单位标的资产和 $I+Ke^{-r(T-t)}$ 单位无风险负债构成。

由于使用的是 I 的现值，所以支付一次和多次现金收益的处理方法相同。

原理 10-3

支付已知现金收益资产的现货 – 远期平价定理：支付已知现金收益资产的远期价格等于标的证券现货价格与已知现金收益现值差额的终值，$F(t) = [S(t) - I] e^{r(T-t)}$，即令合约价值（$f(t)$）为零的交割价格（$K$）。

4. 支付已知现金收益率资产的远期合约定价

支付已知现金收益率资产是指在到期前将产生与该资产现货价格成一定比率收益的资产。定价模型中无风险利率的选择不能采用统一的标准，应区别对待。比如，货币期货合约应选择货币发行国的无风险利率；股指期货合约应该选择市场所在地同期限的无风险利率，且市场整体水平的红利率可以预测。

支付已知收益率资产的远期价值，同样采用两种组合。

组合 A：一份远期合约多头加上一笔数额为 $Ke^{-r(T-t)}$ 的现金。

组合 B：$e^{-q(T-t)}$ 单位证券并且所有收入都再投资于该证券，其中 q 为该资产按连续复利计算的已知收益率。合约价值为：

$$f(t) = S(t)e^{-q(T-t)} - Ke^{-r(T-t)} \qquad (10-8)$$

原理 10-4

支付已知收益率资产现货 — 远期平价定理：支付已知现金收益率资产的远期价格等于标的证券现货价格按照扣除已知收益率（q）后的无风险利率（$r-q$）计算的终值，$F(t) = S(t)e^{(r-q)(T-t)}$，即令 $f(t)=0$ 的交割价格（K）。

二、期权定价

（一）期权定价理论与方法的发展

金融创新发展中的衍生工具定价是核心问题，其中，期权定价更为复杂，是 20世纪 70 年代初困扰应用数学领域的最复杂的问题之一。1973 年数学家费雪·布莱克（Fisher Black）和经济学家迈伦·斯科尔斯（Myron Scholes）创立了期权定价理论与方法，研究出一个期权定价公式，成为金融学发展中标志性的事情。经济学家默顿也发现了同样的公式及许多其他有关期权的有用结论。两篇论文几乎同时在不同刊物上发表。所以，布莱克 – 斯科尔斯（Black–Scholes）期权定价模型亦称为布莱克 – 斯科尔斯 – 默顿期权定价模型。

Black–Scholes 期权定价模型有其局限性，如只适用于欧式期权定价，推导过程复杂等。1976 年考克斯（Cox）和罗斯（Ross）提出了风险中性定价理论；1979 年，考克斯、罗斯和卢宾斯坦（Rubinsetein）提出了期权二项式定价模型（binomial model），也称二叉树定价法，解决了美式期权定价的问题。同年，哈里森（Harrison）及克雷普斯（Kreos）提出了鞅定价法。

（二）Black–Scholes 期权定价模型

Black–Scholes 期权定价模型建立在五个假设前提之上，分别是：金融资产收益率服从对数正态分布；在期权有效期内，无风险利率和金融资产收益变量是恒定的；市场无摩擦，即不存在税收和交易成本；金融资产在期权有效期内无红利及其他所得（该假设后被放弃）；期权是欧式期权，即在期权到期前不可实施。该定价模型表达式为：

$$c(t) = SN(d_1) - Xe^{-r(T-t)}N(d_2) \tag{10-9}$$

式中：

$$d_1 = \frac{\ln\dfrac{S}{X} + \left(r + \dfrac{\sigma^2}{2}\right)(T-t)}{\sigma\sqrt{T-t}} \tag{10-10}$$

$$d_2 = d_1 - \sigma\sqrt{T-t} \tag{10-11}$$

式中：$c(t)$ 为期权初始合理价格；

　　　S 为期权合约中资产的当前价格；

　　　X 为看涨期权的执行价格；

　　　r 为无风险利率的连续复利形式；

　　　T 为期权有效期；

　　　σ 为年度化方差；

　　　$N(d_2)$ 为正态分布变量的累积概率分布函数。

该模型中无风险利率必须是连续复利形式。两者换算关系为：$r=\ln(1+r_0)$。期权有效期（T）采用相对数表示，即期权有效天数与一年 365 天的比值。

三、互换价格的确定

（一）货币互换定价

货币互换定价采用债券组合法。在没有违约风险的条件下，货币互换可以分解成一份外币债券和一份本币债券的组合。

假设美国的 A 公司和 B 公司在 2008 年 8 月 1 日签订了一份 3 年期的货币互换协议。协议约定：A 公司每年向 B 公司支付 12% 的英镑利息并向 B 公司收取 8% 的美元利息。本金分别是 2 000 万美元和 1 000 万英镑。A 公司持有的互换头寸可以看成一份年利率为 8% 的美元债券多头头寸和一份年利率为 12% 的英镑债券空头头寸的组合。A 公司组合现金流状况如表 10-2 所示。

表 10-2　货币互换中 A 公司的现金流量表

日期	美元现金流（万美元）	英镑现金流（万英镑）
2008 年 8 月 1 日	−2 000	1 000
2009 年 8 月 1 日	160	−120
2010 年 8 月 1 日	160	−120
2011 年 8 月 1 日	2 160	−1 120

假如采用 V_{M} 表示互换的价值，B_{F} 表示从互换中分解出来的外币债券的价值，B_{D} 表示从互换中分解出来的本币债券的价值，S_0 表示直接标价法的即期汇率。那么对收入外币、付出本币的一方（A 公司）：

$$V_{\mathrm{M}}=B_{\mathrm{D}}-S_0 B_{\mathrm{F}} \tag{10-12}$$

收入本币、付出外币的一方（B 公司）：

$$V_{\mathrm{M}}=S_0 B_{\mathrm{F}}-B_{\mathrm{D}} \tag{10-13}$$

假设英镑对美元的即期汇率为 2 美元/英镑，市场美元与英镑的平价利率分别为 7% 和 11%，那么，这笔互换中分解出来的债券价值（现值）分别为：

$B_{\mathrm{D}}=160\mathrm{e}^{-7\%\times1}+160\mathrm{e}^{-7\%\times2}+2\,160\mathrm{e}^{-7\%\times3}=149.18+139.10+1\,750.86=2\,039.14$（万美元）

$B_{\mathrm{F}}=120\,\mathrm{e}^{-11\%\times1}+120\mathrm{e}^{-11\%\times2}+1\,120\,\mathrm{e}^{-11\%\times3}=107.50+96.30+805.19=1\,008.99$（万英镑）

A 公司的互换价值：

$V_M = B_D - S_0 B_F = 2\ 039.14 - 2 \times 1\ 008.99 = 21.16$（万美元）

B 公司的互换价值是 -21.16（万美元）。

（二）利率互换价格的确定

利率互换通常是浮动利率和固定利率之间的调换，互换的浮动利率确定方式决定以后，互换的定价问题就是计算出使互换价值为零的互换固定利率。利率互换协议可以看作固定利率债券与浮动利率债券的组合，互换合约中分解出的固定利率债券的价值与分解出的浮动利率债券的价值之间的差就是利率互换价值。利率互换定价就是要确定使互换价值为零的固定债券利率。

本章小结

1. 衍生工具是在金融原生工具的基础上派生出来的金融工具，其形式是载明买卖双方交易品种、价格、数量、交割时间和地点等内容的标准化合约或证券。主要的衍生工具有权证、远期、期货、期权和互换等。

2. 衍生工具的基本特征是跨期交易、杠杆效应、高风险性和存续时间的短期性；衍生工具的基本功能是为交易双方提供规避价格、利率、汇率等波动风险的套期保值机制，对交易标的物未来价格的预先发现和为市场投机者提供投机套利工具。

3. 20 世纪 70 年代初，货币、利率期货等金融类衍生工具诞生，互换交易也在 10 年后出现；20 世纪 80 年代以来，金融创新推动了衍生工具的发展，期货期权等不断推陈出新。

4. 衍生工具分类有不同标准，按照法律形式可分为契约型衍生工具和证券型衍生工具，按照标的物属性可分为商品类衍生工具、金融类衍生工具和其他衍生工具，按照交易双方风险 - 收益是否对称可分为风险 - 收益对称型衍生工具和风险 - 收益不对称型衍生工具，按照持有人是否有选择权可分为期货型衍生工具和期权型衍生工具。

5. 期权交易是在期货交易的基础上产生的更为灵活的远期性质的交易，期权费或权利金是获得选择权的条件。期权可以在场内和场外两个市场交易，合约规格比较详细。

6. 互换交易是出于降低融资成本、规避金融管制和调整财务结构等目的进行的货币、利率调换的交易，一般在银行同业市场和柜台市场交易。互换交易成立的条件是交易双方在互换中都获得了比互换前更好的财务效益。

7. 远期与期货定价以现货为基础，综合考虑持有成本、融资成本和标的物收益因素，定价模型建立在无套利定价原理基础之上：构建两种投资组合，令其终值相等，则其现值一定相等。

8. 期权定价建立在风险中性和无套利均衡原理基础之上，通过数学工具描述市场特征，构建即期、远期之间无套利的均衡模型，确定期权的内在价值。

9. 货币互换和利率互换定价建立在资产组合未来现金流现值均衡原理基础之上，将互换协议看作债权与债务的组合，采用无风险利率贴现未来现金流，决定互换的协议的价值。

复习思考题

1. 简述衍生工具的产生与发展过程。

2. 衍生工具的特征与基本功能有哪些?

3. 分析期权与期货交易的共同点和差异，及其各自优势。

4. 当本币汇率处于贬值阶段，进口商可利用哪些衍生工具规避汇率风险? 试举例说明。

5. 债务人规避利率风险有哪些选择? 试举例说明。

6. 简述远期和期货定价的基本原理。

7. 联系实际，分析中国衍生工具市场发展的进程与意义。

即测即评

网上更多……　　⚙️教学案例　　📋名词术语　　💬学生讨论

第11章
金融机构体系

 本章导读 》》

金融机构也叫金融中介，是专门从事金融活动的组织。现代市场经济中的货币、信用和金融活动都与金融机构有关，功能特点各异的金融机构之间分工协作、相互联系，形成了整体功能健全、作用强大的金融机构体系。通过本章的学习，可以知道金融机构的含义以及国内外金融机构的主要类型；了解金融机构产生、发展和变迁的过程；基本掌握金融机构的主要功能及其在经济发展中的作用；了解金融机构体系的一般构成与经营体制的发展变化，把握目前中国内地及香港、澳门、台湾地区金融机构体系的构成，了解国际金融机构体系的构成及变迁。

第一节　金融机构的功能与国家金融机构的体系构成

一、金融机构的产生及分类

（一）金融机构的界定

金融机构是从事金融活动的组织，通常以一定量的自有资金为运营资本，通过吸收存款、发行各种证券、接受他人的财产委托等形式形成资金来源，而后通过贷款、投资等形式运营资金，并且在向社会提供各种金融产品和金融服务的过程中取得收益。

（二）金融机构的产生

历史的考察表明，早期金融机构是在商品经济和货币信用的发展过程中自发产生的，如中世纪的货币兑换商。分析显示，金融机构产生的原因在于满足经济社会发展的客观需要，主要有商品生产和交换发展中的支付需求、社会经济活动中的融资需求和投资需求、经济社会生活中的风险转移与管理需求、经济和金融活动扩大过程中对信息服务的需求等。随着商品经济发展，内生的金融需求逐渐增加，金融活动的专业化发展使从事金融活动的机构逐渐从兼业经营转向专业经营，金融机构由此产生。

> **原理 11-1**
>
> 金融机构的产生与发展内生于实体经济活动的需要。

（三）金融机构的分类

1. 按照业务活动的主权范围分类

按照业务活动的主权范围划分，金融机构可分为**国家金融机构**和**国际金融机构**。前者指业务活动在一国主权范围内进行的所有金融机构；后者指业务活动跨越不同国家和地区的所有金融机构，包括全球性和区域性两种类型。而国际金融机构依据业务性质又可以分为商业性和政策性两种，前者是指跨国银行、多国银行，后者是指政府间的国际金融机构。本章主要按此分类进行讨论。

2. 按照能否吸收存款分类

按照能否吸收存款分类，金融机构可以分为**存款性公司**和**其他金融性公司**。存款性公司是以吸收存款作为资金主要来源，以发放贷款为主要的资金运用方式，以办理转账结算为主要中间业务，参与存款货币创造的金融机构，可以分为中央银行、商业银行和其他存款类金融机构三大类。后者主要包括储蓄银行、信用合作社、农村和农业银行以及主要从事金融性公司业务的旅行支票公司等。这类机构共同的特征是以存款为主要负债，以贷款为主要资产，以办理转账结算为主要中间业务，直接参与存款货币的创造过程。我国的政策性银行、财务公司也属于此类机构。其他金融性公司是以发行金融工具或签订契约等方式获得资金，通过特定的方式运营这些资金的金融机构，主要包括保险公司和社会保障基金、证券公司、投资基金管理公司、信托投资公司、贷款公司、金融租赁公司、金融资产管理公司等非存款类金融机构。国外的财务公司也属于其他金融性公司，但由于国内的财务公司也可以办理存款业务，主要是定期存款，所以是其他金融性公司中最具存款类金融机构特点的机构。

3. 按照职能作用分类

按照职能作用划分，金融机构可分为**营业性金融机构**和**管理性金融机构**。前者是从事商业性或政策性金融业务、不具有管理职能的金融机构，包括一般的商业性金融机构和政策性金融机构；后者是从事特定金融业务、具有金融管理和调节职能的金融机构。

管理性金融机构与金融管理机构不尽相同。二者的共同点在于它们都是具有金融管理职能的政府机构。不同点是前者属于金融机构，从事特定的金融业务来履行其职能，如中央银行；而后者只是纯粹的政府管理机构，不从事特定的金融业务，如银行、保险、证券等金融行业的监管当局。

4. 按照业务性质分类

按照业务性质分类，金融机构可分为**商业性金融机构**和**政策性金融机构**。前者以追求利润为经营目标，是自主经营、自负盈亏、自求平衡、自我发展的金融企业；后者大多是政府出资或以政府资本为主设立的，由政府依法赋予其特殊的职能，不以营利为目的，其业务经营的目标主要是贯彻落实政府经济政策。

此外，金融机构还有其他的分类。例如，依据资本和业务规模等可分为大、中、小型金融机构；依据组织方式可分为公司制、合作制、股份合作制和其他组织制度（如独资形式）的金融机构等。

二、金融机构在经济发展中的地位与功能

（一）金融机构在经济发展中的地位

第一，金融机构是一国资金活动的总枢纽。它通过筹集和融通资金，引导资金流向并优化资源配置，提高生产要素的利用效率，促进经济发展。从第一章的资金流量表中可见，现代经济活动中各部门始终存在资金供求矛盾，金融机构利用自身分布广泛的分支机构，一方面通过开展资产负债业务来调节社会资金的余缺，将零散、短期、闲置的资金筹集起来并转换为大额、长期、稳定的资金供给；另一方面，按照本国的经济、金融政策，在政策导向和市场机制的作用下将资金投入效益好而又急需资金的部门，最大限度地促使各部门之间储蓄向投资的转化，保证资金的合理流向和使用，支持经济可持续均衡发展。

第二，金融机构是金融产业的载体。它们以自有资本为基础，充分运用社会资本，吸纳各种人才就业，在为社会创造金融工具、提供金融服务的过程中创造价值，获取利润。它们不仅是第三产业最重要的部分，也成为各国经济发展中的支柱产业。

第三，金融机构是一国政府调节、管理经济活动的主要对象，是一国经济健康、有序、稳定运行的保证。金融机构尤其是银行通过其业务活动成为联系国民经济各部门的纽带，金融机构的经营状况也成为反映国民经济活动的"寒暑表"。政府各部门通过引导、利用金融机构的业务活动，可以对国民经济各部门施加直接或间接的影响，从而实现政府的意图。一国政府通过促进金融机构的合理设置、科学管理、高效运作，可以达到金融与经济社会稳定发展的目标。

（二）金融机构的功能

金融机构是适应商品经济发展内生的多样化金融需求而产生的，具有多种功能。

1. 便利支付结算

提供有效的支付结算服务是金融机构适应经济发展需求而较早产生的功能。金融机构尤其是商业银行为社会提供的支付结算服务，对顺利实现商品交易、节约货币支付与清算和社会交易成本具有重要的意义。

2. 促进资金融通

促进资金融通是指金融机构充当专业的资金融通媒介，促进各种社会闲置资金有效利用。融通资金是所有金融机构都具有的基本功能。不同的金融机构会利用不同的方式来融通资金，在全社会范围内集中闲置的货币资金，并将其运用到社会再生产过程中去，促进储蓄向投资转化，从而提高社会资本的利用效率，推动经济发展。

原理 11-2

融资和提供支付结算服务是金融机构最基本的功能。

3. 降低交易成本

降低交易成本是指金融机构通过规模经营和专业化运作，适度竞争，可以合理控制利率、费用、时间等成本，取得规模经济和范围经济的效果，并使得投融资活动最终以适应社会经济发展需要的交易成本来进行，从而满足迅速增长的投融资需求。

4. 改善信息不对称

金融机构利用自身的优势能够及时收集、获取比较真实、完整的信息，通过专业分析判断，选择合适的借款人和投资项目，对所投资的项目进行专业化的监控，不仅可以节约信息处理成本，而且可以提供专业化的信息服务。

5. 转移与管理风险

转移与管理风险是指金融机构通过各种业务、技术和管理，分散、转移、控制或减轻金融、经济和社会活动中的各种风险。金融机构转移与管理风险的功能主要体现为它在充当金融中介的过程中，为投资者分散风险并提供风险管理服务。如商业银行的理财业务及信贷资产证券化活动、信托投资公司的信托投资、投资基金的组合投资、金融资产管理公司的资产运营活动都具有该功能。此外，通过保险和社会保障机制对经济与社会生活中的各种风险进行的补偿、防范或管理，也体现了这一功能。

6. 创造信用与存款货币

金融机构在其业务活动中可以创造各种信用工具，如早期的银行支票、汇票和银行券，现代的信用卡等。在部分准备金制度下，银行通过其资产负债业务不仅可以扩张或收缩信用，还可以创造存款货币。中央银行的资产业务可以直接授信给金融机构，负债业务可以直接发行信用货币。因此，金融机构的业务活动对整个社会的信用和货币具有决定性作用。

随着商品经济的发展、内生金融需求的扩大及多样化，种类各异的金融机构逐渐产生并发展起来，金融业内部的竞争以及分工和协作关系不断深化，由此形成了作用巨大的金融机构体系。现代金融机构体系分为国家金融机构体系和国际金融机构体系两大类。

三、现代国家金融机构体系的一般构成

国家金融机构体系是指在一个主权国家或独立经济体里存在的各类相互关联的金融机构。各国的金融机构体系因国情和经济金融发展水平的差异而各有特点，但在机构种类和构成上大致相同，主要分为存款性公司（也称存款类金融机构）和其他金融性公司（也称非存款类金融机构）两大类。

（一）存款性公司

存款性公司是能够吸收存款并以存款作为其营运资金主要来源的金融机构，包括以下四种。

1. 中央银行

中央银行是货币金融管理机关，在发挥国家的银行和银行的银行职能时保管政府、

公共机构以及金融机构的存款，故属于存款性公司。因其特殊性本书第十四章再作专门讨论。

2. 商业银行

商业银行是以经营企业和居民的存、贷款为主要业务，为客户提供多种金融服务的金融机构。由于商业银行以吸收存款为其主要负债，具有派生存款货币的功能，故又被称为存款货币银行。

3. 专业银行

专业银行是指专门从事指定范围内的业务或提供专门服务的金融机构，主要有以下几类：

（1）储蓄银行。储蓄银行是专门经办居民储蓄并为居民个人提供金融服务的金融机构。这类银行以居民储蓄存款为主要资金来源，资金运用主要是提供消费信贷和住宅贷款，此外也进行公债投资等活动。各国的储蓄银行名称不一，有互助储蓄银行、国民储蓄银行、信贷协会、信托储蓄银行等名称。

（2）开发银行。开发银行是专为满足长期建设项目投融资需要并提供相关服务的金融机构。开发银行多属于政府出资设立的政策性银行，不以营利为经营目标，其宗旨是通过融通长期性资金进行开发性项目来促进本国或本地区的经济发展。

（3）农业银行。农业银行是专为支持农业发展而设立的金融机构。它多为政策性的，也有商业性的，资金来源于吸收存款、发行债券、政府借款、同业拆借等，资金运用于农业贷款、投资、担保和补贴等，如中国农业发展银行。

（4）进出口银行。进出口银行是专门为对外贸易提供信用支持的金融机构。政府投资设立的进出口银行具有政策性，旨在支持本国的对外贸易和经济发展，中国进出口银行就属于这类政策性银行。

4. 信用合作社

信用合作社是以社员认缴的股金和存款为主要负债，以向社员发放的贷款为主要资产，为社员提供结算等中间业务服务的合作性金融机构。

（二）其他金融性公司

其他金融性公司是指不以吸收存款为主要资金来源的金融机构，主要有以下十种。

1. 保险公司

保险公司是根据合同约定向投保人收取保险费并承担投保人出险后的风险补偿责任、拥有专业化风险管理技术的经济组织。保险公司按其从事的业务险种或业务层级可以划分为人寿保险公司、财产保险公司、存款保险公司、再保险公司等类型。

2. 信托投资公司

信托投资公司是以收取报酬为目的，接受他人委托以受托人身份专门从事信托或信托投资业务的金融机构。

3. 证券机构

证券机构是专门从事证券业务的金融机构，包括证券公司、证券交易所、基金管理公司、证券登记结算公司、证券评估公司、证券投资咨询公司、证券投资者保护基金公司等组织。按能否从事证券自营业务还可以将证券公司分为综合类证券公司和经纪类证券公司。

4. 金融资产管理公司

金融资产管理公司是管理资产的金融机构。我国的金融资产管理公司具有政策性，是经国务院批准设立的收购、管理和处置国有银行不良贷款等资产的其他金融性公司。

5. 金融租赁公司

金融租赁公司是以融资租赁为主要业务的其他金融性公司。

6. 财务公司

国外财务公司是发售长期债券、进行短期借款、发放消费信贷的非银行金融机构，属于其他金融性公司；而我国财务公司是由大型企业集团成员单位出资组建，为成员单位提供存款、贷款、投资、结算、票据贴现、融资租赁服务的非银行金融机构，属于存款性公司。

7. 期货类机构

期货类机构是从事商品期货合约、金融期货合约、期权合约交易及其他相关活动的商业组织，包括期货交易所、期货公司及其他期货经营机构、非期货公司结算会员、期货保证金安全存管监控机构、期货保证金存管银行、交割仓库等市场相关参与者。

8. 黄金投融资机构

黄金投融资机构是主要从事黄金投融资交易，提供交易场所、设施和相关服务的金融机构，包括黄金交易所、黄金结算所（公司）、黄金经纪公司、从事自营业务的会员和非会员黄金投资机构等，如黄金交易所交易基金（黄金 ETF）。

9. 专业融资公司

专业融资公司指为特定用途提供融资业务的机构。它们以自有资金为资本，从市场上融入资金，多以动产、不动产为抵押发放贷款或提供资金，主要有不动产抵押公司、汽车金融公司、典当行等。

10. 信用服务机构

信用服务机构是指为接受信用而提供服务的机构，主要包括信息咨询公司、投资咨询公司、金融担保公司、征信公司、信用评估机构等。此外，律师事务所、会计师事务所等机构也属于广义的信用服务机构。

四、金融机构的经营体制及其演变

20 世纪 30 年代以来，随着政府对金融机构监督和管理的增强，各国以立法的形式对金融机构经营的业务范围作出规定，由此形成了现代金融机构的两种不同体制：分业经营和混业经营。

（一）分业经营与分离银行制度

分业经营是指对金融机构业务范围进行某种程度的分离管制。按照分业管制的程度不同，分业经营有三个层次：一是指金融业与非金融业的分离，金融机构不能经营非金融业务。二是金融业中分离银行、证券和保险等子行业，如商业银行、证券公司和保险公司只能经营各自的银行业务、证券业务和保险业务，某一子行业中的金融机构不能经营其他子行业的业务。三是进一步分离银行、证券和保险等各子行业的内部业务。比如，在银行业内部，经营长、短期银行存贷款业务的金融机构相分离，经营政策性业务和商业性业务的金融机构相分离；在证券业内部，经营证券承销、交易、经纪业务和证券做市商业务的金融机构相分离；在保险业内部，经营财产保险、人身保险、再保险业务的金融机构相分离等。一般分业经营是指第二个层次的分离。实行分业经营的金融制度被称作分离银行制度。

（二）混业经营与全能银行制度

混业经营是指允许各类金融机构业务范围有交叉，可以进行综合经营的金融制度。

混业经营也有三个层次，即金融业与非金融业之间的混业经营，银行、证券和保险等行业之间的混业经营以及银行业、证券业和保险业等内部的混业经营。由于历史上银行业是金融业的核心，故混业经营又被称作全能银行制度。

（三）经营体制对金融机构的影响及其争论

实行分业经营还是混业经营对金融机构具有重要影响。

在严格的分业经营体制下，银行、证券和保险等各类金融机构之间泾渭分明，界限清楚，一种金融机构不能擅自经营其他金融机构的业务。分业经营的优点在于有利于提高业务的专业技术和专业管理水平，有利于避免竞争摩擦和混业经营可能出现的内部协调困难问题，有利于保证金融机构自身及客户的安全，有利于控制金融机构的业务风险等。其不足之处一是以法律形式造成两种业务相分离的运行系统，难以开展必要的业务竞争，具有明显的竞争抑制性。二是分业经营使各行业之间无法优势互补，如证券业难以利用、依托商业银行的资金优势和网络优势，商业银行也不能借助证券公司的业务来推动其业务的发展。三是分业经营不利于本国金融机构进行公平的国际竞争。例如，面对规模宏大、业务齐全的大型全能银行时，单纯的商业银行在国际竞争中相对不利。混业经营对金融机构的影响与分业经营的利弊正好相反。因此，在选择分业经营还是混业经营的问题上一直存在激烈的争论。

（四）金融机构经营体制的演变

1929—1933年世界经济危机爆发以及美国政府在1933年颁行《格拉斯－斯蒂格尔法案》后，以美国为首的西方国家金融机构形成了分业经营的体制。为适应业务创新和市场竞争的要求，从20世纪80年代初开始，实行分业经营的日本、英国、美国等国家的金融机构又逐渐突破了职能分工的界限，尤其是在1999年美国颁布《现代金融服务法案》后，混业经营重新成为趋势。

中国金融业在1980—1993年年底事实上形成了混业经营的格局，但也出现了诸多问题。经过整顿，在1994年后形成了分业经营的模式。为提升金融机构的竞争力，我国从1999年开始逐渐放宽金融业分业经营的监管制度，金融机构混业经营的趋势日趋显著。

第二节　中国的金融机构体系

一、旧中国金融机构体系的变迁

我国金融机构的发展历史源远流长，但数千年的封建社会和小生产方式使我国的商品经济发展十分缓慢，内生的金融需求少，金融机构长期处于分散、落后的状态。当西方资本主义国家先后建立起现代金融体系的时候，我国的典当行、钱庄、票号等仍停留在高利贷性质的旧式金融机构。

19 世纪中叶以后，随着外国资本的入侵和民族工业的崛起，为适应中外贸易发展的需要，中外资本先后设立了现代意义上的银行、保险公司、证券公司、信托公司等新式金融机构。

国民党统治时期，国民政府和四大家族运用手中的权力建立了以"四行二局一库"为核心的官僚资本金融机构体系。"四行"指中央银行、中国银行、交通银行、中国农民银行，"二局"指中央信托局和邮政储金汇业局，"一库"指中央合作金库。"四行二局一库"成为国民党政府实行金融垄断的重要工具。而中国民族资本金融机构则与民族工商业一样，处于帝国主义、官僚资本主义的双重压力之下，规模小，发展缓慢。

与之并行，中国共产党在领导全国人民夺取政权的革命斗争中，在各个革命根据地也建立了自己的金融机构。其中影响较大的有：第二次国内革命战争时期在瑞金成立的中华苏维埃共和国国家银行；抗日战争时期在各抗日根据地成立的银行，如陕甘宁边区银行、华北银行等。这些银行为人民战争的胜利和新中国的成立做出了重大贡献。

二、新中国成立后金融机构体系的建立与发展

新中国经济和金融发展的基础相当薄弱，现行的金融机构体系是在新中国建立后逐步发展起来的。我国金融机构体系的建立与发展大致可分为以下五个阶段。

（一）新型金融机构体系初步形成阶段（1949—1952 年）

新中国成立前的 1948 年 12 月 1 日，中国人民银行在原华北银行、北海银行、西北农民银行的基础上成立了。它标志着新中国金融体系的开始。新中国成立之初，中国人民银行接管和没收了官僚资本银行，将革命根据地和解放区的银行分别改造为中国人民银行的分支机构，并对民族资本银行、私人钱庄进行了社会主义改造。通过这些措施，中国人民银行逐渐成为全国唯一的国家银行，奠定了国有金融机构居于支配地位的新中国金融机构体系的基础。

（二）"大一统"金融机构体系确立阶段（1953—1978 年）

1953 年，我国开始大规模、有计划地进行经济建设，在经济体制与管理方式上实

行高度集中统一的计划经济体制及计划管理方式。与之相应，金融机构体系也实行了高度集中的"大一统"模式，其基本特征为：中国人民银行是全国唯一一家办理各项银行业务的金融机构，集中央银行和商业银行功能于一身，内部实行高度集中管理，资金统一计划调度，利润分配实行统收统支。这种模式对当时的经济发展起到了一定的促进作用，但统得过死，不利于有效地组织资金融通，也不利于调动各级银行的积极性。

（三）改革开放和突破"大一统"金融机构体系的初期（1979—1983年）

1979年开始的经济体制改革客观上要求改变"大一统"的金融体系。1979年，中国银行从中国人民银行中分立出来，作为外汇专业银行，负责管理外汇资金并经营对外金融业务；同年，恢复中国农业银行，负责管理和经营农业资金；1980年，我国试行基建投资"拨改贷"后，中国建设银行从财政部分设出来，最初专门负责管理基本建设资金，1983年开始经营一般银行业务。这些金融机构各有明确的分工，打破了中国人民银行一家包揽的格局。但中国人民银行仍然集货币发行和信贷于一身，不能有效地对专业银行和金融全局进行领导、调控与管理。因此，我国有必要建立真正的中央银行和商业银行相分离的二级银行体制。1983年9月，国务院决定中国人民银行专门行使中央银行职能；1984年1月，单独成立中国工商银行，承担原来由中国人民银行办理的工商信贷和储蓄业务。

（四）多样化的金融机构体系初具规模的阶段（1984—1993年）

1984年中国人民银行独立行使中央银行职能和工、农、中、建四大国有专业银行组成的二级银行体制建立以后，金融机构的多元化改革拉开序幕。1986年以后，增设了交通银行等全国性综合银行，还设立了广东发展银行、深圳发展银行等区域性银行，同时批准成立了中国人民保险公司、中国国际信托投资公司、中国投资银行，以及证券公司、财务公司、金融公司、城市信用合作社、金融租赁公司等多种类金融机构。在对内加大改革力度的同时，金融业进一步实行对外开放，允许国外金融机构在我国设立代表处，允许部分合格的营业性外资金融机构在我国开业，使我国金融机构体系从封闭走向开放。上述改革使我国在20世纪90年代初期形成了以中国人民银行为核心，以工、农、中、建四大专业银行为主体，其他多种类金融机构并存和分工协作的金融机构体系。

（五）建设和完善社会主义市场金融机构体系的时期（1994年至今）

1994年，为适应建立社会主义市场经济新体制的需要，国务院决定进一步改革金融体制，建立在中央银行宏观调控下的政策性金融与商业性金融分离，以国有商业银行为主体，多种金融机构并存的金融机构体系。此次改革的主要措施有：分离政策性金融与商业性金融，成立三大政策性银行；国有四大专业银行向国有商业银行转化。1995年，我国组建了第一家民营商业银行——中国民生银行；同年在清理、整顿和规范已有的城市信用社的基础上，在各大中城市开始组建城市合作银行，1998年起陆续更名为城市商业银行；大力发展证券投资基金等非银行金融机构；为加强对金融机构的监管，1992年成立了中国证券监督管理委员会，1998年成立了中国保险监督管理委员会，2003年成立了中国银行业监督管理委员会，形成了"分业经营、分业监管"的基本框架。为了提高监管效率，国务院决定将中国银行业监督管理委员会和中国保险监督管理委员会的职责整合，组建中国银行保险监督管理委员会，2018 年 4 月 8 日，中国银行保险监督管理委员会正式挂牌，标志着我国的金融机构体系仍处在完善过程之中。

三、中国内地现行的金融机构体系

经过 40 多年的改革开放，中国内地的金融机构体系已由过去长期实行的"大一统"银行体制逐步发展成为多元化的金融机构体系。目前中国内地的金融机构体系由两大部分组成：一是存款性公司，二是其他金融公司。其中以存款性公司为主体。截至 2020 年 6 月底，中国内地的金融机构体系构成如图 11-1 所示。

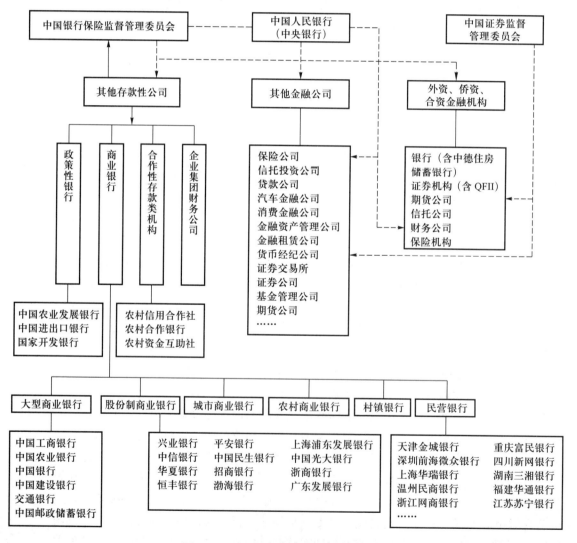

图 11-1　中国内地的金融机构体系构成

注：截至 2020 年 6 月底。

（一）以银行为主体的存款性公司

中国内地的存款性公司分为货币当局（中央银行）和其他存款性公司两部分，后者受中国银行保险监督管理委员会监管，主要包括：① 中国工商银行、中国农业银行、中国银行、中国建设银行、交通银行等大型商业银行；② 中信银行、光大银行、华夏银行、广东发展银行、平安银行、招商银行、上海浦东发展银行、兴业银行、民生银行、恒丰银行、浙商银行、渤海银行等全国性和区域性的股份制商业银行；③ 城市商业银行；④ 农村商业银行、村镇银行和外资商业银行；⑤ 中国农业发展银行、中国进出口银行和国家开发银行；⑥ 中国邮政储蓄银行；⑦ 合作性金融机构；⑧ 财务公司（国内）。

（二）其他金融公司

1. 保险及其服务类机构

我国内地的保险服务类机构主要包括保险集团和控股公司、财产险公司、人身险公司、专业再保险公司、保险资产管理公司、外资保险公司及其代表处、全国性和区域性保险专业代理机构、保险经纪机构、保险公估机构等。

2. 证券投资及其服务类机构

（1）证券、期货、黄金、外汇投资机构，主要包括投资银行或综合类证券公司、基金管理公司及其旗下的证券、期货、黄金、货币、混合类投资基金，经国家外汇管理局批准、可参与证券市场投资的合格境外机构投资者（QFII）与合格境内机构投资者（QDII），以及资产管理公司、投资管理公司、投资顾问公司、退休金管理委员会、年金计划投资委员会、养老金信托公司、教会养老基金、家族基金会、基金顾问公司等众多机构。

（2）信托投资公司，是以受托人的身份，代人理财的非存款类金融机构，业务范围主要限于信托、投资和其他代理业务。

（3）投资服务类机构，是为投融资交易提供场地、设施和辅助性服务的机构，主要包括中国金融期货交易所、上海黄金交易所、上海期货交易所、沪深证券交易所、经纪类证券公司、期货（经纪）公司、货币经纪公司、征信公司、信用评级机构、信用担保机构、证券与基金销售机构和支付结算机构，以及具有证券从业资格的会计师事务所、律师事务所、资产评估机构等。

3. 非保险、投资类的其他金融性公司

（1）金融资产管理公司。我国内地的金融资产管理公司有政策性的和商业性的两类。政策性的金融资产管理公司带有典型政策性金融机构的特征，是专门为接受和处理国有金融机构不良资产而建立的，主要有信达、华融、长城、东方四家。此外还有许多银行、证券和保险公司发起设立的商业性金融资产管理公司，如中国人寿资产管理有限公司等，还有港资、外资金融资产管理公司等。

（2）金融租赁公司，是指经中国银行保险监督管理委员会批准，以经营融资租赁业务为主的其他金融公司。

（3）小额贷款公司，是由自然人、企业法人与其他社会组织投资设立，以服务"三农"为宗旨，不吸收公众存款，只能在本县（市、区）行政区域内从事小额贷款业务和小企业发展、财务、管理等咨询业务的有限责任公司或股份有限公司。

（4）其他类型的金融性公司，主要有汽车金融公司、消费金融公司、货币经纪公司、典当行、网络小贷公司、第三方支付公司、互联网金融机构等。

四、中国香港特别行政区的金融机构体系

1997 年，香港回归祖国后，在"一国两制"的方针和《中华人民共和国香港特别行政区基本法》的指导下，继续维持原有的货币金融体制。香港金融机构体系颇具特色，以国际金融资本为主体，银行、外汇、黄金、证券、保险、期货、共同基金等多种金融机构并存。

香港金融监管机构主要是金融管理局、证券及期货事务监察委员会与保险业监理处，它们分别负责监管银行、证券与期货以及保险与退休计划等行业。

金融管理局是香港政府架构中负责维持货币及银行体系稳定的机构。金融管理局的职能虽与中央银行大致相符，但由于它不发行钞票，不是政府的银行，故而被称为准中央银行。香港政府保险业监理处作为主要的监理机构对保险业实行审慎监管。香港证券及期货事务监察委员会是香港证券、金融投资及商品期货买卖活动的最高管理机构。香港存款保障委员会负责管理存款保险计划。此外，香港政府还充分发挥金融同业公会的作用，在香港的银行、保险、证券等行业中实行以政府部门为主、同业公会自律为辅的金融监管体制。

香港有其独特的货币发行安排。港元是由香港政府通过法律授权某些信誉卓著、实力雄厚的大商业银行发行的。目前发行港元的三家银行是汇丰银行、中国银行（香港）、渣打银行。

香港有各类金融机构。目前香港银行机构实行三级管理制度，其银行分为持牌银行、有限制牌照银行、接受存款公司三类机构，这三类机构均可吸收公众存款，其中持牌银行占有优势地位。

香港的保险机构包括保险公司、保险代理商、作为香港保险顾问联会及香港专业保险经纪协会成员的保险经纪人，经营一般保险和长期保险两类业务。

香港的证券机构主要有香港联合交易所、参与香港联合交易所与期货交易所交易的持牌法团、未参与交易所交易的持牌法团、未参与交易所交易的注册机构、香港认可集体投资（基金）计划。

除了上述金融机构，香港还设有外汇基金投资有限公司、香港按揭证券有限公司、香港中央结算有限公司、香港期货交易所有限公司等多种金融机构。

五、中国澳门特别行政区的金融机构体系

澳门金融业主要由银行和保险机构构成。20 世纪 80 年代以后，以银行为主体的澳门金融业已成为澳门经济的四大支柱产业之一。澳门回归祖国之后，在"一国两制"方针指导下，仍维持原有的金融体制和金融机构体系。

澳门不设中央银行，其主管金融事务的机构是经济财政司下辖的澳门金融管理局，主要职责是：协助行政长官制定与实施货币、金融、外汇、保险等政策，规划和监督本地区的货币、金融、外汇、保险等市场活动，确保本地区货币的内部均衡和对外的可兑换性，执行管理中央储备库以及外汇、其他对外支付工具的职能，维持本地区金融体系的稳定。

澳门货币为澳门元，其代理发钞机构是大西洋银行和中国银行澳门分行。目前澳门元与港元实行联系汇率制度。

澳门的银行机构包括在澳门注册成立的银行（含1家邮政储金局）、外地注册银行的分行、可从事有限银行业务活动的金融公司、从事发行及管理电子货币储值卡业务的其他信用机构。除了2家离岸银行，澳门的其他银行都是零售银行，持有全能牌照。澳门的邮政储金局是邮电司下属的一个信用机构，主要吸收邮政储蓄，大部分资金用于公务员的福利贷款，小部分运用于房屋优惠基金，帮助市民购买经济房屋。

澳门银行业的同业组织是澳门银行公会，它是自律性的民间组织，旨在加强银行之间的联系、协调与自律。澳门银行公会也制定利率协议，与香港不同的是，该利率协议不具有法律效力，各银行可以自行做出调整，但一般不会偏离协议利率。

澳门的保险机构有人寿保险公司、非人寿保险公司、获许可的保险中介人。

澳门还有一些在金融管理局监管下的其他类型金融机构，包括兑换店、兑换柜台、现金速递公司、金融中介业务公司、其他金融机构的代表办事处（信用卡公司）、开放式退休基金、获准在澳门宣传及销售的外地投资基金。

六、中国台湾地区的金融机构体系

台湾地区的金融体系包括正式的金融体系与民间借贷两部分。正式的金融体系分为金融中介机构与金融市场机构，其中金融中介机构依据能否创造货币这个准则又可分为货币机构和其他金融机构。

台湾地区的货币金融体系由"金融监督管理委员会"及"中央银行"共同管理。为控制和稳定金融体系，台湾地区设有"中央存款保险公司"和金融控股公司。

台湾地区的货币机构包括"中央银行"与存款货币机构，其中存款货币机构包括台湾地区的一般银行、中小企业银行、外国银行在台分行、信用合作社、农会信用部及渔会信用部等。一般商业银行是台湾地区主要的存款机构，包括商业银行、储蓄银行、开发银行、农业银行、不动产信用银行、输出入银行。中小企业银行主要为中小企业提供金融服务。信用合作社、农会信用部、渔会信用部等基层合作金融机构的职能主要是调剂会员资金，促进农、渔业发展。

台湾地区的金融市场机构包括证券投资基金、办理有价证券融资融券的证券商、证券经纪商、证券自营商、证券承销商、证券投资信托公司、证券投资顾问公司、证券金融公司、证券金融相关单位、票据交换所、期货商等期货业机构。

此外，台湾地区还有信用卡公司、产物保险公司、再保险公司、保险合作社、人寿保险机构、邮政公司储汇处、票券金融公司、"中央存款保险公司"等周边金融机构。

第三节　国际金融机构体系的构成

国际金融机构主要指各国政府或联合国建立的国际金融机构组织，分为全球性国际金融机构和区域性国际金融机构。

一、全球性国际金融机构

目前，全球性的国际金融机构主要有国际货币基金组织、世界银行集团、国际清算银行等。

（一）国际货币基金组织

微视频 11-2
IMF 批准人民币加入 SDR 货币篮子

国际货币基金组织（IMF）是为协调国际货币政策和金融关系，加强货币合作而建立的国际性金融机构，是联合国的一个专门机构，于 1945 年 12 月成立，总部设在华盛顿。我国曾是该组织的创始国之一，新中国成立以后，中国一直被排斥在外，1980 年才正式恢复席位。国际货币基金组织的宗旨是通过会员国共同研讨和协商国际货币问题，促进国际货币合作；促进国际贸易的扩大和平衡发展，开发会员国的生产资源；促进汇率稳定和会员国有条件的汇率安排，避免竞争性的货币贬值；协助会员国建立多边支付制度，消除妨碍世界贸易增长的外汇管制，协助会员国克服国际收支困难。

国际货币基金组织的最高权力机构是理事会，由成员国选派理事和副理事各一人组成。其资金主要来自会员国认缴的份额。份额多少决定一国的地位和投票权，认缴的份额占总份额的比例越大，投票权就越多，进而一国在重大国际金融事务中就具有重要的影响作用。国际货币基金组织的贷款对象只限于成员国财政金融当局，而不与任何私营企业进行业务往来。贷款用途只限于弥补成员国国际收支逆差或用于经常项目的国际支付。

（二）世界银行集团

世界银行集团由世界银行、国际金融公司、国际开发协会、国际投资争端处理中心、多边投资担保机构五个机构构成。

世界银行又称国际复兴开发银行（IBRD），是 1945 年与国际货币基金组织同时成立的联合国专属金融机构，于 1946 年 6 月正式营业，总部设在华盛顿。世界银行的资金来源中最主要的是认缴份额。除信贷外，世界银行还采用在国际资本市场发行中长期债券和将贷出款项的债权转让给商业银行等方式进行业务活动。同时，世界银行还从事向会员国提供技术援助、担任国际银团贷款的组织工作、协调与其他金融机构的关系等活动。

国际金融公司（IFC）是专门向经济不发达会员国的私有企业提供贷款和投资的国际性金融组织，于 1956 年建立，总部设在华盛顿。国际金融公司是世界上为发展中国家提供贷款最多的多边金融机构。资金来源主要是会员国认缴的股本、借入资本和营业收入，资金运用主要是提供长期的商业融资。其业务宗旨是促进发展中国家私营部门投资，从而减少贫困，改善人民生活。

国际开发协会（IDA）是专门向较贫穷的发展中国家发放条件较宽的长期贷款的国际金融机构，于 1960 年建立，总部设在华盛顿。其宗旨主要是向最贫穷的成员国提供无息贷款，促进它们的经济发展。这种贷款具有援助性质。

（三）国际清算银行

国际清算银行（BIS）是西方主要发达国家中央银行和若干大商业银行合办的国际金融机构，成立于 1930 年 5 月 17 日，总部设在瑞士巴塞尔。初建的目的是处理第一次世界大战后德国赔款的支付和解决协约国之间的债务清算问题。国际货币基金组织成立后，国际清算银行主要办理国际清算，接受各国中央银行存款并代理买卖黄金、外汇和有价证券，办理国库券和其他债券的贴现、再贴现等，此外还负责协调各成员国中央银行的关系，故有"央行的央行"之称。该银行不办理个人和企业的存贷款业务。国际清算银行领导下的常设监督机构为巴塞尔银行监管委员会（简称巴塞尔委员会），其致力于跨国银行的监管工作。该委员会签署的《巴塞尔协议》和《〈巴塞尔资本充足协议〉的补充协议》成为国际统一的银行监督管理协议。

二、区域性国际金融机构

区域性国际金融机构是由区域内国家（地区）或区域内外国家（地区）共同出资设立并主要为本区域经济和社会发展提供金融服务的金融机构，分为三种：一种是完全由地理区域内国家和地区组成，是真正的区域性国际金融机构，如欧洲投资银行、西非发展银行、阿拉伯发展基金等；第二种是成员主要在地理区域内，但也有区域外的国家参与，如欧洲复兴开发银行、泛美开发银行、非洲开发银行、亚洲开发银行、亚洲基础设施投资银行等；第三种是概念型的区域性国际金融机构，如阿拉伯货币基金组织、伊斯兰发展银行、金砖国家新开发银行等。

本章小结

1. 金融机构是专业化的融资中介组织，集中借款人和贷款人，以发行融资证券的方式汇集各种期限和数量的资金，并对资金进行集中运作，投向需要资金的社会各部门，使融资双方的融资交易活动得以顺利进行，促进资金从盈余者向短缺者流动。

2. 金融机构的基本功能是：便利支付结算，促进资金融通，降低交易成本，改善信息不对称，转移与管理风险，创造信用与存款货币。

3. 金融机构体系可以分为国家金融机构体系和国际金融机构体系。国家金融机构体系主要包括存款性公司和其他金融性公司两类。国际金融机构可分为全球性金融机构和区域性金融机构两类。

4. 不同国家、同一国家不同时期金融机构的经营体制有异而且不断演变。

5. 中国金融机构体系的构成比较复杂，内地与香港、澳门和台湾地区分别有不同的金融机构体系。

6. 中国现行的金融机构体系由中国人民银行、中国银行保险监督管理委员会、中国证券监督管理委员会作为最高金融管理机构，对各类金融机构实行分业经营与分业监管。

复习思考题

1. 为什么现代经济社会中需要存在金融机构？

2. 请列举金融机构的几个基本功能。

3. 试比较金融机构与一般企业在经营上的异同点。

4. 各国金融机构体系一般由哪几类构成？试说出中国金融机构体系的概况。

5. 目前世界上有哪些国际性金融机构？中国主导设立的新的国际金融机构有哪些？

6. 如果有人问你中国现行金融机构体系概况，你如何向别人介绍？

7. 简述中国香港、澳门和台湾金融机构体系的构成。

即测即评

网上更多……　　🔧教学案例　　📑名词术语　　💬学生讨论

第12章
存款性公司

 本章导读 »

> 当你拥有一个个人账户或者一张银行卡时，你是否意识到已经开始与存款性公司打交道了？那么，你了解存款性公司是怎样运作的吗？为什么此类机构可以为我们保存存款还要付息，同时还愿意提供贷款？究竟这类机构与一般企业有何不同？其业务运作特点与经营管理到底是怎样的？本章所要学习的内容将帮助你认知和理解存款性公司基础知识和一般原理。

第一节 存款性公司的种类与运作原理

存款性公司是接受个人和机构存款并发放贷款的金融机构。其共同的特征是以吸收存款为主要负债，以发放贷款为主要资产，以办理转账结算为主要中间业务，直接参与存款货币的创造过程。因为商业银行是最早产生的最具存款性公司特点的机构，所以也将此类机构称为银行类金融机构。

一、存款性公司的种类

（一）按照业务活动的目标可分为管理性、商业性和政策性三类

管理性存款性公司是指中央银行。中央银行通过对金融机构的存贷业务实施对经济、金融运行的调控与管理，其业务活动的目标不是盈利而是宏观调控和金融稳定。商业性存款性公司主要指商业银行、储贷协会、信用社、财务公司等。该类机构主要通过对个人和企业的存贷业务实现盈利，其业务活动的目标是企业价值的实现。政策性存款性公司主要指政策银行。政策银行有自己专门的业务范围，与政府政策意图密切相关，虽也办理存贷业务，但更多的是为了落实政策而非谋求盈利。

（二）按照投资者的国别或业务的地理范围可分为国际性、全国性和地方性三类

国际性存款性公司主要是指跨国银行。此外，国际货币基金组织、世界银行以及区域性的开发银行也可归为此类。全国性存款性公司指其主要投资者和业务范围属于

本国的存款性公司。这类机构一般在一国银行体系中是中坚力量，其网点遍布，分支广泛，在一国银行业具有一定的市场垄断性。地方性存款性公司主要指社区银行、城市和农村信用社、小额储贷机构。它们一般服务于地方经济，有专门的社区和客户，规模较小。

二、存款性公司的运作原理

（一）存款性公司的基本业务与特点

虽然不同的存款性公司在业务对象、业务市场等方面存在差异，但它们在业务上仍具有一些共性。概括存款性公司的业务运作特点，主要体现为以下几方面。

原理 12-1

存款性公司通过吸收存款和借入资金形成资金来源，再通过各类贷款与证券投资将资金运用出去，成为资金供求者之间的信用中介。

1. 信用性

存款性公司业务开展以还本付息为条件，获得存款者的信任与挑选资信良好的贷款者是其正常运营的基础。信用性的特点决定了存款性公司的大量业务都具有一定的期限，这也导致了此类机构特别讲求信用与期限的匹配，在其业务的定价中对信用与期限的匹配十分关注。

2. 风险性

风险性体现在存款性公司高杠杆经营方式和风险类型的多样化。其高杠杆经营表现为自有资本比例很低，资金主要通过负债获得，负债往往又多是短期的、被动的、波动性大。这样条件下的资产运营具有较大的风险压力。同时，基于业务开展的信用性和高杠杆经营，其所面临的风险也呈现复杂性，包括信用风险、流动性风险、市场风险等多种类型。

3. 服务性

提供金融服务便利是存款性公司的业务宗旨，不仅体现在资产负债业务中的金融中介服务，还体现在大量表外业务中的各种服务便利。存款性公司只有提供更多便利，满足更多元的金融服务需求，才可能有更大的生存与发展空间。

（二）存款性公司的职能与作用

（1）充当信用中介，实现对全社会的资源配置。信用中介是存款性公司最基本、最能反映其经营活动特征的职能，是指存款性公司通过负债业务把社会上的各种闲散货币资金集中起来，再通过资产业务投向需要资金的各部门，充当资金盈余者和资金短缺者之间的中介人，实现资金融通。通过信用中介职能，存款性公司将社会闲置资金积少成多、续短成长，并使其充分发挥作用，实现全社会储蓄对投资的转化，而这种转化决定着资源配置和经济效率。

（2）充当支付中介，对经济稳定和增长发挥重要作用。存款性公司通过存款在其账户上的转移、代理支付和兑现等，成为经济运行过程中支付链条的中心。通过支付中介职能的发挥，减少了现金的使用，节约了社会流通费用，尤其是电子支付系统和银行卡的使用，加速了结算和货币资金周转的效率，有效降低了经济中的交易成本，对经济稳定和增长具有重要的意义。

（3）承担信用创造，在宏观经济调控中扮演重要角色。存款性公司在信用中介职能和支付中介职能的基础上，又形成了信用创造职能。从中央银行的货币发行，到商业银行等机构通过借贷活动创造存款货币，存款性公司承担着货币供给的重要任务。基于此，通过对此类金融机构业务活动的影响，也能够实现经济运行对货币供给的增减需要，从而使得此类机构成为宏观经济调控中不可或缺的环节。

（4）转移与管理风险，实现金融、经济的安全运行。存款性公司基于其数据积累、信息优势及专业素养，可以通过各种组合或业务创新，运用专业技术与管理方法进行分散、转移、控制与降低风险。随着金融、经济发展的日益深化，各种风险的成因更为复杂化，相互间的传染性也日益加强，存款性公司对转移与管理风险的重视度与能力也不断提高，这无疑有利于金融、经济的安全运行。

（5）提供各种服务便利，满足经济发展的各种金融服务需求。商业性和政策性存款性公司的不同业务既符合市场选择，满足了市场需求，又能够符合公共需要，实现对国家政策的支持。不同类型机构的业务开展满足了经济发展的不同金融服务需要，在促进经济均衡、协调发展方面起到了积极的作用。

当然，存款性公司的业务运作可能存在的负面作用亦不可忽视。首先，其发挥信用中介的积极作用是建立在市场化条件的基础上，倘若其对资金运用缺乏有效的市场选择，不仅自身出现不良资产，而且导致社会资源配置失当。其次，因其自有资本低，负债经营，业务的开展遵循信用原则，在实现转移与管理风险的同时其自身也存在较大的风险。风险一旦成为现实往往会对金融体系和经济社会造成极大的损害。

（三）存款性公司业务运作的内在要求

存款性公司能够开展业务并发挥作用基于三个必要的前提。

1. 具有公信力

只有公众对存款性公司有信心，存款性公司才能获得资金来源，否则业务的开展无从谈起。但实际上这种信任相对脆弱，因为公众为了存款的安全会通过观察机构的经营行为和可知信息，不断对信任度进行修正。其他存款者的挤提、相关指标的变动等都会影响公众的判断。一旦此种信任丧失，公众就会倾向提取存款，而这种行为成为主流时，存款性公司将会陷入危机。

2. 具有流动性

存款性公司需要保持随时能以适当价格取得可用资金的能力，以便随时应付客户提存以及支付的需要。存款性公司的流动性要求既是其业务运作的基本保证，也是其存在的重要意义。一方面存款性公司通过变现资产或增加资本或负债获得流动性；另一方面通过合理安排资产负债的期限结构，尽量避免借短贷长，以降低流动性风险。

3. 具有信息收集、辨识、筛选的能力

存款性公司通过收集、筛选潜在借款人的信息来确定他们偿还贷款的能力。但相对于机构，借款人更清楚他们的现状与前景，这就使得机构与借款人之间存在信息不对称。信息不对称导致两个问题：一是逆向选择，指一些信用水平低于平均风险水平的借款人，相对于其他人而言更能成为签订合同的一方。这意味着差的借款人比好的借款人更可能获得贷款，尤其在高利率的条件下。逆向选择的产生是因为差的借款人比好的借款人更有可能申请贷款。二是道德风险，是指合同签订后，合同的存在改变了一方的行为，从而损害了另一方的利益。借款人得到贷款以后改变约定，尝试高风险的投资或无效益的投资，贷款也可能成为损失。因此，对于存款性公司，避免由信息不对称产生的问题需要尽可能地收集信息，辨识信息，筛选信息，不断提升信息数据的质量与管理能力。

（四）利率变化与存款性公司业务运作

存款性公司的业务特点决定了其与利率变化的密切关系。首先，合理的利率水平是存款性公司有效定价的保证。无论是吸收存款还是发放贷款，利率的变化都会直接影响存款性公司业务运作的成本与收入，从而决定其收益水平。其次，利率变化对存款性公司提出了提升市场风险管理能力的要求。利率变化导致的金融资产与负债价格的变化使得存款性公司在自身流动性管理和满足外部监管要求上充满挑战。此外，业务多元化与混业经营的条件下，存款性公司既承担中介角色也有自营业务，利率变化不仅仅影响其中介作用的发挥，也会直接影响其所持金融资产的价值，这就使得存款性公司在投资组合与风险管理上更加紧密关注利率的变化。最后，利率变化的宏观调控效果需要存款性公司的及时反应与有效传导。在货币政策的宏观调控中基准利率的调整直接影响的是存款性公司超额准备金的变化，从而对其相应的业务调整与价格变化产生影响，存款性公司必须对此类信号有效关注和及时反应才能在宏观条件变化中发挥自身所承担的政策传导作用，实现对信用经济的量价影响。

第二节　商业银行

商业银行是存款性公司中最具代表性的机构。传统意义上的商业银行专门指以吸收存款为主要负债，以发放贷款为主要资产，以支付结算为主要中间业务，并直接参与存款货币创造的金融机构。随着经济社会的发展和金融业的创新，现代商业银行已成为全面经营货币信用商品和提供金融服务的特殊企业。

一、商业银行的演进

早期银行业的产生与国际贸易的发展有密切的联系。由于不同国家、地区所使用的货币在名称、成色上存在很大的差异，十分不利于交易，必然会出现专门进行货币鉴定和兑换的需求，货币兑换业由此而生。随着异地交易和国际贸易的进一步发展，来自各地的商人为避免长途携带而产生的麻烦和可能的风险，开始将自己的货币存在货币兑换商那里，后来又发展为委托货币兑换商办理支付和汇兑。货币兑换商从事货币的兑换、保管、收付、结算、汇兑等业务时就已呈现银行萌芽的最初形态，成为早期的货币经营业。在利益驱动下，货币经营商从过去被动地为客户保管货币转变为主动吸收客户存款，并以支付存款利息吸引客户存款，当货币经营者经营存贷业务时，也意味着货币经营业转化成为银行业。商业银行的产生大体可概括为：货币兑换业—货币保管业—货币经营业—商业银行业。

现代商业银行的形成与社会化的大生产和工业革命的兴起紧密相关。社会化大生产方式和资本主义制度的形成产生了对货币资本的大量需求，从而也产生对现代商业银行经营模式的要求，即合理的贷款利率和主要对工商企业提供流动性贷款。其形成的途径大体有两条：一是从旧式的高利贷银行和机构转变而来，二是直接组建股份制的商业银行。

中国的银行业产生较晚。关于银钱业记载较早的是南北朝时期的典当业。到了唐代出现类似汇票的"飞钱"，是我国最早的汇兑业务。到了明清以后，当铺是主要的信用机构。明末，一些较大的经营银钱兑换业的钱铺发展为银庄。银庄除兑换银钱外还办理存款、汇兑，从事贷放，已有些银行的特征，但最终限于当时的社会条件而逐渐衰落。清末也曾出现过票号这一信用机构，但都没能够实现真正的现代银行的转型。1845年英国在中国开设的丽如银行是中国的第一家现代商业银行，1897年中国民族资本自办的中国通商银行的成立标志着中国现代银行业的开始。

二、商业银行的组织制度

商业银行的组织制度可分为总分行制、单一银行制、控股公司制、连锁银行制等。
（一）总分行制
总分行制是银行在大城市设立总行，在本市及国内外各地普遍设立分支行并形成庞大银行网络的制度。采取总分行制的优点是：经营规模大，分工细，资金调度灵活，能够分散风险，具有较强的竞争力。缺点是经营管理的层面多，链条长，可能会造成管理重复或断层，易形成大企业病，导致管理效率低下。
（二）单一银行制
单一银行制也叫单元制，是不设任何分支机构的银行制度。推行单一银行制的理由是地方性强，经营自主灵活，便于鼓励竞争，限制银行垄断。但由于只是单体银行，就整体实力在经济发展和同业竞争中常会处于不利的地位。为防止垄断，美国法律曾规定银行只允许采用单一制模式，但随着经济的发展和金融控股公司制的创新，从20世纪70年代以来禁止开设分支机构的限制逐渐有所放松。从总体讲，美国的单一银行制正在逐步解体，大多数州在规定一些限制条款后，允许银行设立分支机构。
（三）控股公司制
控股公司制是指由一家控股公司持有一家或多家银行的股份，或者是控股公司下设多个子公司的组织形式。控股公司控制下的各银行具有互补性，使整体经营实力增强。控股公司制是美国银行业规避管制的一种创新，通过控股公司这种安排可以解决银行业务发展中的两个问题:一是规避跨州设立分支机构的法律限制,二是通过设立子公司来实现业务多元化。控股公司成为 1999 年《现代金融服务法案》颁布以前绕过《格拉斯 – 斯蒂格尔法》(该法限制混业经营)的重要银行组织形式,有利于实现银行的综合经营。

(四)连锁银行制

连锁银行制是指由某一个人或某一个集团购买若干家独立银行的多数股票,从而控制这些银行的组织形式。连锁银行制与控股公司制一样,都是为弥补单一银行制的不足,规避对设立分支行的限制而实行的。与控股公司制的不同是,没有股权公司的形式存在,即不必成立控股公司。同时,连锁银行制下的大银行对其他银行的控制不如控股公司制下的大银行控制力强,因为单个银行的资金实力一般要小于一个股份公司的资金实力。

各国采取何种银行组织形式主要取决于经济社会环境、法律规定和银行自身发展的要求。对银行组织形式的选择既有自然演进的诱致性原因也有人为主导的强制性原因,无论如何最终都要归结为该种模式是否能给银行带来真正的效益和持续发展的空间。

三、商业银行的经营体制

依据商业银行的业务运营范围,商业银行可分为职能分工型商业银行和全能型商业银行。职能分工型又称分业经营模式,是指在金融机构体系中,各个金融机构从事的业务具有明确的分工,各自经营专门的金融业务。在这种模式下,商业银行主要经营银行业务,特别是短期工商信贷业务。与其他金融机构相比,只有商业银行能够吸收使用支票的活期存款。全能型模式又称混业经营模式,在这种模式下的商业银行可以经营一切银行业务,包括各种期限的存贷款业务,还能经营证券业务、保险业务、信托业务等。

职能分工型商业银行专营银行业务(存贷为主),有利于资金安全,减少混业带来的连带影响,但业务面窄,不利于竞争;而全能型商业银行业务领域广阔,通过为客户提供全面多样化的业务,可以对客户进行深入了解,减少贷款风险,同时银行通过各项业务的盈亏调剂,有利于分散风险,保证经营稳定,但各业务间的风险传染性也较大。可见两种类型各有利弊。随着金融业竞争日趋激烈,商业银行在狭窄的业务范围内利润率不断降低,越来越难以抗衡其他金融机构,为此其经营不断趋向全能化和综合化。同时,许多国家金融管理当局也逐步放宽了对商业银行业务分工的限制,在一定程度上促进了这种全能化和综合化的趋势。

四、商业银行的业务经营

商业银行的业务按是否进入资产负债表可分为表内业务和表外业务。表内业务包括负债业务和资产业务,表外业务包括服务性的中间业务和创新性的表外业务。商业银行的业务反映出其全部的经营活动，体现出商业银行的职能作用和组织管理能力。

（一）商业银行的表内业务

从原理 12-2 和表 12-1 的简化的商业银行资产负债表可以清晰地了解商业银行表内业务的主要种类和相互关系。

原理 12-2

依据会计规则，商业银行的资产＝商业银行负债＋银行资本。

表 12-1　简化的商业银行资产负债表

资　产	负债和资本
现金资产	存款
信贷资产	借款
证券投资	其他负债
其他资产	银行资本

1. 资产业务

资产业务是商业银行的资金运用项目，包括现金资产、信贷资产、证券投资等业务。其中，现金资产主要包括库存现金、存放中央银行和同业的存款等，是商业银行保持流动性的最重要的资产。信贷资产主要包括票据贴现和贷款。贷款业务是商业银行资产业务中最重要的业务，按照期限长短可以分为长期贷款（3 年以上）、中期贷款（1~3 年）和短期贷款（1 年以内），按照贷款对象可分为工商贷款、农业贷款、消费贷款等，按照贷款担保形式可分为贴现贷款、抵押贷款、担保贷款、信用贷款等。证券投资是商业银行买卖有价证券的业务。商业银行进行投资业务的目的有：一是增加收益来源；二是实现资产多样化，保持流动性。商业银行投资的证券主要包括政府债券和公司债券。其选择的标准是风险较低，信用较高，流动性较强。一般银行较少涉足企业股票，考虑到商业银行的安全性和流动性，有些国家更是以法律加以限制。

2. 负债业务

负债业务是指形成商业银行资金来源的业务。商业银行的负债业务主要有三种形式：一是存款业务，指商业银行通过吸收存款来筹集资金。存款是商业银行最主要的负债业务，一般分为活期存款、定期存款和储蓄存款三类。二是主动负债业务，是商业银行通过发行各种金融工具主动筹集资金的业务。比如，发行金融债券、大额可转让定期存单等进行筹资。这类工具期限较长，有利于商业银行资金来源的稳定，同时又能够在市场上流通转让，既能满足投资者对流动性的要求，又有较好的利息收入，很受市场欢迎。但对于银行而言也增加了利息支付的负担，因此此类负债的规模与期限需要有效管理。三是其他负债，包括借入款和临时占用两类。借入款主要是商业银行向中央银行、同业银行或其他金融机构的借款，以弥补暂时性的资金不足；临时占用是商业银行在为客户提供服务的过程中临时占用的那部分客户资金。

3. 银行资本

银行资本是指自身拥有的或能永久支配使用的资金。银行资本数量的多少能够反映银行自身经营实力以及御险能力的大小。银行资本由核心资本和附属资本构成。银行资本有两项基本功能：一是商业银行开展各项业务的基础，二是发生意外损失时起一定的缓冲、保障作用。各国的金融监管对银行资本有严格的监管。一方面规定商业银行开业时的注册资本金必须达到一定的数额，如《中华人民共和国商业银行法》规定，设立商业银行的注册资本最低限额为 10 亿元人民币。另一方面在银行经营过程中，规定银行资本与风险资产必须保持一定的比率，如《巴塞尔协议》规定为 8%。本书在第 19 章还有专门讨论。

（二）商业银行的表外业务

表外业务是指不直接进入资产负债表内的业务，主要有以下两类。

1. 中间业务

中间业务早期主要集中于货币的鉴定、兑换、保管、汇兑等种类，现代发展为各种代理业务、信托业务、信用卡业务、理财业务、信息咨询业务等。中间业务的基本特点是银行不需要动用资金，与客户之间不发生借贷关系，而是利用自身的技术、信誉和业务优势为客户提供金融服务，并从中获利。故这类业务的风险小，收益稳定，还有利于巩固客户关系。

2. 创新的表外业务

创新的表外业务是指不直接列入资产负债表内，但同表内的资产业务或负债业务关系密切的业务，又可称为或有资产业务、或有负债业务，如贷款承诺、担保、互换、期货、期权、远期合约等。值得注意的是，表外业务的创新一方面使金融业的活力和运转效率得到空前提高，成为新的金融效益增长点，并使银行的经营管理技术迈向了新的高度。另一方面如果片面追求盈利而进行投机性操作，有可能造成巨额损失，进而导致银行破产和倒闭，甚至导致局部性或全球性的金融危机的爆发。因此，商业银行应科学、慎重地进行表外业务的创新。

（三）商业银行业务发展趋势

1. 在以客户为中心理念下发展业务

通过强调以客户为中心的理念，在业务发展中努力以客户所需作为设计产品的基础，金融服务更趋人性化，重视开发针对不同客户的特色产品，也使银行提供的此类产品具有高附加值的倾向。

2. 强调业务创新和多元化

商业银行的业务创新大体分为三类：一是为规避金融管制，巩固并开发资金来源，实现最优的资金运用的业务创新，如大额可转让定期存单、货币市场共同基金、可转让支付命令等；二是为实现银行有效的风险管理获得收益与风险的匹配的业务创新，如资产证券化、金融期货与期权、利率互换等；三是为实现可持续收入和多选择的利润来源渠道而展开的业务范围和品种的创新，如理财业务、私人银行业务等。

3. 通过科技赋能促进业务经营

在科学技术迅猛发展的背景下，商业银行都在主动推进金融科技的应用，充分利用新技术革命的成果实现业务的升级换代与绩效提升。金融科技的应用是全方位的，包括支付、渠道、零售业务、公司业务、风控与安全等业务的创新。商业银行前台交易系统和后台清算支付系统的电子化程度的日益提高，对银行提高运作速度、管理效率及成本控制具有较强的影响力。云计算、大数据、人工智能和区块链等新兴技术与金融业务不断融合，科技对于金融的作用被不断强化，商业银行对金融科技的投入力度持续加大，数据价值持续不断地体现并释放出来，金融业务环节的应用场景变得更加丰富。手机银行、网上银行等线上业务量迅速攀升，开放银行、无人银行、数字化管理等在科技的赋能下逐步由概念变为现实。

（四）商业银行业务经营原则

作为特殊的金融企业，商业银行在业务经营中遵循的基本原则是安全性、流动性和盈利性，简称"三性"原则。

原理 12-3

　　商业银行的业务经营遵循安全性、流动性和盈利性兼顾的原则。

其中，安全性原则是指商业银行在经营中要避免经营风险，保证资金的安全。流动性原则指商业银行能够随时满足客户提取存款、转账支付及满足客户贷款需求的能力。盈利性原则是指追求盈利最大化，是商业银行的经营目的。

商业银行经营的"三性"原则既是相互统一的，又有一定的矛盾。其中，流动性与安全性是相辅相成的，流动性强则安全性高。但盈利性与流动性、安全性存在冲突，一般而言，流动性强、安全性高的资产盈利性低，而高盈利性往往伴随高风险性。由于"三性"原则之间的矛盾，商业银行在经营中必须统筹考虑三者的关系，综合权衡利弊，不能偏废其一。一般应在保持安全性、流动性的前提下，实现盈利的最大化。

五、商业银行经营管理的发展与创新

从最初的资产管理、负债管理到资产负债综合管理以及目前的一些新发展，商业银行管理理论的变迁与商业银行的发展和社会经济金融发展是密不可分的。

（一）资产管理理论

资产管理的思想可追溯到 18 世纪英国的商业银行管理，该理论注重资产运用的管理，重点是关注流动性的管理。**资产管理理论**主要经历了三个不同的发展阶段：一是真实票据理论，即主张商业银行以真实票据为根据，主要应发放短期和商业性贷款以保持资产的流动性；二是可转换理论，即在金融市场发展的条件下，商业银行的资产运用范围可以扩大到投资于具有一定可转换性的资产，如兼备流动性和盈利性的有价证券，以增强银行调节流动性的能力；三是预期收入理论，强调借款人的预期收入是银行选择资产投向的主要标准之一，即商业银行不仅能对短期商业性需要发放贷款，投资于有价证券，而且只要借款人具有可靠的预期收入用于归还贷款，银行就可以对其发放贷款。

（二）负债管理理论

负债管理理论认为，银行可以通过调整负债项目实现"三性"原则的最佳组合。该理论提出的背景是 20 世纪 60 年代开始西方各国实施严格的利率管制，大量资金脱离银行进入金融市场，迫使商业银行通过负债业务创新，主动吸引客户资金，扩大资金来源，并根据资产业务的需要调整或组织负债，通过金融市场增强主动性负债的比重，让负债去适应和支持资产业务。负债管理的实施扩大了银行的资金来源，进一步拓宽了银行的业务规模和范围，也给负债运营的成本与风险控制带来一定的压力。

（三）资产负债综合管理理论

该理论形成于 20 世纪 70 年代末期，强调对资产和负债进行综合管理，通过统筹安排实现"三性"的统一。**资产负债综合管理**的重点是以总量平衡、结构对称和分散化为原则，对资产负债业务进行动态的统一管理，主动利用对利率变化敏感的业务，采用缺口管理、利差管理等方法协调和控制业务配置状态，获得正的利差和资本净值。

（四）商业银行经营管理理论的新发展

随着商业银行表外业务比重不断提高，同时商业银行提供各种金融服务的要求也不断加强，商业银行的服务性特点越加鲜明。因此，商业银行的经营管理理论也开始关注表外业务、顾客满意度、全面风险和企业价值，提出了很多新的理论，主要有：

（1）资产负债外管理。资产负债外管理提倡从银行资产负债表外的业务中去寻找新的经营领域，开辟新的盈利源泉。

（2）全方位满意管理。全方位满意管理理论是在全面质量管理的基础上发展起来的。它强调企业全体与顾客满意的管理概念。顾客的满意度是这一理论的关注点和立足点。

（3）全面风险管理。从过去仅关注表内业务的风险扩大到所有业务与组织管理中各类风险，既考量单一风险的特点及针对性的管理方面，又将各类风险视为整体，关注其关联性与传染性，进行系统性风险管理。

（4）价值管理。强调不过分追求企业的短期收益最大化，将长期的股东价值最大化作为管理目标，在业务安排上兼顾成本、风险与收益。

第三节　其他存款类金融机构

除了中央银行、商业银行两类代表性机构以外的存款性公司统称为其他存款类金融机构。这里主要介绍政策性银行、信用合作社两类机构。

一、政策性银行

政策性银行是指由政府发起或出资建立的按照国家宏观政策要求在限定的业务领域从事银行业务的政策性金融机构，其业务经营目标是配合并服务于政府的产业政策和经济社会发展规划，推动经济的可持续与协调发展，促进社会和谐。

（一）政策性银行的特点与作用

1. 政策性银行的特点

一是不以盈利为经营目标。政策性银行的设立是为了弥补商业性融资机制的不足，为了实现社会整体效益。虽不追求利益最大化，但也奉行有偿借贷的原则，保本经营。二是具有特定的业务领域和对象。政策性银行只对那些社会经济协调发展急需支持，而又不能通过商业银行获得融资的行业或项目提供支持。如农业、中小企业、进出口贸易、经济开发等领域。即使是进出口业，也不是包括所有的项目，而是只同特定产业的产品或技术的进出口相关。三是资金运作的特殊性。其资金来源主要是国家预算拨款、发行债券集资或中央银行再贷款；资金运用以发放长期贷款为主，贷款利率和担保等贷款条件较同期商业银行更为优惠。资金运作受制于特定的法律法规，可以不受针对商业银行的监管约束。

2. 政策性银行的作用

表现为：一是补充和完善市场融资机制。政策性银行的融资对象，一般限制在那些社会需要发展而商业性金融机构又不愿意提供融资的行业或项目，因此可以补充商业性融资的缺陷，完善金融体系的功能。二是诱导和牵制商业性资金的流向。政策性银行通过自身的先行投融资行为，给商业性金融机构指示了国家经济政策的导向和支持重心，从而消除商业性金融机构的疑虑，带动商业性资金参与；通过提供低息或贴息贷款可以部分弥补项目投资利润低而无保证的不足，吸引商业性资金参与；通过对基础性或新兴行业的投入，打开经济发展的瓶颈或开辟新的市场，促使商业性资金后续跟进。

（二）政策性银行的主要类型

1. 按业务范围划分为全国性和地方性政策性银行

从各国政策性银行业务经营的范围看，全国性政策性银行所占比例较大，如中国、美国、日本、德国、法国等国家的政策性银行大多数是全国性的。地方性的政策性银行一般设在比较偏远的地区，如日本北海道东北开发金融公库、冲绳振兴开发金融公库等。

2. 按机构设置划分为单一型和塔形分支机构型政策性银行

多数国家的政策性银行属于单一型，只有以专门服务的某个领域或行业命名的一家政策性银行，无分支机构，如进出口银行、农业银行等；塔形分支机构型政策性银行则是由一个总行机构领导，下设不同层次的分支机构或基层机构，整个组织系统结构呈塔状，常见于农业信贷银行，其中的基层机构一般是民间或合作性质的，而总行机构一般由政府所有或控制。

3. 按业务领域可划分为农业、进出口、住房、经济开发等多种

其中以农业、进出口、住房和中小企业信贷银行比较普遍。

（三）中国的政策性银行

改革开放以后，政策性金融业务分别由当时的四家国有专业银行（中国工商银行、中国建设银行、中国农业银行、中国银行）承担。随着市场化程度的提高，商业性业

务与政策性业务的矛盾日益突出。1994 年，为适应经济发展和银行体制改革的需要，按照政策性金融与商业性金融相分离的原则，相继建立了国家开发银行、中国进出口银行和中国农业发展银行三家政策性银行。其中，国家开发银行是 1994 年 3 月正式成立的，是中国第一家政策性银行，主要支持国家重点建设项目，如国家基础设施、基础产业和支柱产业的大中型基本建设。中国农业发展银行是主要承担国家规定的农业政策性金融业务的政策性银行。中国进出口银行是承担机电产品和成套设备等资本性货物进出口金融业务的政策性银行。

与 1994 年政策性银行成立之初相比，当前我国宏观经济环境、产业结构和市场需求都发生了许多变化，带有补贴性、政府指令的政策业务逐渐减少，而自营业务逐渐增多，政策性银行的部分业务也逐渐市场化。2006 年，国务院明确提出深化并推进政策性银行改革的战略，由中国人民银行和财政部具体负责，三家政策性银行研究设计符合各自特点的改革方案，目标是突显三个作用，即大力支持农业、进出口贸易和基础建设；促进区域协调和产业结构调整；加强对中小企业及教育、医疗的资金支持。2010 年国家开发银行已实现股份制改造。

二、信用合作社

（一）合作金融机构

合作金融机构是指按照合作原则，以股金为资本，以入股者为服务对象，以基本金融业务为经营内容的金融合作组织。

民间自发的合作金融活动由来已久，具有偶发性、散在性和不规范性等弱点，但因可以满足小生产者之间的互助合作的金融需求而具有顽强的生存适应能力。随着商品经济和市场关系的发展，合作金融亦从低层次向高层次发展，主要标志便是以稳定的金融机构为载体进行运作。现代意义的合作金融始于 19 世纪中叶，历经 100 多年已逐步形成与商业性金融、政策性金融三足鼎立的现代金融体系格局。合作金融经典的代表是舒尔茨式的以社员为核心的互助式城市信用合作社和雷发巽式的以农民为本位的农村信用合作社。

1. 合作金融机构的特点

一是自愿性，表现为入社自由，退社自由；二是民主性，即合作金融的所有成员地位平等，不以出资额排序，合作金融机构内部实行民主管理，重大事项集体决策；三是合作性，表现为资本的合作和金融活动的合作，合作社资本由社员集资组成，社员以货币资本入股为合作的起点，积累部分属社员集体共有，经营的首要宗旨是满足社员的经济和金融需求，为社员提供低成本和优先金融服务。

原理 12-4

　　合作金融以自愿、平等、互利为原则，以资本合作为基础，以成员为主要对象进行低成本、互惠性的金融活动。

2. 合作金融机构的作用

合作金融机构的作用主要体现在两个方面：一是增强个体经济在市场竞争中的生存能力，二是降低个体经济获取金融服务的交易成本。合作机构在相对较小的社区和群体中提供金融服务，有较强的信息对称性，风险较小，可降低金融服务的交易成本和管理成本。

3. 合作金融机构与商业银行、政策性银行的区别

首先，商业银行与借款者之间是纯粹的借贷关系；而合作金融机构与其成员之间，不仅是借贷关系，更重要的还是利益同享、风险共担、互助互利的合作关系。其次，商业金融机构在小规模的个体经济或农村经济进行营业的交易成本过高，缺乏比较优势，过于分散的零售市场往往使商业银行无利可图甚至亏本；而合作金融机构则可以及时获得信息，并提供有效服务，充分发挥其交易成本方面的比较优势。最后，政策性银行是为支持国家政策而开展业务活动，难以满足零散市场小规模经济的多元化的金融服务需求。因此，合作金融机构、商业银行以及政策性银行在满足金融服务需求方面存在互补关系。

（二）信用合作机构的特点及主要类型

信用合作机构是由个人集资联合组成的以互助为主要宗旨的典型的合作金融组织。其主要资金来源是合作社成员交纳的股金、公积金和吸收的存款，贷款主要用于解决其成员的资金需要。经营管理的人选是在民主基础上由社员选举指定人员并对社员负责。其最高权力机构是社员代表大会，负责具体事务的管理和业务经营的执行机构是理事会。

信用合作机构在经营管理上特点鲜明，主要有经营目标的自为性，组织上的互助性，管理上的民主性，经营上的灵活性和业务上的专门性、区域性等。信用合作机构主要有以下几类。

1. 城市信用合作社

城市信用合作社是在城市中由居民和法人集资入股建立的合作金融组织，是城市合作金融的基层组织和具有独立法人地位的经济实体。中国城市信用社从建立之初的定位就没有严格遵循合作金融的性质，而是主要发挥对国有银行难以顾及的业务领域"拾遗补缺"的作用，因此，城市信用社基本上是按股份制商业银行的模式组织发展起来的，实际上不具有合作金融的内涵。1994年深化金融体制改革之后，全国大部分城市把城市信用社纳入了商业银行体系建设的轨道，将其改组为股份制的城市商业银行。1996年国家明确了新的政策导向，对没有建立城市商业银行的城市中存在的城市信用社，逐步纳入合作金融的改革轨道，按照合作金融原则加以改造和规范。

2. 农村信用社

农村信用社是由农民或农村的其他个人集资联合组成的以互助为主要宗旨的合作金融组织。我国的农村信用社在新中国成立初期的社会主义改造过程中，随着公有化程度的提高和计划经济的实施，其合作性质逐渐被淡化，并被转化为国家银行在农村的基层机构。为了适应农村经济体制改革的要求，从1984年开始推行以恢复组织上的群众性、管理上的民主性和经营上的灵活性为基本内容的改革，1996年农村信用社

微视频 12-3
中国农村信用社成立 60
周年

与国有商业银行（中国农业银行）脱离行政隶属关系，开始按合作性原则加以规范。2003 年 6 月以来，按照"明晰产权关系，强化约束机制，增强服务功能，国家适当支持，地方政府负责"的总体要求持续推进农村信用社管理体制和产权制度改革。

3. 农村合作银行

农村合作银行是由辖内农民、农村工商户、企业法人和其他经济组织入股组成的股份合作制社区性地方金融机构。主要任务是为农民、农业和农村经济发展提供金融服务。我国农村合作银行主要以农村信用社和农村信用社县（市）联社为基础组建。农村合作银行实行民主管理，其权力机构是股东代表大会。股东代表由股东选举产生，每届任期 3 年。2003 年 4 月 8 日，我国第一家农村合作银行——鄞州农村合作银行在浙江宁波挂牌成立；2007 年 3 月 1 日，我国第一家村镇银行——四川仪陇县金城镇惠民村镇银行正式挂牌开业，这标志着放宽农村地区银行业金融机构准入政策取得新突破。我国农村金融机构的改革与创新有利于促进农村地区投资多元、种类多样、覆盖全面、治理灵活、服务高效的新型农村金融体系的形成，进而更好地改进和加强农村金融服务，支持社会主义新农村建设。

本章小结

1. 存款性公司以吸收存款为主要负债，以发放贷款为主要资产，以办理转账结算为主要中间业务，直接参与存款货币的创造过程。按照业务活动的目标可以将存款性公司分为管理性、商业性和政策性三类，按照投资者的国别或业务的地理范围可分为国际性、全国性和地方性三类。

2. 存款性公司是一种高杠杆企业，其自有资本低，所需的资金主要依靠负债获得，而负债业务的主要形式是各类存款和借入资金。存款性公司的资金运用主要表现为各类贷款和证券投资。概括存款性公司的业务运作特点，体现为信用性、风险性、服务性。

3. 存款性公司所具有的功能与发挥的作用包括：充当信用中介，充当支付中介，承担信用创造，转移与管理风险和提供各种服务便利。存款性公司能够开展业务并发挥作用基于三个必要的前提：具有公信力，具有流动性，具有信息收集、辨识、筛选的能力。

4. 现代商业银行形成的途径大体有两条：一是从旧式的高利贷银行和机构转变而来，二是直接组建的股份制商业银行。商业银行组织制度主要有总分行制、单一银行制、控股公司制、连锁银行制等。商业银行的经营体制可分为职能分工型和全能型。

5. 商业银行的业务按是否进入资产负债表可分为表内业务和表外业务。表内业务包括负债业务和资产业务，表外业务包括服务性的中间业务和创新性的表外业务。商业银行的业务反映出其全部的经营活动，体现出商业银行的职能作用和组织管理能力。依据会计规则，商业银行的资产 = 商业银行负债 + 银行资本。

6. 商业银行业务发展的主要趋势包括：强调业务创新和多元化；业务电子化；在以客户为中心理念下发展业务。商业银行的业务经营遵循安全性、流动性、盈利性的

"三性"原则。商业银行经营的三个原则既是相互统一的，又有一定的矛盾。一般应在保持安全性、流动性的前提下，实现盈利的最大化。

复习思考题

1. 存款性公司有哪些种类？其共同的业务特点是什么？

2. 在一国金融机构体系中，为什么存款性公司的作用十分重要？在金融混业经营的趋势下，存款性公司的作用发生变化了吗？

3. 如果你能够开设一家存款性公司，你认为这家机构正常运行和长远发展的基本要求是什么？你最关注的问题是什么？

4. 商业银行组织制度有哪些类型？各自的利弊在哪里？

5. 简述商业银行资产负债表，说明商业银行的主要业务类型。

6. 简述商业银行经营原则及其内在的关系。

7. 简述商业银行经营管理的历史变迁。这种变迁说明商业银行发生了怎样的变化？

8. 简述其他存款类金融机构的主要特点与类型。

9. 结合所学的存款性公司知识，联系我国存款性公司的现状，试分析我国存款性公司的发展与未来。

即测即评

网上更多……　　⚙教学案例　　📋名词术语　　💬学生讨论

第13章
其他金融性公司

本章导读 》》》

你从各种新闻媒体上看到、听到过证券公司、投资银行、基金公司、保险公司、信托公司、金融租赁公司、金融资产管理公司、金融担保公司以及资信评估公司等金融机构吗？这些五花八门的金融机构之间究竟有何区别？其各自的业务特色有哪些？金融与经济的发展为何需要这些种类多样的机构？本章将介绍其他金融性公司的主要种类及其业务，希望通过学习，你能够了解和理解它们的主要特点和运作原理，并以积极的态度看待它们的存在与发展。

第一节　其他金融性公司的种类与发展条件

经济的深入发展对金融服务的多元化、专业化要求越来越高，与之相应，各种类型的金融机构也不断涌现出来。**其他金融性公司**是在证券市场上提供投融资服务，或是提供各种保险保障服务，或是提供资信评估、信息咨询服务，与存款性公司共同推进金融体系不断完善，促进经济成长与发展。我们把不以吸收存款作为主要资金来源的金融机构统称为其他金融性公司。

一、其他金融性公司的种类与业务特点

（一）其他金融性公司的种类

依据其他金融性公司所从事的主要业务活动和所发挥的作用，其可以划分为投资类、保险保障类和其他非存款类金融机构三大类别。

1. 投资类金融机构

投资类金融机构指为企业和个人在证券市场上提供投融资服务的金融机构。这类机构主要包括投资银行或证券公司、投资基金管理公司等。

2. 保险保障类金融机构

保险保障类金融机构指运用专业化风险管理技术为投保人或投保人指定的受益人

提供某类风险保障的金融机构。这类机构包括各类保险公司和社会保障基金等。

3. 其他非存款类金融机构

这类机构种类多样，业务差异较大，很难进行同类的归纳，因此统称为其他非存款类金融机构。主要包括信托投资公司、金融租赁公司、金融资产管理公司、金融担保公司、资信评估机构以及金融信息咨询机构等。随着经济、金融发展的深化和金融创新的推进，此类金融机构的发展空间还很大。

（二）其他金融性公司的业务特点

（1）专业化程度高，业务之间存在较大的区别。其他金融性公司业务的专业化程度高，如投资银行的证券承销和经纪业务、保险公司对保险产品的设计与管理以及基金公司的投资组合等，都需要专门的金融人才进行操作。同时，这些机构具有特定的服务对象和市场，各自业务的运作大不相同，即便在可归为一类的机构中，如保障类机构，其相互间的业务都有差异。这一特点与业务具有较多共性的存款性公司存在较大的差异。

（2）业务承担的风险不同，相互的传染性较弱。其他金融性公司的业务因为差异较大，其所承担的金融风险也不相同。而因其承担的风险不同，相互的传染性也较存款性公司小得多。

（3）业务的开展与金融市场密切相关。其他金融性公司的业务开展依赖于金融市场的健全与发达。一个国家或地区其他金融性公司的种类的多少，往往代表着其金融市场的成熟程度。没有发达的证券市场，投资银行、证券公司、基金公司很难有存在的意义；没有健全的货币市场、保险市场，保障基金、保险公司也很难发展。相应的资信评估与信息咨询等机构也就没有用武之地了。

（三）利率变化与其他金融性公司的业务运作

因其他金融性公司没有吸收存款、发放贷款的功能，故利率变化对此类机构的影响更多的是通过对其发行或投资的各种金融产品价格的影响来实现的。其他金融性公司与金融市场关系密切，依据资本资产定价模型可以了解，金融市场上的各类资产定价取决于无风险收益率和风险溢价，而利率变化一定会对这两部分的水平产生影响。同时，利率市场化的金融市场利率变化意味着资金供求的对等力量的变化，这既能为其他金融性公司及时调整金融市场的资产组合提供信息支持，也因套利机会的出现为各类机构创新与应用衍生工具提供机会。

二、其他金融性公司发展的条件

（一）其他金融性公司的发展有赖于经济、技术的发展

（1）经济发展对其他金融性公司的发展起决定作用。随着经济市场化程度的提高，商品生产和流通不断扩大，交换关系日益复杂，不断产生多样化的金融需求。除去基本的货币流通、资金融通和支付清算等需要，利用投融资活动实现保值增值、规避风险、专家理财等要求越来越成为主流，这些复杂的金融新需求决定了金融机构的专业化分工与合作，促使其他金融性公司迅速发展。

（2）技术进步与普及强化了其他金融性公司的业务能力和工作范围，大大提高了经营效率。与存款性公司相比，其他金融性公司往往因为网点单一、信息成本高而受到业务能力和工作范围的限制。随着信息技术的进步与普及，大量的金融、经济信息都可以借助电子技术传递、储存、显示、分析，各种金融交易可以利用计算机报价、撮合以及支付清算。这些好处显然为其他金融性公司的发展带来更为广阔的市场与空间。同时也节约了信息成本、交易成本，提高了机构的运营效率。

（二）其他金融性公司的发展有赖于金融创新

金融创新使得其他金融性公司与金融市场的融合更为密切，大大拓展了其业务范围，提升了市场竞争力。比如，货币市场基金的出现，对存款性公司的负债业务提出了挑战，而债券与票据市场的工具创新又使得那些原来依赖银行贷款的公司获得新的融资渠道，进而削弱了存款性公司的资产业务。特别是融资证券化的创新对于投资银行等投资类金融机构而言不仅在业务上得以扩展，而且也获得了丰厚的利润。总之，各种金融市场的创新为其他金融性公司提供了更大的业务范围和更强的业务实力。

（三）其他金融性公司的发展有赖于法律规范

其他金融性公司的发展与完善的法律规范密切相关。没有科学的法律规范要求和有效的法律制约，其他金融性公司的发展就缺乏正确的方向与行为约束，其业务的可信度和持续性往往难以为继。比如，在金融法律规范中提出的诚信原则、保密原则、禁止性行为原则、资格认定原则、有效监管原则以及自律机制对其他金融性公司而言都是必需的。因此其他金融性公司的发展需要相关的法律规范配合与监督。

第二节　投资类金融机构

一、投资类金融机构概述

（一）投资类金融机构的种类

1. 证券公司

证券公司是指由政府主管机关依法批准设立的在证券市场上经营证券业务的金融机构。其业务主要包括代理证券发行、代理和自营证券买卖、兼并与收购业务、研究及咨询服务、资产管理以及其他服务，如代理证券还本付息和支付红利，经批准还可以经营有价证券的代保管及鉴证，接受委托办理证券的登记和过户，等等。

2. 投资基金管理公司

此类机构以金融资产为专门经营对象，以资产的保值增值为根本目的，把具有相同投资目标的众多投资者资金集中起来，实行专家理财，通过投资组合将资金分散投资于各种有价证券等金融工具。投资者按出资比例分享收益，承担风险，管理公司从中收取基金管理费。

3. 其他投资类金融机构

此类机构主要指按揭证券公司、投资咨询公司和证券结算公司等。其中，按揭证券公司指专门从事购买商业银行房地产按揭贷款，并通过发行按揭证券募集资金的金融机构。投资咨询公司是证券投资的职业研究者和指导者，它们应证券市场专业化发展的要求，向客户提供参考性的证券市场统计分析资料和咨询报告，对证券买卖提出建议，帮助投资者建立投资策略，确定投资方向。证券结算公司指专门为证券与证券交易办理存管、资金结算交收和证券过户业务的服务机构。

（二）投资类金融机构的业务特点

1. 主要以有价证券为业务活动的载体

投资类金融机构的业务活动以金融市场为中心，围绕着各种金融工具的发行和流通进行。这些金融工具主要包括票据、股票、债券以及各种金融衍生工具。

2. 业务的专业性高，风险较大

由于投资类金融机构主要为证券市场提供投资服务，其所开展的业务或是证券的承销、买卖经纪或自营买卖，或是提供资本运营服务，或是基金管理、资产证券化和风险投资等，这些业务的开展都需要专门的金融知识、熟练的交易技能和金融创新能力，专业性要求很高。同时，这些业务以各种有价证券为载体，有价证券价格的波动及各种影响因素导致风险的多样化与复杂性，使得业务风险较大。

3. 业务活动必须遵循公开、公平和公正的原则

投资类金融机构所提供的各种投资服务具有信息密度高的特点，定期对外公布与传递信息是投资类金融机构的重要工作。因此遵循公开、公平和公正的原则，依据法律法规发布准确信息，帮助投资者正确进行投资决策是投资类金融机构业务活动的基本原则。

（三）投资类金融机构的作用

1. 促进证券投资活动顺利进行

投资类金融机构参与证券发行以及证券经营相关的业务，开展各种投资业务服务以及进行与投资活动相关的资本运营与公司理财等，以专业的素质和服务从诸多方面促使证券投资活动顺利进行。

2. 降低投资者的交易成本和信息搜寻成本

投资类金融机构通过各种专业化的服务与规模经营为投资者降低投资成本。同时，通过广泛收集信息并利用其对信息的分析、加工能力为投资者提供所需的各种信息，大大降低了信息搜寻、处理成本。

3. 通过专业技术与知识为投资者规避风险、分散风险和转移风险提供可能

投资类金融机构依据对各种信息的专业化处理，通过提供灵活多样的金融工具、投资组合以及信息披露，为投资者获得有效的风险管理提供可能。

二、证券公司

在证券公司的称谓上，各国有所不同，美国和欧洲大陆称为投资银行，英国称为商人银行，在日本和我国则称为证券公司。现代意义的证券公司产生于欧美，主要是

由 18 世纪众多销售政府债券和贴现企业票据的金融机构演变而来。随着 20 世纪以来金融创新的推进，证券行业成为变化最快、最富挑战性的行业之一。

（一）证券公司的特点与作用

现代证券公司的特点在于：其是直接融资市场上重要的中介人；提供与资本市场有关的智力服务，为客户量身定做可供选择的证券投资、资产组合、公司购并等各种投融资方案；具有较强的金融创新意识和金融研发能力；依靠信用、经验、客户网络等占领市场；收入的主要来源是各种服务的手续费（或佣金）。

证券公司在现代社会经济发展中发挥着沟通资金供求、构造证券市场、推动企业购并、促进产业集中和规模经济形成、优化资源配置的作用。

（二）证券公司的类型

证券公司的类型主要有四种：一是独立的专业性证券公司。这种形式的证券公司广为存在，有各自专长的专业方向。二是商业银行拥有的证券公司。这种形式主要是商业银行通过兼并、收购、参股现存的证券公司来从事投资银行业务。三是全能型银行直接经营证券公司业务。四是一些大型跨国公司的财务公司也从事证券业务。

在我国证券公司主要分为两种：一是经纪类证券公司，它们提供交易的基本条件和服务，接受客户的委托以自己的席位从事证券买卖，收取一定的佣金。二是综合类证券公司，它们既可从事经纪业务，又可开展自营、承销及其他业务，因而是同时为本人或客户从事证券买卖、为客户提供服务的经济组织。

（三）证券公司的主要业务

1. 证券承销业务

证券公司借助自己在证券市场上的信誉和营业网点，在规定的发行有效期限内将证券销售出去，这一过程称为承销。它是证券公司的基本职能之一。

2. 证券经纪业务

证券经纪业务是指证券公司通过其设立的营业场所（即证券营业部）和在证券交易所的席位，接受客户委托，按照客户的要求，代理客户买卖证券的业务。在证券经纪业务中，证券公司不向客户垫付资金，不分享客户买卖证券的差价，不承担客户的价格风险，只收取一定比例的佣金作为业务收入。证券经纪业务是随着集中交易制度的实行而产生和发展起来的。

3. 证券自营业务

证券自营业务是证券公司用自己可以自主支配的资金或证券，通过证券市场从事以营利为目的的买卖证券的经营行为。证券自营业务按业务场所一般分为两类：场外（如柜台）自营买卖和场内（交易所）自营买卖。在我国，证券自营业务一般是指场内自营买卖业务。

4. 其他业务

以上三类是证券公司的基本业务和传统业务。随着市场需求的变化和金融市场的发展，证券公司越来越积极地参与企业并购、项目融资、风险投资、公司理财、资产管理、基金管理、资产证券化等市场活动，充当客户的投资顾问、财务顾问、金融顾问等。证券公司的业务发展体现着资本市场和金融体系的变化与发展。

三、投资基金管理公司

（一）投资基金管理公司的特点

投资基金管理公司是一种专门为投资者服务的投资机构。它汇集众多分散的个人或企业的闲置资金，并通过多元化的资产组合进行投资。证券投资基金最早产生在英国，不同国家或地区有不同叫法，美国称为投资公司或共同基金，英国和中国香港称为单位信托基金，日本和中国台湾称为证券投资信托基金。

原理 13-1

投资基金管理公司通过集中零散资金形成基金规模，依托专业化管理，进行投资组合，实现分散投资风险，获得相对稳定收益。

投资基金管理公司的主要特点是积少成多、资本要求较低、专家理财、分散个人投资者风险，收益相对稳定。这些特点反映在投资基金运作的主要内容上，包括投资基金的发行和认购以及基金资产的投资管理。在基金资产的投资管理中投资组合管理是其核心内容，投资组合管理需要满足本金安全、收入稳定和资本增值的要求。

（二）投资基金的主要种类

1. 按组织形态分

按组织形态划分，投资基金可分为**公司型投资基金**和**契约型投资基金**。公司型投资基金，是具有共同投资目标的投资者依据公司法组成以营利为目的、投资于特定对象（如各种有价证券、货币）的股份制投资公司。这种基金通过发行股份的方式筹集资金，是具有法人资格的经济实体。公司型投资基金成立后，通常委托特定的基金管理公司运用基金资产进行投资并管理基金资产，二者权责分明。契约型投资基金又称信托型投资基金，是根据一定的信托契约原理，由基金发起人和基金管理人、基金托管人订立基金契约而组建的投资基金。英国、日本和我国香港、台湾地区多是契约型投资基金。

2. 按是否可赎回分

按是否可赎回，投资基金分为封闭式基金和开放式基金。封闭式基金发行在外的基金份额是固定的，一旦完成发行计划，就封闭起来不再追加发行，若需要扩大规模，只能等封闭期满，重新向主管部门申请创设新的基金。而开放式基金发行在外的基金份额是可以变动的，投资人可以依基金的净值情况随时向基金经理人申购或要求赎回基金份额。

（三）投资基金的业务经营

投资基金的业务经营遵循"经理与保管分开"的原则，负责基金操作的管理公司，不经手或保管投资人的资产。投资基金的运作主要是通过发行基金单位的受益证券（即基金份额），集中投资者的资金，由基金托管人（通常是银行、信托公司等金融机构）托管，并由基金管理人负责基金的操作，即下达买卖指令，管理和运用资金，从事股票、债券、外汇、货币等金融工具投资，以获得投资收益和资本增值。同时基金资产在托管人那里拥有独立账户，即使基金管理公司或保管机构因经营不善倒闭，债权人也不能清算基金的财产。此外，资金的操作情况必须在季报或年报中披露，并接受相应的监督，所以除行情波动或经理人操作优劣会有盈亏外，投资人的资金是安全有保障的。

第三节　保险保障类金融机构

保险保障类金融机构主要指各类保险公司和社会保障机构。保险公司与商品经济发展水平相适应，而社会保障机构的产生与国家政治有关。保险保障类金融机构集中投保人特定范围的风险，为投保人提供风险损失的补偿。同时，在对保险资金运作的过程中，促进了储蓄资金向投资的转化，充当了金融中介。

一、保险保障类金融机构的运作特点与作用

（一）保险保障类金融机构的运作特点

保险保障类金融机构的运作特点主要概括为以下三个方面：

（1）业务经营符合大数定律。保险公司之所以愿意集中并承保某种风险，因为它深谙该风险是大量标的都可能遭遇的，却只有少数标的才可能出险。基于这种特殊的经营规律，保险公司先将个体的风险集中，再运用自己特有的风险管理技术进行分散和转移，使少数人的风险损失由具有同种风险的一大群人共同分担。

（2）业务具有独特的风险管理技术和要求。保险公司运用专业的管理风险技术对承保过程中所面临的风险进行概率计算，掌握出险概率（也称出险或然率，是在一定时间内一定数量的保险标的可能出险的概率），以确保采用怎样的保险分摊补偿方法。同时，保险保障类金融机构业务的投资范围也与其他金融机构不同，其运作的基本原则更为强调保险基金的增值建立在流动性和安全性的基础上。

（3）通过收取保费，集合大量分散的储蓄资金，同时对资金进行充分、安全的投资运作，实现合理增值。保险费、保险公司的资本以及保险盈余构成了保险公司的保险基金，作为补偿投保人损失及给付要求的后备基金。保险公司对所形成的保险基金除了用于对约定范围的事故所造成的损失补偿外，还要对这部分资金进行积极的投资运作，提高保费的盈利水平，一方面用于加强自身的偿付能力，另一方面使保险公司有利可图，得以扩大保险经营，提高在市场中生存发展的实力。

原理 13-2

保险保障类金融机构依据风险的大数定律实施独特的风险管理技术，通过收取保费，集合大量分散的储蓄资金，并依据约定承担保险赔付和按照规定运用、管理保险基金。

（二）保险保障类金融机构的作用

（1）集中风险，风险共担，降低个体损失。这是保险保障类金融机构的基本作用，这种作用使保险公司与其他金融机构之间形成明确的产业分工。保险保障类金融机构作为风险的管理者，使投保人个体在经济运行中所承担的风险降低，也使经济运行整体承担的风险降低。

（2）融通长期资金，促进资本形成，重新配置资源。保险公司、社保基金与长期资金信贷、资本市场融资之间保持密切联系，特别是保险公司通过在资本市场上对保险资金的投资运作，使其成为金融市场中重要的机构投资者，不但为市场融通了大量资金，还对资本市场融资发挥了重要影响。

（3）提供经济保障，有利于经济金融稳定。保险保障类金融机构充当了社会经济与个人生活的稳定器，稳定器作用具体表现在为企业、居民家庭和个人提供预期的生产和生活保障，解决企业或居民家庭后顾之忧。

二、保险公司

保险公司是收取保费并承担风险补偿责任，拥有专业化风险管理技术的机构组织。各类保险公司构成了保险保障类金融机构的主体。

（一）保险公司的主要种类

1. 按保险的基本业务分

根据保险的基本业务可以划分为人寿保险公司、财产保险公司、再保险公司。其中，人寿保险公司的保险产品是基于对受保人寿命或健康状况预期而提供的，如健康保险、伤残保险。此外，人寿保险公司还提供年金、养老基金、退休金等产品。财产保险公司主要针对一定范围的财产损失提供保障。再保险是保险公司（让与公司）对承担的来自投保人的风险进行分散的一种方法。

2. 按经营目的分

依据经营目的不同可以划分为商业保险公司和政策性保险公司。商业保险公司是经营保险业务的主要组织形式，多是按照股份制成立，如各种人寿保险公司、财产保险公司、海事保险公司等，任何有保险意愿并符合保险条款要求的法人、自然人都可投保。政策性保险公司则是指依据国家政策法令专门组建的保险机构，这种保险公司不以营利为经营目的，且风险内容关系到国民经济发展与社会安定，如出口信用保险公司、投资保险公司、存款保险公司等。政策性保险是保险市场中特殊的发展形式，往往是出于国家对某个领域的保护意图而发展的。

（二）保险公司的主要业务与管理

从保险公司的经营活动看，基本业务运作包括筹集资本金、出售保单、给付赔偿款、证券投资等。

1. 筹集资本金

资本金是保险公司根据国家保险管理机构的规定，在申请营业时必须拥有的开业资本，能够反映保险公司的经营实力。资本包括法定盈余以及规定的资本，保险公司注册资本最低限额必须为实缴货币资本。各国对资本金额的要求有相当大的差别。英国最低需要 2 万英镑，而美国最低需要 300 万美元，日本是 10 亿日元。根据《中华人民共和国保险法》规定，我国设立保险公司注册资本的最低限额为人民币 2 亿元。

2. 出售保单，收取保费

保险公司通过出售保单获得保费收入，这是保险公司的主营业务。在业务管理上，各国一般都实行寿险与财险分业经营，同时在经营保险业务以外不能过多兼营其他业务。

3. 给付赔偿款

保险公司在售出保单的同时就相应承担了保险责任。与其他金融机构的按一定利率支付利息或红利的负债不同，保险责任是根据用户需要定制的，一旦约定的损失出现，需向投保人或受益人直接支付赔偿。值得注意的是，所有保险公司在经营业务时都面临逆向选择和道德风险问题，因而保险公司要积极收集信息，筛选投保人，确定以风险为依据的保险费率，制定限制条款，防止欺诈等，努力降低经营风险。

4. 证券投资

在对保险资金的投资运作上，监管部门要求保险公司必须加强投资组合管理，防止投机性投资，以免危及保险公司自身清偿能力，损害投保人权利。各国为防止保险公司从事不可靠的投资，往往对保险公司投资类型、质量、比例做出规定。我国保险公司的投资主要在国债以及证券投资基金上。2000 年后中国证监会批准部分保险资金进入股市，允许保险资金由保险资产管理公司运作，直接进入证券市场从事证券投资活动。

三、社会保障机构

社会保障是保证社会安定的重要机制。社会保障制度是一种具有政策性、强制性的计划安排，旨在保障生存有困难的社会成员的基本生活需要，包括为劳动者提供基本生活保障、最低生活保障和一些特殊保障等。

社会保障通常被认为有三个最重要的功能：一是保障的功能，即保障遭遇到与劳动及收入相关的风险公民最基本的生活需求，通过国家和社会的帮助，使他们不至于被社会发展的进程所抛弃。二是互济的功能，特别是社会保险这种形式，通过按照同一比例缴纳保险费建立基金，使个别社会成员遭遇或可能遭遇的严重风险被全体社会成员分担，从而降低了风险程度。三是调节收入分配关系的功能。无论是社会保险计划，还是社会援助计划，都是一种社会再分配形式，实际存在高收入者向低收入者的转移支付，从而达到社会公正和稳定的目标。

社会保险是社会保障制度的核心内容。社会保险针对满足基本需求和基本生活保障可以设置为养老保险、医疗保险、失业保险等，一般均由政府出面干预实施，而且投保时，有些种类需要个人和企业缴纳，有些种类政府还要给予财政支持。目前世界各国都通过政府参与来解决失业、退休养老等社会问题。在我国，与用人单位建立劳动关系的企事业职工，只要按规定缴纳各项社会保险费，就可以享受相应的保障。

一般情况下，各国都会设立专门的社会保障机构来负责各种社会保险的管理事务，而社会保险资金的运作则由专业投资机构负责以实现保值增值。从社会保险资金运作机构的形式看，许多国家是由政府社会保障机构委托保险公司或基金管理公司运作。我国唯一一家统筹管理运作全国社保基金的机构是全国社会保险基金理事会，按照"规范、稳健、专业化、市场化"的运作要求，在规定范围内管理和运营全国社会保障基金。目前理事会已初步建立了直接投资运作制度，尝试引入专业的投资基金公司或资产管理公司运作社保基金。

第四节　其他非存款类金融机构

金融服务需求的多样化促进了其他金融性公司的多元化和专业化发展，除去投资类金融机构和保险保障类金融机构，其他金融性公司还包括一些满足特定服务需求和特定行业发展的金融机构，虽然它们在整体金融机构体系中的比重不大，但却发挥着不可或缺的作用。这里介绍目前存在的几种主要类型。

一、信托投资公司

（一）信托与信托投资公司

从经济范畴考察信托，需要从委托人和受托人两方面来理解。从委托人角度讲，**信托**就是委托人为收受、保存、处置自己的财产，在信任他人的基础上委托他人按自己的要求管理和处置归己所有的财产；从受托人角度讲，信托就是受托人受委托人委托，并根据委托人的要求，替其本人或由其指定的第三者谋利益。在西方国家信托制度是遍及社会各个领域的一种重要的财产管理制度，而且信托关系作为法律关系建立并普遍存在，几乎人人都与信托业务有某种联系。

从事信托业务的机构包括各种信托投资公司、各种银行或非银行金融机构的信托部。其中，信托投资公司的专业性强，是专门从事信托业务的机构。**信托投资公司**是指从事信托业务、充当受托人的非存款类金融机构，其职能是财产事务管理，即接受客户委托，代客户管理、经营、处置财产。信托投资公司具有财产管理和运用、融通资金、提供信息与咨询以及社会投资等功能。

（二）信托投资公司的特点

1. 具有非常明显的服务特征

信托机构在经营中以受托人或中间人的身份出现，为委托人或受益人利益着想并为他们提供各种投资服务，收益来源为手续费。基于此经营特点，有关法律严格限制信托机构利用信托财产为自己谋利，而且必须把信托财产与信托机构本身的财产加以区分管理。

微视频 13-1
信托产品规模缩减，收益再降新低

2. 与资本市场关系非常密切

信托机构通过为委托人提供再投资方面的专业性经验和技术，将社会闲置资金导向正确的投资方向，而且信托机构对受托资金的管理主要通过与资本市场相关的特定信托业务来实现。

3. 服务对象范围相对广泛

具备法律行为能力的法人或个人都可成为委托人，而且在委托人信用方面没有特殊要求。

4. 在经营中不需要支付准备

信托机构是作为受托人（而非债务人）在一定信托目的前提下，从容运用资金，不存在作为债务人对到期债务的支付需求要求。

二、金融租赁公司

（一）租赁与金融租赁公司

租赁作为一个复合词，表达着一种特定的双方关系，"租"含有"以己之物借给他人使用"之意，而"赁"含有"借他人之物供自己使用"之意。租赁是由财产所有者（出租人）按契约规定，将财产租让给承租人使用，承租人根据契约按期支付租金给出租人的经济行为。这种经济行为发生的特点是它属于对物品使用权的借贷活动。

租赁机构是在一定时期内以收取租金为条件将某项物资财产交付承租人使用的法人机构组织，依据租赁的发生是否直接以融资为目的的标准，可以将租赁机构分为经营性租赁公司、融资性租赁公司。金融租赁公司就是后者，是指专门为承租人提供资金融通的长期租赁公司。它以商品交易为基础将融资与融物相结合，既有别于传统租赁又不同于银行贷款。其所提供的融资租赁服务是所有权和经营权相分离的一种新的经济活动方式，具有投资、融资、促销和管理的功能。

从微观看，融资租赁有利于解决企业更新改造设备与资金不足的矛盾，从而加速企业设备的更新改造速度，提高市场竞争力。在企业资金来源有限的条件下，融资租赁设备的介入，将极大地提高企业技术进步的能力。从宏观看，融资租赁则有利于调整产业结构。融资租赁的介入恰能使企业解决设备投入以及更新所需资金的问题，最终通过提供融资租赁强化了某类行业或企业在经济发展中的地位，进而推动产业结构的调整及合理构建。此外，融资租赁还有利于引进更多的外资。利用外资有多种形式，借款、发债都可以，但这将受债务规模、配套资金、国内投资环境等制约，而融资租赁是一种很好的利用外资方式，可以在不增加债务总量的同时引进国外的技术。

（二）金融租赁公司的业务特点

1. 面对单一客户

融资性租赁公司向承租人提供的是相当于设备全额资金信贷的等价物，实际是以向承租人提供设备的方式来替代提供资金。融资租赁面对的是单一客户，租赁期很长，期限接近设备的经济寿命，当租期至期末时，设备的经济寿命仅剩一些残值，此时承租人可以以象征性价格购进设备并取得所有权。

2. 提供的租赁物通常是专用设备

在融资性租赁中，承租人有权选择所需设备及其生产厂家和供货商。出租方只是根据承租方的要求出资购进设备，然后租给承租方使用。因此，设备的质量、规格、技术性能的鉴定验收等，都由承租方负责。

3. 长期性

向承租人长期租出设备，租赁物的维修、保养通常由承租人负责或付费。期满后，承租人可享有留购、续租、退租和另订租约等多种选择。

三、金融资产管理公司

（一）政策性金融资产管理公司

政策性金融资产管理公司是各国主要用于清理银行不良资产的金融机构，通常是在银行出现危机或存在大量不良债权时由政府设立。其主要目标是：通过剥离银行不良债权向银行系统注入资金以重建公众对银行的信心；通过有效的资产管理和资产变现，尽可能从所接受的不良资产中多收回些价值；尽量减少对有问题银行或破产倒闭银行重组所带来的负面影响。

无论从金融、经济运行还是社会发展稳定而言，成立政策性金融资产管理公司都具有一定的合理性。一方面，银行产生大量不良贷款，如果由自己处理，不仅资金实力不足，而且在法规限制和信息来源方面都有困难。而组建由专业人员组成的金融资产管理公司来处理，有利于降低清理成本，盘活资产。另一方面，银行一旦出现危机，其传染的速度和力度都十分惊人，金融稳定、社会稳定都受到很大的威胁，而及时处置与援救，无疑对恢复公众信心、减少负面影响有利。

金融资产管理公司的运作程序包括：组建管理公司，开始初步运作；审慎地收购资产以及执行公司的目标计划；有效管理资产和变现资产。其中重要的环节是收购和处置问题银行的不良资产。在收购不良资产后开始处置不良资产，包括清收、拍卖、经营等，是一项涉及面广、技术性强、专业化程度高的工作。除了对参与人员具有较高的专业素质要求以外，更需要政府部门的大力支持。这种支持不仅体现在资金的供应上，还需要政府给予相关法律、法规和行政规章的配合。

1999 年，我国成立华融资产管理公司、东方资产管理公司、长城资产管理公司和信达资产管理公司四家政策性金融资产管理公司，主要是为了分别处理中国工商银行、中国银行、中国农业银行和中国建设银行的不良资产。

（二）商业性金融资产管理公司

商业性金融资产管理公司大多由商业银行、证券公司、保险公司等金融机构发起设立，如中国人寿资产管理有限公司、中国人保资产管理公司、交通银行资产管理公司等。

商业性资产管理公司的经营范围为：投资管理，受托资产管理，股权投资，企业债务的重组或债转股，并购及项目融资，财务顾问，委托管理的资产投资，等等。

四、金融担保公司

（一）金融担保的发展

金融担保是一种以金融债权为担保对象的担保，包括直接融资担保和间接融资担保两部分。涉及的担保业务包括借贷市场担保、履约担保和金融创新或衍生产品担保三类。借贷市场担保有企业借款担保、个人消费借款担保等，履约担保有工程建设完工担保、项目融资担保、房地产借款担保、设备租赁担保、信用证担保和商业票据担保等，金融创新或衍生产品担保有债券（主要为企业债券）、信托产品（如信托集合资金计划）担保、保本基金担保等。

进入 21 世纪，金融担保的发展空间越来越大。一方面，现代经济中的金融份额越来越大；另一方面，与此相伴而生的新型担保品种也越来越多。而且现代的新型担保虽然也以债权的实现为基础，但更侧重交易的促成，提供偿债保障并非是其最终目的而是手段。它所起的作用就是分摊和弱化风险，实质是风险管理和风险交易。这更能体现担保的金融本质。担保业务与金融业务特别是金融创新业务的紧密结合，是担保业务的未来发展方向，是担保成熟化、技术化和价值化的标志。

微视频 13-2 担保公司乱象引发百亿民间金融崩盘

（二）金融担保公司和中小企业发展

从国际范围而言，中小企业发展中的金融担保需求导致各国从不同路径成立金融担保公司以促进经济发展。这里主要介绍的属于此类，而与金融市场和金融创新产品相结合的金融担保暂不计入。**金融担保公司**是专业从事信用担保的金融中介组织，在经济生活中提供信用保证，是具有独特的信用增强作用和风险管理特征的特殊的非存款类金融机构。金融担保公司在中小企业与银行之间的融资活动中起着桥梁与纽带作用，增强了中小企业的信用，防范和化解了银行信贷风险，使融资渠道畅通，引导资金的流向。金融担保公司的建立能解决中小企业融资难与银行放贷难的两难问题，是融资活动中不可或缺的主体。建立信用担保机构，缓解中小企业融资难的问题，是各国扶持中小企业发展的通行做法。

五、汽车金融服务公司

汽车金融服务主要是在汽车的生产、流通、购买与消费环节中融通资金的金融活动，包括资金筹集、信贷运用、抵押贴现、证券发行和交易，以及相关保险、投资活动，具有资金量大、周转期长、资金运动相对稳定和价值增值等特点。**汽车金融服务公司**是从事汽车消费信贷业务并提供相关汽车金融服务的专业机构。

汽车金融服务公司的设置对于汽车工业的发展具有极为重要的作用。首先，汽车金融公司在专业产品服务方面有经验和良好的条件。汽车信贷只是汽车金融服务的一部分，实际上汽车金融对发展汽车制造、流通、消费等都具有重要的意义。国外的汽车金融公司从事服务的第一任务并不是赚钱，而是促进母公司汽车产品的销售。其次，汽车金融公司对企业提供优惠贷款，对企业的人事安排、经营方针有很大的发言权，这是银行无法相比的。汽车金融服务在国外有近百年历史，汽车金融公司通常隶属于较大的汽车工业集团，成为向消费者提供汽车消费服务的重要组成部分。

我国的汽车金融公司是指经监管机构批准设立的，为中国境内的汽车购买者及销售者提供金融服务的非银行金融机构。

六、金融信息咨询服务类机构

金融信息咨询服务类机构是指集合各种必要的财务收支和经营活动信息，专业化地从事对特定对象进行财务分析、信用调查等经济活动，出具必要的分析报告或文件，为客户提供有关债务人清偿能力信息的专业信息服务机构。这类机构虽未直接参与投融资活动，但却为投融资顺利进行提供必要的信息服务，既是投融资活动的促进者，也是保障金融活动健康发展的重要力量。

金融信息咨询服务类机构的特点体现为所提供的信息产品的专业化、机构的独立性和中立性。其中，向全社会投融资者提供专业化信息服务有赖于其专业化的经营资格和所具备的专业人才与技术条件。其专业化的经营资格能够使其拥有获得广泛经济金融信息的能力和向公众提供具有社会公信力的信息产品，而专业人才和技术条件则使其能够及时有效地收集、甄别和处理信息并提供特定需要的信息产品。机构的独立性和中立性表现为金融信息咨询服务类机构不直接经营资金，参与投融资活动，较之存款性公司、投资类金融机构和保险保障类金融机构具有一定的信息优势，这种机构的独立性和专业性更易使其获得公众的认可和信任。

金融信息咨询服务类机构主要有三种类型：一是与直接融资活动和保险保障类金融机构业务活动密切相关的机构，如投资咨询公司、投资与保险代理机构等；二是专门从事信用评级和债券评级的机构，如资信评估公司、征信所等；三是专门从事企业财务信息服务和资格认证的机构，如会计师事务所、律师事务所等。金融信息咨询服务类机构的建立与发展能够反映出一个国家的基本信用环境和金融市场投融资的发达程度。

我国金融信息咨询服务类机构的建设和发展是从 20 世纪 80 年代的中后期逐渐开始，起步晚，发展缓慢，尤其是服务对象主要是政府主管部门和监管机构，尚未形成广泛的社会效应和经济效应。21 世纪以来，随着我国金融业的市场化推进，金融信息咨询的市场需求不断增加，这一类机构的发展将具有广阔的市场空间和良好的前景。

本章小结

1. 其他金融性公司或是在证券市场提供投融资服务，或是提供各种保险保障服务，或是提供资信评估、信息咨询服务，与存款性公司共同推进金融的成长与发展。依据其他金融性公司所从事的主要业务活动和所发挥的作用，其可以划分为投资类、保险保障类和其他非存款类金融机构三大类别。

2. 其他金融性公司的业务具有三大特点：业务的专业化程度高，业务之间存在较大的区别；业务承担的风险不同，相互的传染性较弱；业务的开展与金融市场密切相关。其他金融性公司的发展有赖于所属经济体系的市场化程度、信息技术的发达程度、金融创新能力以及相关法律规范的完善程度。

3. 投资类金融机构是指以提供投资服务为主要业务的金融机构，包括证券公司（投资银行）、投资基金管理公司等机构。它们主要服务于资本市场，业务活动具有如下特点：以有价证券为业务活动的载体；业务的专业性要求高，风险较大；业务活动必须遵循公开、公平和公正的原则。

4. 投资类金融机构的作用主要表现在三个方面：一是促进证券投资活动顺利进行；二是降低投资者的交易成本和信息搜寻成本；三是通过专业技术与知识为投资者规避风险、分散风险和转移风险提供可能。

5. 保险保障类金融机构主要指各类保险公司和社会保障机构。作为保险保障类金融机构，它们的运作原理是相同的，都是通过提供风险管理服务获取保费收入，并依据约定承担保险赔付和按照规定运用、管理保险基金。其业务经营符合大数定律，具有独特的风险管理技术和要求。

复习思考题

1. 其他金融性公司大体可分为哪些种类？它们共同的业务特点是什么？在经济全球化、金融高度发展的背景下，如何理解其他金融性公司的发展？

2. 简述投资类金融机构的种类与业务特点。联系美国次贷危机中"华尔街金融风暴"，试分析投资类金融机构在金融市场上发挥的作用。

3. 当你开始证券投资活动时，你可能会和哪些机构打交道？主要参与的业务活动将会是哪些？选择的理由是什么？

4. 从保险保障类金融机构的种类与业务特点出发，说明这类机构的作用。

5. 信托投资公司的业务特点有哪些？它适应了哪些需求？

6. 金融租赁公司的业务与一般银行贷款的区别在哪里？在经济发展中的作用是什么？

7. 联系我国中小企业的发展，谈谈你对金融担保公司的理解。

8. 联系实际分析金融资产管理公司在处理有问题银行及银行危机中的作用。

9. 如何理解金融信息咨询服务类机构在经济、金融发展中的作用？

10. 运用你所学的其他金融性公司的相关知识，针对我国其他金融性公司的现状，讨论你所认为的问题与相应的对策。

即测即评

网上更多……　　教学案例　　名词术语　　学生讨论

第14章
中央银行

本章导读 》》

生活在现代社会的人几乎没有不知道中央银行的。你每天使用的钞票是中央银行发行的，每天阅读的报纸、观看的电视、收听的广播里的大量新闻都可能与中央银行有关。特别是 2007 年美国次贷危机爆发以来，各国中央银行的行为成为万众瞩目的焦点，中央银行在经济活动中的地位与作用日益凸显。但人们似乎并不清楚与一般金融机构相比中央银行有何特征与职能，中央银行是如何运作的，其与政府部门和各种金融机构之间是何关系。本章主要对中央银行的产生发展、性质职能、业务运作与原则要求等展开讨论。

第一节 中央银行的演进与职能

中央银行是经济金融发展到一定阶段的产物，是现代经济社会中极为重要的经济管理和调控部门。在现代金融体系中，中央银行处于核心地位，通过特定业务活动和法律授权的管理方式履行自己的职责。除少数情况外，世界各国或地区普遍建立了中央银行制度，由于不同国家或地区的政治体制、经济体制和历史发展背景的差异，中央银行的制度形式有所不同。

一、中央银行产生与发展

中央银行是专门制定和实施货币政策、统一管理金融活动并代表政府协调对外金融关系的金融管理机构。中央银行制度是在经济和金融发展过程中逐步形成的。中央银行制度产生后，其在国民经济活动中越来越发挥不可替代的作用，中央银行的功能不断强化。目前，中央银行制度已成为各国最基本的经济制度之一。从历史视角来看，中央银行的产生以及中央银行制度的建立与发展，都符合经济、社会发展的客观要求。

（一）中央银行产生的客观要求

中央银行是在商业银行的基础上，经过长期发展逐步形成的。从 17 世纪初到 19

世纪末，随着银行数量的迅速增加以及资本主义经济的高速发展，一些问题凸显出来，集中体现在以下五个方面。

1. 银行券的发行问题

中央银行形成以前，没有专门的发行银行，各商业银行都有发行银行券的权力。在银行业发展的早期，这种状况尚不足以形成危机，随着资本主义经济和银行业快速发展，分散发行制度的缺陷便逐渐暴露。大量资金实力薄弱的小银行发行的银行券往往不能兑现，加剧了货币流通的混乱与危机。与此同时，小银行的活动范围由于受到地区限制，其发行的银行券只能在狭小的范围内流通，给生产和流通造成很多困难。客观上要求在全国范围内由享有较高信誉的大银行来集中发行货币，以克服分散发行造成的混乱局面。

2. 票据交换和清算问题

随着银行业务不断扩展，债权债务关系错综复杂，银行每天收受票据的数量也日益增多，由各家银行自行轧差进行当日结清便发生困难，不仅异地如此，同城亦然。虽然当时欧洲的一些大中城市已经建立了票据交换所，但还不能为所有的银行服务，也不能从根本上解决全国性票据交换和清算问题。这就在客观上要求建立一个全社会统一而有权威的、公正的清算机构为之服务。

3. 银行的支付保证能力问题

银行的大量发展，一方面要防止一些银行为了逐利而无限制扩大贷款，产生流动性不足甚至导致挤兑；另一方面要保证整个银行体系的支付能力，防止个别银行支付风险的传递与扩散，产生金融危机。事实上，随着银行业务规模的扩大和业务活动的复杂化，银行的经营风险也是不断增加的，单个银行由于资金实力的局限难以独立保证自身的安全。而个别银行的支付风险又常常引发整个银行体系的信用危机，形成银行业的系统性风险。因此，客观上要求有一家具有权威性的银行机构，能够在商业银行发生资金困难时，给予必要的贷款支付，即发挥"最后贷款人"功能。

4. 金融监管问题

微视频 14−1
金融监管问题

同其他行业一样，以营利为目的的金融企业之间也存在激烈竞争。由于金融企业在竞争中的破产、倒闭给经济造成的震荡要比普通企业大得多，因此客观上需要有一个代表政府意志的凌驾于所有金融企业之上的机构专事对金融业的监督和管理，以保证金融业的安全与规范化经营。

5. 政府融资问题

在人类的发展过程中，政府的职责不断扩大。特别是在资本主义制度确立与发展过程中，政府的作用越来越突出。政府职责的强化增加了开支，政府融资便成为一个重要问题。保证和方便政府融资，发展或建立一个与政府有密切联系、能够直接或变相为政府筹资或融资的银行机构，也是中央银行产生的客观要求之一。

（二）中央银行制度的建立与发展

中央银行的产生基本上有两条渠道：一是信誉好、实力强的大银行由政府不断赋予一定的特权并最终发展为中央银行。二是由政府出面直接组建中央银行。

从 17 世纪中后期中央银行萌芽阶段开始，迄今为止的 300 多年历史中，中央银行制度经历了初步形成、普及与发展、完善与健全三个阶段。

1. 中央银行制度的初步形成

早期的中央银行在开始时也是普通的商业银行，在银行业的发展过程中，有些银行经营有方，不断扩充自己的实力，逐步发展壮大而成为实力雄厚、信誉卓著的大银行。于是，一些国家的政府为了社会经济发展的客观需要，就以法律形式规定由一家或几家大银行集中发行银行券，同时禁止其他银行擅自发行。这些独享银行券发行特权的银行成为与众不同的发行银行，因而独享货币发行垄断权，这是中央银行区别于商业银行的最初标志。

某家大银行获得了发行银行券的特权后，由于资金实力增强，就能够在其他普通中小商业银行资金不足时，向它们发放贷款或办理票据再贴现。许多商业银行也逐渐把现金准备的一部分存入发行银行，它们彼此之间的清算也通过发行银行来办理，发行银行逐渐成为全国统一的、有权威的清算中心。另外，由于发行银行资金雄厚，常常在国家遇到财政困难时为政府融通资金，政府也从需要出发，利用发行银行分支机构较多的优势，委托其代理国库，办理政府的国库收支、财务代理和财政性存款等业务。这一切都大大加强了这些银行的特殊地位，久而久之，这些银行便逐渐放弃对普通工商企业的信用业务，专门与商业银行和国家往来，担负起防止金融危机时银行倒闭和破产的重任，成为"银行的银行"和"国家的银行"，最终转化为中央银行。

成立于1694年的英格兰银行被公认为第一家中央银行，它最早在1844年通过《英格兰银行条例》获得发行货币的特权。1854年，英格兰银行成为英国银行业的票据交换中心，取得清算银行的地位。在19世纪出现的多次金融危机中，英格兰银行通过提供贷款有力地支持了其他银行，肩负起"最后贷款人"的责任，同时也具有了金融管理机构的特征。英格兰银行的发展与运行模式也被西方国家视为中央银行的典范而纷起仿效，至1900年，主要西方国家都设立了中央银行。

2. 中央银行制度的普及与发展

第一次世界大战前，许多国家为了应付军备竞赛的庞大开支，纷纷通过设立中央银行或强化对中央银行的控制来筹集资金。第一次世界大战期间，参战各国纷纷开动印钞机来弥补庞大军费开支所带来的财政赤字，造成严重的通货膨胀。战后为了尽快恢复经济和金融秩序，于1920年和1922年分别在比利时首都布鲁塞尔和瑞士日内瓦召开的国际会议上，参会国呼吁尚未设立中央银行的国家应尽快建立中央银行，以共同维持国际货币体系和经济稳定；提出中央银行应有更大的独立性，按照稳定币值的要求掌握货币发行，不受政府干预；明确了稳定货币是中央银行的重要职能，确认了中央银行的重要地位。

至第二次世界大战结束的30余年中，中央银行制度在世界各国进入普及阶段，期间有40多个国家和地区新设或改组中央银行，这些国家和地区大都从法律上确认中央银行具有超然地位。

3. 中央银行制度的完善与健全

第二次世界大战后，随着国家垄断资本主义的发展和国家干预主义经济思潮的兴盛，西方国家对经济的干预日益加强，货币政策成为许多国家调节宏观经济的最重要的政策工具。中央银行作为货币政策的制定者和执行者，其地位和作用也得到了进一步加强。首先，许多国家的中央银行在组织结构上，逐步实行了国有化。如法兰西银行于 1945 年、英格兰银行于 1946 年都实行了国有化。有些国家的中央银行虽然在股权上仍保留部分私股，但大部分股权则把持在国家手中，中央银行的国有性质并未因此受到影响。其次，许多国家纷纷制定新的银行法，明确中央银行调控宏观经济的任务。这些法律规定不仅与保持中央银行的相对独立性有关，而且为中央银行发挥调控作用提供了保障。最后，中央银行自身不断完善组织结构，健全调控机制，货币政策发展成为现代国民经济的两大调控工具之一。

（三）中央银行在中国的发展

中央银行在中国的萌芽是 20 世纪初清政府建立的户部银行。光绪三十年（1904年），清政府决定建立户部银行，主要目的是整顿币制，统一流通。1905 年，户部银行正式开业，为清政府的官办银行。1908 年，户部银行改称大清银行，享有清政府授予的铸造货币、代理国库和发行纸币等特权，部分地起到中央银行的作用。

最早以立法形式成立的中央银行是国民政府于 1928 年在上海设立的中央银行。根据规定，中央银行为国家银行，享有经理国库、发行兑换券、铸发国币、经理国债等特权，但尚未独占货币发行权。当时能同时充当清偿货币的，还有中国银行、交通银行和中国农民银行发行的银行券。1935 年，颁布了《中央银行法》，重申中央银行的国家银行性质。1942 年 7 月，根据《钞票统一发行办法》，将中国银行、交通银行和中国农民银行三家发行的钞票及准备金全部移交给中央银行，中央银行独享货币发行权。1945 年 3 月，国民党政府财政部授权中央银行统一检查和管理全国的金融机构，使其管理职能得到强化。1949 年，国民党政府的中央银行撤离大陆，成为中国台湾地区的"中央银行"。

中国人民银行作为新中国的中央银行，是 1948 年 12 月 1 日，在合并原华北银行、北海银行和西北农民银行的基础上组建的，同时开始发行统一的人民币。1949 年 2 月，总行迁至北平。从建立之日到 1983 年 9 月，它既是行使货币发行和金融管理职能的国家机关，又是从事信贷、结算、现金出纳和外汇业务的金融企业。这种一身二任、高度集中统一的"大一统"金融体系模式，既适合于新中国成立初期制止恶性通货膨胀的需要，也同高度集中的计划经济管理体制相适应。1983 年 9 月，国务院决定中国人民银行专门行使中央银行的职能，不再对企业和个人直接办理存贷业务，标志着我国确立了现代中央银行制度。从 1983 年至今，中国人民银行制定和执行货币政策的独立性逐渐增强。其机构设置发生了几次重大的调整：20 世纪 90 年代先后分设中国证券监督管理委员会和中国保险监督管理委员会，2003 年 9 月分设中国银行业监督管理委员会，分拆行使了中央银行传统的货币政策和金融监管两大职能。

二、中央银行的类型与组织形式

（一）单一中央银行制

单一中央银行制是指一个国家或地区建立单独的中央银行机构，使之全面行使中央银行职能的中央银行制度。单一中央银行制又可分为一元式和二元式两种中央银行制度。

一元式中央银行制度是指在国内只设一家统一的中央银行，机构设置一般采取总分行制。目前世界上绝大多数的中央银行都实行这种体制。一元式中央银行制度的特点是权力集中统一、职能完善，统一调控与协调能力强。

二元式中央银行制度是指在国内设立中央和地方两级相对独立的中央银行机构，地方机构有较大独立性的制度形式。中央级中央银行是金融决策机构，统一制定宏观金融政策；地方级中央银行接受中央级中央银行的监督与指导，但在本区域范围内较独立地实施货币政策和金融监管。二元式中央银行制度与联邦制的国家体制相适应，目前美国、德国等联邦国家实行此类中央银行制度。

（二）跨国中央银行制

跨国中央银行制是指由若干国家联合组建一家中央银行，并由该中央银行在其成员国范围内行使全部或部分中央银行职能的中央银行制度。跨国中央银行为成员国发行共同使用的货币和制定统一的货币金融政策，监督各成员国的金融机构和金融市场，对成员国政府进行融资，办理成员国共同商定并授权的金融事项等。跨国中央银行制度的典型代表有欧洲中央银行、西非货币联盟所设的西非国家中央银行、中非货币联盟所设的中非国家银行和东加勒比中央银行等。

（三）复合中央银行制

复合中央银行制是指国家不单独设立专司中央银行职能的机构，而是由一家集中央银行职能与商业银行职能于一身的国家大银行兼行中央银行职能的中央银行制度。复合中央银行制度往往与中央银行初级发展阶段和国家实行计划经济体制相对应，苏联和东欧多数国家曾实行该中央银行制度，我国在1983年以前也一直实行这种中央银行制度。

（四）准中央银行制

准中央银行制是指没有通常完整意义上的中央银行，只是由政府授权某个或某几个商业银行，或设置类似中央银行的机构，部分行使中央银行职能的体制。新加坡和我国香港地区是其典型代表。新加坡不设中央银行，而由货币局发行货币，金融管理局负责银行管理、收缴存款准备金等业务。我国香港则设金融管理局，下设货币管理部、外汇管理部、银行监管部和银行政策部。前两个部门负责港元和外汇基金的管理，后两个部门对金融机构进行监管。港元由汇丰银行、渣打银行和中国银行（香港）三家银行分别发行。实行这种准中央银行制的国家和地区还有斐济、马尔代夫、莱索托、利比里亚等。

三、中央银行的性质和职能

（一）中央银行的性质

中央银行虽然也称银行，却与商业银行的意义迥然不同，它是特殊的银行，其特殊性体现为目标的特殊、业务活动范围的特殊及职能的特殊。

微视频14-2 中央银行是发行的银行

233

中央银行具有特殊的目标与业务活动范围。中央银行虽然也从事货币信用业务，但不是为了盈利，而是为了实现特定的社会经济目标，如防止通货膨胀和金融危机，促进经济发展，保障充分就业，平衡国际收支等。因此，中央银行的活动范围仅限于宏观金融领域，除个别国家外，一般中央银行的信用业务不对企业和个人，只对政府部门、商业银行和其他金融机构。

中央银行的管理职能和管理手段是一般金融机构不具备的。现代中央银行一般都享有国家赋予的各种特权，从而也就奠定了中央银行的超然地位。随着各国政府加强对经济运行的干预，中央银行成为国家管理经济的部门，代表国家推行货币政策，维护经济秩序，管理全国的金融机构，调节社会经济生活，保障国民经济正常稳定发展。中央银行的宏观经济管理与政府其他部门的管理大有不同，它不是凭借政治权力，而主要是依靠自己的业务活动调节所能控制的经济变量，如货币供应量、利率、信贷、汇率等，来发挥宏观经济管理职能。中央银行如果离开了它的业务管理活动，是难以履行国家赋予它的宏观经济管理职能的。

（二）中央银行的职能

1. 中央银行是"发行的银行"

中央银行通过国家授权，集中与垄断货币发行，向社会提供经济活动所需要的货币，并保证货币流通正常运行，维护币值稳定。从理论上讲，在当前信用货币制度下，中央银行可以无限制地向社会提供货币。因此，中央银行在被赋予货币发行权的同时，也承担了维护货币流通秩序和币值稳定的责任。币值稳定既体现为货币对内价值的稳定，表现为物价的稳定和防止通货膨胀，又体现为货币对外价值的稳定，即汇率的稳定。另外，中央银行作为宏观调控机构，又需要通过增加或压缩货币发行量，最终实现促进经济增长或保持物价稳定等宏观经济政策目标。

2. 中央银行是"银行的银行"

中央银行充当一国（地区）金融体系的核心，为银行及其他金融机构提供金融服务、支付保证，并监督管理各金融机构与金融市场业务活动的职能。这一职能体现在以下几个方面：

一是集中存款准备金。为了防止危机发生，各国都以法律形式规定存款准备金的提取率并交存中央银行。同时，金融机构为了用于清算，也要在中央银行保留超额准备金存款。由此，使中央银行集中了金融机构的存款准备金，当个别金融机构出现支付困难时，中央银行可用来发放再贷款或再贴现。中央银行通过改变存款准备金比率，可进行社会信用规模和货币供应量的调节。

二是充当最后贷款人。如果商业银行资金周转不灵，而其他同业也头寸过紧而无法帮助，商业银行便可求助于中央银行，向中央银行申请再贴现或再贷款，中央银行成为商业银行的最后贷款人，保证了存款人和银行营运的安全。

三是组织、参与和管理全国清算业务。与集中准备金制度相联系，由于各家银行都在中央银行开有存款账户，则各银行间的票据交换和资金清算业务就可以通过这些账户转账和划拨，整个过程经济而简便。

四是监督管理金融业。监督管理金融业既是中央银行"银行的银行"职能的延伸，是中央银行对金融业服务与管理的统一，又是中央银行作为"政府的银行"的基本职能。

3. 中央银行是"政府的银行"

中央银行作为政府宏观经济管理的一个部门，由政府授权对金融业实施监督管理，对宏观经济进行调控，代表政府参与国际金融事务，并为政府提供融资、国库收支等服务。

原理 14-1

发行的银行、银行的银行和政府的银行是中央银行的基本职能。

第二节 中央银行的业务运作

中央银行履行其职责主要是通过它的各种业务来完成的。中央银行的业务主要包括资产业务、负债业务、清算业务、调查统计业务等。不同类型的业务有其各自的特点与作用。

一、中央银行的资产负债表

中央银行资产负债表是中央银行业务活动的综合会计记录，可以反映中央银行的资产负债情况。

（一）中央银行资产负债表的构成

由于各国在金融体制和信用方式方面存在差异，中央银行资产负债表项目的多寡及包括的内容、各项目在总资产或总负债中所占比重等颇不一致。以国际货币基金组织编制的货币当局资产负债表为基础简化的中央银行资产负债表如表 14-1 所示。

表 14-1 简化的中央银行资产负债表

资　　产	负　　债
国外资产	储备货币
对政府的债权	发行债券
对存款机构的债权	对外负债
对非货币金融机构的债权	政府存款
对非金融企业的债权	资本项目
其他资产	其他项目
总资产	总负债

中国人民银行从 1994 年起根据国际货币基金组织《货币与金融统计手册》规定的基本格式，编制中国货币当局资产负债表并定期向社会公布。中国人民银行所提供的

信息非常及时，登录中国人民银行网站，在"调查统计"栏目中查找"统计数据"—"货币当局资产负债表"即可获得。

（二）中央银行资产负债表的基本关系

在中央银行的资产负债表中，由于自有资本也是其资金运用的来源之一，因此将其列入负债方。但实际上自有资本不是真正的负债，其作用也不同于一般负债。因此，如果把自有资本从负债中分列出来，资产与负债的基本关系可以用以下三个公式表示：

$$资产 = 负债 + 自有资本 \qquad (14-1)$$
$$负债 = 资产 - 自有资本 \qquad (14-2)$$
$$自有资本 = 资产 - 负债 \qquad (14-3)$$

上述三个公式表明了中央银行未清偿的负债总额、资本总额、资产总额之间基本的等式关系。式 14-1 表明，在自有资本一定的情况下，中央银行的资产持有额的增减，必然导致其负债相应增减；反之亦然。式 14-2 表明，中央银行负债多少，取决于其资产与自有资本之差，在自有资本一定的情况下，如果中央银行的负债总额增加了，则必然扩大了等额的资产；反之亦然。式 14-3 表明，在中央银行负债不变时，自有资本与资产同方向增减，如负债不变，自有资本增加可以相应增加外汇储备或其他资产。这三个公式的政策意义主要表现为三点：一是中央银行的资产业务对负债业务有决定作用；二是由中央银行自有资本增加而相应扩大的资产业务，不会导致货币发行的增加；三是资产业务过大时可以调整负债进行对冲，防止货币发行过多。

二、中央银行的负债业务

中央银行的负债是指政府、金融机构、其他经济部门及社会公众持有的对中央银行的债权。中央银行的负债业务主要有以下几类。

（一）货币发行业务

社会上流通的现金都是通过货币发行业务流出中央银行的，货币发行形成中央银行对社会的负债。

货币发行是中央银行最初和最重要的负债业务。货币发行有两重含义：一是指中央银行将货币投放给商业银行或其他金融机构的行为；二是指货币从中央银行流出的数量大于从流通中回笼的数量。这两者通常都被称为货币发行。从中央银行流出的数量大于从流通中回笼的数量，形成净投放；反之，则为净回笼。中央银行的货币发行是其提供基础货币的主要构成部分。

中国人民银行对人民币发行的管理，在技术上主要是通过货币发行基金和业务库的管理来实现的。发行基金是中国人民银行为国家保管的待发行的货币。发行基金有两个来源：一是中国人民银行总行所属印制企业按计划印制解缴发行库的新人民币，二是开户的各个金融机构和中国人民银行业务库缴存中国人民银行发行库的回笼款。保管发行基金的金库称为发行库。发行基金由设置发行库的各级中国人民银行保管，并由总行统一掌握。各分库、中心支库、支库所保管的发行基金，都只是总库的一部分。业务库是商业银行为了办理日常现金收付业务而建立的金库，它保留的现金是商业银行业务活动中现金收付的周转金，是营运资金的组成部分，经常处于有收有付的状态。

具体的操作程序是：当商业银行基层业务库的现金不足以支付时，可到当地中国人民银行分支机构在其存款账户余额内提取现金，于是人民币从发行库转移到业务库，意味着这部分人民币进入流通领域；而当业务库的现金收入大于其库存限额时，超出部分则由业务库送交发行库，这意味着该部分人民币退出流通。这个过程可用图 14-1表示。

图 14-1　人民币发行的示意图

中国人民银行对人民币发行与流通的管理，主要体现在发行基金计划的编制、发行基金的运送管理、反假币及票样管理和人民币出入境管理等方面。

（二）存款业务

1. 中央银行的存款业务构成

中央银行的存款主要包括三类：各金融机构在中央银行的存款，政府存款，非银行金融机构存款、外国存款和特定机构存款。这些存款成为中央银行重要的资金来源。

2. 中央银行存款业务的目的

与商业银行等存款机构不同，中央银行吸收存款、组织资金来源的主要目的有三点：一是有利于调控信贷规模与货币供应量，二是有利于维护金融业的安全，三是有利于国内的资金清算。

3. 中央银行存款业务的特点

（1）存款原则的特殊性。中央银行遵循一国的金融法规制度开展存款业务，具有一定的强制性。存款准备金制度便是典型的例证，大多数国家的中央银行都依法规定存款准备金比率，强制要求商业银行按规定比率缴存存款准备金，而且在法定比率之内不能动用。

（2）存款动机的特殊性。中央银行吸收存款不是以盈利为目的，是为了便于调控社会信贷规模，监督管理金融机构的运作，从而达到执行中央银行职能的目的。

（3）存款对象的特殊性。中央银行的存款对象是商业银行、非银行金融机构、政府部门等机构。中央银行吸收的这些存款，一般不易脱离中央银行的控制，有利于实施货币政策操作。

（三）其他负债业务

中央银行负债业务除了货币发行和存款业务外，还包括发行中央银行债券、中央银行票据和对外负债。

1. 发行中央银行债券与票据

各国法律一般都赋予中央银行发行债券或票据的权力，中央银行通过发行债券或票据，可从社会回笼货币资金，实现调控货币供应量或流动性的目的。因此，当中央银行认为社会流动性过于充足，或为了压缩社会货币资金时，通常增加债券或票据的发行；反之，则通过回收债券或票据来向社会增加货币供给。

2. 对外负债

对外负债主要包括从国外银行的借款、对外国中央银行的负债、国际金融机构的贷款、在国外发行的中央银行债券等。中央银行对外负债一般出于以下目的：一是平衡国际收支，二是维持本币汇率的基本稳定，三是应付货币危机或金融动荡。

（四）资本业务

中央银行的资本业务是中央银行筹集、维持和补充自有资本的业务。中央银行资本形成的途径主要有政府出资、国有机构出资、私人银行或部门出资、成员国中央银行出资等。由于中央银行由国家赋予相应的特权，以国家信用作保证，因此中央银行实力的高低与其资本金多少无关。当然，中央银行也需要有一定的资本金来抵销其政策实施所带来的某些经济损失，保证货币政策实施的独立性与主动性。

三、中央银行的资产业务

中央银行的资产业务即其资金运用，主要包括贴现与放款业务、证券业务、黄金外汇储备业务和其他资产业务。

（一）贴现与放款业务

中央银行的贴现与放款业务主要包括中央银行对商业银行的再贴现和再贷款，对政府的各种贷款和对国外政府、金融机构的贷款等业务。其中，中央银行以再贷款方式对商业银行等金融机构提供资金融通和支付保证，既是履行"最后贷款人"职能的具体手段，也是其提供基础货币的重要渠道。

在票据业务发达的国家，中央银行办理票据再贴现成为向商业银行融通资金的重要方式。在票据业务不发达的国家，再贴现规模小，中央银行主要靠再贷款业务向商业银行融通资金。再贷款可以采取信用放款的授信方式，也可以采取证券抵押或质押方式。

为了保持银行体系流动性总体平稳适度，支持货币信贷合理增长，近年来各国中央银行纷纷采取各种抵押贷款业务。比如中国人民银行创设了以高信用评级的债券类资产及优质信贷资产等为抵押发放的常备借贷便利（SLF）、中期借贷便利（MLF）、抵押补充贷款（PSL）、定向中期借贷便利（TMLF）等。

（二）证券业务

中央银行的证券业务是指中央银行在公开市场上进行证券买卖的业务，是中央银行货币政策操作三大基本工具之一。此项业务操作在调控货币供应量的同时，也为中央银行调整资产结构提供了手段。中央银行买卖证券最重要的意义在于影响金融体系的流动性，调控基础货币，从而调节货币供应量，实现货币政策目标。中央银行买卖的证券一般都是优质证券，如政府债券、央行票据、回购协议等。中央银行买进证券就是投放了基础货币，卖出证券就是回笼了基础货币。相关内容将在第 18 章货币政策中详细介绍。

（三）黄金和外汇储备

自不兑现信用货币制度建立以来，黄金和外汇始终是稳定币值的重要手段，也是用于国际支付的重要储备。为了稳定一国货币的币值，稳定本国货币对外汇率，灵活调节国际收支，防止出现国际支付困难或危机，中央银行担负着为国家管理外汇和黄金储备的责任，而黄金和外汇储备要占用中央银行资金，因而属于中央银行的重要资金运用。

（四）其他资产

除以上三项外，未列入的所有项目之和都可列入其他资产，主要包括待收款项和固定资产等。

四、中央银行的其他业务

除上述中央银行的资产负债业务之外，中央银行还承担其他重要的业务活动，包括支付清算业务、经理国库、调查统计分析业务等。

中央银行的清算业务是指中央银行作为一国支付清算体系的管理者和参与者，通过一定的方式和途径，使金融机构的债权债务清偿及资金转移顺利完成，并维护支付系统的平稳运行。

中央银行经理国库的业务，包括：组织拟订各种国库制度；为财政部门办理预算资金的收纳、划分、留解和支拨业务；对国库资金收支进行统计分析；定期向同级财政部门提供国库单一账户的收支和现金情况，核对库存余额；按规定承担国库现金管理有关工作；按规定履行监督管理职责，维护国库资金的安全与完整；代理国务院财政部门向金融机构发行、兑付国债和其他政府债券，等等。这是中央银行发挥"政府的银行"职能的重要内容。

中央银行的调查统计分析业务是中央银行获取经济金融信息的基本渠道，在中央银行的职能行使和业务活动中发挥着不可或缺的信息支撑功能，主要包括金融统计和景气调查。

第三节　中央银行的运作规范及其与各方的关系

中央银行是具有特殊权力的银行，其地位由国家法律规定，其业务活动由国家权力保障。同样，其业务范围也受法律的限制。中央银行作为金融管理机关和宏观经济调控主体，为保证其业务活动的正常进行，国家必须赋予中央银行较高的相对独立性。中央银行需要正确处理好与政府部门、金融监管部门、金融机构及国际金融组织、外国中央银行的关系。

一、中央银行业务活动的法律规范与原则

（一）中央银行业务活动的法律规范

目前，各国对中央银行业务活动的法律规范大致可分为法定业务权力、法定业务范围、法定业务限制三个方面。

1. 中央银行的法定业务权力

中央银行的法定业务权力是指法律赋予中央银行在进行业务活动时可以行使的特殊权力。根据目前各国的中央银行法，这种法定业务权力一般有以下几项：发布并履行与其职责相关的业务命令和规章制度的权力，决定货币供应量和基准利率的权力，调整利率、存款准备金率和再贴现率的权力，决定对金融机构贷款数额和方式的权力，灵活运用相关货币政策工具的权力，依据法律规定对金融机构和金融市场监督管理的权力，法律规定的其他权力。

2. 中央银行的法定业务范围

中央银行作为发行的银行、银行的银行、政府的银行，其法定业务范围主要有以下几项：货币发行和货币流通管理业务；存款准备金业务；为金融机构办理再贴现及贷款业务；在公开市场从事有价证券的买卖业务；黄金外汇经营管理业务；代理国库业务，代理政府债券发行、兑付业务；组织或协助组织金融机构间的清算业务；对全国的金融活动进行统计调查与分析预测，统一编制全国金融统计数据、报表，按照国家规定定期予以公布；对金融机构和金融市场的相关监督管理；法律允许的其他业务。

3. 中央银行的法定业务限制

为了确保中央银行认真履行职责，防止中央银行为了追逐自身利益，而损害金融机构和公众利益，维护中央银行的信誉和权威性，各国中央银行法都对中央银行的业务活动进行必要的限制。例如，《中华人民共和国中国人民银行法》（简称《中国人民银行法》）规定，中国人民银行不得对银行业金融机构的账户透支。

（二）中央银行业务活动的一般原则

1. 非盈利性

非盈利性指中央银行的一切业务活动不是以盈利为目的。只要是宏观金融管理所必需的，即使不盈利甚至亏损的业务也要去做。当然，这并不意味着不讲成本和收益。在实际业务活动中，中央银行业务开展的结果也往往能获得一定的利润，但这只是一种客观的经营结果，并不是中央银行主观追逐的业务活动目的。

2. 流动性

流动性指中央银行一般不做期限长的资产业务。因为中央银行进行货币政策操作和宏观经济调控时，所拥有的资产必须具有较强的流动性，才能及时满足其调节货币供求、稳定币值和汇率、调节经济运行的需要。

3. 主动性

主动性指中央银行在进行金融监管或货币政策操作时，要独立判断及主动采取措施。

4. 公开性

公开性指中央银行的业务状况公开化，定期向社会公布业务与财务状况，并向社会提供有关的金融统计资料。保持公开性，有利于中央银行的业务活动接受社会公众的监督；可以增强中央银行业务活动的透明度，有利于增强实施货币政策的告示效应；可以及时、准确地向社会提供必要的金融信息，有利于各界分析研究金融和经济形势，也便于他们进行合理预期，调整经济决策和行为。

二、中央银行的独立性

（一）中央银行独立性的含义

中央银行的独立性是指中央银行履行自身职责时法律赋予或实际拥有的权力、决策与行动的自主程度。中央银行的独立性比较集中地反映在中央银行与政府的关系上。

总体说来，当各国经济社会处于平稳发展的时候，政府与中央银行的关系是比较协调的，中央银行能够比较自主地履行自己的职责；而在经济、金融出现困难甚至危机的时候，政府与中央银行往往出现不协调的情况，政府较多地考虑就业、保障等社会问题，中央银行较多地考虑货币金融稳定等经济问题。因此，中央银行独立性问题，既是一个理论问题，又是一个现实选择问题。

（二）中央银行独立性的辩证关系

1. 中央银行应对政府保持一定的独立性

理由在于：一是中央银行的业务活动必须符合金融运行的客观规律和自身业务的特点，这是由经济与金融的关系和金融行业的特殊性质决定的；二是中央银行的运作具有很强的专业性和技术性；三是中央银行与政府两者所处地位、行为目标、利益需求及制约因素有所不同；四是可以与政府其他部门之间的政策形成一个互补和制约关系，增加政策的综合效力和稳定性，避免因某项决策或政策失误而造成经济与社会发展全局性的损失；五是可以使中央银行和分支机构全面、准确、及时地贯彻总行的方针政策，避免各级政府的干预，保证货币政策决策与实施的统一。

2. 中央银行对政府的独立性是相对的

在现代经济体系中，中央银行作为国家的金融管理当局，是政府实施宏观调控的重要部门。中央银行要接受政府的管理和监督，在国家总体经济社会发展目标和政策指导之下履行自己的职责。中央银行的货币政策目标和宏观调控目标要与国家经济社会发展的总体目标相一致，目标的实现也需要其他政策特别是财政政策的协调与配合，与其他部门的关系也需要由政府来协调。尤其在特殊情况下（如遇到战争、特大灾害等），中央银行必须完全服从政府的领导和指挥。因此，中央银行对政府的独立性只能是相对的，不能完全独立于政府，不受政府的任何制约，更不能凌驾于政府之上。

（三）中央银行独立性的实践

目前，世界各国中央银行的独立性程度差异较大，主要有三类：一是独立性较强的，如美国联邦储备体系等；二是独立性较弱的，如中国人民银行等；三是独立性居中的，如英格兰银行、日本银行等，一些新兴的工业化国家的中央银行也大致属于这种类型。

《中国人民银行法》对独立性问题有专门的规定。法律在规定中国人民银行必须接受国务院领导的同时，也对中国人民银行的独立性给予了一定范围的授权。从总体看，中国人民银行在重要事项的决策方面对政府的独立性是较弱的，但这只是对中央政府而言，对地方政府和各级政府部门等，法律赋予中央银行完全的独立性。同时在货币政策操作、业务活动等方面，中央银行的独立性就更强一些。从发展的角度看，中国人民银行的独立性明显地呈逐步增强的趋势。

原理 14-2

中央银行的特殊权力和业务范围受法律限制。为保证其业务活动正常进行，国家赋予中央银行较高的相对独立性。

三、中央银行与各部门的关系

（一）中央银行与政府部门之间的关系

不论中央银行对政府的独立性是强还是弱，中央银行与政府部门之间都有一定的联系。但一般说来，独立性较强的中央银行，与政府部门之间的联系相对松散；而独立性较弱的中央银行，与政府部门之间的联系大都比较紧密。

1. 中央银行与财政部门的关系

与中央银行联系最为密切的是财政部门。由于财政部门在经济方面最能代表政府，所以中央银行对政府的关系在很大程度上反映在中央银行与财政部门的关系上，政府对中央银行的管理和干预在许多方面是通过财政部门进行的。中央银行与财政部门的关系主要反映在：一是中央银行资本金的所有权大都由财政部门代表国家或政府持有；二是绝大多数国家中央银行的利润除规定的提存外全部交国家财政，如有亏损，则由国家财政弥补；三是财政部门掌管国家财政收支，而中央银行代理国库；四是中央银行代理财政债券发行，需要时按法律规定向政府财政融资；五是许多国家财政部门的负责人参与中央银行的决策机构；六是在货币政策和财政政策的制定和执行方面，中央银行与财政部门需要协调配合。

2. 中央银行与其他政府部门的关系

除财政部门之外，中央银行还与其他政府部门具有一定的联系，如经济运行的管理调节部门、贸易管理部门、经济方面的有关决策部门和咨询部门、统计部门等。中央银行与这些部门之间的关系体现在协作、信息交流、政策配合等方面，无隶属关系，除了中央银行因代理国库与这些部门在国家预算资金拨付上有所联系之外，一般也无其他业务往来关系。

（二）中央银行与金融监管部门之间的关系

国际上金融监管体制各不相同，有些国家由中央银行负责，而有些国家则由中央银行和独立分设的监管机构共同承担。但不管采用何种体制，中央银行都是对金融业实施监督管理的核心机构，与其他金融监管机构的关系极为密切。

（三）中央银行与商业银行等金融机构之间的关系

从中央银行与商业银行等金融机构的业务关系看，中央银行是各类金融机构从事金融业务活动的支持者和保证者。从中央银行承担监督管理金融业、维护金融稳定、规范金融运作等方面的职责看，中央银行是商业银行等金融机构的领导者和管理者。但与一般行政部门的上下级关系不同，中央银行与商业银行等金融机构不是行政意义上的隶属关系，中央银行的领导与管理主要通过制定和实施有关政策来体现，并且主要是通过具体的金融业务活动实现的。

（四）中央银行的对外金融关系

在经济一体化与金融国际化的趋势下，大力发展一国对外金融关系，建立、发展与各国中央银行的密切联系，彼此开展自觉的政策协调与合作，已成为必然之举。中央银行的对外金融关系主要体现在以下几方面：一是充当对外金融的总体发展战略的制定者，充当政府对外金融活动的总顾问和全权代表；二是参与各国中央银行间的交流合作活动；三是进行资本国际流动的调节管理和对外负债的全面监测；四是充当黄金和外汇储备的管理者以及进行国际货币政策协调。

本章小结

1. 中央银行是专门制定和实施货币政策、统一管理金融活动并代表政府协调对外金融关系的金融管理机构。中央银行在组织形式上具有不同的类型，主要有单一型、复合型、跨国型和准中央银行型。

2. 从性质看，中央银行是通过国家授权，负责制定和实施货币政策，调控国民经济，监督管理金融业，维护金融秩序和金融稳定，同时服务于政府和整个金融体系，并代表国家开展金融交往与合作的特殊金融机构和宏观管理部门。中央银行具有"发行的银行""银行的银行"和"政府的银行"的职能。

3. 中央银行主要有负债业务、资产业务和其他业务。中央银行的负债业务包括货币发行、存款业务和其他负债业务，中央银行的资产业务包括贴现与放款业务、证券业务、黄金外汇储备业务和其他资产业务。

4. 各国都对中央银行业务活动作了法律性规定，包括法定业务权力、法定业务范围、法定业务限制三个方面。中央银行的业务经营活动奉行非营利性、流动性、主动性、公开性四个原则。

5. 中央银行的独立性是指中央银行履行自身职责时法律赋予或实际拥有的权力、决策与行动的自主程度。中央银行应对政府保持一定的独立性，但这种独立性只能是相对的。

复习思考题

1. 简述中央银行产生的原因。

2. 请分析中央银行制度的建立与发展过程。

3. 请比较不同中央银行体制的基本特点。

4. 结合现实，谈谈你是如何认识中央银行的性质和职能的。

5. 中央银行资产负债表的基本关系是什么? 基本项目有哪些?

6. 中央银行业务活动的一般原则有哪些?

7. 如何理解中央银行的独立性? 如何理解中央银行与政府部门之间的关系?

即测即评

网上更多……　　　🔧 教学案例　　　📋 名词术语　　　🖵 学生讨论

第 15 章
货币需求

📖 **本章导读** 》》

職能产生需求，不同物品的特有职能使我们产生了对它们的需求。货币也不例外。第二章讲述了货币的职能，货币特有的职能使我们产生了对它的需求。但与其他商品不同，货币是交换媒介，它可以与其他任何商品相交换，主观心理上我们对货币的需求可能是无限的，但客观上是这样的吗？答案是否定的。那么，哪些因素决定货币需求量的多少呢？这是货币需求理论一直探讨的问题，也是本章介绍的重点。

第一节　货币需求的含义与分析视角

一、货币需求的含义

第二章讲到，货币是交换媒介，是人们财富的一般代表。货币的这种独特职能使人们产生了对它的需求。在充当交换媒介时，货币与商品相对应，因此，在一个时期内，一个经济体生产出多少商品，就需要相应数量的货币发挥媒介作用，用以实现这些商品的价值，这是实体经济运行对发挥交易媒介职能的货币产生的需求。同时，货币作为财富的一般代表，具有资产职能，人们愿意持有货币作为其资产组合的一个组成部分，用以实现投资效益最大化，这是微观经济主体对发挥资产职能的货币产生的需求。货币总需求是对这两类发挥不同职能货币的需求总和。概括起来，我们可以将**货币需求**界定为在一定的资源（如财富拥有额、收入、国民生产总值等）制约条件下，微观经济主体和宏观经济运行对执行交易媒介和资产职能的货币产生的总需求。

理解货币需求的含义时，要注意把握两点：一是货币需求是一种能力与愿望的统一体。货币需求以收入或财富的存在为前提，即在具备获得或持有货币的能力范围之内愿意持有的货币量。二是现实中的货币需求包括了对现金和存款货币的需求。因为在现代经济中，货币的范畴已不再局限于现金，还包括存款货币。两者都能发挥交易媒介和资产职能。

二、货币需求分析的宏观与微观视角

理论界对货币需求的分析通常采用宏观和微观两种视角。

宏观视角从一个国家的社会总体出发，探讨一个国家在一定时期内的经济发展与商品流通所需要的货币量。其关注点在于货币供求的均衡及其对市场价格的影响。

微观视角从社会经济个体出发，分析各部门（居民、企业等）的持币动机和持币行为，研究一个经济单位在既定的收入水平、利率水平和其他经济条件下，所需要持有的货币量。其关注点在于研究货币需求的动机与影响因素，分析货币需求变化的微观机理。

把货币需求的分析分为宏观分析与微观分析，只是说明分析的角度和着力点有所不同，并不意味着可以厚此薄彼或相互替代。在对货币需求进行研究时，需要将二者有机地结合起来。一方面是因为宏观与微观的货币需求分析之间存在不可割裂的有机联系；另一方面是因为货币需求既属于宏观领域，又涉及微观范畴，单独从宏观或微观角度进行分析都有所缺憾。

三、名义货币需求与实际货币需求

名义货币需求与实际货币需求是经济学家在说明货币数量变动对经济活动的影响过程时所使用的一对概念。

名义货币需求是指个人、家庭、企业等经济单位或整个社会在一定时点所实际持有的货币数量，如 5 万元人民币、1 万美元等，通常以 M_d 表示。实际货币需求则是指名义货币数量在扣除了物价变动因素之后的货币余额，等于名义货币需求除以物价水平，即 M_d/P。因此，名义货币需求与实际货币需求的根本区别，在于是否剔除了通货膨胀或通货紧缩所引起的物价变动的影响。

对于货币需求者来说，重要的是货币实际购买力的高低而非货币数量的多寡；对全社会来说，重要的则是寻求最适当的货币需求量。故在物价总水平有明显波动的情况下，区分并研究名义货币需求对于研判宏观经济形势和制定并实施货币政策具有重要意义。

四、货币需求的数量与结构

货币需求有数量问题，也有结构问题。

货币需求的数量问题主要是测算一定时期内一国的微观经济主体和宏观经济运行对货币的真实需求量，这是一国中央银行确定合理货币供给量的关键性依据。货币需求总量包括两部分：执行交易媒介职能的交易性货币需求和执行资产职能的资产性货币需求。

货币需求的结构问题是数量问题的延续与深化。交易性货币需求和资产性货币需求在货币总需求中的比例是货币需求结构的首要表现。按照国际货币基金组织的口径，通货和货币执行交易媒介职能，处于 M1 层次上；而准货币（QM）执行资产职能，处于 M2 层次上。基于此，上述货币需求结构通常被称为货币需求的层次结构，用指标 QM/M2 或 M1/M2 表示。分析货币需求的层次结构，可以把握一国经济发展中各类经济主体对执行不同职能货币的需求具有怎样的变化趋势。对货币需求结构的分析还可以从其他方面进行，如货币需求的主体结构用以分析政府、企业、居民、国外等不同经济部门对货币的需求；货币需求的区域结构用以分析一国不同地区对货币的需求等。

第二节 货币需求理论的发展

货币需求理论历来为经济学家所重视。20 世纪以前，经济学家们侧重于从宏观角度研究商品流通所产生的客观货币需求，重点探究一个国家在一定时期内的经济发展和商品流通所必需的货币量；20 世纪以来，经济学家则更多地侧重于研究个人、家庭、企业等微观主体对货币的需求，重点探究这些微观经济主体为什么持有货币，货币需求究竟由哪些因素决定和影响，货币需求函数是否稳定等问题。在货币需求理论发展演进中，以下几种理论颇具代表性。

一、马克思的货币需求理论

马克思的货币需求理论集中反映在其货币必要量公式中。马克思的货币必要量公式是在总结古典学派对流通中货币数量研究成果的基础上，对货币需求理论从宏观角度的精练表述。

马克思的货币必要量公式以完全的金币流通为假设条件，进行了如下论证：① 商品价格取决于商品的价值和金币的价值，而商品价值取决于生产过程，所以商品是带着价格进入流通的；② 商品数量和价格的多少，决定了需要多少金币来实现它；③ 商品与货币交换后，商品退出流通，货币却要留在流通中多次充当商品交换的媒介，从而一定数量的货币流通几次，就可相应使得几倍于它的商品进行交换。这一论证可以用公式写成：

$$执行流通手段的货币必要量 = \frac{商品价格总额}{同名货币的流通次数} \tag{15-1}$$

若以 M 表示货币必要量，Q 表示待售商品数量，P 表示商品价格，V 表示货币流通速度，则有：

$$M = \frac{PQ}{V} \tag{15-2}$$

该模型强调的是商品流通决定货币流通的基本原理。

在一定时期内执行流通手段职能的货币必要量主要取决于商品价格总额和货币流通速度。

二、古典学派的货币需求理论：两个著名的方程式

（一）交易方程式

美国经济学家欧文·费雪在其 1911 年出版的《货币购买力》一书中提出了**交易方程式**：

$$MV=PT \tag{15-3}$$

其含义是流通中的通货存量（M）乘以流通速度（V）等于物价水平（P）乘以交易总量（T）。

费雪给予了这个方程式古典经济学的解释：首先，货币流通速度（V）是由诸如银行及信用机构的组织结构与效率、工业集中程度、人们的货币支出习惯等制度因素决定的，这些因素变动缓慢，故 V 在短期内可视为不变的常量；在长期内，由于经济中支付机制的变化，流通速度会逐渐地以可预料的方式发生变化，但不受 M 变动的影响。其次，由于假定供给能够自动创造需求，因而实际产量全部进入流通，实际交易数量就是产出量或充分就业产量，因此在短期内，交易数量（T）也是不变的常量，长期亦不受 M 变动的影响。最后，货币仅是便利交易的工具，因此，所有的货币不是用于消费，就是通过储蓄自动转化为投资，全部进入流通充当交易媒介。这样，费雪交易方程式又可表达为：

$$P=MV/T \tag{15-4}$$

在这个表达式中，由于 V、T 是常量，故货币数量的变动直接引起物价水平成正比例变动。因此，费雪交易方程式实质上表述的是一种货币数量与物价水平变动关系的理论，强调的是货币数量对价格的决定作用，是货币数量说的一种表述。

但是，费雪将此交易方程式进行一定的变形，就可得到货币需求方程式：

$$M = \frac{PT}{V} = \frac{1}{V}PT \tag{15-5}$$

此公式表明，决定一定时期名义货币需求数量的因素主要是这一时期全社会一定价格水平下的总交易量与同期的货币流通速度。从费雪的交易方程式中也可以看出，他是从宏观分析的角度研究货币需求的，而且仅着眼于货币作为交易媒介的功能，关注的是流通中的货币数量。

（二）剑桥方程式

开创微观货币需求分析先河的经济学家是英国的阿尔弗雷德·马歇尔和庇古。20世纪20年代，他们创立了现金余额说，又被称作剑桥方程式。

现金余额说把分析的重点放在货币的持有方面。马歇尔和庇古认为，人们的财富与收入有三种用途：① 投资以取得利润或利息；② 消费以取得享受；③ 持有货币以便利交易和预防意外，形成的现金余额即对货币的需求。这三种用途互相排斥，人们究竟在三者之间保持一个什么样的比例，必须权衡其利弊而决定。用数学方程式表示，便是：

$$M_d=kPY \qquad (15\text{-}6)$$

式中：Y 代表总收入；

$\quad P$ 代表价格水平；

$\quad k$ 代表以货币形式保有的收入占名义总收入的比率；

$\quad M_d$ 代表名义货币需求。

这就是著名的剑桥方程式。

（三）两个方程式的区别

费雪方程式是从宏观角度分析货币需求的，关注的是充当交易媒介的货币，表明要维持价格水平的稳定，在短期内由制度因素决定的货币流通速度可视为常数的情况下，商品交易量是决定货币需求的主要因素。而剑桥方程式则从货币对其持有者效用的角度研究货币需求，既关注发挥交易媒介职能的货币，也关注发挥资产职能的货币，提出人们持有货币要付出代价，如丧失利息，这个代价是对持有货币数量的制约。微观主体要在两相比较中决定货币需求的多少。显然，剑桥方程式中的货币需求决定因素多于费雪方程式，特别是利率的作用已经成为不容忽视的因素之一，只是在方程式中没有明确地表示出来。

三、凯恩斯学派的货币需求理论

（一）凯恩斯的货币需求理论

凯恩斯继承了马歇尔、庇古关于权衡利弊而持有货币的观点，并把它发展成一种权衡性的货币需求理论即流动性偏好说。凯恩斯对货币需求理论的突出贡献在于他对货币需求动机的剖析并在此基础上把利率引入了货币需求函数，从而论证了利率对货币需求的决定作用，揭示了利率在货币金融理论体系中的枢纽地位。

凯恩斯认为，人们持有货币的动机来源于流动性偏好这种普遍的心理倾向，而人们偏好货币的流动性是出于交易动机、预防动机和投机动机。

1. 交易动机

凯恩斯认为，交易媒介是货币最基本的功能，因此人们为了应付日常的商品交易而必然需要持有一定数量的货币，由此产生了持币的交易动机。基于交易动机而产生的货币需求，凯恩斯称之为货币的交易需求。

2. 预防动机

预防动机是指人们为了应付不测之需而持有货币的动机。凯恩斯认为，生活中经常会出现一些未曾预料的、不确定的支出或购物机会，为此人们需要保持一定量的货币在手中，具有预防意外事件的能力，这类需求可称为货币的预防需求。

凯恩斯提出，由交易动机和预防动机引起的货币需求与收入水平存在稳定的关系，是收入的递增函数。用函数式表示，即为：

$$M_1 = L_1(Y) \tag{15-7}$$

式中：M_1 代表满足交易动机和预防动机而需要的货币量；

$\quad\quad$ Y 代表收入；

$\quad\quad$ L_1 代表 Y 与 M_1 之间的函数关系。

3. 投机动机

投机动机是凯恩斯货币需求理论中最具创新的部分。凯恩斯认为，人们持有货币还出于保存价值或财富的动机。凯恩斯把用于保存财富的资产分为货币和债券两大类。人们持有货币资产，收益为零。持有债券资产，则有两种可能：利率上升，债券价格下跌；利率下降，债券价格上升。如果后一种情况发生，持有者会获得收益。当前一种情况发生时，假如债券价格下跌幅度过大，使人们在债券价格方面的损失超出了他们从债券获得的利息收入，则收入为负，此时人们会增加对货币的需求；相反，则会减少货币需求。显然，对现存利率水平的判断成为人们在货币和债券两种资产间进行选择的关键。如果人们确信现行利率水平高于正常值，将会多持有债券；反之，则会倾向于多持有货币。可见，投机性货币需求最主要受利率影响，是利率的递减函数。

用函数式可表示为：

$$M_2 = L_2(i) \tag{15-8}$$

式中：M_2 代表投机性货币需求量；

$\quad\quad$ i 代表利率；

$\quad\quad$ L_2 代表 i 与 M_2 之间的函数关系。

由于投机性货币需求与人们对未来利率的预期紧密相关，受心理预期等主观因素的影响较大，而心理的无理性则使得投机性货币需求经常变化莫测，甚至会走向极端，流动性陷阱就是这种极端现象的表现。所谓流动性陷阱，是指这样一种现象：当一定时期的利率水平降低到不能再低时，人们的货币需求变得无限大，即无论增加多少货币供给，都会被人们以货币形式储存起来。

货币总需求的函数式是：

$$M = M_1 + M_2 = L_1(Y) + L_2(i) = L(Y, i) \tag{15-9}$$

凯恩斯把利率视为货币需求函数中与 Y 有同等意义的自变量，表明他对利率的高度重视。

（二）现代凯恩斯学派对凯恩斯货币需求理论的发展

早在 20 世纪 40 年代，美国经济学家汉森就曾对凯恩斯关于交易性货币需求主要取决于收入，而同利率高低无关的观点提出质疑。20 世纪 50 年代以后，一些凯恩斯学派的经济学家在深入研究凯恩斯货币理论的基础上，进一步强化了利率对货币需求的决定性作用，其中最具代表性的有平方根定律、立方根定律和资产组合理论等。

1. 平方根定律

1952 年，美国经济学家鲍莫尔运用存货理论深入分析了由交易动机产生的货币需求同利率的关系。

鲍莫尔认为，任何企业或个人的经济行为都以收益的最大化为目标，因此在货币收入取得和支用之间的时间差内，没有必要让所有用于交易的货币都以现金形式存在。由于现金不会给持有者带来收益，所以应将暂时不用的现金转化为生息资产，待需要支用时再变现，只要利息收入超过变现的手续费就有利可图。一般情况下，利率高，人们就会把现金的持有额压到最低限度。但若利率较低，利息收入不够变现的手续费，那么人们宁愿持有全部的交易性现金。因此，在金融市场发达和生息资产容易变现的情况下，交易性货币需求与利率的关系很大。

为了便于分析，鲍莫尔首先提出以下假定：① 人们收入的数量一定，间隔一定；支出的数量事先可知且速度均匀。② 人们将现金换成生息资产采用购买短期债券的形式，它们具有容易变现、流动性强的特点。③ 每次变现（出售债券）与前一次的时间间隔及变现数量都相等。

若以 Y 代表交易支出总额，k 代表每次变换的现金额，b 代表每次变现的手续费，r 代表市场利率，C 代表成本总额，则 C 可由下式表示：

$$C = b\frac{Y}{k} + r\frac{k}{2} \tag{15-10}$$

通过对式 15-10 求 k 的一阶导数，并令其为零，可以解出：

$$k = \sqrt{\frac{2bY}{r}} \tag{15-11}$$

由于人们的平均手持现金余额是 $\frac{k}{2}$，那么最适量的现金持有额为 $\frac{1}{2}\sqrt{\frac{2bY}{r}}$，即现金余额（用 M 表示）为：

$$M = \frac{k}{2} = \frac{1}{2}\sqrt{\frac{2bY}{r}} \tag{15-12}$$

如果令 $a = \sqrt{b/2}$，则使总成本（C）最小的货币持有额，即交易性货币需求可写成：

$$M = aY^{0.5}r^{-0.5} \tag{15-13}$$

式 15-13 就是著名的平方根公式。此式表明，当交易量（Y）和手续费（b）增加时，最适度的交易性货币需求将增加；而当利率上升时，交易性货币需求会下降。

平方根定律从人们保持适度的现金用于交易，而将暂时闲置的部分用以获利的角度出发，得出交易性货币需求在很大程度上受利率变动影响的结论。这一结论在发达的市场经济体中具有普遍适用性。

2. 立方根定律

美国经济学家惠伦、米勒和奥尔等人采用与鲍莫尔相同的研究思路，对预防性货币需求同利率之间的关系进行了研究，提出了立方根定律。该定律表明最佳预防性货币余额的变化与货币支出分布的方差、转换现金的手续费、持有货币的机会成本呈立方根关系，假定一种净支出的正态分布确定后，其最佳预防性货币需求将随着收入和支出平均额的立方根变化而变化，而持币的机会成本取决于市场利率。利率上升，持有预防性货币余额的机会成本上升，预防性货币需求随之下降；反之则上升。预防性货币需求与利率之间存在反向变动的关系。

3. 资产组合理论

1958 年，美国经济学家托宾用投资者避免风险的行为动机重新解释流动性偏好理论，首次将资产选择引入货币需求分析，提出资产组合理论，发展了凯恩斯的投机性货币需求理论。

托宾认为，资产的保存形式有两种：货币与债券。货币是没有收益也没有风险的安全性资产，债券是既有收益也有风险的风险性资产。收益的正效用随着收益的增加而递减，风险的负效用随着风险的增加而递增。人们总是根据效用最大化原则在两者之间进行选择。人们为了既能得到收益的正效用，又不致使风险的负效用太大，需要同时持有货币和债券，两者在量上组合的依据是最后增加或减少的那张债券所带来的风险负效用与收入正效用的代数和等于零，此时总效用达到最大化。利率变动后，引起投资者预期收益率的变动，破坏了原有资产组合中风险负效用与收益正效用的均衡，人们重新调整自己资产中货币与债券的比例关系，导致投机性货币需求的变动。

资产组合理论在说明投机性货币需求与利率反方向变动的同时，解释了凯恩斯理论没能解释的货币与债券资产同时被持有的现象。与此同时，资产组合理论探讨了风险与收益的匹配及资产的定价与选择问题，为微观金融学的发展奠定了基础。

四、弗里德曼的货币需求理论

美国经济学家米尔顿·弗里德曼对古典学派的货币数量论进行了重新表述，提出了货币需求的新货币数量论。该理论采用微观经济理论中的消费者选择理论，深入分析影响货币需求的因素。

弗里德曼认为，人们在众多资产中选择货币，就像在众多的商品中进行选择一样，因此，依据消费者选择理论，影响货币需求的因素主要有以下三类：

（一）收入或财富

收入或总财富是决定货币需求量的首要因素。由于财富可视为收入的资本化价值，弗里德曼用收入来代表财富总额，并选用长期的永恒收入（Y），即一个人在比较长的一个时期内的过去、现在和今后预期会得到的收入的加权平均数，它具有稳定性的特点。弗里德曼提出，由总财富决定的永恒收入水平越高，货币需求就越大。

弗里德曼进一步把财富分为人力财富和非人力财富两大类，认为人力财富给人们带来的收入是不稳定的，而非人力财富则能够给人们带来较稳定的收入。因而，如果永恒收入主要来自人力财富，人们就需要持有更多的货币以备不时之需；反之则相反。因此，非人力财富收入在总收入中所占比重（W）与货币需求成反比关系。

（二）持有货币的机会成本

持有货币的机会成本是指"其他资产的预期报酬率"[1]。弗里德曼认为，货币的名义报酬率（r_m）可能等于零（手持现金与支票存款），也可能大于零（定期存款和储蓄存款），而其他资产的名义报酬率通常大于零。这样，其他资产的名义报酬率就成为持币的机会成本。其他资产的报酬率主要包括两部分：一部分是目前的收益，如以债券为代表的预期固定收益率（r_b），以股票为代表的预期非固定收益率（r_e）；另一部分是预期物价变动率（$\frac{1}{p}\frac{\mathrm{d}p}{\mathrm{d}t}$）。显然，债券的利率、股票的收益率越高，持币的机会成本就越大，货币的需求量就越小；预期的通货膨胀率越高，持币带来的通货贬值损失就越大，对货币的需求就越少。

（三）持有货币给人们带来的效用

持有货币可以给人们带来流动性效用（U），此效用的大小以及影响此效用的其他因素，如人们的嗜好、兴趣等也是影响货币需求的因素。

综合上述三类因素，可得到一个标准的货币需求函数式：

$$\frac{M}{P} = f\left(Y, W; r_m, r_b, r_e, \frac{1}{p}\frac{\mathrm{d}p}{\mathrm{d}t}; U\right) \tag{15-14}$$

式中：M/P 为货币的实际需求量，其余符号如上所述。

弗里德曼利用实证的研究方法，依据美国 1892—1960 年的资料论证了在货币需求的三类决定因素中，持币的各种机会与利率相关，但货币需求对利率的变动不敏感；持币效用是相对不变的，可以作为常量；永恒收入对货币需求的决定具有最重要的作用。据此弗里德曼提出，永恒收入自身具有稳定、可测的特点，利率虽然经常变动，但货币需求对其变动不敏感，因此，货币需求是可测且相对稳定的。由于价格等杠杆性变量都是货币需求和货币供给相互作用的结果，货币需求的相对稳定性表明货币对于总体经济的影响主要来自货币供给方面。据此，弗里德曼提出了以反对通货膨胀、稳定货币供给为主要内容的货币政策主张。

原理 15-2

决定市场经济中货币需求的主要因素是收入和利率。

---

① 弗里德曼 . 货币分析的理论架构［M］. 台北：黎明文化事业公司，1974：14.

对货币需求理论的研究归根到底是为货币政策服务的。凯恩斯学派和以弗里德曼为代表的货币学派之所以争论到底是规模变量（收入）还是机会成本变量（利率）对货币需求发挥决定作用，其最终目的都是解释如何才能更好地实施货币政策。凯恩斯学派强调利率对货币需求的影响，论证了货币需求由于受到人们主观预期的影响而难以预测，中央银行调控的货币供应量无法与其保持一致，因此，中央银行货币政策的中介目标不应盯住货币供应量，而应选择利率。货币学派强调收入对货币需求的决定作用，则表明货币需求因永恒收入的稳定而具有相对稳定性和可预测性，中央银行可以采取稳定的货币政策操作以保持货币供给与货币需求的一致性，因此，中央银行可以盯住货币供应量，将其作为货币政策的中介目标。有关货币政策中介目标的内容参见第 18 章。

第三节　中国货币需求分析

一、计划经济体制下决定与影响中国货币需求的主要因素

新中国成立不久便实行了高度集中的计划经济体制。政府对国民经济的整体运行进行统筹安排，制定统一计划，企业的生产经营活动是国家经济计划的一个组成部分，企业对货币的需求仅限于持有日常经营周转的少量货币资金，没有资产性货币需求；各机关团体的货币需求完全受制于严格的预算计划，也是只有交易性货币需求；居民的货币需求在低水平的不完全工资制度下主要是日常生活所需的交易需求，没有金融市场和非货币金融资产，少量的货币储蓄也主要用于预防，而不是投资。因此，计划经济体制下，中国的货币需求基本上是交易性货币需求，商品流通几乎成为决定货币需求的唯一重要因素。在这样的现实经济背景下，我国学者对货币需求问题的研究主要侧重于宏观货币需求理论，集中在理解和应用马克思的货币必要量规律等方面。

20 世纪 60 年代初，我国银行工作者在理论界对马克思货币必要量公式研究的基础上，对我国多年的商品流通与货币流通之间的关系进行实证分析，得出了一个经典的"1∶8"经验公式。其具体含义是：每 8 元零售商品供应需要 1 元人民币实现其流通。公式可表示为：

$$\frac{社会商品零售总额}{流通中货币量(现金)} = 8 \qquad (15-15)$$

如果按这个公式计算的值为 8，则说明货币流通正常；否则，说明货币供应量不符合经济运行对货币的客观需求量。直到 20 世纪 80 年代初期，这个著名的"1∶8"公式成为马克思货币必要量原理在中国应用的具体化体现，实践效果比较理想。

应该说，"1∶8"公式的提出虽是单一比例，即现金流通量与零售商品总额间的比例关系，但却反映着商品供给额与货币需求之间的本质联系。事实上，任何货币需求理论，都直接或间接地肯定这种联系。因此，对这种联系进行实证分析，并求得经验

数据，在方法论上是成立的。问题在于，1：8 这个数值本身能够成为一个不变的尺度，是有条件的，那就是经济体制及与之相应的运行机制，乃至一些体现和反映经济体制及其运行机制性质和要求的重要规章法令，都必须相当稳定。例如，生产和分配等各种重要比例关系的格局稳定，整个经济货币化的水平稳定，计划价格体制保证价格水平稳定，现金管理制度保证现金使用范围稳定等，如此才能决定社会商品零售总额与流通中现金存量应该并且可以有一个稳定的对应比例。在改革开放之前的 20 多年里，中国恰恰具备这样的条件，于是，当时的很多现象都可以用它来解释：第一个五年计划期间货币流通比较正常，这个比值在这几年间均稍高于 8；20 世纪 60 年代初生产极度紧张，这个比值一度降到 5 以下；1963 年以后，经济迅速恢复，这个比值恢复到 8；十年动乱期间，市场供应一直紧张，这个比值明显低于 8；粉碎"四人帮"后经济迅速好转，这个比值很快逼近 8 等。

　　总之，在计划经济体制下，各经济主体货币需求的决定主要受制于计划，利率和规模变量等基本不起作用，货币需求从种类上看基本上都是交易性的，货币需求主要由商品流通所决定，与商品供给之间存在一个相对合理的比例。

二、经济体制改革对中国货币需求的影响

　　改革开放以后，市场供求状况大为好转。1982—1983 年，社会商品零售总额与流通中货币的比值降到 1：6 之下后，货币流通仍然保持基本正常，"1：8"经验式已经不能再作为衡量货币流通正常与否的尺度。究其原因，主要在于计划经济体制向市场经济体制的根本性变革对货币需求产生了重要的影响。

　　（一）农村经济体制改革对货币需求的影响

　　1979 年，中国率先在农村进行体制改革。家庭联产承包责任制改变了过去在人民公社框架下以生产队为基本单位按计划组织产供销和以实物为主进行分配消费的格局，各个独立的农户作为基本生产单位通过市场开展产供销活动，农户之间的交换也迅速商品化，农村经济的货币化程度大幅度提高，农民收入水平逐年增加，由此产生了大量的交易性货币需求。此外，改革后乡镇企业蓬勃发展，它们作为完全独立的经营主体，一方面需要大量的货币在市场上以竞争性价格买进投入品，再卖出产品以获取利润，另一方面以货币形式支付工资和劳务，产生了巨大的货币需求。

　　（二）企业改革对货币需求的影响

　　1983 年，以"放权让利"为核心的企业改革开始实施，企业的货币需求随之大幅增加。一方面，企业与企业之间的关系从计划经济体制下的上下游物资供销关系，转变为相互独立而平等的商品生产者和经营者，彼此间的经济活动从按计划以物资调拨为主转变为通过市场进行商品化交易。大量的产供销活动都要借助于货币才能完成交易，企业经济运作的货币化程度快速提升，使交易性货币需求大幅增加。另一方面，市场竞争对企业的压力越来越大，为了增强市场竞争力，大多数企业选择了扩大生产经营规模以增加市场占有率的粗放型经营模式，企业的投资欲望十分强烈。但在渐进式改革对企业放权让利的同时，并没有建立起相应的约束机制，企业事实上负盈不负亏，

只享受投资带来的利益而不承担投资风险，导致扩张投资成为企业普遍的现实选择，对货币产生了大量的非理性需求，成为导致改革以来数次通货膨胀最重要的原因之一。

（三）价格体制改革对货币需求的影响

计划经济体制下，价格受到严格的管制，物价被控制在较低的水平。改革后，价格体制改革的一个重要内容就是放松价格管制，理顺价格体系并调整扭曲的价格结构，以充分发挥价格在经济活动中的调节作用。随着价格体制改革的推进，价格水平不断上升。1978 年为 100，到 2018 年商品零售价格定基指数提高到 471.4，城市居民消费价格分类指数提高到 722.1（见图 15-1）。物价的上涨使交易性货币需求大幅增加。应该说，无论从理论还是从实践看，由价格改革引起的物价上涨都具有合理性和必然性，因此货币需求的增加也是必需和必然的。

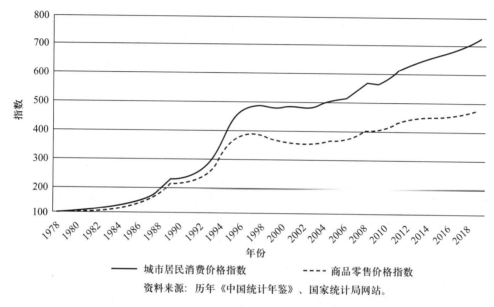

资料来源：历年《中国统计年鉴》、国家统计局网站。

图 15-1 两种价格定基指数

（四）收入分配体制改革对货币需求的影响

在计划经济体制下，由于短缺制约，国民收入分配主要向国家倾斜，国家财政集中了国民收入相当大的部分，企业和居民在收入分配中获得的份额较低，企事业单位的职工一直实行低工资、低物价与泛福利并存的政策。经济体制改革以后，在对企业放权让利的过程中，国家放松了对工资福利方面的管制，国民收入分配明显向个人倾斜，加上工资制度的货币化改革和社会保障体制的市场化改革，居民的货币收入大幅度增加，居民部门的货币需求也随之日益扩大，逐渐成为货币需求的主体。不仅交易性、预防性的货币需求与收入同方向增长，而且由于金融市场不发达，兼备安全性、流动性、盈利性的证券资产相对缺乏，居民最理性的资产选择仍然是持有货币性资产，致使居民的资产性货币需求也随着收入的增加而快速增长。

（五）社会保障体制改革对货币需求的影响

在计划经济体制下，城镇居民的医疗、养老、住房、教育等社会保障由国家或单位统一安排和提供，农村居民的社会保障水平虽然低于城镇，但也是由人民公社提供最基本的医疗、伤残、养老等社会保障，因而都不需要使用货币。改革开放以来，社会保障体制也相应转向市场化，一方面通过建立社会保障基金和增加货币工资用于支付部分医疗、失业和养老等费用；另一方面引入了商业性的保险制度，居民通过购买商业性保险产品增加保险系数和安全感。社会保障体制的社会化改革在增加居民货币收入的同时，也增加了居民对未来的不确定预期，预防性货币需求不断增加。

由上可见，经济体制改革对我国的货币需求产生了极为重要的影响，体制变迁引起的经济货币化程度的提高、价格改革引起的物价水平的上升、国民收入向个人的过度倾斜以及社会保障体制变革引发的不确定预期既大幅度增加了我国的货币需求总量，也改变了我国的货币需求结构，而这些都是以西方成熟市场经济为基本假设前提的货币需求理论所难以解释的。我国学者结合我国经济体制改革的实践，对货币需求理论进行了更深入的研究，代表性的观点有货币化解说[1]、制度性解说[2]、国家能力解说[3]等。

三、现阶段我国货币需求的主要决定与影响因素

经过 40 多年的体制改革，中国经济运行的市场化程度大幅度提升，经济货币化进程、价格改革基本完成，金融市场从无到有，规模逐渐壮大，运作日渐规范，企业的约束机制也逐渐建立起来。新的市场经济体制的基本确立，使我国现阶段货币需求的决定与影响因素逐渐接近西方货币需求理论的分析，除了收入、财富等规模变量外，其他金融资产的收益率水平等机会成本变量也成为影响我国货币需求的重要因素。

微视频 15–1
我国货币需求的主要决定与影响因素

（一）收入

无论从宏观角度还是从微观角度分析货币需求，收入都是决定我国货币需求量的最重要的因素。从宏观角度看，收入的替代指标是总产出。国民收入核算的基本原理表明，国民总产出即为国民总收入，因此，伴随着我国产出的逐年增加、经济总量的增长，对交易性货币的需求必然不断增加。从微观角度看，国民总收入即为要素提供者与企业经营者收入之和，经济增长带来的收入增长在市场经济下主要表现为各微观经济主体的货币收入增加，伴随着生产流通的扩大和生活水平的提高，货币支出相应扩大，需要更多的货币量作为商品交易的媒介，交易性货币需求必然相应增加。上述分析实际上是从宏、微观不同角度对同一问题进行的分析。更通常的说法是，伴随着一国经济的增长和收入的增加，该国经济运行对执行交易媒介职能的货币将产生更多的需求。众多学者以经济增长率作为收入增长率衡量指标，用模型测算货币需求总量的变化也证实了这个关系。

（二）物价水平

从理论上说，物价水平的变动对交易性货币需求和资产性货币需求产生的影响不

---

① 易纲.中国的货币化进程［M］.北京：商务印书馆，2003：53–81.

② 秦朵.改革以来的货币需求关系［J］.经济研究，1997（10）：16–25.

③ 张杰.中国金融制度的结构与变迁［M］.太原：山西经济出版社，1998：158–162.

同。就交易性货币需求而言，在商品和劳务量既定的条件下，价格水平越高，用于商品和劳务交易的货币需求也必然增加，因此，物价水平和交易性货币需求之间是同方向变动的关系。相反，物价水平与资产性货币需求则呈反向变动关系，这是因为在物价水平持续上升的情况下，微观经济主体作为资产持有的货币，其价值会伴随着物价水平的上升而不断下降，为了避免损失，理性的经济主体会相应减少资产性货币需求。

就我国目前状况来说，物价水平的上升更容易引起货币需求总量的增加，原因在于交易性货币需求对物价上升更富有弹性，而资产性货币需求对物价上升不敏感。在目前我国社会保障体制还不完善和金融市场不健全的情况下，居民部门对未来支出的不确定预期增强，即使在物价不断上涨的通货膨胀时期，也不愿将货币性资产转化为商品性资产或其他证券类资产，资产性货币需求并不随着物价的上涨而下降，甚至经常出现在通货膨胀时期资产性货币需求增加的情况。

（三）其他金融资产收益率（利率）

改革开放以来，随着金融市场从无到有、从小到大的发展历程，除了货币之外，人们还通常持有股票、债券、保险等非货币性金融资产。非货币性金融资产是货币的替代物，当债券、股票等金融资产的收益率上升时，人们往往愿意减少货币的持有数量，而相应增加持有非货币性金融资产的数量，此时，资产性货币需求下降。在西方货币需求理论中，货币资产的收益率通常被假定为零，利率被视为债券和股票收益率的代表，因而得出利率与资产性货币需求反方向变动的关系。现实中，存款性货币的收益率大于零，因此，人们会比较存款利率与债券利率、股票收益率之间的关系，根据自己的风险偏好进行资产组合与调整，资产性货币需求也会发生相应变动。

近几年我国的货币市场和资本市场发展较快，金融工具的种类不断增加，规模逐渐加大，非货币性金融资产对货币资产的替代效应已经逐渐显现。可以预期，随着我国金融市场快速发展和不断规范，金融资产对货币资产的替代性将越来越强，人们的资产性货币需求将会随着金融市场的稳健发展而出现增速减缓的趋势。

（四）其他因素

1. 信用的发展状况

一般来说，在一个信用形式比较齐全、信用制度比较健全的社会，经济主体所必须持有的货币量相对要少一些；反之，对现实的货币需求就大。经过 40 多年的改革与发展，我国的商业信用、国家信用、消费信用规模逐渐扩大。商业信用的发展使企业间的债权债务关系可以相互抵消，从而减少企业对交易性货币的需求。国家信用主要采取发行国债的方式，这一方面为微观经济主体提供了可供选择的非货币性金融资产，从而减少了资产性货币需求；另外一方面也解决了政府的融资问题，避免政府在实施扩张性财政政策的同时通过向中央银行透支而产生政策性货币需求。消费信用使消费者以贷款或刷卡消费替代货币支付的消费支出，减少了居民的交易性货币需求。

2. 金融机构技术手段的先进程度和服务质量的优劣

先进的金融技术手段和高质量的金融服务往往能提高货币流通速度，减少现实的货币需求；反之，则增加货币需求。近几年我国金融业对电子基础设施建设投入了大量资金，金融电子化程度持续提高，金融服务质量不断改善，这些都对我国的货币需求产生了一定的影响。

3. 社会保障体制的健全与完善

目前我国的社会保障体制还不尽完善，对未来医疗、失业、养老、子女教育费用的担忧，对住房的需求等，都增加了居民对未来支出的不确定预期，从而增加了其预防性货币需求。

本章小结

1. 货币职能产生货币需求。货币需求是指在一定的资源（如财富拥有额、收入、国民生产总值等）制约条件下，微观经济主体和宏观经济运行对执行交易媒介和资产职能的货币产生的总需求。

2. 货币需求的宏观分析视角通常从一个国家的社会总体出发，强调货币的交易媒介职能，在分析市场供求、收入及财富指标变化的基础上，探讨一个国家在一定时期内的经济发展与商品流通所需要的货币量。货币需求分析的微观视角通常从社会经济微观个体出发，强调货币的资产职能，研究微观个体在既定的收入水平、利率水平和其他经济条件下所需要持有的货币量。在对货币需求进行研究时需要将二者有机结合起来。

3. 名义货币需求是指个人、家庭、企业等经济单位或整个社会在一定时点所实际持有的货币数量，实际货币需求则是指名义货币数量在扣除了物价变动因素之后的货币余额，因此，名义货币需求与实际货币需求的根本区别在于实际货币需求剔除了物价变动的影响。

4. 马克思的货币需求理论认为，在一定时期内执行流通手段职能的货币必要量主要取决于商品价格总额和货币流通速度。它与商品价格总额成正比，与货币流通速度成反比，反映了商品流通决定货币流通这一基本原理。

5. 费雪交易方程式从宏观视角研究货币需求问题，仅着眼于货币作为交易媒介的功能，认为决定一定时期名义货币需求数量的因素主要是这一时期全社会一定价格水平下的总交易量与同期的货币流通速度。

6. 剑桥方程式开创了微观货币需求分析的先河，首次将货币需求与微观经济主体的持币动机联系起来，开始注重货币的资产职能，将更丰富的变量引入货币需求影响因素的分析中。

7. 凯恩斯对货币需求理论的突出贡献在于他对货币需求动机的剖析并在此基础上把利率引入了货币需求函数。他认为，人们之所以需要持有货币，是因为存在流动性偏好这种普遍的心理倾向，而人们偏好货币的流动性是出于交易动机、预防动机和投机动机。交易动机和预防动机形成交易性货币需求，是收入的递增函数；投机动机形成投机性货币需求，是利率的递减函数。

8. 现代凯恩斯学派对凯恩斯的货币需求理论进行了修正和发展，提出了平方根定律、立方根定律和资产组合理论，这些理论认为利率对各种货币需求都有重大影响。

9. 弗里德曼采用微观经济理论中的消费者选择理论，深入分析了总财富水平、持有货币的机会成本、持有货币给人们带来的效用三类因素对货币需求的影响，强调永恒收入对货币需求的决定性作用，弱化机会成本变量对货币需求的影响，论证了货币需求具有相对稳定性的特点，为其货币政策主张奠定了理论基础。

10. 计划经济体制下，我国的货币需求基本上是交易性货币需求，商品流通几乎成为决定货币需求的唯一重要因素。20 世纪 60 年代初，我国的银行工作者以理论界对马克思货币必要量公式研究为基础，对我国多年的商品流通与货币流通之间的关系进行实证分析，得出了一个经典的"1∶8"经验式。其具体含义是：每 8 元零售商品供应需要 1 元人民币实现其流通。直到改革开放前，"1∶8"经验式一直作为衡量我国货币流通正常与否的尺度。

11. 改革开放后，计划经济体制向市场经济体制的根本性变革对货币需求产生了重大影响。体制变迁引起的经济货币化程度的提高、价格改革引起的物价水平的上升、国民收入向个人的过度倾斜以及社会保障体制变革引发的不确定预期既大幅度增加了我国的货币需求总量，也改变了我国的货币需求结构。

12. 决定与影响我国现阶段货币需求的因素主要有：收入、物价水平、其他金融资产的收益率水平等。

复习思考题

1. 如何理解货币需求的含义？
2. 从宏观和微观视角分析货币需求有什么不同。
3. 宏观货币需求分析与微观货币需求分析有什么联系？
4. 如何看待马克思的货币需求理论？你认为该理论在今天还有指导意义吗？
5. 交易方程式与剑桥方程式的区别在哪里？
6. 凯恩斯学派充分论证利率对交易性、预防性和投机性货币需求都有决定性作用的政策意义何在？
7. 凯恩斯与弗里德曼的货币需求理论有什么不同？
8. 经济体制改革对我国的货币需求产生了怎样的影响？
9. 你认为目前影响我国货币需求的因素主要有哪些？

即测即评

网上更多……　　⚙ 教学案例　　📄 名词术语　　💬 学生讨论

第 16 章
货币供给

本章导读 》》

> 现代经济社会中一切交易都需要用货币计价和支付，一切资源配置和政策调节也都离不开货币因素，货币已经成为经济运作中最基本的要素，货币供给也因而成为最重要的金融问题。对于我们每天都在使用的货币，很多人并不知道是谁怎样提供货币的，货币供给的多少由谁说了算。本章主要界定货币供给与货币供给量的基本概念，阐释现代经济社会中的信用货币是如何创造出来的，中央银行和银行系统在货币供给过程中各自扮演什么角色，哪些因素影响货币供给等问题。

第一节 现代信用货币的供给

一、货币供给与货币供给量

货币供给是指一定时期内一国银行系统向经济中投入或收回货币的行为过程。货币需求在这个过程中得到满足。货币供给必然会在实体经济中形成一定的货币量，这些货币量都是由银行系统供给的，都是银行的负债，因此，一国各经济主体（包括个人、企事业单位和政府部门等）持有的、由银行系统供应的债务总量就称为**货币供给量**。在纯粹的信用货币流通条件下，货币供给量主要包括现金和存款货币两个部分。其中，现金是由中央银行供给的，表现为中央银行的负债；存款货币则是由商业银行供给的，体现为商业银行的存款性负债。因此，所谓货币供给量从银行系统来说是负债，而从非银行经济主体来看则为资产。

货币供给量首先是一个存量的概念，即一个国家在某一时点上实际存在的货币总量。现实中的货币供给量是分层次进行统计的。如果说货币需求量只是一个预测值，那么货币供给量则是一个实实在在的量值，是反映在银行（包括中央银行和商业银行）资产负债表一定时点上的负债总额，它是银行通过各项资产业务向经济社会投放出去的量。

二、货币供给机制与经济体制

任何货币供给都是在既定的经济体制和金融体制中进行的，不同的体制安排通过宏观经济架构和微观经济运作决定了不同的货币供给机制。

（一）市场经济和二级银行体制下的货币供给机制

在市场经济体制下，各经济主体及其行为具有相对独立性，经济活动的理性化程度较高。居民和企业的存贷款活动自主性很强，利率具有灵敏的调节作用。货币需求不仅有交易性的，还有资产性的。在金融体制方面，采用"中央银行—存款货币银行"二级银行体制，中央银行相对独立，主要负责提供和调节基础货币，以商业银行为代表的存款货币银行则通过吸收存款、发放贷款、转账支付等业务活动创造存款货币，由此形成了"基础货币—存款货币"的"源与流"双层货币供给机制。中央银行通过货币政策工具和操作影响存款货币机构的行为和货币创造能力，最终影响货币供应总量。

（二）计划经济和复合中央银行体制下的货币供给机制

以苏联为代表的计划经济体制，其特征是高度集中统一的计划安排，生产、流通、分配、消费等一切经济活动都受计划控制，经济运行以实物为中心来组织，资金计划从属于物资计划，货币需求基本上都是交易性的。金融体制则以"大一统"的银行体系为特征，采用复合银行体制，没有独立的中央银行，货币发行银行经办的银行业务是按计划执行的。货币的供给完全由计划决定，现金实行严格的计划管理，企业的存款货币主要通过执行贷款计划来提供，货币供给的数量变化都是计划调整的结果。货币供给的源流合一，不分基础货币和派生存款货币。

（三）中国改革开放前后货币供给机制的变化

1. 改革开放前的货币供给机制与特点

20 世纪 50 年代中期至改革开放前，中国实行高度集中的计划经济和计划金融体制，在"大一统"的复合银行体制下，无论是现金还是存款货币都由中国人民银行一家提供，货币供给的主体从直观上看就是中国人民银行。货币供给的依据是各种计划，货币供给具有明显的外生性。货币供给只有银行信贷这一条渠道，货币供给的增减都反映在中国人民银行信贷收支平衡表的变化之中。现金是银行对持有者的负债，存款是银行对存款者的负债，二者形成了中国人民银行信贷资金的来源。与之对应的是银行的资产，由于没有金融市场，资产运用只有贷款这一种方式。因此，贷款成为货币供给增减的唯一渠道，形成了贷款、存款和现金三者之间的著名恒等式：贷款＝存款＋现金发行。银行的贷款计划就是最关键的：企业必须按计划借款，银行只能按计划发放贷款。因此，货币供给机制就是单一的计划机制。

2. 改革开放以来中国货币供给机制的变化

始于 1979 年的中国金融体制改革起点是从"大一统"银行的单一格局向多元化金融机构体系的转变。1984 年起中国人民银行专门行使中央银行职能，这一改革措施既标志着"中央银行—商业银行"二级银行体制的正式建立，也标志着"基础货币—

存款货币"双层货币供给机制开始形成。中国人民银行通过再贷款业务、法定存款准备金率和公开市场业务的调整吞吐基础货币；存款货币机构通过存、贷、汇业务创造存款货币。近年来，随着金融体制改革的深化，双层货币供给机制逐渐完善，中国人民银行在存款准备金和再贷款并用的同时，逐步采用利率、再贴现、本外币公开市场、债券回购、央行票据和流动性调节工具等多种手段吞吐基础货币，调控存款机构的货币创造能力和货币乘数，双层货币供给机制的市场化程度日益提高。

本书是以市场经济和二级银行体制为条件来讨论货币供给问题的。

三、货币供给的基本模型与特点分析

（一）货币供给的基本模型

货币供给是一个十分复杂的过程，经过长期的研究，经济学家总结出了一个被广泛接受的货币供给基本模型：

$$M_s=Bm \tag{16-1}$$

式中：M_s 为货币供应量；

　　　B 为基础货币；

　　　m 为货币乘数。

该模型表明：

原理 16-1

货币供给量是基础货币与货币乘数的乘积。

（二）货币供给过程及其特点

高度简化的基本模型是我们研究货币供给的起点。

在现代信用货币制度下，企业和个人等经济单位一律不能擅自发行货币，也不能开空头支票创造货币，只是在交易活动中进行货币的收支。假定现有货币总量 1 500 元，甲部门 1 000 元，乙部门 500 元。如果甲部门支付 500 元向乙部门购买商品，于是甲部门的货币减少为 500 元，乙部门的货币增加了 500 元后成为 1 000 元。可见，这个交易活动只使既定的货币量在不同的经济主体之间进行重新分配，但货币供给总量并不因此而发生任何变化。这表明，单纯的非银行经济单位之间的经济活动并不能创造货币。

在现代信用货币制度下，货币供给过程一般涉及中央银行、商业银行、存款人和借款人四个行为主体，其中在货币供给过程中起决定作用的是银行体系。流通中的货币都是通过银行系统供给的，货币供给与中央银行和商业银行的资产负债活动密切相关。在实行中央银行制度的金融体制下，货币供应量是通过中央银行提供基础货币和商业银行创造存款货币而注入流通领域的。这一供应过程具有以下三个特点：

（1）形成货币供给的主体是中央银行和以商业银行为主的银行系统。

（2）两个主体各自创造相应的货币，中央银行策源并创造基础货币，商业银行扩张并创造存款货币，由此形成了"源与流"的双层货币供给机制。

（3）银行系统供给货币的过程必须具备三个基本条件：一是实行部分比例存款准备金制度，二是广泛采用非现金结算方式，三是存在未满足的贷款需求。

在这三个条件下，货币供给的过程可分为两个环节：一是由中央银行提供基础货币，二是由商业银行创造存款货币。在这两个环节中，由于银行存款是货币供给量中最大的组成部分，因此，了解存款货币如何被创造出来的是研究货币供给过程的重要内容。但商业银行创造存款货币的基础是中央银行提供的基础货币，并且存款创造过程始终受制于中央银行，因此，中央银行在整个货币供给过程中始终居于核心地位。

第二节　中央银行与基础货币

一、基础货币及其构成

基础货币又称强力货币或高能货币，是整个银行体系内存款扩张、货币创造的基础，其数额大小对货币供应总量具有决定性的作用。

基础货币通常由社会公众持有的流通中现金和银行体系的准备金两部分构成。银行体系的准备金是为应对现金提取和结算支付而保有的，是银行体系维持流动性的基本保证。它有两种存在方式：库存现金和准备金存款。

（一）库存现金

库存现金是商业银行已经从中央银行发行库中提出来，放在业务库里尚未被公众提走的现金。银行库存现金的增加，相应减少的是在中央银行的准备金存款。

（二）准备金存款

准备金存款是商业银行在中央银行账户上的存款。实行法定存款准备金制度以后，商业银行在中央银行的准备金存款可分为两部分：一部分是根据法定存款准备金率的要求计提的法定存款准备金；另一部分是商业银行根据自身经营决策和运营需要存入中央银行的超额准备金，主要用于清算和提取现金。

由于现金是中央银行对社会公众的负债，而准备金存款是中央银行对商业银行的负债，因此，基础货币直接表现为中央银行的负债。在中国人民银行资产负债表中列在储备货币栏中，主要由货币发行和其他存款性公司存款项目构成。

二、基础货币的收放渠道和方式

在中央银行的资产负债表中，基础货币直接表现为负债，因此中央银行可以通过调整资产负债表规模和结构控制基础货币。但如第 14 章所述，中央银行的特点是资产业务决定负债，因此，分析中央银行怎样收放基础货币，主要从中央银行的资产业务入手。

（一）国外资产业务与基础货币

中央银行的国外资产由外汇、黄金和中央银行在国际金融机构的资产构成。如果中央银行用基础货币买入外汇和黄金，就是向经济体系投放了基础货币；如果卖出外汇和黄金，则等于从经济体系收回了相应的基础货币。

在一般情况下，若中央银行放弃稳定汇率的目标，则通过该项资产业务投放的基础货币有较大的主动权；若中央银行追求稳定汇率的目标，由于需要通过买卖外汇来调节供求关系以平抑汇率，从而使基础货币的收放有相当的被动性。例如，中国外汇储备快速增长的阶段，外汇业务成为基础货币投放的主要渠道。目前中国实行的是有管理的浮动汇率制，经常账户已持续盈余多年，外汇市场中经常表现为外汇供大于求，人民币面临升值压力，为了稳定人民币汇率，中国人民银行必须在外汇市场中购入外汇，投放人民币。

（二）对政府债权与基础货币

对政府债权表现为中央银行持有政府债券和向财政透支（或直接贷款）。由于中央银行持有政府债券的目的不是谋利，而是调控货币供应量，故中央银行一般只与商业银行等参与存款货币创造的金融机构进行政府债券的买卖。中央银行买进政府债券，就将款项存入商业银行等金融机构的准备金存款账户，基础货币就会相应增加；当中央银行卖出政府债券时，金融机构要用准备金存款来支付，基础货币就会相应减少。因此，中央银行如果增加持有对政府的债权，就意味着投放了相应的基础货币；中央银行若减少对政府债权，则意味着其收回了相应的基础货币。

在 1995 年以前，中国人民银行对政府的债权主要通过财政透支的方式形成，在财政赤字比较严重的年份，中央银行的财政透支成为我国数次通货膨胀的重要原因。1995 年制定的《中华人民共和国中国人民银行法》规定中央银行不再为财政透支。此后中央银行增减对政府的债权，都体现在持有的政府债券数量上，都是从事公开市场业务的结果。

（三）对金融机构债权与基础货币

中央银行对商业银行等金融机构债权的变化是通过办理再贴现、再贷款和逆回购等资产业务来操作的。当中央银行为商业银行办理再贴现、发放再贷款和逆回购操作时，直接增加了商业银行在中央银行的准备金存款，负债方的基础货币就会相应增加；相反，中央银行减少对商业银行等金融机构的债权，意味着基础货币也相应下降。

中国金融结构的突出特征是以商业银行间接融资为主体。中国人民银行对商业银行的再贷款和再贴现曾经是我国基础货币供给的主渠道。1993 年以前，中国人民银行通过再贷款方式提供的基础货币约占基础货币增量的 80%。随着我国金融体系日益完善，金融市场特别是货币市场的迅速发展，以及再贴现业务的发展，通过信用再贷款投放的基础货币规模越来越小。但近年来中国人民银行不断改进再贴现、再贷款和回购业务的工具及操作方式，如第 18 章介绍的 SLF、MLF、PSL 等，对金融机构的债权已成为中央银行吞吐基础货币的重要渠道之一。

（四）负债业务与基础货币

由于中央银行的资产业务决定负债业务，从原理上说，中央银行增加资产业务，负债业务总量必然相应增加，因此，当中央银行开展上述三项资产业务以后，必然要相应增减负债业务中的货币发行和金融机构存款，基础货币就会相应发生变化。但通过改变负债业务结构，基础货币的变化可以大于或小于资产业务的变化。改变负债业务结构的主要操作手段就是发行债券或者中央银行票据。

中国人民银行发行央票、正回购和短期流动性调节（SLO）等，都是通过负债业务调节基础货币的政策操作，目的是调节基础货币数量和商业银行的流动性。商业银行在认购央行票据或回购协议并支付款项后，直接结果就是在中央银行账户上的准备金存款减少，意味着央行收回了相应的基础货币。所以，中央银行可以利用发行央行票据或回购及它们的组合，进行滚动操作来收放基础货币，达到调节流动性的目标，增强了调节基础货币的能力。

> **原理 16-2**
>
> 中央银行通过国外资产业务、对政府债权、对金融机构债权等资产业务收放基础货币，通过发行中央银行票据、回购等负债业务调节基础货币。

第三节 商业银行与存款货币的创造

在现代各国货币供应量的构成中，存款货币是货币供给量中最大的组成部分。如第 2 章所述，在各国的货币供给口径中，可开支票的活期存款一般被计入 M1 层次，而其他存款被计入 M2 及以上层次。存款货币可以通过商业银行的存、贷、汇等信用业务活动被创造出来。

一、商业银行创造存款货币的过程

发达的信用制度是银行扩张信用的基础，也是创造存款货币的前提条件。非现金结算的广泛使用，使商业银行发放贷款一般不需要以现金形式支付，而是把贷款转入借款企业在银行的存款账户，而后由企业通过转账支付的方式使用贷款。故此，一家银行贷款的增加，就会引起另一家银行存款的增加，这是银行创造存款货币的奥秘所在。

要搞清楚银行如何创造存款货币，需要先明确两个概念：原始存款和派生存款。原始存款一般是指商业银行接受的客户以现金方式存入的存款和中央银行对商业银行的资产负债业务而形成的准备金存款。原始存款是商业银行从事资产业务的基础，也是扩张信用的源泉。派生存款是指由商业银行发放贷款、办理贴现等业务活动引申而来的存款。派生存款产生的过程，就是商业银行不断吸收存款，发放贷款，形成新的存款额，最终导致银行体系存款总量增加的过程。

现假定 A、B 两家厂商都在甲银行开户，当前的法定存款准备金率为 10%。某日厂商 A 将 100 万元现金存入甲银行，甲银行根据法定存款准备金率的要求，将其中 10 万元缴存中央银行，将余下的 90 万元贷给另一厂商 B，如果厂商 B 并未立即使用这笔贷款，而是将它转存于其在甲银行的存款账户上，则甲银行的资产负债如表 16-1 所示。

表 16-1　甲银行的资产负债表

单位：万元

资产		负债	
现金	100	厂商 A 存款	100
向厂商 B 贷款	90	厂商 B 存款	90
资产合计	190	负债合计	190

事实上这一过程到此不会结束，由于贷款利率高于存款利率，厂商 B 获取贷款以后会立即支付出去而不会存在银行。假定厂商 B 把这 90 万元贷款用转账支付的方式向厂商 C 支付购货款。如果厂商 C 在乙银行开户，那么，这 90 万元购货款将存入乙银行 C 厂商的账户中。从甲银行贷款开始到乙银行存款增加已经派生出 90 万元的存款。进一步，乙银行新增加 90 万元存款后会进行资金运用，扣除缴存 9 万元作为法定存款准备金，可以用余下的 81 万元向别的厂商发放贷款。这个简单的例子已经包含了商业银行扩张信用、创造存款货币的基本原理：

原理 16-3

　　商业银行以原始存款为基础发放的贷款，通过转账支付又会创造出新的存款。

上述过程如果继续下去，银行体系从甲银行接受 100 万元原始存款开始，经过贷款、转账支付、存款等一系列过程，就可产生越来越多的派生存款。问题在于，派生存款是否可以无限制增加？如果不能，商业银行创造派生存款的能力受到哪些因素制约呢？

二、商业银行创造存款货币的主要制约因素

制约商业银行派生存款的因素很多，最主要有以下三个。

（一）法定存款准备金率

中央银行制度建立后，各国在法律上都作出规定：商业银行必须从其吸收的存款中按一定比例提取法定存款准备金上缴中央银行，商业银行不得动用。这部分资金就是**法定存款准备金**。法定存款准备金占全部存款的比例就是**法定存款准备金率**。在现代金融体制下，世界各国均实行法定存款准备金制度。它不仅是商业银行创造存款的前提条件和制约因素，也是有效防范和化解银行危机的制度性安排。

存款准备金制度是中央银行调控货币供给量的重要手段。由于法定存款准备金率越高，商业银行向中央银行缴纳的法定存款准备金越多，商业银行能用来发放贷款的金额就越少，因而成为制约存款派生规模的一个重要因素。法定存款准备金率的高低与商业银行创造存款货币的能力是呈反方向变动的。当某个国家对定期和活期存款分别规定不同的法定准备金率时，两种存款之间的转化比率也将通过影响法定准备金的提缴额进而制约存款派生规模。

（二）提现率

提现率是指现金提取额与银行存款额的比率，又叫现金漏损率。在现实生活中，存款客户经常会或多或少地从银行提取现金，从而使部分现金流出银行系统，出现所谓的现金漏损。现金漏损的多少与人们对现金的偏好和非现金支付是否发达密切相关。此外，从接受银行贷款的一方来说，若不是将贷款额悉数转存或投入生产也会产生一定的现金漏损。不管是由何种原因引起的，这些漏损出来的现金都不再参与存款货币的创造。因为现金漏损减少了客户的存款，银行可用于发放贷款的资金相应减少，派生的存款也会减少，所以提现率也是制约存款派生规模的一个因素。提现率的高低关系着商业银行收缩或扩张信用的能力，与派生存款规模呈反比。尽管提现率同法定存款准备金率有着异曲同工的作用，但它不像后者那样可以由中央银行直接控制，因而具有某些内生性。

（三）超额准备金率

由于法定存款准备金商业银行不能动用，为了满足运营中的现金提取、支付清算、资产运用等需要，商业银行在中央银行账户上的准备金必须多于法定存款准备金。商业银行超过法定存款准备金而保留的准备金称为超额准备金。超额准备金占全部活期存款的比率就是超额准备金率。超额准备金是相对于法定准备金而言的，二者之和即为总准备。商业银行的超额准备金与商业银行可贷资金量之间具有此消彼长的关系。超额准备金越多，可贷资金就越少，商业银行存款派生的能力就越小。因此，在存款创造过程中，超额准备金率与法定准备金率起着完全相同的作用。由于超额准备金率取决于各商业银行的经营特点与管理偏好，并非中央银行所能完全控制，因而也具有某些内生性。

以上三个因素是制约商业银行存款创造能力的决定因素。仍以上例加以说明：

假定甲商业银行得到厂商 A 存入现金 100 万元后适逢上缴法定存款准备金的时点，需要按照 10% 的法定存款准备金率计提 10 万元，之后出现的提现率（C）为 5%，超额准备金率（E）为 5%，原始存款后的扩张过程就会大致如表 16-2 所示。

表 16-2　商业银行存款货币扩张过程示意表

单位：万元

	原始存款	派生存款	贷款	法定存款准备金（10%）	提现率（5%）	超额准备金（5%）
甲银行	100		80	10	5	5
乙银行		80	64	8	4	4

续表

	原始 存款	派生 存款	贷款	法定存款 准备金 （10%）	提现率 （5%）	超额准备金 （5%）
丙银行		64	51.2	6.4	3.2	3.2
丁银行		51.2	40.96	5.12	2.56	2.56
……		……	……	……	……	……
合计	100	400	400	50	25	25

三、存款扩张的倍数

从表 16-2 可见，经过商业银行体系的业务活动，100 万元原始存款就可以创造出 400 万元的派生存款，从而使总存款增长为 500 万元（总存款 = 原始存款 + 派生存款）。按照乘数原理，总存款与原始存款之间的比率被称为**存款扩张倍数或存款乘数**，此时的存款扩张倍数就是 5 倍。若以 K 表示存款扩张倍数，以 P 表示原始存款，以 D 表示总存款，则：

$$K = \frac{D}{P} \tag{16-2}$$

显而易见，存款扩张倍数的大小取决于法定存款准备金率、提现率和超额准备金率等因素对存款货币扩张的制约。从表 16-2 中可以看出，存款扩张倍数（即总存款与原始存款之比）为 5，正好是法定存款准备金率、提现率和超额准备金率之和的倒数。因此，存款扩张倍数还可用下式表示：

$$存款扩张倍数 = \frac{1}{法定存款准备金率 + 提现率 + 超额准备金率} \tag{16-3}$$

或表示为：

$$K = \frac{1}{R + C + E} \tag{16-3}'$$

这个公式说明了存款货币扩张的基本原理：

原理 16-4

存款扩张倍数的大小与法定存款准备金率、提现率和超额准备金率呈反方向变动关系。

需要指出的是，上述银行派生存款倍数扩张的原理，在相反方向上也是适用的，即派生存款的紧缩也呈现倍数缩减的过程。某商业银行减少了一笔数额的准备金或现金存款，则会通过上述过程，使银行系统的派生存款发生倍数缩减的结果。这对于理解中央银行实施紧缩性货币政策将产生社会货币供应总量的倍数缩减效应是十分重要的。

第四节　货币乘数与货币供给量

一、货币乘数及其决定变量

微视频 16-1
银行如何创造货币

货币乘数是货币供给量相对于基础货币的倍数。不同口径的货币供应量有各自不同的货币乘数。

由于基础货币是由现金（C）和存款准备金（R）构成的，货币供应量由现金和存款货币（D）构成。基础货币（B）与货币供应量（M_s）之间的乘数（m）可以表示为：

$$m = \frac{M_s}{B} = \frac{C+D}{C+R} \tag{16-4}$$

上式的分子、分母同除以 D，可得：

$$m = \frac{\dfrac{C}{D}+1}{\dfrac{C}{D}+\dfrac{R}{D}} \tag{16-5}$$

式中：C/D 为通货 – 存款比率；

R/D 为准备 – 存款比率。

这两个比率决定了货币乘数，货币供应量则是基础货币和货币乘数的乘积。

通货 – 存款比率是指流通中的现金与商业银行存款的比率。这一比率的高低反映了居民和企业等经济主体的持币行为，主要受经济的货币化程度、居民货币收入和储蓄倾向、社会的支付习惯、持有现金的机会成本以及对通货膨胀或通货紧缩的心理预期等多种因素影响，中央银行难以有效地控制这个比率。

准备 – 存款比率是指商业银行法定准备金和超额准备金的总和占全部存款的比重。中央银行直接控制法定准备金率，超额准备金率由商业银行根据自身经营情况自行决定。

二、影响货币乘数变动的因素分析

由于决定货币乘数的上述两个比率是不断变化的，货币乘数就不会是一个固定不变的值。通常经济活动中各个主体的活动会影响两个比率，从而影响货币乘数大小。

（一）居民的经济行为与货币乘数

居民对货币乘数的影响主要通过通货－存款比率发生作用。从上一章货币需求的分析中可知，居民主要根据即期的各种因素（如收支情况、物价水平、利率与资产收益率、财富效应、个人消费习惯及支付偏好等）和对未来经济运行情况的预期，决定持有现金的水平，从而直接影响通货－存款比率。例如，当居民的持币量普遍增加时，通货－存款比率就会提高，在其他因素不变的情况下，货币乘数就会变小。若中央银行对定期和活期存款采取不同的法定准备金率，居民对储蓄种类的选择也将影响商业银行计提的法定存款准备金，从而影响准备－存款比率。同时，居民的资产选择行为将影响居民储蓄存款的变化，并同时影响两个比率的分母。

（二）企业的经济行为与货币乘数

企业经济行为对货币乘数的影响主要有三个方面：一是企业的持币行为影响通货－存款比率，其原理类同于居民。二是企业的理财及其资产组合将影响企业存款的增减，影响存款的种类结构，进而改变通货－存款比率和准备－存款比率。三是企业的经济活动对贷款影响很大，一方面企业的经营状况影响商业银行的贷款决策；另一方面企业的贷款需求变化是存款货币创造的前提，对货币乘数有很大影响。

（三）金融机构的经济行为与货币乘数

金融机构行为对货币乘数的影响主要有三个方面：一是商业银行变动超额准备金的行为影响准备－存款比率。例如，在既定的法定存款准备金和存款总额不变时，银行保有的超额准备金越多，准备－存款比率就越高，货币乘数就越小。二是银行的贷款意愿影响准备－存款比率。例如，当银行为了保证安全性而减少贷款时，派生存款会数倍收缩，总存款下降必然导致准备－存款比率提高，货币乘数减小。三是向中央银行借款的行为同时影响准备－存款比率和通货－存款比率。例如，商业银行增加向中央银行借款，一方面因增加了准备金存款而提高了准备－存款比率；另一方面通过资金运用扩大贷款而使总存款增加，进而改变通货－存款比率。因此，在货币乘数的变化中金融机构的作用力很大。

（四）政府的经济行为与货币乘数

微视频 16-2 中国政府存款近 21 万亿或拖经济后腿

政府活动对货币乘数的影响主要是通过弥补财政赤字的三种方式体现的。一是如果政府采用增税的方式弥补财政赤字，短期内并不直接影响货币乘数和货币供应量，但在长期内将通过影响投资收益，使投资需求下降，贷款需求减少，导致货币乘数变小。二是若政府采用举债方式弥补财政赤字，在公众和商业银行购买国债时，虽然货币供给总量短期内不变，但货币结构将发生变化，各层次的货币乘数也将发生变化。三是如果政府采用向中央银行直接借款或透支的方式弥补财政赤字，政府的现金支出将直接增加现金投放，从而影响通货－存款比率；政府的转移支付将使非政府部门的存款增加，引起银行存款的增加，导致准备－存款比率增加，进而影响货币乘数。

货币乘数及其效应机制是建立在完善的市场经济基础上的理论分析。在中国从计划经济体制向市场经济体制转轨的过程中，市场因素在不断增加，上述影响货币乘数的因素同样也作用于我国，因而乘数效应逐渐明显。但由于转轨时期的特殊情况，我国各经济主体的行为与发达市场经济中经济主体的行为还是有些差异，如居民的持币行为和储蓄方式的选择理性化程度比较低；企业在资金调度和公司理财方面存在的问题，影响了其持币行为和贷款需求，进而对货币乘数产生影响；金融机构的贷款意愿和超额储备也经常发生不理性的变化等。这些都使我国的货币乘数不太稳定。

综上所述，货币供给的决定与影响因素如图 16-1 所示。

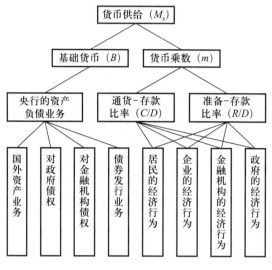

图 16-1　货币供给的决定与影响因素

第五节　货币供给的数量界限与控制

一、货币供给的数量界限

（一）货币供给数量界限的理论分析

在现代信用货币制度下，货币供给在数量上不受实物币材的制约，从技术上说可以是无限的。但上述分析表明，在现实经济中货币供给要受到各种因素的制约。那么，多少数量的货币供给才是合适的，是中央银行进行货币控制首先面临的问题。

大多数学者认为，从货币产生、发展的历史来看，货币是商品生产和交换发展的必然产物。从货币的职能作用来看，货币是作为交换媒介和资产贮存的手段，发挥计价估值、流通支付、保值增值的作用。因此，从理论上说，货币供给的数量界限应该取决于经济活动中的货币需求。首先，受制于商品流通和劳务交易及由此产生的交易性货币需求，因为货币最基本的功能是作为交换媒介为商品流通和劳务交易服务。其次，受制于人们财富保值增值的金融活动及由此产生的资产性货币需求。因此，货币供给数量适当与否的界限应该是能否满足货币需求，只有使货币供应量与实际需要量相一致才能保证币值的稳定。

（二）货币供给增长率的确定

货币供给增长率是指本期与上期的货币供给量之比，主要反映货币供给量的变化程度。由于货币统计的口径不同，货币供给增长率通常区分为不同的层次，如 M1、M2 的货币供给增长率。各国在货币统计中公布的是当期实际发生的货币供给增长率。而中央银行在控制货币供给时更需要预定增长率，以便作为货币政策操作的目标和依据。为使货币供给的变化与经济发展的需求相适应，各国在预定货币供给增长率时主要依据货币政策最终目标，考虑以下几个因素：

（1）经济增长率。随着经济的增长，货币的交易性和资产性需求相应增加，因此，货币供给的增长首先考虑经济增长的需要。

（2）就业增长率。一国就业的增长在乘数效应的作用下会给各个经济主体带来货币收入的增长，由此增加交易性和资产性的货币需求，货币供给也需要相应增加。

（3）物价变动率。在现代信用货币制度下，假定其他因素不变，物价和货币数量之间具有同方向变化的关系，物价的涨跌会导致所需货币数量相应增减，因此，在确定货币供应增长率时往往加上一个通货膨胀或通货紧缩率代表的物价变动率。

上述 3 个因素在各国的货币供给实践中取舍不同，如美国货币学派提出的著名单一规则就是以经济增长率和就业增长率之和来决定货币供给增长率；而德国的弗莱堡学派则主张以潜在经济增长率加上一个可承受的通货膨胀（或紧缩）率来决定货币供给增长率。我国在很长时期也是以经济增长率和物价变动率之和来确定预期的货币供给增长率，被称为基本公式法。

二、货币供给的控制

在商品经济和市场经济中，由于最核心的价格机制与货币数量紧密相关，货币供给过多或过少都会使价格波动进而影响经济的稳定和发展，因此，对货币供给数量的控制尤为重要。但在不同经济体制下，货币供给机制存在很大差异，由此决定了货币控制的机制也不同，中央银行调控基础货币的方式和工具有较大的差异。

在计划经济和金融体制下，信用高度集中于银行，银行实行的是统收统支的资金管理体制，货币供给只有银行信贷这一条渠道，现金和存款都是中国人民银行的负债并形成了信贷资金的来源。由于没有金融市场，资产运用只有贷款这一种方式，使得贷款成为货币供给增减的唯一渠道，所以运用高度集中统一的信贷计划和层层分解执行的方法来控制贷款，自然就成为调控货币供求最重要和最主要的方式。这种控制方式从理论上分析是强有力的，应该很容易实现控制目标，但在实践中却因为计划失误或执行中的问题，导致货币失控。

在市场经济体制下，由于商业银行等存款类机构都是独立的经济主体，货币控制建立在市场运作和双层货币供给机制基础上。中央银行运用间接调控的方式，采用外汇公开市场、本币公开市场、债券回购、再贷款和再贴现、存款准备金、央行票据、流动性便利等多种货币政策工具操作来吞吐基础货币，调控存款货币机构的放款能力和货币乘数，最终影响货币供给总量。前面的分析表明，基础货币的投放和回笼与中央银行的资产负债业务紧密相关，货币乘数的决定因素也在很大程度上受中央银行的影响，因此，从理论上分析中央银行应该能够对货币供给进行控制。在各国的实践中，中央银行货币政策操作的重要内容就是调控货币供给量，具体内容本书将在第 18 章货币政策中具体讨论。

三、货币供给的内生性与外生性

在研究货币供给控制问题时，人们一直在争论一个重要问题：货币供给量究竟是外生变量还是内生变量？这个问题的核心是变量的可控性。**内生变量**又称非政策性变量，是指在经济体系内部由诸多内在因素影响而自行变化的量，通常不为政策所控制，如市场经济中的价格、利率、汇率等变量。**外生变量**又称政策性变量，是指受外部因素影响所决定的变量，通常能够由政策控制，可作为政府实现其政策目标的工具，税率就是一个典型的外生变量。

（一）货币供给内生性与外生性之争

对于货币供应量是一个外生变量还是一个内生变量的问题，国内外学者持有两种截然不同的观点。主张货币供应量是外生变量的人认为，货币供应量是由中央银行控制的，受货币政策的支配；主张货币供应量是内生变量的人则认为，货币供应量是经济体系内诸多因素共同作用的结果，中央银行难以有效控制。因此，关于货币供应量是外生变量还是内生变量的问题，关系到货币供应量是否可控的问题，进而关系到货币政策是否有效的问题，具有很强的理论与政策意义。视货币供给为外生变量，意味着中央银行能够通过货币政策的实施有效地调控货币供应量，政府干预经济可以奏效；反之，则意味着货币供应量主要由经济因素决定，中央银行并不能有效地控制其变动及其数量，政府并不能有效地干预经济。

学者们在争论中发现，简单地判定货币供应量是一个内生变量或外生变量都有失偏颇，因此，人们的讨论逐渐集中在货币供给的内生性或外生性上。所谓**货币供给的内生性**，是指货币供给难以由中央银行绝对控制，而主要是由经济体系中的投资、收入、储蓄、消费等内在因素决定，货币供给量具有内生变量的性质。与此相对应的是**货币供给的外生性**，是指货币供给可以由中央银行进行有效的控制，货币供给量具有外生变量的性质。

货币供给量的内生性和外生性问题引起了中外经济学家旷日持久的争论，迄今仍未达成共识。多数经济学家认为，在不兑现信用货币条件下，由于基础货币都是由中央银行投放的，货币乘数也在中央银行的宏观调控之下，因此，中央银行应该有能力按照既定的目标运用货币政策工具对货币供给量进行扩张或收缩，货币供给量在一定程度上可以为政策所左右。这说明货币供给量存在较强的外生性。但这种外生性又不是绝对的，因为货币供给量除受中央银行控制外，还要受经济生活中其他经济主体行为的影响，因而货币供给量又具有一定的内生性质。货币供给量所具有的这种双重性质，虽然不是严格合乎计量经济学的要求，但却比较客观地反映了现实状况：从总体上看，中央银行对货币供给量具有相当的调控能力，中央银行应该承担起调控的责任来。但在现实经济运作中，随着金融创新的活跃和金融市场的发达，货币供给的内生性也在增强，中央银行对货币供给的调控存在困难。这也是近十几年来主要发达国家逐渐放弃货币供应量作为货币政策中介目标的原因之一。

（二）中国货币供给的内生性与外生性

国内学者对这个问题持两种不同的观点：主张内生性货币供给论的学者认为，目前我国中央银行制定和执行货币政策的独立性不强，现实经济运行中内生因素的作用越来越大，因此，货币供给日益表现出更多的内生性，中央银行对货币供给的控制越来越困难。主张外生性货币供给论的学者认为，在我国以银行业主导的金融结构条件下，基础货币都是由中央银行的资产负债业务决定的，商业银行的业务活动及其流动性受制于中央银行的调控，货币供给应该是可控的，并且我国的中央银行有足够的权威和手段控制货币供给量。

事实上，货币供给的内生性或外生性是一个很复杂的问题，很难简单地用非此即彼的逻辑进行判断。一般通过分析货币供给的变动与货币乘数之间的关系，可以对货币供给内生性进行验证。大量实证表明，我国中央银行虽可通过不断丰富货币政策工具来控制基础货币，但对货币乘数的控制能力是有限的。同时，货币供给的可控性也不是一成不变的，决定货币供给可控性的客观条件和主观因素都在发生变化。需要关注的是，目前我国中央银行对货币供给仍然具有相当的控制力，因此，中央银行在货币供给中应该承担起不可推卸的调控责任。另外，随着我国改革开放的推进和经济市场化进程的加快，货币供给的内生性在不断增强。因此，中央银行对货币供给的调控需要适时调整方式和手段，并不断提高调控能力和操作艺术。当货币供给的内生性越来越强时，就需要考虑货币政策逐渐从调控货币供应量为主的数量型向以调控利率为主的价格型转变。

本章小结

1. 货币供给，是指一定时期内一国银行系统向经济中投入、创造、扩张（或收缩）货币的行为。货币供给是银行体系向经济中注入或抽离货币的过程，由此形成的货币量即货币供给量。

2. 国际通用的货币供给公式是：货币供给 = 基础货币 × 货币乘数。

3. 现代信用货币制度下，货币供给过程一般涉及中央银行、商业银行、存款人和借款人四个行为主体，其中在货币供给过程起决定作用的是银行体系，货币供给与中央银行和商业银行的资产负债活动密切相关。

4. 银行系统供给货币的过程必须具备三个基本条件：① 实行部分存款准备金制度；② 广泛采用非现金货币结算方式；③ 存在未满足的贷款需求。

5. 货币供给的过程可分为两个环节：① 由中央银行提供的基础货币供给；② 商业银行进行的存款货币创造。

6. 基础货币 = 现金 + 银行体系存款准备金。中央银行提供的基础货币是通过其资产业务出去的，一般通过三条渠道：① 在外汇市场买卖外汇、黄金，变动储备资产；

② 在公开市场上购买政府债券，变动对政府债权；③ 对商业银行办理再贴现或发放再贷款，变动对金融机构债权。

7. 货币乘数是指货币供给量相对于基础货币的倍数。货币乘数主要由通货 – 存款比率和准备 – 存款比率决定。通货 – 存款比率是流通中的现金与商业银行活期存款的比率，准备 – 存款比率是商业银行持有的总准备金与存款之比。这两个比率与货币乘数有反方向变动的关系。

8. 货币供给的内生性是指货币供给是由经济体系内部各经济主体共同决定的。货币供给的外生性是指货币供给可以由中央银行直接控制。

9. 我国目前的货币供给既有市场经济的共性，又具有转型经济的特点，表现为货币供给的外生性与内生性并存。从总体上看，目前中央银行对货币供应量仍然有着很强的控制力，但随着改革开放不断深入，货币供应量的内生性在不断增强。

复习思考题

1. 如何理解现代信用货币制度下的货币供给和货币供给量的含义？

2. 现代货币供给的基本模型是如何表达的？货币供给的过程有哪些特点？

3. 如果中国人民银行向中国工商银行出售 100 万元的国债，对基础货币有何影响？

4. 试分析近 10 年来中国人民银行收放基础货币渠道的变化与面临的问题。

5. 影响货币乘数的主要因素有哪些？

6. 查一查相关资料，试对近 3 年我国的货币供给状况作出自己的分析。

7. 你认为货币供给是否可控？结合中国改革开放以来的现实，分析货币供给的外生性与内生性是否有变化。为什么？

即测即评

网上更多……　　⚙教学案例　　📄名词术语　　💬学生讨论

第17章
货币均衡

 本章导读 》

> 货币均衡实质上是社会总供求均衡的反映，反过来也会影响总供求均衡。如果货币供给过多就可能造成通货膨胀，过少则可能导致通货紧缩。在开放经济环境下，讨论货币供求与总供求均衡问题，还需要考虑国际收支与总供求均衡之间，以及与国内货币均衡之间的相互作用机制。在我国，经济失衡问题已经比较明显，外部失衡问题也是与内部失衡相对应的。无论是通货膨胀还是通货紧缩，都将会使社会各经济主体的利益出现重新调整，对每个人都有着直接的影响。通过本章的学习，可以更好地理解货币供求的关系和货币均衡的原理，更好地理解通货膨胀等经济失衡问题。

第一节　货币供求均衡与总供求平衡

一、货币供求均衡原理

货币供求均衡，简称**货币均衡**，是指某一经济体在一定时期内货币供给与货币需求基本相适应的货币流通状态。若以 M_d 表示货币需求量，M_s 表示货币供给量，则货币均衡可表示为：

$$M_d = M_s \qquad\qquad (17\text{-}1)$$

货币均衡是由均衡到失衡，再向均衡恢复的动态调整过程。货币均衡的实现是相对的，并不要求货币供给量与货币需求量完全相等，而是一定程度上可以允许供求之间不一致。实际上是一种经常发生的货币失衡中暂时达到的均衡状态。

货币失衡主要有两种类型：一是 $M_s > M_d$。若这种状态持续发展，往往会出现通货膨胀。二是 $M_s < M_d$。若这种状态持续发展，往往会出现通货紧缩。

二、货币供求均衡与总供求平衡之间的关系

（一）货币均衡的实现条件

从形式上看，货币均衡是货币供给与货币需求相互平衡的一种货币流通状态。但实质上，则是社会总供求平衡的一种反映。

总供给是指某一经济体在一定时期内提供的全部供最终消费和使用的商品和劳务的总和。货币不仅是社会再生产连续不断进行的条件，也是社会总供给实现的媒介。经济体系中需要的货币量，取决于有多少实际资源需要货币实现其流转并完成生产、交换、分配和消费这些相互联系的再生产流程。这是总供给决定货币需求的基本理论出发点。

总需求是指某一经济体在一定的支付能力条件下对生产出来供最终消费和使用的商品和劳务的需求总和，也就是消费需求和投资需求的总和。任何需求都是以一定的货币量作为载体的，故总需求决定于货币总供给。如果没有货币供给，有效需求就无从产生。因此，货币供给决定并制约总需求。例如，如果货币供给增加，总需求增加。货币供给在保持国民经济持续、稳定发展，促进总供求均衡中起重要作用。如果货币供给过多，就会造成消费需求和投资需求的膨胀，可能导致通货膨胀；反之则造成需求不足，可能导致通货紧缩。

货币均衡与总供求（市场供求）均衡不过是一个问题的两个方面。以 AS 代表社会总供给，AD 代表社会总需求，箭头表示主导性的作用，则货币供求与总供求的相互关系可用图 17-1 表示。

图 17-1 的四边联动关系表明，总供求均衡与货币供求均衡密切相关：① 总供给决定货币需求，决定了需要多少货币来实现再生产过程，从而引出货币需求；② 货币需求是货币供给的决定依据；③ 货币供给影响总需求，成为总需求的载体；④ 总需求对总供给有决定性的影响。因此，货币均衡的两个基本标志，就是商品市场上物价稳定和金融市场上利率（货币的价格）稳定。要指出的是，图 17-1 箭头所示的只是一种主导性的关系。现实中，这四个因素之间的关系是相互作用的。

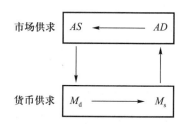

图 17-1　货币均衡与总供求均衡

（二）货币均衡的实现机制

市场经济条件下的货币均衡需要具备两个条件：首先，要有健全的利率机制。市场化的利率作为金融市场上货币的价格，既要能够灵敏地反映货币供求的状况，又要能够调节货币供求关系使之实现均衡。其次，要有发达和活跃的金融市场尤其是货币市场，有众多金融工具可供投资者选择，货币与其他金融工具之间可以便利而有效地互相转化，从而调节货币供求。

当市场利率升高时，商业银行贷款的收益增加。这样，银行就会通过减少超额存款准备金来扩大贷款规模，结果是货币供给增加；公众则因持币损失增加而减少现金

持有，从而货币乘数上升，货币供给增加。这说明利率与货币供应量之间存在同方向变化的关系，即图17-2中的M_s曲线。从货币需求方面看，利率越高，持有货币的机会成本越高，人们就会增加对金融工具和金融资产的需求而减少对货币的需求，利率与货币需求之间是反方向变化的关系，即图17-2中的M_d曲线。货币供给曲线与货币曲线的交点E即为均衡点，并在此点决定出均衡利率（i_e）和均衡货币量（M_e）。利率是货币均衡实现的重要条件。

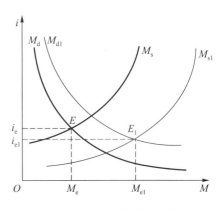

图17-2 利率决定的货币均衡机制

但市场总是波动多变的。货币供求也会因各自变化的时间或数量不等而打破均衡状态，但在市场利率机制的作用下又可以恢复均衡。如图17-2所示，如果因货币当局的行为或市场内生因素导致M_s移至M_{s1}，此时供大于求，利率下降，必然会引起货币需求相应上升，M_d移至M_{d1}，货币供求又会在E_1点重新实现均衡。

三、影响货币均衡实现的因素

货币均衡的实现除了受利率机制影响以外，还受以下因素影响。

（一）货币当局的市场干预和有效调控

货币供求均衡虽然可以通过利率机制来实现，但是一方面由于货币需求的变化是众多经济主体行为的结果，货币供给也具有一定的内生性；另一方面利率变化受制于诸多因素，使得利率对货币供求均衡的调节有时失灵，或者不到位，或者过度反应。因此，货币当局干预和宏观调控是不可或缺的，通过货币政策操作，调控货币供给和利率，有助于实现货币均衡。

（二）财政收支的基本平衡

大量财政赤字的出现往往迫使政府向中央银行借款，这会使中央银行为弥补财政赤字而增加货币投放，进而可能引发通货膨胀。

（三）经济结构的合理性

一国经济结构如果不合理，就会出现某些部门和产品的供给不足或者过剩，最终会引起货币供求失衡。

（四）国际收支的基本平衡

国际收支如果失衡易引起金融市场和汇率波动，并直接影响国内市场价格的稳定，影响基础货币投放，也使货币供求关系发生变化。

第二节　国际收支及其均衡

一、国际收支平衡表

国际收支平衡表（statement for balance of payments）是在一定时期内某经济体与其他经济体之间进行的全部经济交易的系统记录，包括经常账户、资本账户、金融账户和净误差与遗漏等主要项目。经常账户（current account）主要包括货物和服务、初次收入、二次收入等项目。资本账户（capital account）主要记录的是资本性质的转移。金融账户（financial account）主要记录直接投资、证券投资、储备资产等项目。其中，国家间利率差对短期跨境资金流动有着重要影响；国际直接投资的决定因素则较为复杂，如东道国的要素成本和价格、宏观经济和金融状况、税收优惠政策和法律制度环境以及企业战略等。由于储备资产项目的功能和管理方式有着特殊性，有时将其从金融账户中单列出来，外汇储备是其中最主要的部分。

二、国际收支的均衡与调节

（一）国际收支失衡的判断

可将国际收支平衡表上各个项目区分为两类不同性质的交易：自主性交易和调节性交易。前者是指私有部门由于自身的需要而进行的交易，如商品和服务的进出口、外来直接投资；后者则是指在自主性交易失衡时所进行的用以平衡收支的弥补性交易，如借入短期资金和动用国际储备等。判断国际收支是否失衡主要是看自主性交易是否平衡。

可以通过三种具有重要经济意义的账户差额来评估和度量国际收支失衡：贸易差额、经常账户差额、国际收支总差额。

贸易差额指商品和服务的进出口差额。贸易差额如果出现逆差，必须有某种资金来源与之相抵，或是靠经常账户中其他项目的顺差来抵补，或是靠金融账户的资金流入，也可能是动用国际储备来解决；如果出现顺差，也必然会引起国际收支平衡表中其他账户的相应变化。

经常账户如果出现逆差，表示从国外净进口了商品、服务供国内使用，意味着国内使用了国外实物资源，需要通过增加对外负债和减少国际储备来弥补；如果出现顺差，表示向国外净提供了商品和服务，相应地会增加本国对外债权或减少对外债务。经常账户差额可以更好地反映一国对外债权债务关系变化的状况。

国际收支总差额是指经常账户差额与资本账户差额（其规模一般来说比较小，可以忽略不计）和金融账户差额合计所得的总差额。如果出现顺差，则国际储备相应增加；反之，则国际储备相应减少。

（二）国际收支失衡的原因

导致国际收支失衡的原因很多，各经济体之间以及同一经济体不同时期差别很大，主要有以下几类。

1. 经济发展状况

例如，我国在改革开放之初，需要进口大量技术、设备和原材料，而受生产和技术能力的限制，出口一时难以相应增长，因而在多个年份出现贸易逆差。随着改革开放的推进，经济进入更高的发展阶段，转而出现持续顺差。

2. 经济结构因素

各国由于经济地理环境、资源禀赋、技术水平、劳动生产率、发展战略等差异，形成了各自的经济布局和产业结构，进而影响其进出口商品的结构和规模。当国际市场发生变化时，如果不能相应地调整其生产结构和经济结构，则可能引起国际收支失衡。经济结构导致的国际收支失衡短期内很难调整。

3. 货币性因素

货币政策可引发物价和币值变化。宽松的货币政策往往引发通货膨胀，出口商品成本随之提高，在国际市场上的竞争力削弱；而进口商品则价格相对较低，引起进口增加，结果是恶化国际收支状况。汇率政策以及利率变化也会对一国的产出和物价水平以及跨境资金流动带来影响。

4. 跨境资金流动

浮动汇率制下，汇率频繁波动，使得短期跨境资金大量流动，并对国际收支产生越来越大的影响。例如，1997 年东南亚金融危机，其造成的国际收支失衡不仅反映在金融账户上，对经常账户也产生了深刻的影响。

5. 经济周期

经济周期的不同阶段对国际收支有不同的影响。例如，在景气时期，由于生产高涨，进口大幅度增加，可能导致出现经常账户逆差。

6. 国际经济环境

出口在一定程度上取决于汇率和进口国的需求等因素；进口也会受国内需求、汇率和国际市场价格等因素的影响。例如，美国多年来持续贸易逆差，众多因素中其国内的旺盛需求因素支持了大量从中国等国家的进口。

上述影响因素相互作用、冲抵或者叠加。

（三）国际收支平衡是重要的宏观经济目标

一般认为，如果一国国际收支持续失衡，可能在某些方面不利于国内经济的发展。如果出现持续大量逆差，将导致本币有贬值压力，短期资金就要大量外流，从而进一步恶化国际收支状况，甚至会导致货币危机。如果为维护汇率稳定而动用国际储备，将导致货币投放减少，也会导致利率上升，降低国内需求。如果出现持续大量顺差，将给本币带来升值压力。为对冲升值压力，央行以外汇占款的方式被动投放基础货币，将带来货币供应量过快增长和通货膨胀的压力。大量顺差也意味着大量资源流向外向型经济部门，不利于产业结构的调整，也容易引发贸易摩擦和冲突。

（四）国际收支调节的方式

针对不同类型的国际收支失衡，调节的手段也有所不同。例如，如果是由于某些临时性因素或经济周期因素引起的，可不采取调节措施；如果是由于货币政策或汇率政策引起的，就需要采取相应的调整政策。

对于结构性的失衡，维护国际收支平衡将是一个长期、复杂的过程，仅仅依靠货币政策或汇率政策调节往往难以解决问题（当然也是有一定的效果），需要采取综合措施。由于国际收支与国内经济有着密切联系，通常在对内经济政策上需采取相应政策，以间接影响国际收支。具体调节手段主要有：

（1）财政、收入政策。例如，为减少逆差，可采取出口退税、免税、进口征税等方式，以鼓励出口，限制进口，或对短期跨境资金流动加以限制；为减少顺差，可进一步发挥财税政策在调整结构、刺激消费中的重要作用。

（2）调整汇率或利率等要素价格，完善国际收支自动调节的价格机制。

（3）完善投融资体制，加大劳工保护、环境保护力度以影响出口竞争力，转变外贸增长方式，影响跨境资金的流动，提高利用外资的质量。

（4）实行更加有效的外汇管理政策，进一步便利企业进口用汇，大力支持海外直接投资特别是重要产业的并购，更好地满足市场主体对外金融投资的需求，加强外债借用和结汇的管理。

此外，应加强国际经济合作，以应付短期内的国际收支失衡。

三、开放经济下的货币均衡

开放经济下，讨论货币供求与总供求均衡问题，除需要考虑国际收支均衡外，还需要考虑国际收支与总供求均衡，以及与国内货币均衡之间的相互作用机制。

（一）对外收支与总供求

开放经济下，影响总供求关系的变量扩大了，诸如商品进出口、跨境资金流动等因素均可能产生影响。

支出法是从需求面分析出发，体现私人部门、公共部门等的收入去向，是综合考察宏观经济问题的主要分析工具。支出法下，国内生产总值（GDP）可分解为：

$$GDP=C+I+(X-M) \tag{17-2}$$

式中：C 为最终消费；

　　　I 为总投资（固定资本形成和库存的变化）；

　　　X 为货物和服务的出口，是国外对本国货物和服务的需求，构成扩大总需求的外部因素；

　　　M 为货物和服务的进口，是增加国内货物和服务可供给量和构成扩大总供给的外部因素。

由于 GDP 测量的是国内生产的最终产出，不能全面反映来源于经济各个方面、对总需求有重大影响的全部收入。进一步地，用国民总收入（GNI）和可支配国民总收入

（GNDI）等指标来描述总量。它们之间的关系是：

$$GNI=GDP+Y_F=C+I+(X-M+Y_F) \qquad (17\text{-}3)$$

式中：Y_F 为来自国外的初次收入（主要包括对外部提供要素资源所形成的直接投资收入、利息收入、劳务收入等）。

GNDI 是可供最终消费和储蓄之用的总收入：

$$GNDI=GNI+TR=C+I+(X-M+Y_F+TR) \qquad (17\text{-}4)$$

式中：TR 为来自国外的二次收入（从国外收到的经常转移净额）；

（$X-M+Y_F+TR$）为经常账户收支差额（CAB）。

因此有：

$$GNDI-(C+I)=CAB \qquad (17\text{-}5)$$

式 17-5 表明：当一国总需求多于总收入时就会出现经常账户逆差。为减少经常账户逆差，必须减少国内需求或提高产出。减少国内需求可以通过压缩消费需求（C）和 / 或投资需求（I）来实现。

国民储蓄（S）是一国可用于投资的全部资金，即

$$S=GNDI-C \qquad (17\text{-}6)$$

式 17-6 又可以表述为：

$$S-I=CAB \qquad (17\text{-}7)$$

对于一个开放经济体，其储蓄与投资差额（相当于一国经济的资源缺口）是经常账户差额。当投资不足，国内储蓄多于投资时，经常账户出现顺差，资金由国内流向国外；反之，当投资过多，储蓄少于投资时，经常账户出现逆差，资金由国外流向国内。任何外部失衡都会在内部失衡上体现出来。因此，改变经常账户的政策措施（如汇率、关税等）也将影响国内储蓄和投资行为。

而经常账户差额（CAB）与资本账户差额和金融账户差额（CFA）之和就是国际收支账户的总体差额，等于一国官方净储备的变化（ΔNFA）：

$$CAB+CFA-\Delta NFA=0 \qquad (17\text{-}8)$$

如果总体差额出现逆差，通常通过减少国外净资产来弥补。一国官方净储备（国外资产净额）是弥补国际逆差的主要后盾。

（二）开放经济下的货币供求

开放经济下，现代信用货币供给的原理和机制虽然没有根本性改变，但与封闭经济相比，对货币供给增减的影响主要来自两个方面：一是银行体系外汇资产的增减，二是中央银行在外汇市场上的公开市场操作。这两种影响又因汇率制度的差异而有所

不同。在固定汇率制下，如果是国际收支顺差，将构成货币供给的形成来源和压力；在浮动汇率制下，如果国际收支失衡是短期现象，对货币供给的影响并不大，但如果为长期失衡，则仍然会对货币供给产生影响。

开放经济下，国际收支对国内货币需求也产生了重要影响：开放程度越高，进出口的货物和服务交易量就越大，对于国际储备货币的发行国来说，直接体现为交易性和预防性货币需求的增加；对于非储备货币的发行国来说，也会通过外汇兑换等因素影响本国的货币需求。进一步地，跨境资金流动，以及公众参与外汇市场的买卖也对资产性的货币需求有重要影响。

（三）开放经济下的货币均衡

由于开放经济下外部因素对社会总供求、货币供给、货币需求都有重要影响和冲击，因此货币均衡和经济均衡较封闭经济要复杂得多，也更难以实现。

由式 17-5 可以看出，当出现持续的国际收支逆差时，若要改善之，要么提高本国产出，要么减少支出（如削减政府支出），进行结构性的政策调整，吸引资金流入；当出现持续的国际收支顺差时，若要改善之，应增加消费支出，进行结构性的政策调整，鼓励进口和企业走出去进行国际投资。

可以看到，国际收支与国内资金循环交织在一起，因而受到国内的信贷状况、货币供给、汇率政策等多种因素的影响。

第三节　货币失衡与治理

货币失衡一般有两种情况：货币供大于求导致通货膨胀，货币供小于求会出现通货紧缩。货币失衡造成的这两种情况都会危害经济发展，因此，必须予以有效的治理。

一、通货膨胀及其度量

微视频 17-2
5 分钟读懂
通货膨胀

在大多数经济理论著作和金融学教科书中，把通货膨胀定义为由于货币供给过多而引起货币贬值、价格普遍上涨的货币现象。这个定义认为通货膨胀的根本原因是货币供给过多，表现是价格普遍上涨，即价格总水平上升，而不是地区性的或某类商品的价格波动。一般当价格总水平持续上涨超过 2 个季度时，才判断出现了通货膨胀。

在经济分析过程中，人们还以不同的标准，对通货膨胀进行了分类。具体分类大略可归纳如表 17-1 所示。

表 17-1　通货膨胀分类

分类标准	类别
市场机制作用	公开型通货膨胀
	抑制型通货膨胀

续表

分类标准	类别
价格上涨速度	爬行通货膨胀
	温和通货膨胀
	恶性通货膨胀
通货膨胀预期	预期通货膨胀
	非预期通货膨胀
通货膨胀的原因	需求拉动型通货膨胀
	成本推进型通货膨胀
	供求混合推进型通货膨胀
	结构失调型通货膨胀

从价格上涨速度的角度进行区别，关键在于说明通货膨胀的严重程度和数量界限。爬行通货膨胀是指价格指数以缓慢的趋势上升，一般年均上涨率在1%~3%，而且不会导致通货膨胀预期；温和通货膨胀是指价格水平年均上涨率在3%以上，但尚未达到10%；恶性通货膨胀是指价格水平上涨率达到10%甚至更高。当然，各国确定通货膨胀状态的衡量标准也存在分歧。

目前各国度量通货膨胀程度所采用的指标主要有三种：一是消费者价格指数（CPI），二是批发物价指数（WPI），三是GDP平减指数。其中，CPI是综合反映一定时期内购买并用于消费的消费品及服务价格水平的变动情况，由于直接与公众的日常生活相联系，社会敏感性较强，可较好地反映通货膨胀程度。

二、通货膨胀的社会经济效应

（一）强制储蓄效应

在经济已达到充分就业的情形下，若政府向中央银行借债，则会强制增加全社会的投资需求，结果将是物价上涨。在公众名义收入不变条件下，其消费将非自愿地减少或强制性地减少。强制储蓄效应的形成伴随着在不同部门间的收入分配转移。

（二）收入分配效应

在通货膨胀下，由于货币贬值，名义货币收入的增加往往并不意味着实际收入的等量增加。对于不同收入来源的民众来说，有些人实际收入水平会下降，有些人却会提高。这种由价格上涨造成的收入再分配，就是通货膨胀的收入分配效应。对于广大工薪阶层来说，工资的提高往往相对于价格上涨滞后，滞后时间越长，遭受通货膨胀损失相应地也就越大。但工资调整滞后却使得企业的利润增加，从而有利于厂商及股东。而政府往往可以通过有效税率的提高，获得更多的税收。

（三）资产结构调整效应

投资的财富或资产由实物资产和金融资产两部分构成，可能同时还有负债。在通货膨胀环境下，实物资产的货币价值大体随通货膨胀率的变动而相应升降，金融资产则比较复杂。因此，公众和企业往往通过调整资产结构来避免损失，如尽量减持货币类资产。资产结构调整效应也称财富分配效应。

（四）恶性通货膨胀下的危机效应

恶性通货膨胀会引发一系列严重的社会经济问题。在物价飞涨时，产品销售收入往往不足以补进必要的原材料；不同行业之间、不同地区之间上涨幅度极不均衡，这将破坏正常的经济联系和流通秩序，难以进行正常的生产经营；债务的实际价值下降，正常信用关系也会极度萎缩；人们普遍地对持有货币缺乏信心，甚至拒绝使用和接受货币，实物交易盛行，货币流通和支付难以正常进行；引发商品抢购和挤兑银行的突发风潮。它所造成的收入再分配和人民生活水准的急剧下降将导致社会冲突加剧，往往引发政治动荡。

三、通货膨胀与经济成长

很明显，恶性通货膨胀对经济发展危害性极大。但温和通货膨胀对经济发展究竟会产生什么影响？这是一个富有争议的重要问题。关于通货膨胀的产出效应，经济学界大致形成了三类观点：促进论、促退论和中性论。

促进论认为通货膨胀具有正的产出效应。当经济长期处于有效需求不足，实际增长率低于潜在增长率时，可以实施通货膨胀政策，用增加赤字预算、扩张投资支出、提高货币供应量增长率等手段刺激有效需求，增加总产出。

促退论认为，通货膨胀将降低经济运行效率，阻碍经济成长。通货膨胀会降低借款成本，从而诱发过度的资金需求，这将迫使金融机构加强信贷配额管理，从而削弱金融体系的运营效率；会增加生产性投资的风险和经营成本，资金流向非生产性部门的比重增加；增加人们在储蓄、消费分配中的失误。此外，政府可能在压力之下采取全面价格管制办法来治理通货膨胀，从而削弱经济活力。

中性论则认为，公众基于预期，会对物价上涨做出合理的行为调整，因此，通货膨胀各种效应的作用就会相互抵消，故从长期看，通货膨胀对产出和经济成长没什么影响。

四、通货膨胀对就业的影响

对通胀与就业这两者间关系的研究，菲利普斯曲线较有影响。

菲利普斯（Phillips）通过对英国 1861—1957 年近 100 年统计资料的分析发现，货币工资的变动率与失业率之间存在一种此消彼长的反向关系：在失业率较低时期，货币工资上涨得快；在失业率较高时期，货币工资则上涨得较慢。由于物价上涨与工资提高之间存在紧密的相关关系，所以，根据这种反向关系可以绘制出一条如图 17-3 所示的向右下方倾斜的菲利普斯曲线。图中横轴（U）代表失业率，纵轴（P）代表通货膨胀率。

菲利普斯曲线具有重要的政策含义，即通货膨胀与失业之间存在一种替代关系：要使失业率保持在较低水平，就必须忍受较高的通货膨胀率；要想保持较低的通货膨胀率，则必须忍受较高的失业率。同时，这种不可兼得的处境也为决策者提供了选择，即有可能通过牺牲一个目标来换取另一个目标的实现。决策者可以根据自己的偏好，选择任何一个位于曲线上的通货膨胀率和失业率的组合。

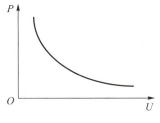

图 17-3 菲利普斯曲线

一般可认为，通货膨胀对经济的促进作用只是存在于开始阶段的很短时期内，并且只有在有效需求严重不足时，爬行或温和型通货膨胀才能对经济发展起一定的促进作用。若从长期来看，通货膨胀对经济发展弊大于利，特别是在总供求基本均衡或总需求大于总供给时。因此，必须着力控制通货膨胀。

五、通货膨胀的成因及其治理

通货膨胀产生的原因比较复杂。因此，治理通货膨胀须从其直接原因与深层原因、总供给与总需求等多方面综合施治。通货膨胀形成的直接原因是货币供应过多。因此，治理通货膨胀最基本的对策就是控制货币供应量。对于不同成因的通货膨胀，则应有针对性地采取相应的政策措施进行治理。

（一）需求拉动型通货膨胀及其治理

需求拉动型通货膨胀是指经济体系对产品和服务的总需求过度增加（总需求曲线上移），超出了潜在产出水平之后引起的价格水平持续上涨，也通常归因为"过多的货币追求过少的商品"。

在货币主义的总供求模型中，货币供给的变动被认为是引起总需求曲线移动的唯一重要因素。凯恩斯学派认为当总需求与总供给的对比处于供不应求状态时，过多的需求将拉动价格水平上涨；特别是当经济已达到充分就业状态时，过多的需求就会拉动物价随着货币供应量的增加而上涨。

针对需求拉动型通货膨胀的成因，治理对策主要是紧缩性货币政策和紧缩性财政政策。前者可包括减少基础货币投放、提高利率、提高法定准备金率等；后者主要是削减政府支出和加税。此外，增加有效供给也是治理之途，通过减税以刺激投资和产出增长。

（二）成本推进型通货膨胀及其治理

成本推进型通货膨胀认为通货膨胀的成因在于由供给面因素引起成本上升进而导致物价总体上涨。可以归结为两个原因：一是工会力量对于提高工资的要求，二是垄断行业为追求利润制定的垄断价格。

针对工资推进，治理对策是紧缩性的收入政策。一般包括：以物价指导线来确定控制各部门工资增长率，管制或冻结工资，等等。20世纪60年代和70年代初期，美国、西欧和日本等国都实行过类似的政策。

利润推进型通货膨胀发生的前提条件是存在商品和服务销售的不完全竞争市场。

诸如煤气、电力、铁路、通信等多数公用产业部门存在垄断经营的情况，就有可能操纵价格以赚取垄断利润，如果这种行为的影响足够大就可能形成利润推进型通货膨胀。治理对策包括制定反托拉斯法以限制垄断高价等。

（三）供求混合型通货膨胀及其治理

有学者将供求两个方面的因素综合起来，认为既有来自需求方面的因素，又有来自供给方面的因素，共同起作用引发通货膨胀。例如，通货膨胀可能从需求拉动开始，进而由于物价上涨而促使工会要求提高工资，转化为成本（工资）推进型的；通货膨胀也可能从成本方面开始，但如果不存在需求和货币收入的增加，这种通胀过程是不可能持续下去的，因为工资上升使失业增加或产出减少，结果将会使成本推进的通货膨胀过程终止。可见，成本推进只有加上需求拉动才有可能产生一个持续性的通货膨胀过程。现实中经常出现成本推进与需求拉动并存的混合型通货膨胀，在治理上也需要双管齐下。

（四）结构失调型通货膨胀及其治理

即使在总供求相对均衡的情形下，某些结构性因素也可能导致**结构失调型通货膨胀**。这些结构性因素包括以下几方面。

1. 劳动生产率增长速度的差异

生产率增长较慢的部门的工人往往会要求向较快部门的货币工资上涨率看齐，使该部门的生产成本上升，进而造成整体价格水平上涨。

2. 瓶颈制约

在一些市场机制不够发达的经济体，由于缺乏有效的资源配置机制，各部门之间资源配置严重失衡，有些行业生产能力过剩，另一些行业则严重滞后，形成经济发展的瓶颈。当这些瓶颈部门的价格因供不应求而上涨时，便引起了其他部门甚至生产过剩部门的连锁反应，形成一轮又一轮的价格上涨。显然，治理这类通货膨胀只有进行结构性改革。

3. 需求转移

对产品和服务的需求不是一成不变的，会不断地从一个部门向另一个部门转移，而劳动力及其他生产要素的转移则需要时日。因此原先处于均衡状态的经济结构可能因需求移动而出现新的失衡。那些需求增加的行业的价格和工资将上升，但是需求减少的行业由于工资刚性的存在，却未必会发生价格和工资的下降，其结果是需求的转移导致了物价上涨。

结构失调型通货膨胀理论标志着对通货膨胀成因认识的进一步深化，特别是在许多发展中经济体，经济结构的失衡和部门间劳动生产率增长的差异是通货膨胀的重要成因。但是结构失调型通货膨胀的发生同样以货币扩张为条件。因为在货币供应量不变的条件下，各种结构性的因素也只能导致相对价格变化，而不是价格总水平上涨。

对结构失调型通货膨胀的治理，应推进经济结构调整，改善资源配置。

（五）中国的通货膨胀问题

中国通货膨胀的形成机理是十分复杂的，应综合分析。

总体看，由于体制不健全，地方政府和企业存在过量的投资需求，货币供应量快速增长等因素，我国出现多次通货膨胀。在全球化和经济转型背景下，我国通胀形成机理更加复杂，既有需求因素也有供给因素，既有国内因素也有国际因素。例如，劳动力供给约束逐步增强，并出现结构性趋紧，劳动力成本上升逐步构成推高价格上涨的因素。从长期看，应促进经济结构优化和发展方式转变，从根本上缓解通货膨胀压力。

六、通货紧缩

（一）通货紧缩的特征

怎样的经济形势可以称之为通货紧缩一直存在争议。有学者认为，通货紧缩就是价格水平持续下降；也有学者认为，价格水平持续下降并伴随着货币供应量下降；还有学者认为应当考虑三方面因素，即价格水平持续下降，货币供应量持续下降，并伴随有经济增长率不断降低。

结合我国的经济特征，典型的通货紧缩应该同时具备"两个下降"和"一个伴随"。前者是指价格持续下降，信贷和货币供应量下降；后者是指伴随经济衰退。

判断和衡量通货紧缩也可使用 CPI、WPI 和 GDP 平减指数等价格指标。实践中，衡量通货紧缩还有两个重要指标，即经济增长率和失业率。当然，这两个指标也要结合其他指标来综合判断是否出现通货紧缩。

（二）通货紧缩的社会经济效应

通货紧缩一旦发生，虽然在短期内会给消费者带来一定好处，有助于社会购买力提高，但从长远看，会给经济运行带来一系列不利影响。

1. 经济衰退，失业增加，投资下降

通货紧缩通常与经济衰退相伴随，因而常常被称为经济衰退的加速器。通货紧缩使得实际利率提高，投资的实际成本随之增加，投资的预期收益下降，使得企业减少投资。通货紧缩导致企业利润下降，股价下跌，筹资困难，这些都将降低企业的投资意愿和规模。

2. 消费不足

从消费需求看，通货紧缩有两种效应：一是价格效应。预期未来物价下跌促使人们推迟消费，更多地储蓄。二是收入效应。预期失业率上升、工资收入下降、金融资产价格下降等因素导致消费者紧缩开支，即期消费会大幅度下降。这些都将导致经济进一步衰退。

3. 破坏信用关系

较严重的通货紧缩也将破坏社会信用关系，影响正常的经济运行秩序。虽然名义利率很低，但实际利率会比通货膨胀时期高出许多。较高的实际利率有利于债权人而不利于债务人。同时，借入时的货币购买力与偿还时的货币购买力也不一样，债权人与债务人之间的权利义务就会失去平衡，导致信用量萎缩，正常的信用关系也会遭到破坏。对于银行来说，不良资产率可能加大；新的信用需求减少，给正常经营带来困难。

（三）通货紧缩的治理

通货紧缩的发生机理也是比较复杂的，是供求关系、经济周期、国际因素等多重因素作用的结果。一般地，可采取以下措施。

1. 扩大有效需求

有效需求不足是通货紧缩的主要原因之一。因此，努力扩张需求就成为治理通货紧缩的一项直接而有效的措施。投资需求的增加有两条主要途径：一是增加政府投资需求，主要手段是发行国债、增加政府投资和公共支出，目的是在政府扩大投资的同时，带动民间投资的增加；另一个是启动民间投资需求，主要手段是改变民间资本的利润预期、改善投资和金融环境、降低利率等。消费支出更多地取决于对未来收入的预期而非货币政策的松紧程度。因此，解决问题的办法应集中于改善公众对未来收入的预期，如通过加快社会福利保障制度改革，解除公众的后顾之忧。

2. 调整和改善供给

一般情况下，政府多采取提高企业技术创新能力、反垄断、鼓励竞争和放松管制、扶持小企业或民营企业发展、降低税负等措施。

3. 调整宏观经济政策

主要手段是采取积极的财政政策和货币政策。实行积极的财政政策不仅意味着要在数量上扩大财政支出，更重要的是要优化财政支出结构，既要弥补因个人消费需求不足造成的需求不足，又要拉动民间投资，增加总需求。货币政策能对总支出水平施加重要影响。积极的货币政策可以在促进经济复苏方面发挥重要作用。

本章小结

1. 货币均衡实质是总供求均衡的一种反映，与总供求均衡是一个问题的两个方面。货币供求与总供给之间存在四边联动关系。货币供给的变动不仅会通过影响利率、信贷可得性和股票市场价格来影响投资，还对消费和净出口有重要的影响。

2. 市场经济条件下的货币均衡需要具备两个条件：健全的利率机制和发达的金融市场。货币均衡还受中央银行市场干预和调控的有效性、国家财政收支、经济结构、国际收支等因素影响。

3. 国际收支平衡表是一个经济体在一定时期内全部对外经济交易的综合记录，包括经常账户、资本账户、金融账户、储备资产账户和净误差与遗漏等主要项目。判断国际收支是否失衡主要看自主性交易。

4. 针对不同类型的国际收支失衡，调节的手段也有所不同。由于国际收支与国内经济有着密切联系，通常需采取相应的对内经济政策，以间接影响国际收支。

5. 在开放经济环境下，讨论货币供求与市场供求均衡问题，除需要考虑国际收支的均衡外，还需要考虑国际收支与总供求均衡以及与国内货币均衡之间的相互作用机制。

6. 通货膨胀是指价格总水平的持续上升。它可以通过各种价格指数来衡量，并可以根据不同的角度进行分类。通货膨胀对经济具有多方面的重要影响。对通货膨胀的产出效应，大体有促进伦、促退论和中性论三类观点。向下倾斜的菲利普斯曲线刻画了通货膨胀与失业之间的替代关系，但一般只在短期内存在。

7. 在有关通货膨胀的成因上，经济学家提出了不同的理论，即需求拉动说、成本推动说、混合说和结构失调说。尽管这些理论的着眼点不同，但货币发行过多是产生通货膨胀的一个根本条件。治理通货膨胀的主要政策包括抑制总需求的政策、收入政策等。

8. 判断经济是否陷入通货紧缩的认定标准存在差异。典型的通货紧缩需要具备"两个下降"和"一个伴随"。通货紧缩一旦发生，将对经济造成诸多不利影响。通货紧缩的发生机理也是比较复杂的。一般可采取积极的财政政策和货币政策，扩大有效需求，调整和改善供给来加以治理。

复习思考题

1. 如何理解货币均衡与总供求均衡之间的关系？

2. 什么是国际收支失衡？怎么认识外部失衡与内部失衡之间的关系？是否顺差就是好，逆差就是不好呢？

3. 不少人认为我国一方面放着大量的外汇储备不用，而同时却通过借外债和吸引外资的方式发展国内经济，很不经济和不明智。20世纪90年代中期以来，该状况已持续多年，为什么难以改变呢？

4. 我国面临着较大的就业压力。有人提出，牺牲一定程度的物价稳定来缓解就业压力是值得的，如何看待此问题呢？

5. 试分析近期我国出现的通货膨胀或通货紧缩的成因和影响。如何应对？宏观调控措施有何得失？

即测即评

网上更多……　　教学案例　　名词术语　　学生讨论

第18章
货币政策

📖 **本章导读** 》》

　　货币政策是当代各国政府干预和调节宏观经济运行最主要的政策之一，也是对市场经济影响力最大、影响面最广的经济政策，因而成为各个经济主体和新闻媒体最关注的焦点。尽管你几乎可以每天从报刊、电视、广播中得到它的信息，但你是否知道货币政策的基本框架与作用原理？能否看懂货币政策的操作与变化？是否理解各国货币政策的不同选择？本章主要讨论货币政策的作用机理、目标、工具、传导机制和货币政策与财政政策的协调配合等问题，解读货币政策的实施及其在宏观经济中的作用。

第一节　货币政策的作用机理与目标

一、货币政策的框架与作用机理

（一）货币政策的框架

　　货币政策有广义与狭义之分。广义的货币政策是指政府、中央银行以及宏观经济部门所有与货币相关的各种规定及采取的一系列影响货币数量和货币收支的各项措施的总和。狭义的货币政策仅指中央银行为实现既定的目标运用各种工具调节货币供求以实现货币均衡，进而影响宏观经济运行的各种方针措施。本章在狭义的范畴里进行讨论。

　　货币政策的框架主要由政策目标、中介指标、操作指标和政策工具四个方面组成。它们之间的关系主要表现为：中央银行运用货币政策工具，直接作用于操作指标；操作指标的变动引起中介指标的变化；通过中介指标的变化实现中央银行的最终政策目标。在这个过程中，中央银行需要及时进行监测和预警，以便观察政策工具的操作是否使操作指标和中介指标进入目标区，并根据情况变化随时调整政策工具的操作。在理论分析和效果检验中，货币政策还包括传导机制、政策时滞和政策效果等内容。中央银行货币政策的基本框架大致如图 18-1 所示。

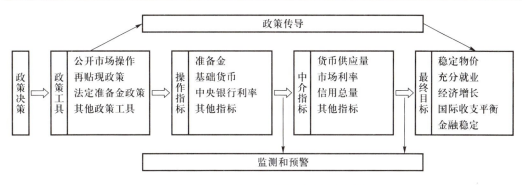

图 18-1 中央银行货币政策的基本框架

（二）货币政策的作用机理

1. 通过调控货币供求追求货币均衡，保持币值稳定

现代信用货币制度下的货币价值取决于货币供求在数量和结构上的均衡，货币供求的失衡会导致币值的变化。币值的变化对内将引起普遍的价格涨跌，出现通货膨胀或紧缩；对外则引起本币汇率的波动，导致国际收支的失衡。因此，保持币值稳定是保证市场经济中价格机制发挥作用的前提。货币政策对货币供求的决定和影响因素都可以产生作用。因此，中央银行可以通过货币政策工具的操作直接调控货币供给和需求，保持币值的稳定。

2. 通过调控货币供给追求社会总供求的内外均衡，促进充分就业和经济增长

在现代市场经济中，社会总需求的大小都是直接与货币供给量相联系的。没有货币供给量的增加，社会总需求的增长是不可能实现的。由于货币政策对货币供给的数量有决定性影响，故其可以调节社会总需求。货币政策对社会总供给也有调节作用。货币供给的增长和贷款利率的降低可减少投资成本，刺激投资增长和生产扩大；货币供给的减少和贷款利率的提高则使投资成本上升，结果会抑制投资和缩减生产。在实际经济运行过程中，货币政策正是通过对社会总需求和社会总供给两方面的调节使经济保持内外均衡，并促进充分就业和经济增长。

3. 通过利率和汇率调节消费、储蓄与投资，影响就业、经济增长和国际收支

货币政策通过对利率和汇率的调节能够产生重要的作用。因为在市场经济中，利率和汇率是最重要的金融杠杆，能够影响各个经济主体的决策和行为。低利率刺激投资和消费；高利率则抑制投资和消费。汇率的变化直接影响进出口贸易和国际资本流动。货币政策可以通过调节货币供求、中央银行利率和公开市场操作有效地影响市场利率和汇率，改变消费、储蓄与投资的数量结构，进而影响就业、经济增长和国际收支。

原理 18-1

货币政策通过调节货币供求和利率、汇率等金融价格，作用于各经济变量，进而影响币值稳定、充分就业、国际收支、经济增长和金融稳定。

二、货币政策的目标

货币政策目标是指通过货币政策的制定和实施所期望达到的最终目的，是中央银行的最高行为准则。在历史发展过程中，货币政策的目标发生了各种变化，不同的历史时期，不同目标的主次关系发生数度变化。当代各国货币政策目标大致可概括为以下五项。

（一）稳定币值

稳定币值指中央银行通过货币政策的实施，使币值保持稳定，从而保持一般价格水平和汇率的基本稳定。货币币值的变化对内反映在价格上，对外反映在汇率上。对内稳定价格往往成为各国货币政策追求的首要目标。这里的价格主要指物价的一般水平或总体水平，而不是某种或某类商品的价格。在经济全球化迅速发展的当代，由于汇率的影响越来越大，稳定汇率也成为各国货币政策亟待关注的目标。

（二）充分就业

充分就业指失业率降到社会可以接受的水平。充分就业并不意味着消除失业，因为在多数国家，即使社会提供的工作机会与劳动力完全均衡，也可能存在摩擦性或结构性失业。另外，在市场经济发达国家，失业队伍是产业的后备军，是劳工市场供给要素流动的必备条件。

（三）经济增长

保持经济增长是各国政府追求的最终目标，因此，作为宏观经济政策组成部分的货币政策，自然要将它作为一项重要的调节目标。在一般情况下，货币政策可以通过增加货币供应量和降低利率来刺激投资和消费，达到促进经济增长的目的。

（四）国际收支平衡

国际收支平衡有利于一个国家国民经济健康发展，保证对外经济活动正常进行，特别是对于开放经济部门占总体经济比重较大的国家更是如此。中央银行通过货币政策措施的具体实施，如稳定币值和调节利率、汇率等，可以改善贸易收支和资本流动，解决或预防国际收支的失衡问题。因此，保持国际收支平衡通常也是货币政策的目标之一。

（五）金融稳定

在现代货币信用经济中，金融稳定是经济和社会稳定的重要条件，各国都努力保持金融稳定，避免出现货币危机、银行危机和金融危机。2007 年美国次贷危机以来，多国中央银行已把金融稳定纳入其政策目标之中，力图通过适当的货币政策决策与操作，维持流动性、利率与汇率的相对稳定，保持本国金融稳健运行，防止金融机构倒闭，并与各国中央银行和国际金融机构合作，共同维护国际金融的稳定。

三、货币政策诸目标的关系

货币政策诸目标之间的关系是比较复杂的，有的在一定程度上具有一致性，如充分就业与经济增长，二者呈正相关关系，有的则相对独立，如充分就业与国际收支平衡，但它们之间的关系更多地表现为冲突性。货币政策诸目标的矛盾主要表现为以下四方面。

（一）稳定物价与充分就业的矛盾

英国经济学家菲利普斯 1958 年通过实证发现，在失业水平和工资变化率之间存在一种稳定的负相关关系：高失业水平伴随着工资下跌，低失业水平伴随着工资上升。据此，政府可以采用较高的通货膨胀率来实现低失业率的目标或是相反。

二者之间这种此高彼低的交替关系意味着两个目标之间的矛盾性：货币政策要实现充分就业的目标，只能通过扩张信用和增加货币供给量来刺激投资和消费，促进就业增加，但伴随而来的将是一般物价水平的上涨，中央银行只能以牺牲稳定币值的政策目标为代价。因此，物价稳定与充分就业之间是相互矛盾的，很难做到同时实现，中央银行只能根据当时的社会经济条件，寻求物价上涨率和失业率之间某一适当的组合点。

（二）物价稳定与经济增长的矛盾

物价稳定与经济增长之间的矛盾性较为突出，因为要刺激经济增长，中央银行需要扩张信贷和货币供给，通货的膨胀必然带来价格的上涨；而为了防止通货膨胀和价格上涨，中央银行则需要采取紧缩货币的措施，但这会抑制经济增长，使中央银行经常陷入两难选择。

对这两个目标的矛盾性，理论界存在不同的看法。有人认为，价格稳定是经济增长的前提，经济增长则是价格稳定的物质基础，从这个角度看二者存在统一性。也有人认为，适度的价格上涨能够刺激投资和产出，从而促进经济增长。

（三）物价稳定与国际收支平衡的矛盾

一般来说，只有各国都维持基本相同的物价水平，并且在贸易形态和商品结构不变的条件下，物价稳定才能与国际收支平衡同时存在。但事实上这是不可能的。若其他国家发生通货膨胀，本国物价稳定，则会造成本国出口增加，进口减少，国际收支发生顺差；若本国发生通货膨胀，其他国家的物价稳定，表明本国货币对内贬值，在一定时期内购买外国商品便宜，则会导致本国出口减少，进口增加，使国际收支恶化。

（四）经济增长与国际收支平衡的矛盾

经济增长与国际收支平衡间之所以会出现矛盾，是因为随着经济增长，就业人数增加，收入水平提高，对进口商品的需求通常也会相应增加，从而使进口贸易增长得更快，其结果出现贸易逆差。为了平衡国际收支，消除贸易逆差，中央银行需要减少货币供给，以抑制国内的有效需求，但是生产规模也会相应缩减，从而导致经济增长速度放慢。因此，经济增长与国际收支平衡二者之间也相互矛盾，难以兼顾。

正因为货币政策各目标之间既有统一性，但更多地表现为矛盾性，所以货币政策几乎不可能同时实现这些目标，于是就出现了货币政策目标的选择问题。在理论上主要有主张以稳定币值为唯一目标的单一目标论；主张同时追求稳定币值和经济增长的双重目标论；主张总体上兼顾各个目标，而不同时期确定各目标的主次地位和先后顺序的多重目标论。各国由于经济发展水平和经济结构的差异，在货币政策目标的选择上有差异。

四、中国货币政策目标的选择

自 1984 年至 1995 年 3 月《中国人民银行法》颁布之前，我国事实上一直奉行的是双重货币政策目标，即经济增长和稳定币值。这种做法符合中国过去的计划经济体制，特别是在把银行信贷作为资源进行直接分配的情况下，货币总量控制与信贷投向分配都由计划安排，经济增长和稳定币值这两个目标比较容易协调。但随着改革开放的推进和计划性的递减，货币政策的双重目标越来越难以同时实现。

1995 年 3 月颁布实施的《中国人民银行法》对双重目标进行了修正，确定货币政策目标是"保持货币币值的稳定，并以此促进经济增长"。2003 年 12 月 27 日修订的《中国人民银行法》再次确认了这一目标。这个目标体现了两个要求：第一，稳定币值是主要和优先的目标，中央银行应该以保持币值稳定来促进经济增长。第二，即使在短期内兼顾经济增长的要求，仍必须坚持稳定币值的基本立足点。

第二节 货币政策操作指标与中介指标

一、操作指标和中介指标的作用与基本要求

微视频 18-1 易纲与伯南克关于中国货币政策的辩论

由于货币政策最终目标是中央银行难以直接实现的结果，中央银行在货币政策的操作中必须选择某些与最终目标关系密切、可以直接影响并在短期内可度量的金融指标作为实现最终目标的中间性指标，通过对这些指标的控制和调节最终实现政策目标。中间性指标主要由操作指标和中介指标两个层次构成。

（一）货币政策操作指标

货币政策操作指标是中央银行通过货币政策工具操作能够有效、准确实现的政策变量。操作指标有两个特点：一是直接性，即可以通过政策工具的运用直接引起这些指标的变化；二是灵敏性，即对政策工具的运用反应极为灵敏。一般来说，操作指标是在中央银行体系之内的可控性指标。

（二）货币政策中介指标

货币政策中介指标处于最终目标和操作指标之间，是中央银行通过货币政策操作和传导后能够以一定的精确度达到的政策变量。由于中介指标不在中央银行体系之内，而是受整个金融体系影响，因此，中央银行对中介指标的可控性较弱，但中介指标与最终目标之间的关系十分密切。中央银行主要通过政策工具直接作用于操作指标，进而控制中介指标，最终达到期望的政策目标。

通常认为货币政策操作指标和中介指标的选取要兼备以下几个基本要求：第一，可测性，指中央银行能够迅速获得这些指标准确的资料数据，并进行相应的分析判断。

第二，可控性，指这些指标能在足够短的时间内接受货币政策的影响，并按政策设定的方向和力度发生变化。第三，相关性，指这些指标与货币政策最终目标有极为密切的关系，控制住这些指标就能基本实现政策目标。第四，抗扰性，指这些指标受非政策因素的干扰程度低，能够较好地传递和反映货币政策的作用。

二、可作为操作指标的金融变量

中央银行货币政策可选择的操作指标主要是准备金和基础货币，有的国家还将中央银行利率作为操作指标。

（一）准备金

准备金是中央银行货币政策工具影响中介指标的主要传递指标，也是中央银行可直接操作的指标。准备金主要有三种计量口径：准备金总额、法定准备金、超额准备金。法定准备金与超额准备金之和就是准备金总额。法定准备金的多少完全取决于中央银行决定的法定准备金率，具有很强的可测性、可控性、相关性和抗扰性。中央银行可直接操作的经常性指标是超额准备金。

（二）基础货币

在中央银行提供基础货币的过程中，多种货币政策工具如法定准备金率、公开市场业务、再贴现和再贷款、发行央票等都可以作用于基础货币，可控性和抗扰性较强，可测性也好。但相关性较弱，离货币政策最终目标较远，只有在经济机制充分发挥作用和货币乘数稳定的情况下，调控基础货币才能实现对货币总供求的调节。

（三）其他指标

在可选择的操作指标中，除了准备金和基础货币之外，还有中央银行自行决定的利率，如再贴现率、再贷款利率、准备金存款利率、央行票据利率、回购利率等。中央银行利率的可控性、可测性、抗扰性都很强，但与货币政策最终目标的相关性较弱。有的中央银行也以货币市场的利率作为操作指标，因为货币市场的交易相对集中，信息比较透明，可测性和相关性都较好。但可控性和抗扰性较差，并且需有一个发达的货币市场才能作为中央银行的操作指标。

三、可作为中介指标的金融变量

在市场经济比较发达的国家，可作为中介指标的一般有利率、货币供应量，也有的把信贷量和汇率包括在内。

（一）利率

选取利率作为中介指标，最大的优点是可测性和相关性都较强，能有效地作用于货币和各种金融变量，同时对于经济主体行为和市场总供求的调节作用明显。不足之处在于作为中介指标的必须是市场利率，其本身是由经济体系内部因素决定的内生变量，可控性和抗扰性较差。因此，利率作为内生变量和政策变量在实践中很难区分，中央银行较难判断货币政策操作是否已经达到了预期的目标。

（二）货币供应量

选取货币供应量作为中介指标，其优点在于该项指标与经济发展状况联系密切，社会总供给与总需求失衡会通过货币供应量的过多或过少反映出来。并且这一指标与货币政策最终目标比较接近，相关性较好，中央银行比较容易判断其政策效果。在金融发展稳定的阶段，货币供应量的可测性、可控性和抗干扰性都较强。但值得注意的是，近年来随着金融创新的活跃，货币供应量本身包含的范围或统计口径越来越难以清晰界定，可测性在减弱。由于货币供给内生性的增强，中央银行控制货币供应量的难度也在加大。同时，各经济主体的行为对货币乘数的影响很不稳定，降低了该指标的抗干扰性。

（三）其他指标

除了利率和货币供应量之外，还有一些指标可充当中介指标，主要有贷款量和汇率。贷款量通常又称贷款规模，它具有较好的相关性、可测性和可控性。但贷款规模的控制若用行政手段而非经济手段，不利于市场机制作用的发挥。同时，当一国金融市场和直接融资较发达时，贷款规模控制与最终目标之间的相关性就减弱了。汇率也可以充当中介指标，特别是在一些对外经济依赖性大的小国和实行本币与某国货币挂钩的国家或地区。但由于汇率的决定和影响因素比较复杂，可控性和抗干扰性较弱，同时因汇率的传导机制有较大的不确定性，其与最终目标之间的相关性也较差。

四、我国货币政策的中介指标与操作指标

20 世纪 80 年代，我国货币政策以贷款规模与现金发行作为货币政策的中介指标。把贷款规模作为中介指标的理论依据是建立在计划体制及其货币供给机制之上的，因为货币都是通过贷款渠道供应的，"贷款＝存款＋现金"，只要控制住贷款，就能控制住货币供应。但随着改革开放的深入和市场化金融运行体制的确立，货币政策实施的基础和环境都发生了根本性变化，贷款规模作为货币政策中介指标逐渐失去了两个赖以生存的条件：一是资金配置由计划转向市场，二是国有银行的存款比重趋于下降。因此，指令性的贷款规模不宜再作为中介指标，中国人民银行于 1998 年取消了指令性的贷款规模管理。

目前在实际工作中，货币政策的操作指标主要是基础货币、银行的超额储备金率和货币市场基准利率（SHIBOR）、银行间债券市场的回购利率，中介指标主要是货币供应量和以商业银行贷款总量、货币市场交易量、社会融资规模为代表的信用总量。

第三节　货币政策工具

一、货币政策工具的含义

货币政策工具是指中央银行为调控中介指标进而实现货币政策目标所采用的政策

手段。货币政策中介指标和最终目标都是通过中央银行对货币政策工具的运用来实现的。货币政策工具通常分为一般性货币政策工具、选择性货币政策工具和其他货币政策工具三大类。

二、一般性货币政策工具

一般性货币政策工具是指西方国家中央银行多年来采用的三大政策工具，即**法定存款准备金政策、再贴现政策和公开市场业务**，这三大传统的政策工具有时也被称为"三大法宝"。

（一）法定存款准备金政策

20 世纪 30 年代大危机后，各国普遍实行了法定存款准备金制度，法定存款准备金率便成为中央银行货币政策的主要工具之一。各国中央银行根据存款的类型或规模确定不同的缴存比率，并根据货币政策的需要进行调整。一般来说，存款期限越短，货币性就越强，所以活期存款的法定存款准备金率高于定期存款的法定存款准备金率；也有些国家只对活期存款规定准备金率要求；还有的国家对超过规定数量的存款要求缴存比率更高。大多数国家对法定存款准备金不付息。

法定存款准备金政策通常被认为是货币政策最猛烈的工具之一。因为法定存款准备金率是通过决定或改变货币乘数来影响货币供给，即使准备金率调整的幅度很小，也会引起货币供应量的巨大波动。尽管商业银行等存款机构由于种种原因持有超额准备金，而法定存款准备金的调整会增减相应的超额准备金，对商业银行创造派生存款的能力有很强的作用力。因此，这个工具的优点主要在于作用力大，主动性强，见效快。

但存款准备金率也存在明显的局限性：第一，由于准备金率调整的效果较强烈，其调整对整个经济和社会心理预期都会产生显著的影响，不宜作为中央银行调控货币供给的日常性工具，这致使它有了固定化的倾向。第二，为了体现中央银行的中立性和公平性，各国的法定存款准备金率对各类存款机构都一样，但调整时对各类存款机构的冲击却不同，因而不易把握货币政策的操作力度与效果。第三，调整法定存款准备金率对商业银行的经营管理干扰较大，增加了银行流动性风险和资产负债管理的难度。正因为如此，20 世纪 90 年代以后许多国家逐步降低了法定存款准备金的要求，如欧元区降至 2%，加拿大、澳大利亚、新西兰则已降至 0。

中国人民银行自 1984 年专门行使中央银行职能后，就开始实行存款准备金制度，在我国货币政策的实施中发挥了积极的作用。在实际运用中有几个特点：

第一，调整频繁。改革开放以来，我国存款准备金率不断调整，尤其是 2007 年以来，准备金率已经成为我国中央银行货币政策操作中运用频繁的政策工具之一，2007—2019 年调整过 42 次。

第二，有同有异。我国不区分存款种类实行统一的法定存款准备金率。但是，2008 年开始对大型银行和中小型银行实行有差别的准备金政策。

第三，对准备金存款付息。我国从 1984 年起就一直对法定存款准备金和超额存款准备金支付利息，成为中央银行利率体系中的一个工具。

（二）再贴现政策

再贴现政策是指中央银行对商业银行向中央银行申请再贴现所作的政策性规定。内容包括：一是再贴现率的确定与调整，二是申请再贴现资格的规定与调整。再贴现率的调整主要着眼于短期的供求均衡，中央银行可根据市场资金供求状况调整再贴现率，一方面能够影响商业银行借入资金的成本，进而影响商业银行向社会提供的信用量，另一方面反映中央银行的政策意向，在金融市场上产生一种告示效应，对市场利率有重要的导向作用。中央银行对再贴现资格条件的规定与调整，能够改变或引导资金流向，可以发挥抑制或扶持作用。再贴现政策还是中央银行扮演"最后贷款人"角色的途径，在保持金融稳定方面发挥着重要的作用。

但是，再贴现政策也存在一定的局限性：第一，主动权并非只在中央银行，因为是否申请再贴现取决于商业银行的行为。第二，再贴现率的调节作用是有限度的，经济周期的波动使再贴现率的调整未必对市场活动产生明显的影响。第三，由于它是中央银行利率，随时调整会引起市场利率大幅波动，加大利率风险，干扰市场机制。第四，中央银行通过再贴现充当最后贷款人，有可能加大金融机构的道德风险。

中国人民银行的再贴现业务自1986年正式开办以来，在一个较长时期内再贴现的总量很小，加上再贴现利率与其他贷款利率一样由国家统一规定，其政策效果小到可以忽略不计。但在1994年以后，中国人民银行加大了开展再贴现业务的力度，全国再贴现业务发展较快，特别是在世纪之交再贴现政策的效果比较明显。

2013年以来，中国人民银行推出了新型的货币政策工具——借贷便利。根据期限又分为常备借贷便利（SLF）和中期借贷便利（MLF）。2014年7月还推出了抵押补充贷款（PSL）。2019年1月又创设了定向中期借贷便利（TMLF），以加大对小微企业、民营企业的支持力度。这些新型政策工具与传统再贴现相同的是，都是由金融机构主动向央行提出再融资需求申请，都是为了调节金融机构的流动性；不同的是，这些工具都以抵押方式获准融资，合格的抵押品包括高信用评级的债券、优质信贷资产等。

（三）公开市场业务

公开市场业务是指中央银行在金融市场上公开买卖有价证券，以此来调节金融机构的准备金和基础货币，进而影响市场利率和货币量的政策行为。当中央银行放松银根时，就在金融市场上买进有价证券，将基础货币投放出去；反之则相反。

同前两种货币政策工具相比，公开市场业务有明显的优越性：第一，主动性强。中央银行的公开市场业务可以不计证券交易的价格，从容实现操作目的。第二，灵活性强。中央银行可根据金融市场的变化，进行经常性、连续性的操作，并且买卖数量可多可少。第三，调控效果和缓，震动性小。由于这项业务以交易行为出现，不是强制性的，加之中央银行可以灵活操作，所以其对经济社会和金融机构的影响比较平缓。第四，告示效应强，影响范围广。中央银行在金融市场上公开买卖证券，其操作的方向和力度代表了货币政策的取向，给商业银行和公众以明确的信号，可以影响他们的预期和经济行为。

公开市场业务虽然能够有效地发挥作用，但必须具备以下三个条件才能顺利实施：

第一，中央银行必须具有足以干预和控制整个金融市场的资金实力。第二，要有发达和完善的金融市场，中央银行可买卖的证券种类必须达到一定规模，经济主体的理性化程度较高，有完善的政策传导机制。第三，必须有其他政策工具的配合。

我国在 1994 年前尚不具备上述基础与条件。1994 年我国正式开始在上海银行间外汇市场通过买卖外汇进行公开市场操作，1995 年通过中央银行融资券的买卖在本币市场开始尝试公开市场业务，1996 年以国债为对象进行公开市场业务操作。随着改革的深入和市场化程度的提高，公开市场业务的基础和条件日益成熟，1999 年后公开市场业务已成为中国人民银行货币政策日常操作最重要的工具，通过日常的外汇买卖、中央银行票据的发行、回购业务、短期流动性调节（SLO）等政策操作，在调控货币供应量和商业银行流动性水平，引导货币市场利率走势等方面发挥了积极的作用。

三、选择性货币政策工具

除上述三大工具之外，中央银行有一些选择地使用的工具，故称之为选择性货币政策工具，以便与传统的一般性政策工具相区别。选择性货币政策工具主要有以下几类。

（一）消费信用控制

消费信用控制是指中央银行对不动产以外的各种耐用消费品的销售融资予以控制。在消费信用膨胀和通货膨胀时期，中央银行采取消费信用控制，能起到抑制消费需求和物价上涨的作用。

（二）证券市场信用控制

证券市场信用控制是指中央银行对有关证券交易的各种贷款和信用交易的保证金比率进行限制，并随时根据证券市场的状况加以调整，目的在于控制金融市场的交易总量，抑制过度投机。

（三）不动产信用控制

不动产信用控制指中央银行对金融机构在房地产方面放款的限制性措施，包括对房地产贷款规定最高限额、最长期限及首次付款和分期还款的最低金额等，以抑制房地产投机和泡沫。

（四）优惠利率

优惠利率是中央银行对国家重点发展的经济部门或产业，如出口工业、农业等，所采取的鼓励性措施。优惠利率不只是大多数发展中国家采用，发达国家也普遍采用。

（五）预缴进口保证金

预缴进口保证金是指中央银行要求进口商预缴相当于进口商品总值一定比例的存款，以抑制进口过快增长的措施。预缴进口保证金多为国际收支经常项目出现逆差的国家所采用。

四、其他货币政策工具

其他货币政策工具主要有直接信用控制和间接信用指导两大类。

（一）直接信用控制

直接信用控制是以行政命令或其他方式，直接对金融机构尤其是商业银行的信用活动进行控制，这类手段的运用需要金融监管来配合。直接信用控制的手段一般都是根据不同情况有选择地使用，主要手段有以下四类：① 规定利率限额；② 采用信用配额；③ 规定金融机构流动性比率；④ 直接干预。不同的国家，在不同历史时期都采用过一种或几种直接信用控制手段来管理货币运行。如利率限制一直以来都是我国货币政策的主要手段之一，随着利率市场化的推进，对利率的限制才逐渐减少。

（二）间接信用指导

间接信用指导是指中央银行通过道义劝告、窗口指导等办法来间接影响商业银行等金融机构行为的做法。道义劝告一般包括情况通报、书面文件、指示及与负责人面谈意向等。窗口指导是中央银行在其与商业银行的往来中，对商业银行的季度贷款额度附加规定，否则中央银行便削减甚至停止向商业银行提供再贷款。虽然道义劝告与窗口指导均无法律效力，但中央银行的政策目的与商业银行的经营发展总体上是一致的，且商业银行对中央银行有依赖性，所以在实际中这种做法的作用还是很大的。

第四节　货币政策传导机制

一、货币政策传导机制的理论分析

货币政策传导机制是指中央银行运用货币政策工具作用于操作指标，进而影响中介指标，最终实现既定政策目标的传导途径与作用机理（见图 18-1）。由于不同政策工具对操作指标的影响不一，操作指标与中介指标、最终目标之间的关系非常复杂，传导过程本身又无法直接观察到，学者们对传导过程只能进行理论分析，不同的分析形成了各异的传导机制理论，大致有以下三类。

（一）金融价格传导论

这类观点认为，货币政策的传导主要通过金融资产的价格来进行。例如，凯恩斯学派认为货币供给的增减首先影响货币的价格——利率，利率变化以后通过影响资本边际效率作用于投资，进而影响就业和总供求，其中，利率是最关键的传导环节；F. 莫迪利亚尼认为资本市场价格变动引起的财富效应是最重要的传导环节；美国经济学家 J. 托宾则把股票价格纳入传导模型，提出著名的 q 理论，他把 q 定义为公司市值与公司资本重置成本之比，当货币政策导致货币供应量变化，引起利率变化后，股票价格就会发生反向变化，q 值就会改变，从而引起投资和产出的改变；还有人认为货币政策通过影响汇率，影响进出口和资本流动，进而影响国内的投资和产出。

（二）货币传导论

这类观点认为，货币政策主要通过货币量的变化进行传导。例如，货币学派认为，货币供应量增加以后，由于货币需求并没有同时发生变化，公众就会将大于期望保有量的货币用于支出，不同的支出引起相应资产收益率的变化，最终引起总供求的变化，其中，货币支出是关键的传导渠道。

（三）信贷传导论

这类观点认为，货币政策主要是通过银行信贷渠道进行传导。货币政策操作以后，银行会根据利率、流动性和借款人的信用状况作出灵敏的反应，进而改变贷款的供给，企业、个人就将因此减少资金来源或增加贷款成本，从而影响他们的生产、消费和储蓄、投资等活动，最终影响总产出。

二、货币政策传导机制的主要环节

在市场经济发达的国家，货币政策的传导一般有三个基本环节：

第一个环节是从中央银行到商业银行等金融机构和金融市场。中央银行的货币政策工具操作，最先影响的是商业银行等金融机构的准备金、融资成本、信用能力和行为以及金融市场上货币供给、需求及其价格。

第二个环节是从商业银行等金融机构和金融市场到企业、居民等非金融部门的各类经济行为主体。商业银行等金融机构根据中央银行的政策操作调整自己的行为，从而对企业生产、投资和居民的消费、储蓄、投资等经济活动产生影响；所有金融市场的参与者都会根据市场行情的变化调整资产组合和经济行为。

第三个环节是从非金融部门经济行为主体到社会各经济变量，包括总支出量、总产出量、物价、就业等。

在货币政策的传导过程中，金融市场发挥着极其重要的作用。首先，中央银行主要通过金融市场实施货币政策操作。商业银行等金融机构通过市场感应中央银行货币政策的调控意图，它们的经济行为及其交易影响利率、汇率和证券价格等各种金融变量。其次，企业、居民等非金融部门经济行为主体通过市场利率的变化，接受金融机构对资金供应的调节，进而调整投资与消费行为。

原理 18-2

货币政策需要在正确的决策下，通过准确的工具操作和顺畅的传导机制影响中介指标，进而实现最终政策目标。

三、我国货币政策的传导机制

我国目前货币政策的作用过程，同样包含三个环节：中央银行至金融机构，金融机构至企业、居民，企业、居民至国民经济各变量。目前我国仍以间接融资占主导，这种金融结构使我国货币政策的传导过程显得相对直接和简单。中央银行货币政策措施直接作用于各金融机构；各金融机构则在既定的政策和经营规则约束下，向社会提供货币；客户按照利率衡量资金使用成本，在满足借贷条件的情况下，借入资金进行生产与经营，进而影响国民经济各变量。

值得关注的是，随着我国金融市场的发展和对外开放的不断扩大，经济主体对金融资产的选择越来越多，金融机构的结构也在变化，市场化运作程度日益提高，已经使我国货币政策的传导机制变得复杂起来。

四、货币政策时滞

货币政策时滞是指从货币政策制定到最终影响各经济变量、实现政策目标所经过的时间，也就是货币政策传导过程所需要的时间。货币政策时滞可分为内部时滞和外部时滞。

内部时滞可以分为两个阶段：第一，从客观需要中央银行采取行动到中央银行认识到这种必要性所经过的时间，称为认识时滞。第二，从中央银行认识到这种必要性到实际采取行动所经过的时间，称为行动时滞。内部时滞的长短取决于货币当局对经济形势发展变化的预见能力、反应灵敏度、制定政策的效率和行动的决心与速度等。

外部时滞是指从中央银行采取行动到对政策目标产生影响所经过的时间，也就是货币对经济起作用的时间。外部时滞的长短主要由客观的经济和金融条件决定。内部时滞可以通过中央银行的效率提高而缩短；对于外部时滞，中央银行则很难加以控制。西方学者的研究表明，在市场经济国家，货币政策的外部时滞一般在半年到一年半。在我国，由于金融体制和传导机制的特点，货币政策的外部时滞较短，为 2~3 个月。

货币政策时滞是影响货币政策效应的重要因素。中央银行必须准确认识到时滞特点，才能使货币政策发挥应有的效应；否则，货币政策可能成为引起宏观经济波动的根源之一。因此，货币政策制定和执行中应该强调政策的前瞻性。

第五节　货币政策的最新进展

微视频 18-2 耶伦在马萨诸塞州立大学的演讲

随着货币政策在宏观经济管理中的作用和地位不断突出，各国对货币政策的操作越来越精细化。同时，货币政策理论也在不断地发展。过去，在凯恩斯主义的主张下，各国央行采取相机抉择的货币政策来稳定经济。而现在逐步开始强调货币政策规则的重要性。在此基础上又发展出"通货膨胀目标制"的货币政策操作框架，20 世纪 90 年代以来，通货膨胀目标制在发达国家迅速流行。而 2007—2008 年美国金融危机爆发后，面临经济下滑，以美国为首的发达国家采取了"量化宽松"的货币政策，危机之后的一段时期风靡全球。

一、政策规则与相机抉择

（一）相机抉择的货币政策

相机抉择的货币政策是指，中央银行根据当前的宏观经济环境制定与执行特定的货币政策，实现货币政策的相应目标。所谓特定的货币政策意味着货币政策只根据当时环境需要而制定，不考虑货币政策过去的历史，以及该政策对未来经济的影响。实施这样的货币政策，中央银行具有很大的灵活性，可以根据当前经济环境的需要采取被认为合适的政策措施。这种政策是凯恩斯学派的政策主张。凯恩斯主义者认为，货币政策按规则行事束缚了中央银行的手脚，认为依经济环境而进行相机抉择的货币政策能够有效地起到削峰填谷的作用，实现经济稳定。

然而，凯恩斯主义的批评者指出，相机抉择具有很大的主观性，由于货币政策存在时滞而且还不稳定，往往导致政策过度，无法实现政策目标。有的观点甚至认为，20世纪70年代西方国家出现的滞胀现象就是由相机抉择的货币政策造成的。

相机抉择的货币政策会产生一种被称为"时间不一致"的问题。时间不一致是指，事前中央银行承诺的最优货币措施，到了它实施时发现不再是最优的，从而改变政策措施来实现政策目标。产生时间不一致的原因是货币政策对预期的影响。因为，中央银行对货币政策的事先承诺会影响人们的预期形成，但是一旦预期形成之后，中央银行会发现，在这种环境下，采取更加激进的货币政策会达到更好的结果。然而，人们也会对货币政策的时间不一致做出反应，最终使得货币政策无法达到最理想的结果。

学者们发现，由于时间不一致性导致相机抉择的货币政策并不一定是有效的政策。货币主义学派、理性预期学派等经济学流派在批评这种货币政策的基础上，开始强调货币政策规则的重要性，提出基于规则的货币政策操作框架。

（二）政策规则

政策规则是指中央银行事先承诺一种货币政策操作方式，在以后的政策执行中，按照这一规则行事。货币主义学派曾提出过"单一规则"的货币政策。该学派认为，货币供应量应该遵循一个相对固定的增长率，以实现长期的物价稳定，避免货币忽多忽少对经济产生不良影响。

目前被广泛应用的货币政策规则是泰勒规则。它是美国经济学家泰勒在1993年提出的。泰勒规则的表述是：

$$r=\Phi\pi+\psi y \tag{18-1}$$

式中：r 是名义利率；

π 是通货膨胀率；

y 是产出缺口（产出缺口 = 实际产出相对于潜在产出的变化）；

参数 Φ、ψ 是给定的常数，泰勒根据美国20世纪80年代的货币实践给出 $\Phi=1.5$、$\psi=0.5$。

泰勒规则的含义是，当发生通货膨胀或者产量上升时，中央银行应该提高利率；反之，通胀下降或产量下降时，降低利率。而且，泰勒规则还限定了利率对通胀率和产出变化作出反应的大小。

除了泰勒规则外，著名的货币规则还有麦卡隆规则。该货币规则以货币增速作为货币政策工具，限定货币增速对经济增速变化的反应系数。另外，在泰勒规则和麦卡隆规则基础上，现代学者还提出了各种扩展了的规则。在2007年美国次贷危机之前，货币政策规则成为发达国家流行的货币政策操作方法。

二、通货膨胀目标制

（一）通货膨胀目标制的含义

传统理论认为，货币政策目标包括稳定物价、充分就业、经济增长、国际收支平衡和金融稳定等。但是，这种多目标制的货币政策受到越来越多的理论和实践挑战。20 世纪 90 年代以来，部分发达国家的中央银行逐渐将货币政策目标集中在稳定价格上，形成了通货膨胀目标制。一些学者还将 20 世纪 90 年代初到 2007 年近 20 年间，西方国家出现的长期经济稳定的现象归因于这类货币政策的结果。

通货膨胀目标制是指，货币当局明确以稳定中长期的通货膨胀率为首要目标，并将未来一段时间要达到的目标通货膨胀率向外界公布。通货膨胀目标制不再强调货币政策工具与最终目标之间的中介目标，货币政策操作主要依据未来通胀预测与目标值的偏离程度。

（二）实行通货膨胀目标制的条件

实行通货膨胀目标制通常需要满足三个条件。第一，要确定合理的通货膨胀目标区间。合理的目标通货膨胀是保证政策有效性的前提。然而，不同国家由于经济客观条件不同，合理的目标通货膨胀率是有差异的，这就对中央银行提出了第一个挑战。第二，中央银行要有精确预测通货膨胀率的能力。通货膨胀目标制下的政策操作是按照预测的通货膨胀率与目标通货膨胀率之差来操作的，因此，只有准确地预测未来通胀率，才能掌握合适的货币政策操作力度。第三，中央银行要有高度的独立性。央行的独立性是保障通货膨胀目标制得以实施的必要制度保障，否则其政策就可能受到干预，从而无法有效实现其通胀目标。

（三）通货膨胀目标制的优点

相对于传统货币政策，通货膨胀目标制具有一些优越性。首先，它有助于克服传统货币政策那种单纯盯住某种经济和金融变量的弊端，实现了规则性与灵活性的高度统一。在通胀目标制下，中央银行无须承诺特定的货币政策规则，而只承诺目标通货膨胀率，这就大大解放了中央银行的手脚。同时，目标通货膨胀的承诺，能够有效地管理预期，有利于实现货币政策目标。其次，通货膨胀目标制提高了货币政策的透明度。实施通货膨胀目标制的中央银行不仅公布目标通货膨胀率，还会定期地向公众解释当前经济的状况和政策措施，从而形成有效的沟通机制和监督机制。由于以上两方面的原因，通常认为通货膨胀目标制更有利于实现经济的稳定。

三、量化宽松的货币政策

（一）量化宽松货币政策的含义

随着 2007 年美国次贷危机爆发，并蔓延世界各国，各国的货币政策发生了极大的变化。美联储首先实行了非常规货币政策对美国金融市场进行了救助，以缓解金融危机对经济的影响。随后，非常规货币政策在西方国家盛行。所谓非常规主要是与传统货币政策主要以调节利率进行政策操作加以区别。非常规货币政策没有准确的定义，在实际运行中，主要以"量化宽松"为主要特点。

量化宽松的货币政策是指，在利率降到零附近导致中央银行无法继续采用利率作为货币工具时，采取以货币数量扩张为主要特征的货币政策，以实现经济和金融市场稳定等政策目标。

（二）量化宽松货币政策的特点

在实践中，量化宽松主要有两大特点。第一，中央银行资产负债表的总量扩张。在量化宽松政策下，中央银行以前所未有的速度和规模扩大其资产负债表，积极地为市场注入大量流动性。第二，货币政策工具的创新。量化宽松货币政策下的公开市场操作从买卖政府债券扩展到购买大量的私人债券，如资产抵押支持证券等。另外，在美国的量化宽松政策中还有许多创新，如扭曲性操作，就是在国债市场上买入短期债券的同时，出售同样规模的长期债券。这种政策操作试图将收益率曲线拉平，降低长期投资的成本，以刺激经济复苏。

量化宽松货币政策属于非常规的货币政策，也是临时应对性的，是为了应对突发性的危机事件而采取的应急措施。因此，当危机过去，量化宽松货币政策就应适时地退出，货币政策回归到正常的框架中来。

（三）量化宽松政策的效果和不足

总体来说，量化宽松的货币政策在国际金融危机期间产生了积极作用：第一，量化宽松政策有效稳定了金融市场。2007—2008年的国际金融危机的程度不亚于1929—1933年的大萧条，但是，由于中央银行的积极干预，没有发生特别大规模的银行破产风潮。中央银行的流动性注入较快地稳定了金融市场，没有出现持续的资产价格暴跌、金融机构倒闭、货币收缩等恶性循环。第二，量化宽松政策缓解了金融危机对实体经济的影响。通常大的金融危机都会带来大的经济危机，而在量化宽松政策下，金融危机对经济影响的深度、广度和持续性都大大减弱了。例如，2020年3月美国受到新型冠状病毒疫情和国内外经济下行、金融市场动荡的冲击，美联储1个月内推出了一系列非常规货币政策，继3月15日宣布实施"零利率"后，3月23日美联储又宣布实施不限量、开放式量化宽松政策，对美国经济和金融市场的止跌反弹产生了比较积极的影响。

但是，量化宽松货币政策也存在一些不足之处，可能给经济运行带来不良影响。第一，量化宽松货币政策本质上也是中央银行"最后贷款人"职能的体现，难以避免通常存在的"道德风险"问题。如果量化宽松政策的使用过于频繁，反而会加剧整个金融市场的系统性风险。第二，量化宽松政策面临如何退出的挑战。当经济逐渐恢复常态之后，如何消化大规模的流动性成为货币政策的巨大挑战。如果选择的退出时机和退出速度不合时宜，政策退出可能带来很大的经济风险。

四、数量型与价格型的货币政策框架

目前各国货币政策的框架主要有两种不同的类型：数量型货币政策和价格型货币

政策。在锁定货币政策目标之后，前者侧重于控制货币供应等数量指标，后者主要关注利率、汇率等价格指标。与之相应，货币政策工具和传导机制亦有差异。各国中央银行主要根据本国实际来选择货币政策框架的类型。

（一）数量型货币政策框架

数量型货币政策框架通常以货币供应量为中介指标，货币政策工具主要包括法定存款准备金政策、公开市场业务、再贴现（再贷款）政策和信贷政策四种。在传导机制中，存款性公司是最重要的调控对象，中央银行发挥主导调控作用，通过调整货币供应量的大小来调控宏观经济。

（二）价格型货币政策框架

价格型货币政策框架通常以利率为中介指标，货币政策工具主要包括利率政策、汇率政策、公开市场操作等几种。在传导机制中，主要通过利率、汇率和资产价格变化，影响微观主体的财务成本和收入预期，促使微观主体根据宏观调控信号调控自己的行为，进而实现政策目标。

从理论上分析，数量型目标（如货币供应量）和价格型目标（如利率）是难以相容的，中央银行只能二择其一。选择哪种类型不仅受制于不同的制度安排，也要依据金融的发展状况而定。一般来说，数量型工具比如存款准备金率等可操作性强，但作用较猛，容易出现"急刹车"等消极影响；而利率、汇率等价格型工具便于微调，对微观经济主体有较好的宣示效果和可观测性，有利于实现货币政策调控的精准性和有效性，但是需要有良好的市场化环境和相对理性的经济主体。国际经验表明，由于科技发展和银行规避监管，多国央行逐渐放弃了以存款准备金制度为核心的数量型货币政策，转而采用了利率调控为主的价格型货币政策。

（三）我国货币政策框架由数量型向价格型转变

改革开放以来，我国主要采用的是数量型为主的货币政策框架。近年来国内外经济金融形势发生了很大变化，金融市场尤其是货币市场日益发展成熟，经济主体的金融意识不断增强，金融价格的形成市场化程度越来越高，强化价格型调控的必要性和迫切性在上升。一方面，数量型货币政策逐渐失效，随着金融脱媒和影子银行不断发展，大量资金由表内转向表外，导致央行很难控制实际的货币派生状况，货币供给的内生性日益增强；由于货币流通速度难以界定，货币需求也变得不稳定，数量型调控容易出现货币供给与需求的不匹配问题，货币数量的相关指标也在逐渐失效。另一方面，2015 年 10 月中国人民银行放开存款利率上限，标志着我国的利率管制已经基本取消，利率的价格杠杆功能逐渐显现，金融机构自主定价能力逐渐增强；2019 年 3 月 17 日，中国人民银行发布公告，宣布改革贷款市场报价利率（LPR）定价机制，同时通过创设多种新型政策工具用以管理中短期利率水平，建立公开市场每日操作常态化机制，引导市场预期，这些都为货币政策调控方式由数量型为主向价格型为主转变创造了条件。

由于数量型政策难以解决结构问题，我国货币政策转向价格型的另一个重要原因来自货币政策目标的转变，即由重点解决稳增长和防通胀等总量问题，逐渐转为去杠杆和防风险等结构问题。因此，从数量型向价格型货币政策转变，结合新架构的宏观审慎政策框架，形成双支柱的宏观调控体系有利于防范系统风险和降低杠杆率，是针对我国现状做出的切实调整。为此，需要继续改善金融生态环境，发展和规范金融市场活动，建立利率走廊机制以稳定短期利率，完善国债收益率曲线，进一步疏通利率传导机制，促进金融宏观调控向市场化方向转变。

本章小结

1. 现代通常意义上的货币政策是指中央银行为实现既定的目标运用各种工具调节货币供应量，进而影响宏观经济运行的各种方针措施。

2. 货币政策目标是指通过货币政策的制定和实施所期望达到的最终目的，一般可概括为五项：稳定币值（或稳定物价）、充分就业、经济增长、国际收支平衡和金融稳定。我国现行的货币政策目标是：保持货币币值的稳定，并以此促进经济增长。

3. 货币政策的中间性指标分为操作指标和中介指标。操作指标是中央银行通过货币政策工具操作能够有效、准确实现的政策变量；中介指标处于最终目标和操作指标之间，是中央银行通过货币政策操作和传导后能够以一定的精确度达到的政策变量。目前我国货币政策的操作指标主要有准备金和基础货币，中介指标主要有利率和货币供应量。

4. 货币政策工具是指中央银行为调控中介指标进而实现货币政策目标所采用的政策手段。

5. 货币政策传导机制是指中央银行运用货币政策工具影响中介指标，进而最终实现既定政策目标的传导途径与作用机理。

6. 货币政策时滞是指从货币政策制定到最终影响各经济变量、实现政策目标所经过的时间，货币政策时滞可分为内部时滞和外部时滞。

7. 相机抉择的货币政策指只针对当前的经济环境制定相应的政策进行干预，而不关心该政策对未来可能的影响。货币政策规则指货币当局承诺货币政策操作按照事前承诺的方式进行操作，如泰勒规则。

8. 通货膨胀目标制是指货币当局明确以稳定中长期的通货膨胀率为首要目标，并将未来一段时间要达到的目标通货膨胀率向外界公布。实施的条件包括：确定合理的通货膨胀目标区间，中央银行要有精确预测通货膨胀率的能力，中央银行要有高度的独立性。

9. 量化宽松的货币政策，是指在利率降到零附近导致中央银行没有办法继续采用利率作为货币工具时，采取以货币数量扩张为主要特征的货币政策，以实现经济和金融市场稳定等政策目标。量化宽松的特点包括货币当局资产负债表大规模扩张和多种新型的货币政策工具的运用。

10. 货币政策的框架主要有数量型和价格型两种。在锁定货币政策目标之后，前者侧重于控制货币供应等数量指标，后者主要关注利率、汇率等价格指标，货币政策工具和传导机制亦有差异。

复习思考题

1. 结合我国实际来说明货币政策主要有哪些作用。
2. 如何理解货币政策的诸目标及其彼此间的关系?
3. 你是如何理解和评价我国现行货币政策目标的?
4. 什么是货币政策的操作指标和中介指标? 选定这些指标有何标准?
5. 你对我国目前货币政策的操作指标和中介指标有何了解?
6. 传统的货币政策三大工具及其作用原理是什么? 试对其政策效果进行分析。
7. 我国和发达国家的货币政策传导机制有何异同?
8. 试对美国数轮量化宽松的货币政策及其内外影响进行分析。
9. 查一查相关资料, 请对近 5 年来我国货币政策的实施效果作出评价。

即测即评

网上更多……　　⚙教学案例　　名词术语　　学生讨论

第19章

金融监管

本章导读 »

　　由于金融业的特殊性和金融在现代经济体系中核心地位显著增强，通过监管保证金融业的稳健运行日益成为经济与社会健康发展的关键。本章将系统阐述金融监管的一般原理，从金融风险的视角出发，阐述其与金融风险、金融创新的关系。通过本章的学习，你还可以了解各国金融监管制度的变迁，以及我国当前的金融监管体系。

第一节　金融监管原理

一、金融监管概述

　　由于金融市场机制的失灵，导致政府有必要对金融机构和市场体系进行外部监管。随着金融创新不断涌现，金融业务间的界限不断被打破，金融领域的风险在急剧增大。金融监管的重要性也日益突出。

　　（一）金融监管的概念

　　金融监管有广义和狭义之分。广义的金融监管除包括一国（地区）中央银行或金融监管当局对金融体系的监管以外，还包括各金融机构的内部控制、同业自律性组织的监管、社会中介组织的监管等，目前各国（地区）的金融监管体系通常是在广义的范畴下架构的。狭义的金融监管仅指一国（地区）的中央银行或金融监督管理当局依据法律、法规的授权，对金融业实施的监督管理。一个有效的金融监管体系必须具备三个基本要素：监管的主体（监管当局）、监管的客体（监管对象）和监管的工具（各种方式、方法、手段）。

　　（二）金融监管的必要性

　　我们从金融的正负效应两个角度讨论这一问题。

　　1. 金融体系的正效应

　　首先，金融在市场资源配置中起着重要作用。金融作为现代经济运行中最基本的战略资源，在市场资源配置中起到重要作用。其次，金融作为一种特殊的资源，具有引导和配置其他资源的作用。作为资金运动的信用中介，金融最基本的特征和作用就是采用还本付息的方式聚集和分配资金，调剂资金余缺。最后，金融安全是国家经济安全的核心，维护国家经济安全，金融监管不可或缺。

2. 金融体系的负效应

金融业是一个特殊的高风险行业，其负效应表现在金融体系的风险和内在不稳定性等方面。金融体系的内在不稳定性是指金融机构，特别是商业银行和相关贷款者固有的经历周期性危机和破产的倾向。这些金融机构经营危机随后会传导到经济中的各方面，从而带来全面的经济衰退和社会动荡。

（三）金融监管的作用

金融监管的作用主要有：第一，有利于维护社会公众的利益，可以通过各种措施控制金融机构的经营风险，保持市场经济稳健运行。第二，有利于维护金融在社会再生产过程中的良性运转，促进金融机构发挥积极的正效应。第三，有利于保持货币制度和金融秩序的稳定，有效调控货币，规范金融秩序。第四，有利于防止风险爆发，防范金融风险的传播，避免引发金融危机。第五，有利于中央银行贯彻执行货币政策。

（四）金融监管的目标与原则

1. 金融监管的目标

金融监管目标是监管行为取得的最终效果或达到的最终目标，可分为一般目标和具体目标。一般目标是监管者通过对金融业的监管所要达到的总体目标：一是确保金融稳定安全，防范金融风险；二是保护金融消费者权益；三是提高金融体系的效率；四是规范金融机构的行为，促进公平竞争。各国的具体监管目标虽有不同，但基本都包括金融业合理竞争、防范风险和稳健发展等。

2. 金融监管的原则

一般来说，金融监管原则包括：依法监管与严格执法原则，不干涉金融机构内部管理的原则，综合性与系统性监督原则，公平、公正、公开原则，有机统一原则，内控与外控相结合原则，监管适度与合理竞争原则，稳健运行与风险预防原则，监管成本与效率原则，等等。

（五）金融监管的构成体系

1. 监管理论体系

监管理论体系可划分为三个层次：一是基础理论，指金融监管最一般的或根本性的理论，探求的是那些揭示金融监管普遍本质和一般发展规律的知识体系。二是应用理论，指金融监管应用性的理论，内容包括金融监管准则以及各种金融监管实务操作的具体程序和具体方法、技术等。三是相关理论，指与金融监管有关联的其他学科的理论，如审计学理论、金融会计理论、银行信贷理论、银行管理理论、银行财务管理理论、金融法学理论等。

2. 监管法律法规体系

监管法律法规是指为了保证有效开展监管，由政府和监管机构制定的一系列法律法规。监管法律法规体系包括四个层次：一是行业性法律；二是行业内法律，主要针对特定种类金融机构制定；三是专业性法规，主要针对开展的业务经营而制定；四是监管当局依据国家法律制定的一系列管理办法，它不属于法律范畴，带有强烈的行政色彩。

3. 金融监管组织体系

从广义监管的角度，金融监管组织体系包括：监管主体系统、金融机构内部控制系统、金融业行业自律系统和体制外金融机构监管系统。

从监管当局角度，监管组织体系包括：一是监管系统，由监管机构各级监管部门组成；二是监管后评价系统，由监管机构各级非监管部门组成。

4. 监管内容体系

从监管的主要内容看，监管内容包含以下几方面：

（1）市场准入监管，指政府行政管理部门按照市场运行规则设立或准许某一行业及其所属机构进入市场的管制行为。重点有：一是具有素质较高的管理人员，二是具有最低限度的认缴资本额。

（2）业务运营监管，指对金融机构的各项经营行为的监管。我国对金融机构业务运营监管内容包括：业务经营的合法合规性，资本充足性，资产质量的稳妥可靠性、流动性、盈利性，内部管理水平和内控制度的健全性等。

（3）市场退出监管，指监管当局对金融机构退出金融业、破产倒闭或合（兼）并、变更等的管理。各国对金融机构市场退出的监管都通过法律予以明确，并且有很细致的技术性规定。

二、金融风险与金融监管

（一）金融风险

1. 金融风险的内涵

金融风险专指金融领域的风险。广义的金融风险是指经济主体在金融活动过程中获得收益或遭受损失的可能性。狭义的金融风险则指的是经济主体在金融活动中遭受损失的情况，又被称为纯粹风险。一般利用收益分布的左侧分位数来表示纯粹风险，即可用在险价值（VaR）表示。本章主要关注狭义的金融风险。

2. 金融风险的特征

（1）不可消散性。金融风险具有不可消散性，虽然可以通过风险管理对其进行一定程度的分散或转移，但都不能消除金融风险。

（2）随机性。由定义可知，金融风险只是一种可能性，其出现具有随机变量的特征。

（3）普遍性。金融风险具有无时不在、无处不在的特性。金融风险是金融体系内生的，是不可避免的，只要是市场经济，只要有金融交易存在，金融风险就必然存在。

（4）隐蔽性。金融风险有隐藏和爆发两个阶段。风险在隐藏阶段累积，积聚一段时间才爆发，进而以各种损失呈现出来。因此，某种程度而言，风险具有隐藏性，不能被直观识别出来。当隐藏的金融风险累积到超过金融部门所能承受的范围时，其很有可能以金融危机的极端形式爆发出来。

（5）传染性。金融风险存在较强的传染性。金融风险容易在金融机构之间、金融工具之间、金融市场之间传染，从而使初始的风险源被成倍放大。

3. 金融风险的种类

（1）按照是否站在整个金融系统稳定的视角，可分为系统性金融风险和非系统性金融风险。系统性金融风险是影响整个金融系统稳定甚至导致金融体系崩溃的风险，是一种宏观金融风险，其核心是专注于金融体系内部金融机构与金融机构之间、金融市场与金融市场之间、金融工具与金融工具之间的风险传染性。非系统性金融风险，主要指的单家机构、单个市场自身的风险，考察的视角不是整个系统，也不考虑风险的传染性。

系统性金融风险有两个维度，即时间维度与空间维度。其中，时间维度指的是金融体系整体风险随时间的演进趋势，来源于金融部门与实体经济之间的相互作用而引起的顺周期性效应；空间维度指的是某一时刻系统性金融风险在金融体系内部的具体分布，主要关注风险在金融机构之间、金融市场之间的相互传染。

（2）按照风险性质划分，可以分为信用风险、市场风险、流动性风险、操作风险等。其中，信用风险关注债权人与债务人之间的关系，从债权人视角看待其持有资产收回的可能性以及收回的数额。市场风险主要关注金融资产价格的波动。流动性风险主要关注金融资产的期限、市场深度等。操作风险关注经济因素之外的由于硬件、指令、操作人员失误等造成的风险等。具体的风险定义可参考第 6 章内容。

（3）按照衡量风险范围的角度划分，可以分为宏观金融风险和微观金融风险。宏观金融风险主要关注金融部门整体的风险，如前述的系统性金融风险。该类风险不仅影响金融部门的整体稳定，还可能通过影响金融部门功能的发挥而影响宏观经济的稳定。微观金融风险则主要关注微观金融个体，如单个金融工具、金融机构、金融市场等的风险。

（4）按照风险的来源划分，可以分为内源性金融风险和外源性金融风险两种。前者是来自于内部的风险，后者是源于外部的风险。以前述的系统性金融风险为例，如果是单家金融机构破产而引发的机构之间的传染风险，则可以称为内源性金融风险。如果是金融部门之外的宏观经济下滑导致贷款不良率提升而引发的系统性金融风险，则可称为外源性金融风险。

（二）金融风险与金融监管的关系

1. 金融风险需要金融监管

金融风险的形成和积聚可能引发金融不稳定问题，而金融不稳定会导致金融功能的弱化甚至丧失，进一步导致实体经济增长下滑，具有较高的成本。由于金融风险在一定程度来源于市场失灵，仅靠市场机制无法解决金融风险问题。为此，必要的金融监管是防范、降低金融风险的重要手段。

2. 金融监管可能带来金融风险

金融监管在一定程度上可以降低金融风险，但是金融监管也有可能引发新的金融风险。例如，传统的金融监管以维持单个金融机构的稳定为目标，当单个金融机构遭遇资产损失时，其理性选择是通过出售资产偿付债务以满足监管要求。但是这种行为可能导致资产价格下跌，进而引发持有该项资产的其他机构的损失。随后资产价格会进一步下跌，进而对本机构造成负向影响。这种相互传染的溢出效应会导致整个金融部门不稳定。因此，不当的金融监管本身可能会加剧系统性金融风险。

三、金融监管的微观审慎与宏观审慎

（一）微观审慎与宏观审慎的异同

微观审慎监管主要强调对单个金融机构或单种金融业务的监管，重点关注具体的微观机构和微观业务风险问题的管理，而忽视宏观层次的系统性风险。宏观审慎监管是为了维护金融体系的稳定，防止金融系统对经济体系的负外部性而采取的一种自上而下的监管模式。二者的差异主要有以下几方面：

（1）监管目标。微观审慎监管的主要目标是避免单一金融机构倒闭和保护金融消费者，而宏观审慎监管的目标是避免系统性金融风险及其对宏观经济的负面影响。

（2）关注的风险。微观审慎监管主要考虑单个金融机构的风险；而宏观审慎监管则关注风险的相关性和金融机构的共同风险暴露，以此分析金融机构同时倒闭的可能性，及其给整个金融体系带来的风险。

（3）政策工具。宏观审慎监管与微观审慎监管所使用的工具并无本质区别，如都采用资本监管、贷款损失监管、审慎信贷标准、流动性风险指标和其他风险管理要求等工具，但政策工具的着眼点和具体运用有区别，如微观审慎监管在整个经济周期中对所有机构运用相同的资本监管标准，而宏观审慎监管会考虑针对系统性的随经济周期变动的逆周期资本要求，或根据系统重要性机构提出差异性的资本要求。

（二）宏观审慎监管与货币政策

目前各国货币政策的最终目标都涵盖了金融稳定，而宏观审慎政策则以金融部门的稳定为目标。因此，作为宏观金融的两大政策在传导过程中必然存在一定的关联关系，这种关联关系使得两类政策需要协调，有必要构建货币政策与宏观审慎双支柱的政策框架。

中国货币政策与宏观审慎双支柱的政策框架由中国人民银行和银保监会负责实施。其中，中国人民银行将已有的差别准备金动态调整和合意贷款管理机制"升级"为"宏观审慎评估体系"（macro prudential assessment，MPA），分别包含资本与杠杆、资产负债、流动性、定价行为、资产质量、跨境融资风险、信贷政策执行七个方面的情况。在每一类中，中国人民银行给出代表性的指标，并赋予权重。在具体实施时，中国人民银行会根据每一大类指标（总计指标）单独打分，MPA 的评价结果影响各参评机构的法定存款准备金率。银保监会主要是借鉴《巴塞尔协议Ⅲ》的内容制定和实施宏观审慎监管政策。

第二节　金融监管体制

一、金融监管当局与监管对象

（一）金融监管当局

金融监管当局是依法对金融业实施监督与管理的政府机构，是金融业监督和管理的主体。中央银行是最早的金融监管当局，金融监管也是推动中央银行制度建立的重要原因，中央银行职能的完善与金融监管目标相关。近百年来，中央银行的监管职能在不同时期经历过弱化或加强。强调提高货币政策效率和金融监管力度的理论，主张将金融监管职能从中央银行分离出来，由专门成立的监管机构行使；强调增强综合协调监管能力和宏观审慎监管的理论，主张构建强有力的以中央银行为核心的监管架构。

微视频 19-1 李克强谈股市波动：要练就监管的"火眼金睛"

（二）金融监管对象

金融监管对象也称为被监管者，是专门从事金融业经营和投资经济活动的单位和个人，包括金融中介机构、工商企业、基金组织、投资者和金融活动的关系人等。金融监管对象按行业可分为以下几类。

1. 银行业监管对象

银行业监管对象是从事商业银行业务的金融机构，不管其称谓如何，凡是吸收存款、发放贷款、办理资金清算、信托投资、财务管理、参与货币市场融资交易活动等的机构都属于银行业的监管对象。如果其他非银行性金融机构参与货币市场融资和交易活动也将作为银行业特定的监管对象。

2. 证券期货业监管对象

证券业监管的对象是从事证券融资和交易活动的机构和个人，期货业监管的对象是从事期货投资交易活动的机构和个人。另外，提供证券和期货交易场所的组织机构也是重要的监管对象。

3. 保险业监管对象

保险业监管对象是从事保险经营和投保的机构与个人。

二、功能监管与机构监管

功能监管又叫**业务监管**，是按照经营业务的性质来划分监管对象，如将金融业务划分为银行业务、证券业务和保险业务，监管机构针对不同业务进行监管。其优势在于：监管的协调性高；金融机构资产组合总体风险容易判断；可以避免重复和交叉监管现象的出现，为金融机构创造公平竞争的市场环境。

机构监管则是按照不同机构的类别来划分监管对象，其优势在于：当金融机构从事多项业务时易于评价金融机构产品系列的风险；机构监管也可避免不必要的重复监管，一定程度上提高了监管功效，降低了监管成本。

三、金融监管体制

（一）金融监管体制的分类

金融监管体制是由一系列监管法律法规和监管组织机构组成的体系。

按监管机构的设立，可分为单一监管和多元监管体制。单一监管体制是由中央银行独家行使金融监管职责，多元监管体制则由中央银行和其他金融监管机构共同承担监管职责。

按监管机构的监管范围划分，可分为集中监管体制和分业监管体制。一般来说，实行单一监管体制和混业经营的国家多实行集中监管，而实行多元监管体制和分业经营的国家大都实行分业监管。

（二）金融监管体制的变迁

从历史的发展看，金融监管体制的变迁大致经历了以下三个阶段。

1. 混业经营与集中监管

从全球视角看，20世纪30年代以前，金融业基本上是混业经营的格局，银行业是金融业的核心，证券业、保险业不发达。19世纪初期，美国的商业银行就开始兼营证券，尤其是证券承销。在混业经营的金融体制下，金融监管职能基本上归中央银行履行，中央银行是唯一的监管机构，是典型的集中监管体制。

2. 分业经营与分业监管

20世纪30年代的大危机对银行和证券业是一个毁灭性的打击。1933年，美国国会通过了《格拉斯－斯蒂格尔法》，该法案确立了银行与证券、银行与非银行机构分业经营的制度，与之相应建立了分业监管的体制，成为划时代的一部金融立法，对全球金融机构的经营体制产生了深远的影响。美国的分业监管模式也成为第二次世界大战后许多国家重建金融体系的参照。

3. 金融再度混业经营下的监管体制变革

从20世纪70年代末开始，金融机构在规避管制的金融创新中，再次走向了混业经营。20世纪90年代以来，全球化发展加剧了金融机构间的竞争，金融机构通过兼并重组来达到壮大资本实力、扩大市场份额的目的，出现了花旗集团、汇丰集团、瑞穗集团等巨型金融集团公司。它们已不再单纯是银行机构，而变成可以提供全方位金融服务的混业机构。1999年，美国颁布了《金融服务现代化法》，允许金融控股公司下属子公司对银行、证券、保险兼业经营，证券和保险公司也可通过上述方式经营商业银行业务，美国金融重新进入混业经营的时代。过去追随美国实行分业经营的一些国家，也放弃分业经营转向混业经营。许多国家的金融监管也相应地采用了集中监管的体制。

微视频19-2 探索金融监管体制如何更优

四、主要国家金融监管体系的演变

（一）美国的金融监管

20 世纪 30 年代经济大危机后，美国于 1933 年出台了《格拉斯－斯蒂格尔法》。为了加强对证券业的监管，同年美国又颁布了《证券法》。1934 年出台了《证券交易法》。1939 年发布《信托契约法》。1940 年发布《投资公司法》和《投资顾问法》。1934 年特设了证券交易委员会，专司监管证券业之责。逐步形成了分业经营和分业监管的体制。

1999 年以后，美国的金融监管体制出现不完全集中监管的改革趋势，形成了"伞式"监管加功能监管的体制模式。该体制实际上是功能监管与机构监管的混合体，监管机构形成横向和纵向交叉的网状监管格局。美国的"伞式"监管体制是按照《金融服务现代化法》设置的。该法规定：同时从事银行、证券、互助基金、保险与商人银行等业务的金融持股公司实行"伞式"监管制度。指定联邦储备银行为金融持股公司的"伞式"监管人，负责该公司的综合监管，金融持股公司又按其所经营业务的种类接受不同行业主要功能监管人的监督。美国"伞式"监管的监管理念已经从过去重视由监管机构全面测量金融机构的风险程度，转为重视监督其建立与执行自身完善的风险监测机制，同时亦强调借助市场与公众约束。

2007 年次贷危机之后，美国实施了一系列金融监管改革。一方面通过加强美联储的监管权力，更加有效地对系统性金融风险进行监管；另一方面通过创设消费者金融保护局，更有力地保护消费者利益。另外，加大了对衍生品交易和系统性金融风险的监管，强化了金融稳定体制的框架。

（二）英国的金融监管

英国的金融监管体系是随着 19 世纪中期英格兰银行逐渐垄断货币发行权，行使最后贷款人和对银行的监管等中央银行职能而成型的。其突出的特点是非强制式的金融监管，监管方式以道义劝说为主。《1979 年银行法》将监管职责明确地授权给英格兰银行，逐步建立起分业监管的格局，监管内容和监管要求更加正式，代表着英国对金融机构的监管由非正式道义劝告的方式向法律式监管的转变。

根据 20 世纪 90 年代混业经营的态势，英国政府在 1997 年提出了改革金融监管体制的方案，将英格兰银行的监管权力剥离出去，转移到证券投资委员会，并进一步将证券投资委员会改组成为新的金融服务监管局，使之成为集银行、证券、保险三大监管责任于一身的多元监管机构，标志着英国集中监管体制的形成。

2008 年国际金融危机后，英国积极地进行了金融监管体制改革，颁布了《2009 年银行法》《2010 年金融服务法》和《金融监管新方法：改革蓝图》，明确和强化了中央银行的金融稳定职能和金融监管权力，旨在稳定现有金融体系，加强监管国际合作和保护消费者权益。

（三）日本的金融监管

日本在第二次世界大战结束后效仿美国的《格拉斯－斯蒂格尔法》，建立了自己的金融监管体系。2001 年，日本行政机构改革，设立了金融监管厅，大藏省改名为财务省，与金融厅成为分别执掌金融行政和金融监督的两权分立的政府机构。日本目前已经形成了集中监管的体制，金融行政监管的最高权力机构是金融厅，除政策性金融机构由财务省负责监管以外，银行、证券、保险等商业性金融机构均由金融厅独立监管或与相关专业部门共管。其监管的特点是具有独立的监管机构，严格的法律制度保证金融监管顺利进行，且注重对财务能力的监管等。

2008 年国际金融危机后，日本强化了中央银行的宏观审慎管理职能。2011 年发布《日本银行强化宏观审慎管理的方案》，具体内容包括：将宏观审慎管理与现场检查、非现场监测相结合，参考金融机构对金融体系的影响力设定检查频率和范围；定期发布《金融稳定报告》；为金融机构提供必要的流动性支持，确保金融稳定；从宏观审慎角度增强货币政策的有效性。

（四）欧盟的金融监管改革

受美国次贷危机影响，欧元区在 2010 年开始爆发了欧洲主权债务危机，这些危机迫使欧盟的金融监管进行了大幅度的改革。在整个金融业监管体系改革中，欧盟通过一系列措施形成了宏观审慎监管和微观审慎监管两个层次清晰的监管框架。其中，宏观审慎监管由欧洲系统委员会领导，同时建立欧洲金融监管系统专司微观审慎监管。欧盟金融监管改革中，最具亮点的改革推进是银行业联盟。欧洲银行业联盟的建立标志着欧元区统一监管格局的形成。欧盟通过了《单一规则手册》《单一监管机制》和《单一清算机制》等一系列协议，在欧盟内部以欧洲中央银行为监管机构，实行银行业的单一监管。该制度已于 2014 年实行。

五、中国金融业经营模式及金融监管体制的发展演变

（一）中国金融业经营体制模式的发展演变

1. 1980—1993 年我国金融业的经营模式

1980 年，国务院《关于推动经济联合体的暂行规定》中指出"银行要试办各种信托业务"，国有银行先后设立了信托投资公司，并相继开办了证券、信托、租赁、房地产、实业投资等业务。1986 年以后新成立的股份制银行也建立了信托投资部或信托投资公司。银行、证券、信托和保险走向混业经营的格局。但由于缺乏应有的自律和风险约束机制，从 1992 年下半年开始，混业经营加速了风险的积聚，催生了证券市场与房地产市场泡沫，使当时中国的混业经营虽与欧洲银行业"形似"，但金融秩序相当混乱，不是真正的混业经营，而是内部缺乏风险控制、外部缺乏有效监管的"乱营"。

2. 1994 年后形成分业经营模式

1993 年 7 月，中央政府开始大力整顿金融秩序。1993 年 11 月十四届三中全会通过《中共中央关于建立社会主义市场经济体制若干问题的决定》，明确提出"银行业与证券业实行分业经营，分业管理"的原则和规定。从 1995 年起，国家陆续颁布了多部法律法规，从法律上确立了我国金融业实行分业经营的体制。1995 年《中华人民共和国商业银行法》规定："商业银行在中华人民共和国境内不得从事信托投资和股票业务，不得投资于非自用不动产"，"商业银行在中华人民共和国境内不得向非银行金融

机构和企业投资"。1995 年《中华人民共和国保险法》规定："经营商业保险业务，必须是依照本法设立的保险公司，其他单位和个人不得经营商业保险业务"，"同一保险人不得同时兼营财产保险业务和人身保险业务"。《中华人民共和国证券法》规定：禁止银行资金违规流入股市，证券公司的自营业务必须采用自有资金和依法筹集的资金。[①]

3. 1999 年后分业经营的管理体制松动，出现混业趋势

20 世纪 90 年代中后期，国际金融领域的兼并重组浪潮已显示出混业经营是提升金融国际竞争力的重要途径。国务院开始重新考虑中国金融经营体制的模式，并开始陆续放松对分业经营的严格管制：1999 年 8 月起允许券商和基金管理公司进入银行间债券市场开展拆借业务和债券回购业务。2002 年 2 月起允许符合条件的证券公司以抵押方式向商业银行借款，同年 10 月又允许商业银行买卖开放式基金。2009 年 11 月，银监会发布《商业银行投资保险公司股权试点管理办法》，商业银行被允许收购保险公司，开办保险业务。近年来，我国各类金融机构混业经营的趋势越来越明显。

（二）中国金融监管体制的发展演变

1. 1984—1992 年：集中监管体制阶段

1984 年起中国人民银行专门履行中央银行职能，正式成为中国的货币金融管理的最高当局，负责货币政策的制定和金融监管。从此，银行、信托、保险、证券等所有金融业务都归中国人民银行监管，形成了集中监管体制。但当时的集中监管并不成熟。

2. 1992—2003 年：分业监管体制形成与发展阶段

1992 年 10 月，国务院决定成立国务院证券委员会和中国证券监督管理委员会，负责股票发行上市的监管，中国人民银行对债券和基金实施监管。1995 年颁布的《中国人民银行法》第 2 条规定："中国人民银行在国务院领导下，制定和实施货币政策，对金融业实施监督管理。"这是我国第一次从立法角度明确了金融监管的主体。1997 年受亚洲金融危机的影响，全国金融工作会议决定健全证券市场的"集中统一"监管体制，组建了中国证券监督管理委员会（简称证监会），将中国人民银行的证券监管权全部移交证监会。同年 11 月成立中国保险监督管理委员会（简称保监会），将中国人民银行的保险监管权分离出来，由保监会统一行使。2003 年 3 月组建中国银行业监督管理委员会（简称银监会）。至此，中国金融分业监管体制格局正式形成。

3. 2003 年至今：从以微观审慎为主到重视微观审慎和宏观审慎的平衡

2008 年国际金融危机后，基于微观审慎监管的问题逐渐暴露，对系统性金融风险进行宏观审慎监管的重要性日益凸显。2009 年 3 月，我国加入巴塞尔委员会，正式成为巴塞尔委员会的一员。2010 年 12 月，巴塞尔委员会发布了《巴塞尔协议 III》，确立了微观审慎和宏观审慎相结合的金融监管新模式，并要求各成员经济体 2 年内完成相应监管法规的制定和修订工作。2011 年，中国人民银行引入差别准备金动态调整机制，在加强宏观审慎管理、维护金融宏观稳定方面发挥了重要作用。2013 年 8 月，中国人民银行会同银监会、证监会、保监会、外汇管理局建立的金融监管协调部际联席会议

---

① 上述法律条文及规定在后续的修正中都进行过相应的修改。

制度正式运行，其中一项重要工作就是防范化解金融领域重大风险隐患，维护金融稳定。2015 年，中国人民银行将外汇流动性和跨境资金流动纳入宏观审慎管理范畴，同年 12 月，构建了金融机构宏观审慎评估体系（简称 MPA），作为差别准备金动态调整的"升级版"，并于 2016 年开始实施。MPA 体系从资本和杠杆、资产负债、流动性、定价行为、资产质量、跨境融资风险、信贷政策执行七个方面引导银行业金融机构加强自我约束和自律管理，进一步完善宏观审慎政策框架。2017 年，党的十九大强调健全货币政策与宏观审慎政策双支柱调控框架，健全金融监管体系，守住不发生系统性金融风险的底线，保障金融安全。为了顺应综合经营趋势，更好地发挥协同作用以提高监管效率，2018 年 3 月 13 日，国务院决定将银监会和保监会合并，组建中国银行保险监督管理委员会（简称银保监会）。4 月 8 日，银保监会正式挂牌，依照法律法规统一监督管理银行业和保险业。中国人民银行负责拟订银行业、保险业重要法律法规草案和审慎监管基本制度，形成了"一行二会"（中国人民银行、银保监会和证监会）的监管新格局。

第三节　金融监管的实施

一、金融监管的手段与方法

从总体上看，各国的金融监管主要依据法律、法规来进行，在具体监管过程中，主要运用金融稽核手段，采用"四结合"并用的全方位监管方法。

（一）依法实施金融监管

各国金融监管体制和风格虽有不同，但在依法管理这一点上是一致的，这是由金融业的特殊地位和对经济的重大影响所决定的。金融机构必须接受国家金融管理当局的监管，金融监管必须依法进行，这是金融监管的基本点。

（二）运用金融稽核手段实施金融监管

金融稽核是中央银行或监管当局根据国家规定的稽核职责，对金融业务活动进行的监督和检查，其主要内容包括：业务经营的合法性、资本金的充足性、资产质量、负债的清偿能力、盈利情况、经营管理状况等。

（三）"四结合"的监管方法

1. 现场稽核与非现场稽核相结合

现场稽核是指监管当局派员直接到被稽核单位，按稽核程序进行现场稽核检查；非现场稽核是指由被稽核单位按规定将各种报表、统计资料、记录等文件如期报送监管当局，稽核部门按一定程序和标准凭以进行稽核分析。

2. 定期检查与随机抽查相结合

定期检查是按事先确定的日期进行稽核检查，被监管机构预先可知；随机抽查则根据情况随时进行，随机抽查事先不通知被监管金融机构。

3. 全面监管与重点监管相结合

全面监管是指对金融机构从申请设立、日常经营到市场退出的所有活动自始至终进行全方位的监管，重点监管是指在全面监管的基础上抓住关键问题或重要环节进行特别监管。

4. 外部监管与内部自律相结合

外部监管除了官方的监管机构外，还包括社会性监管，社会性监管主要指协助监管的各种社会机构，以及社会公众和新闻媒体的监督；内部自律包括金融机构内部的自我控制机制和行业公会展开的同业互律。

二、银行业监管

各国对银行业的监管除了设置政府部门的监管当局以外，还通过银行业协会等行业自律组织和存款保险机构等特设机构共同参与监管。对银行业的监管重点放在以下三方面。

（一）市场准入监管

市场准入是监管的首要环节。各国对商业银行市场准入的监管主要包括以下两个方面。

1. 商业银行设立和组织机构的监管

各国对商业银行的设立都有一套严格的监管规定，包括确定商业银行设立的基本条件、最低注册资本、申请设立时必须提交的文件资料、商业银行的组织形式、分支机构的设立规定、分立或合并的规定、商业银行高级管理人员的任职资格和条件等。

2. 对银行业务范围的监管

各国一般都通过相应的法律法规对银行业务经营范围作出规定。在商业银行的经营范围上，有以德国为代表的全能型银行业务制度和以英国为代表的分离型银行业务制度两种基本类型。

（二）日常经营监管

1. 资本充足性监管

对于商业银行的资本金，除注册时要求的最低标准外，一般还要求银行自有资本与资产总额、存款总额、负债总额以及风险投资之间保持适当的比例，监管的重要指标就是资本充足率。资本充足率是指资本对加权风险资产的比例，是评价银行自担风险和自我发展能力的一个重要标志，银行在开展业务时要受自有资本的制约，不能脱离自有资本而任意扩大业务。《巴塞尔协议Ⅲ》规定一级资本充足率下限为 6%，核心一级资本占银行风险资产的下限为 4.5%，包含二级资本即附属资本在内的资本充足率则要维持在 8% 以上的水平，同时设 2.5% 的防护缓冲资本。我国目前规定商业银行的资本充足率不得低于 8%，次级债务可计入附属资本。

2. 对存款人保护的监管

此类监管主要包括制定存款业务的原则、对存款人权益的保护性规定、对存款利率的监管、对存款方式的监管、对存款保险的规定等。

3. 流动性监管

流动性是指银行根据存款和贷款的变化，随时以合理的成本举债或者将资产按其实际价值变现的能力，我国目前规定商业银行的资产流动性比率不低于 25%。

4. 贷款风险的控制

大多数国家都限制商业银行的存款与贷款比例，防止贷款对象过度集中，重点监管不良贷款的比例以分散风险。我国目前规定，对同一借款人的贷款余额与商业银行资本余额的比例不得超过 10%。

5. 准备金管理

商业银行的存款准备金不仅是保持商业银行清偿力的必要条件，而且是中央银行操作存款准备金工具实施货币政策的基础。

6. 对商业银行财务会计的监管

此类监管主要包括规定商业银行的财务会计制度、对商业银行会计账册真实性的监管、对商业银行财务会计审计的规定、对商业银行提取呆账准备金的规定等。

（三）市场退出监管

当商业银行已经或可能发生信用危机，严重影响存款人利益时，监管当局将对商业银行作出市场退出的处理，主要对商业银行的接管、终止、清算、解散等作出具体规定，并进行全过程监管。大体上包括三个方面：一是金融机构破产倒闭等行为，包括接管、解散、撤销和破产；二是金融机构变更、合（兼）并行为；三是终止违规者经营行为。

三、证券业监管

证券机构是金融市场的组织者和参与主体，上市公司是金融市场上最基础、最有影响力的参与方，但追逐收益最大化是它们的最终目标，在利益驱使和激烈的市场竞争中，可能会出现操纵市场、哄抬价格、过度投机等不良行为，危害金融市场的安全与稳定，因此，对证券机构、上市公司和金融市场的活动进行有效的监管，规范市场行为就显得极为必要和重要。对证券业的监管主要体现在以下三方面。

（一）对证券机构的监管

证券机构属于特许经营行业，只有证券监督机构审查批准，由工商部门注册的合法证券公司才能从事承销证券发行、自营买卖证券等各项证券业务。

在我国，由证监会负责证券公司设立、变更、终止事项的审批，依法履行对证券公司的监督管理职责。其监管内容主要有：对证券经营机构设立、变更和终止的监管，对证券从业人员的管理以及对证券经营机构的日常监管和检查。

此外，证券交易所对会员公司的监管、证券业协会的自律监管以及证券公司内部控制与风险管理都是证券机构监管体系中不可或缺的组成部分。

（二）对证券市场的监管

我国证券市场由于发展历史不长，许多方面仍不健全。今后一段时期证券市场的主要发展方向是规范化、市场化和国际化，其中规范化的一个主要内容就是保护投资者特别是中小投资者的合法权益，坚持公开、公平、公正的原则。公开原则包括价格形成公开和市场信息公开两层含义。公平原则主要指参与证券市场活动的一切当事人法律地位平等，合法权益受到公平保护，能够进行公平竞争，禁止相关人员入市，防止内幕交易。公正原则是指在市场交易中实行价格优先、时间优先、客户委托优先等操作程序；监管机构和自律组织对市场所有参与者给予公正待遇，执法公正，各种纠纷和争议的处理都应当公正地进行。

证券市场的监管主要包括：对内幕交易的监管、对证券欺诈的监管以及对市场操纵的监管。

1. 防止内幕交易

所谓证券内幕交易指内部知情人利用地位、职务或业务等便利，获取未公开但将影响证券价格的重要信息，利用信息进行有价证券交易或泄露该信息的行为。《中华人民共和国证券法》规定，"禁止证券交易内幕信息的知情人员和非法获取内幕信息的人利用内幕信息从事证券交易活动"。《中华人民共和国刑法》中也增加了"内幕交易罪、泄露内幕信息罪"的罪名及相关内容。信息披露是防止内幕交易最有效的方法。

2. 防止证券欺诈

证券欺诈行为是指证券公司及其从业人员违背客户真实意思表示，从事损害客户利益的行为。

3. 防止操纵市场

证券市场中的操纵市场行为，是指个人或机构背离市场自由竞争和供求关系原则，人为地操纵证券价格，以引诱他人参与证券交易，为自己牟取私利的行为。

（三）对上市公司的监管

上市公司监管着眼于两个基本目标，即提高上市公司运作效率和运作质量，充分保护投资者利益。对上市公司的监管主要集中在两个方面：一是建立完善的上市公司信息披露制度，对其信息披露进行监管；二是加强对上市公司治理结构的监督，规范其运作。

四、对保险业的监管

对保险业的监管是指当局通过法律和行政的手段对保险市场的构成要素进行的监督管理，是对保险业进行的规范与调控。

（一）对保险业监管的必要性

世界各国之所以对保险业进行严格管理，是因为保险业具有不同于其他行业的特殊性。

1. 社会公益性

保险行业承担着风险的集中和损失分担功能，即保险的基本职能是经济补偿，直接影响着广大公众的利益和社会的稳定。

2. 保险精算技术的特殊性

在保险经营实务中，需要专门的精算技术。而大多数投保人不了解这些技术，因此政府需要对之加以监管，以保障投保人在合理的保险条件下支付合理的费用。

3. 偿付能力的重要性

保险业承担的是未来的损害赔偿或给付保险金的责任，政府为保障广大投保人及被保险人的利益，有义务加强监管，以保证保险人具有足够的偿付能力。

（二）保险市场的监管机构

在世界各国，保险监管职能主要由政府依法设立的保险监管机关行使。保险公司也会在政府支持下，成立行业协会、同业公会等组织，进行自我约束、自我管理。

在各国保险市场上，保险行业的自律组织——行业协会因其特有的协调功能而在监管中发挥着重要作用。在我国，除中国保险行业协会外，有三家以上的保险公司分公司的地区也可以成立地区保险行业协会。

本章小结

1. 广义的金融监管除包括一国（地区）中央银行或金融监管当局对金融体系的监管外，还包括各金融机构的内部控制、同业自律性组织的监管、社会中介组织的监管等。目前各国（地区）的金融监管体系通常在广义的范畴下架构。狭义的金融监管仅指一国（地区）的中央银行或金融监督管理当局依据法律法规的授权，对金融业实施的监督管理。

2. 金融监管体系必须具备三个基本要素：监管的主体（中央银行或监管当局）、监管的客体（监管对象）和监管的工具（各种方式、方法、手段）。

3. 金融监管的作用主要有：维护社会公众的利益，通过控制金融机构的经营风险，保持市场经济的稳健运行；促进金融机构发挥正效应，抑制和预防负效应；保持货币制度和金融秩序的稳定；防范金融风险；有利于中央银行贯彻执行货币政策。

4. 金融监管的一般目标：一是确保金融稳定安全，防范金融风险；二是保护金融消费者权益；三是增进金融体系的效率；四是规范金融机构的行为，促进公平竞争。

5. 金融风险是指经济主体在金融活动过程中获得收益或遭受损失的可能性。它具有客观存在性、可能性、普遍性、隐蔽性和系统性等特征。

6. 微观审慎监管主要强调对单个金融机构或单种金融业务的监管，重点关注具体的微观机构和微观业务风险问题的管理。宏观审慎监管是为了维护金融体系的稳定，防止金融系统对经济体系的负外部性而采取的一种自上而下的监管模式。

7. 货币政策和宏观审慎政策的最终目标都涵盖了金融稳定，作为宏观金融的两大政策在传导过程中存在的关联关系使得两类政策需要协调，有必要构建货币政策与宏观审慎双支柱的政策框架。

8. 金融监管体制是由一系列监管法律、法规和监管组织机构组成的体系。涉及金融监管当局、中央银行与金融监管对象等多个要素。基于监管对象不同，金融监管可分为功能监管和机构监管两种模式。

9. 金融监管体制按监管机构的设立划分，分为单一监管体制和多元监管体制。按监管机构的监管范围划分，可分为集中监管体制和分业监管体制。金融监管体制大致经历了三个阶段：混业经营与集中监管、分业经营与分业监管、金融再度混业经营下的监管体制变革。

10. 中国金融业经营体制由改革开放之初的初级混业逐渐演变为分业经营模式，1999 年后分业经营管理体制松动，出现新的混业趋势。而金融监管体制则是由集中监管体制转变为分业监管体制，目前正在研究更加适应客观需要的监管体制改革。

11. 各国的金融监管主要依据法律、法规来进行。在具体监管过程中，主要运用金融稽核手段，采用"四结合"并用的全方位监管方法，即现场稽核与非现场稽核相结合、定期检查与随机抽查相结合、全面监管与重点监管相结合、外部监管与内部自律相结合。

12. 银行业的监管主要分为三方面，即市场准入监管、日常经营监管和市场退出监管。对市场准入的监管集中在对商业银行设立和组织机构的监管以及对银行业务范围的监管。日常经营监管主要有资本充足性监管、对存款人保护的监管等方面。市场退出监管是对金融机构破产倒闭、变更、合并（兼并）的监管以及终止违规者经营行为。

13. 对证券业的监管体现在三个方面：一是对证券机构的监管，二是对证券市场的监管，三是对上市公司的监管。

💡 复习思考题

1. 各国为何都极其重视金融监管？为什么对金融机构的监管要强于对其他行业的监管？金融监管具有哪些作用？

2. 有效的金融监管体系包括哪些基本要素？

3. 金融监管的目标是什么？它都要求坚持哪些原则？

4. 金融监管都包括哪些内容？分别涵盖哪些方面？

5. 什么是金融风险？金融风险的特征是什么？

6. 金融监管如何才能控制金融风险？请查阅相关资料，试阐述美国在 2007 年次贷危机后金融监管的哪些方面有了改善。

7. 微观审慎与宏观审慎监管有何异同？

8. 试阐述一国的金融监管体制是如何构成的。

9. 我国的金融监管体制经历了怎样的变迁？未来的发展方向如何？

10. 什么是集中监管体制和分业监管体制？各自的优缺点是什么？我国当前为何选择分业监管体制？

11. 试分析中国人民银行和银保监会应该如何实施有效的"双支柱"政策框架。

📋 即测即评

网上更多……　⚙️教学案例　📄名词术语　💬学生讨论

第 20 章
金融发展

本章导读 》》

　　近半个多世纪以来，金融创新最活跃的美国金融业迅猛发展，但 2007 年 8 月一场因次级抵押贷款机构破产、大量投资机构倒闭、股市剧烈震荡引起的次贷危机疾风骤雨般席卷美国，成为 20 世纪 30 年代大萧条以来最为严重的金融危机，全球金融体系都受到重创，极大地危害了实体经济，中国也深受影响，暴露了金融发展中的混乱和风险。金融发展的正确方向和内在规律是什么？如何处理好金融与实体经济之间的关系？如何在金融创新中扬利抑弊？本章主要通过讨论金融发展与经济发展的关系、结构演进的规律和金融发展的趋势来解读这些问题。

第一节　金融发展与经济发展

一、经济发展决定金融发展

（一）金融产生于经济活动并随之发展

　　金融是依附于商品经济的一种产业，是在商品经济的发展过程中产生并随着商品经济的发展而发展的。商品经济越发展，交换关系越复杂，金融就越发达。金融的范畴在商品经济的发展过程中不断得以拓展。如第 1 章所述，现代金融是在社会经济活动中居民、企业、政府和国外部门等各经济主体实现融资、投资、风险管理等金融活动中发展起来的。在满足经济活动对金融需求的同时，金融自身也获得了充分的发展。

（二）经济发展水平决定金融规模、层次和结构

　　经济发展的不同阶段对金融发展提出不同的要求，同时，在不同经济发展时期，金融的发展条件也不同，由此决定了金融发展的规模、层次和结构。

　　首先，经济发展水平决定了金融规模。随着人类经济发展水平的提高，金融的规

模不断扩大。从货币角度看，货币供给的规模依赖于社会货币需求量，而货币需求内生于经济活动，与经济发展水平紧密相关。从金融资产角度看，一国金融资产总规模是该国居民、企业、政府等各经济主体所持有的金融资产总额，它取决于该国的国民收入水平和经济发展水平。

其次，经济发展水平决定了金融层次。在经济发展的低级阶段，经济活动较简单，经济活动的正常进行仅需要货币提供顺畅的媒介服务。此时金融只体现为层次较低的货币流通、货币融通和货币支付清算等。随着经济的发展，经济活动对金融需求的广度和深度逐渐扩展，金融活动的层次和复杂程度不断提高，新的金融工具和金融交易方式不断产生。同时，为稳定金融活动，新的金融调控、监管工具与方式不断推出。

最后，经济发展水平决定了金融结构。主要表现为宏观经济的部门结构决定了金融结构，如经济中开放部门与非开放部门的结构决定了金融业的开放结构；企业的组织结构和商品结构决定了金融机构的业务结构；市场结构决定了金融体系的组织结构和金融总量的结构等。

二、金融在经济发展中的重要地位与推动作用

（一）金融是国民经济的核心

第一，现代经济是市场经济，其本质是一种发达的货币信用经济或金融经济，它的运行表现为货币资金运动引导物质资源运动，金融在现代经济活动和社会资源的配置中具有支配性作用。第二，金融是现代经济活动的纽带。现代一切经济活动几乎都离不开货币资金运动。金融联结着国内各经济部门，联结着各经济主体，同时又联结着跨国经济主体之间的经济活动。第三，金融是现代经济的重要调节杠杆。现代经济通过市场机制配置社会资源，而金融是联结国民经济各方面的纽带，能够比较深入、全面地反映社会各部门的经济活动。

（二）金融对经济发展的推动作用

第一，金融活动为经济发展提供基础条件。现代经济是高度发达的货币信用经济，一切经济活动都离不开货币信用因素。因此，金融为现代经济发展提供必要的基础条件。

第二，金融促进社会储蓄，并促进储蓄转化为投资。一方面，金融能提供存款、贷款、债券、股票等多样化的产品，满足资金闲置者的储蓄需求和资金不足者的融资需求。另一方面，金融体系具有风险识别与资源配置功能，能通过金融机构和金融市场的活动，识别风险和提高资源配置的效率。

第三，金融活动节约社会交易成本，促进社会交易的发展。金融机构的业务活动和金融市场的交易活动，极大地促进了社会资金流动，节省了社会交易成本，并最终实现社会资源的良好配置，提高经济发展的效率。

第四，金融业的发展直接为经济发展做出贡献。金融作为第三产业，是现代经济的重要组成部分。随着现代市场经济的发展，金融业获得了快速的发展，金融业的产值大幅度增加，占国民生产总值的比重也在不断提高。

三、金融活动可能对经济发展产生的不良影响

（一）因金融总量失控出现通货膨胀、信用膨胀，导致社会总供求失衡，危害经济发展

信用货币制度下，货币发行容易失控，导致通货膨胀。同样，由于信用关系已渗透到经济生活的各个方面，不仅能解决盈余和短缺部门的调剂问题，还可以创造或抑制需求。例如，当社会总供给大于总需求时，信用的扩张可以扩大社会总需求。但当信用过度膨胀已进入较严重的供求失衡时，信用扩张只会加剧供求矛盾，进而引发通货膨胀、信用危机和金融危机。

（二）因金融业经营问题形成系统性金融风险，进而引发金融危机

金融业是经营信用的产业，在经营过程中始终伴随着风险。这些风险的存在直接威胁着金融业的安全，一旦风险失控，就会出现债务危机、流动性危机。一旦金融危机爆发，还会影响整体经济运行和社会经济秩序，甚至引发经济危机。2007年美国次贷危机所引发的国际金融危机和经济衰退的案例表明，金融具有脆弱性和极强的传导性，金融风险的系统性暴发必将严重影响经济的稳定和发展。

（三）金融创新过度形成金融过度繁荣

当代货币信用经济高度发达，大量新型金融工具不断涌现，新型金融市场不断形成。这些创新成果在活跃金融、推动金融发展的同时，也加大了信用膨胀的可能性与现实性。各种加杠杆的金融创新产品或交易，尤其是各种衍生产品在金融市场上通过反复易手而自我膨胀，滋生金融泡沫，脱离实体经济并放大了金融风险，极易造成金融市场的动荡和整体经济运转的失常，拉大经济波动的幅度并引发经济危机。

原理 20-1

经济发展决定金融发展，金融在为经济发展服务并与之紧密结合中才能稳健发展。金融的发展是现代经济发展的推动力量。

四、金融发展的新理念

自从金融业形成以后，关于金融发展的理念一直是学者们思考的重点问题。在金融产业形成的初期，金融发展的理念集中在金融如何促进经济增长方面，关注金融体系通过提供货币和信用是否有利于促进经济发展。20世纪70年代以后，金融发展的理念转向如何处理好金融体系的发展和政府政策的作用关系，关注如何提高金融体系的运作效率。20世纪90年代以来，金融发展的理念又有了新的变化，关注的重点更多地放在如何合理利用和配置金融资源并有利于实现经济的可持续发展方面，这些新的理念主要体现在普惠金融、绿色金融和金融企业的社会责任等方面。

（一）普惠金融

普惠金融是指立足机会平等要求和商业可持续原则，以可负担的成本为有金融服

务需求的社会各阶层和群体提供适当、有效的金融服务。这是联合国在 2005 年提出的理念，基本内涵是通过发展小额信贷或微型金融方式建立能有效、全方位地为社会所有阶层和群体提供服务的金融体系。普惠金融本意是金融服务能够惠及所有人，所关注和强调的有三个方面：一是每个人都有获得金融服务机会的权利，进而有机会参与经济发展并从中获益；二是需要立足机会平等的要求和商业可持续原则，鼓励金融机构创新产品和提供小额信贷与小微金融，以可负担的成本为有需求的社会各阶层和群体提供适当有效的金融服务；三是政府需要通过加大政策引导扶持、完善金融服务设施、在法律和监管政策方面提供适当的空间，鼓励小额信贷机构等新型金融机构的发展，建设普惠金融体系。

我国近年来高度重视发展普惠金融，目标是让所有市场主体都能分享金融服务。国务院制定了《推进普惠金融发展规划（2016—2020 年）》，明确提出了发展普惠金融的指导思想、基本原则、总体目标和各项举措，目的是推进普惠金融发展，提高金融服务的覆盖率、可得性和满意度，增强所有市场主体和广大人民群众对金融服务的获得感。

（二）绿色金融

绿色金融是指为支持环境改善、应对气候变化和资源节约高效利用的经济活动所提供的金融服务。其基本理念是金融部门要把环境保护作为一项基本政策，在业务活动中考虑潜在的环境影响，把与环境条件相关的潜在的回报、风险和成本都融合进日常业务管理中，注重对生态环境的保护以及环境污染的治理，通过对社会经济资源的引导，促进社会的可持续发展。绿色金融最突出的特点，在于更强调人类社会的生存环境利益和生态效应，将对环境保护和对资源的有效利用程度作为计量其活动成效的标准之一，通过金融业自身的活动，引导各经济主体注重自然生态平衡。

在全球经济发展追求绿色增长的趋势下，针对环保、节能、清洁能源、绿色交通、绿色建筑等领域，通过绿色信贷、绿色债券、绿色股票指数和相关产品、绿色发展基金、绿色保险、碳金融等金融工具和相关政策构建的绿色金融体系，是为了支持经济向绿色化转型的一种制度安排。主要目的是动员和激励更多社会资本投入绿色产业，同时更有效地抑制污染性投资。构建绿色金融体系，有助于加快经济向绿色化转型，支持生态文明建设，也有利于促进环保、新能源、节能等领域的技术进步，有利于培育新的经济增长点，提升经济增长潜力，保持经济可持续发展。

由于商业性金融机构具有内生的趋利性，建立健全绿色金融体系，需要政府提供金融、财政、环保等政策和相关法律法规的配套支持，通过建立适当的激励和约束机制解决项目环境外部性问题。同时也需要金融机构加大创新力度，通过开发新的金融工具和服务手段，解决绿色投融资所面临的期限错配、信息不对称、产品和分析工具缺失等问题。2016 年 8 月 31 日，中国人民银行等七部委发布了《关于构建绿色金融体系的指导意见》，提出了构建包括大力发展绿色信贷、推动证券市场支持绿色投资、设立绿色发展基金、发展绿色保险、完善环境权益交易市场和工具、支持地方发展绿色金融、推动开展绿色金融国际合作 7 个基本领域的中国特色绿色金融体系。

（三）金融企业的社会责任

金融企业的社会责任是指金融企业对其股东、员工、消费者、商业伙伴、政府和社区等利益相关者以及为促进社会与环境可持续发展所应承担的责任，主要有以下几方面。

（1）经济责任，即在遵守法律法规的条件下，营造公平、安全、稳定的行业竞争秩序，以优质的专业经营持续为国家、股东、员工、客户和社会公众提供金融服务并创造经济价值。

（2）社会责任，即以符合社会道德和公益要求的经营理念为指导，积极维护消费者、员工和社区大众的社会公共利益，努力践行普惠金融；提倡慈善责任，积极投身社会公益活动，参与构建和谐社会，促进社会发展。

（3）环境责任，即通过绿色金融体系支持国家产业政策和环保政策，节约资源，保护和改善自然生态环境，支持社会可持续发展。强调社会责任体现的是金融机构伦理化经营的理念。近年来我国政府和各类金融机构高度重视社会责任，逐步将社会责任融入金融机构的发展战略、治理结构、企业文化和业务流程之中，形成流程化的管理机制，建立适当内外部评估机制和企业社会责任的信息公开披露制度，构建金融机构履行社会责任的长效机制。

第二节　金融创新与金融发展

一、金融创新的概念与分类

金融创新是指金融领域内部通过各种要素的重新组合和创造性变革所创造或引进的新事物。按金融创新的内容大致归为以下三类：

（1）金融制度创新，包括各种货币制度创新、信用制度创新、金融管理制度创新等与制度安排相关的金融创新。

（2）金融业务创新，包括金融工具创新、金融技术创新、金融交易方式或服务创新、金融市场创新等与金融业务活动相关的创新。

（3）金融组织结构创新，包括金融机构创新、金融业结构创新、金融机构内部经营管理创新等与金融业组织机构相关的创新。

二、当代金融创新的主要表现

在金融发展历史上，不断出现金融创新并由此推动了金融发展。当代金融创新是指20世纪70年代以来的金融新事物，主要表现为以下三方面。

（一）金融制度创新

1. 国际货币制度的创新

20世纪70年代，布雷顿森林体系崩溃后，在国际货币基金组织倡导下的《牙买加协议》，创立了现行的在多元化储备货币体系下以浮动汇率制为核心的新型国际货币制度。国际货币制度创新的另一重要表现是区域性货币一体化趋势。其中最著名的是由欧洲中央银行于 1999 年 1 月 1 日发行的欧元。

2. 国际金融监管制度的创新

面对动荡的国际金融环境、频繁的国际金融创新和日益严重的金融风险，在国际清算银行主持下成立了巴塞尔委员会，制定了《巴塞尔协议》，成为国际银行业监管的一座里程碑。此后巴塞尔委员会出台了两版《有效银行监管的核心原则》和新《巴塞尔协议》。随着国际证监会组织、国际保险监督官协会、国际投资与跨国企业委员会、期货业国际公会、证券交易所国际公会等机构的创立与履职，一个新型的国际性金融监管组织体系已经形成并运转起来。各国监管当局的联手监管和专门机构的跨国监管正在不断创新监管方式和手段，创建一个集早期预警、风险防范、事后救援三大系统为一体的新型国际化监管体系。

（二）金融业务创新

1. 新技术在金融业的广泛应用

以微电子技术的发展和广泛运用为核心的西方新技术革命，为金融业务创新开辟了一个全新的领域，使金融业务发生了巨大的变革。在金融业普遍装备了电子计算机后，改变了传统的业务处理手段和程序，形成了国内外纵横交错的电子化资金流转和交易网络。信息技术的发展为金融业务创新奠定了基础，实现了金融业务中信息流、资金流和交易指令流的即时化、全球化和全时化。

21 世纪以来，金融技术创新蓬勃兴起，云计算、大数据、人工智能和区块链等新兴技术与金融业务不断融合，互联技术、分布式技术和安全技术等底层关键技术在金融领域的应用日益深化。科技对于金融发展的作用被不断强化，对金融科技的投入力度持续加大，金融业务环节的应用场景更加丰富，数据价值持续不断地体现并释放出来，金融解决方案不断推陈出新。科技赋能正在成为金融机构战略转型的突破口，随着第五代移动通信技术（5G）、量子计算等前沿技术由概念阶段到实际应用，金融科技的发展势头强劲。

2. 金融工具不断创新

各类金融机构通过对原有金融工具特性的分拆和重组，不断推出新型的金融工具。有满足投资、投机、保值等多种需求的，有适合大小投资者、长短期资金余缺者、国内外投资者等多种对象的，有介于定活期存款间、股票与债券间、存款与债券间、存款与保险间、贷款与证券间等各种组合式的……总之，品种多样化、特性灵活化、标准化、国际化、通用化的各种新型金融工具源源不断地涌现出来。

3. 新型金融市场不断形成

金融市场的创新主要表现在两个方面：其一，金融市场的国际化。在金融自由化浪潮的冲击下，各国陆续取消或放松了对国内外市场分隔的限制，各国金融市场逐步趋于国际化；欧洲及亚洲美元市场、欧洲日元市场等新型的离岸金融市场纷纷出现。其二，金融衍生工具市场异军突起。人们通过预测股价、利率、汇率等变量的行情走势，以少量保证金签订远期合同，买卖期权或互换不同金融商品，由此形成了期货、期权、互换等衍生工具市场。

4. 新业务和新交易大量涌现

银行、证券、保险、信托、租赁等各类金融机构一方面在传统基础上推陈出新，另一方面积极开拓全新的业务与交易。例如，银行在传统的存、贷、汇业务基础上推出了 CDs、NOW 账户、协议账户等新型的存款业务，各类批发或零售贷款业务，新的结算工具与方式，同时大量开发新型的跨国业务、信息业务、通道业务、表外业务、信用卡业务、咨询业务、理财业务、代理业务及各种服务性业务等，期货交易、期权交易、掉期交易等各种新型的金融交易被不断地设计开发出来。

（三）金融组织结构创新

1. 创设新型金融机构

20 世纪 80 年代以来，在金融创新中涌现出与传统金融机构有别的新型金融机构：有以计算机网络为主体而无具体营业点的电子银行；有以家庭为专门对象，居民足不出户就可以享受各种金融服务的家庭银行；有专为企业提供一切金融服务的企业银行；有一切业务均由机器受理的无人银行；有各国银行以股权方式联合成立的国际性联合银行；有集银行、证券、保险、信托、租赁和商贸为一体的大型复合金融机构等。

微视频 20-1
构建国际金融新架构

2. 各类金融机构的业务逐渐趋同

金融机构在业务和组织创新的基础上，逐渐打破了职能分工的界限，实际上的混业经营迫使分业管制被动放松。例如，美国 1980 年新银行法允许商业银行、储蓄银行、投资银行之间进行业务交叉和竞争，日本 1981 年新银行法允许商业银行、长期信贷银行、信托银行经办证券业务，英国 1986 年允许所有金融机构参加证券交易所交易。

3. 金融机构的组织形式不断创新

在过去单一银行制、总分行制的基础上，新出现了连锁银行制、控股公司制以及经济上相互独立而业务经营上互助互认并协调一致的联盟制银行。银行内部组织扁平化、模块化等，在分支机构形式上也创新了全自动化分支点、百货店式分支点、专业店式分支点、金融广场式分支点等。

4. 金融机构的经营管理频繁创新

20 世纪 60 年代以来，金融机构通过管理创新不断调整业务结构，开发出多种新型负债和资产业务。中间业务特别是表外业务的比重日益加大，业务手段、业务制度、操作程序、管理制度等不断革新；金融机构的内部机构设置也在不断创新；经营管理方法也在推陈出新。

5. 金融业态不断创新

21 世纪以来，随着互联网的蓬勃发展，金融与互联网结合的创新层出不穷，形成了以互联网为介质的金融新业态。一方面是以电商等非金融机构的互联网平台为依托，借助于云计算、社交网络以及搜索引擎、APP 等互联网工具，实现资金融通、支付和信息中介等业务的一种金融业务新形态，如第三方支付平台、P2P 信贷、众筹网络、网络小额贷款公司以及互联网基金、保险销售平台等。另一方面是传统金融服务借助互联网的拓展，网上银行、电子银行、手机银行以及证券网上交易等已经普及化，体现了金融与科技深度融合的创新。

三、当代金融创新的成因

引发当代**金融创新**高潮的主要因素有以下四方面。

（一）经济思潮的变迁

20 世纪 70 年代西方兴盛的经济自由主义思潮，为金融业要求放松管制、追求自由经营提供了思想武器。在经济自由主义思潮支配下，金融业强烈要求当局放松第二次世界大战后设置的种种限制和管制，并不约而同地通过金融创新逃避管制，形成了金融自由化浪潮。而各国当局在经济自由主义思潮影响下，一方面主动放弃了一些明显不合时宜的管制，另一方面被迫默认了许多规避管制的创新成果，放松了金融管制的程度，这又进一步促进了金融创新。

（二）需求刺激与供给推动

第二次世界大战后，各国经济与金融的快速发展，从需求和供给两个方面掀起了金融创新高潮。在需求方面，许多新的金融需求随着金融化程度的提高不断产生出来。同时，当代西方经济和金融发展的内在矛盾冲突，产生了新的金融需求。例如，严重的通货膨胀、过度的汇率浮动、国际债务危机等的发生，导致金融风险成为矛盾的焦点，从而引发了期货、期权、互换等各种转移风险的创新。

在供给方面，由于金融机构资产的剧增，大大提高了金融创新的规模报酬，刺激了金融机构增加创新的供给。在金融业垄断竞争的格局下和激烈的竞争中，金融机构只有通过创新才能获取潜在收益，扩展或保持自己的市场份额。而当代金融创新的有利条件增多，技术难度和成本呈下降趋势，金融机构的创新能力增强，因此金融创新层出不穷。

（三）对不合理金融管制的回避

20 世纪 70 年代前后，随着经济和金融的发展、技术的进步、需求的更新、供给的变化，原有的管制出现了不合时宜或过分限制的问题，管制的副作用开始加大。当管制已经不能适应经济、金融发展的要求而又未做改革时，金融机构就会通过规避管制的创新来冲破障碍，以抵消管制的副作用。

（四）新科技革命的推动

新科技革命掀起了一场金融领域的科技革命，使金融发展进入一个更高的层次与阶段。新科技成果的应用，降低了创新的成本，增加了创新的收益；提高了金融机构的经营效率，增强了金融机构的创新供给能力。20 世纪 70 年代以来，几乎所有的金融创新都依赖于新科技革命所提供的物质装备和技术支持。

四、当代金融创新对金融与经济发展的影响

（一）对金融和经济发展的推动作用

1. 提高了金融机构的运作效率

金融创新通过大量提供新的金融服务和工具，增加了金融商品和服务的效用，提

高了金融机构的运作效率。电子计算机引入支付清算系统，极大提高了支付清算能力和速度，促进资金快速周转，节约了流通费用。金融创新扩张了金融机构所拥有的资金流量和资产总量，由此提高了金融机构经营活动的规模报酬，使金融机构的盈利能力大为增强。

2. 提高了金融市场的运作效率

金融创新通过提高市场组织与设备的现代化程度和国际化程度，提高了金融市场价格变动的灵敏度，从而提高了价格的合理性和价格机制的作用力。而各种金融工具的涌现，增加了可供选择的金融商品种类，各种创新增强了剔除个别风险的能力。同时，创新降低了交易成本与平均成本，使投资收益相对上升，吸引了更多投资者和筹资者进入市场，提高了交易的活跃程度。

3. 增强了金融产业的发展能力

金融产业发展能力主要体现为金融机构在经营活动中开创未来的能力，包括开拓新业务和新市场的能力、资本增长的能力、设备配置或更新能力、经营管理水平和人员素质的提高能力等。在当代金融创新的浪潮中，金融产业的这些能力都有较大幅度的提高。

4. 金融作用力大为增强

金融作用力主要是指金融对经济整体运作和发展的作用能力，一般通过对总体经济活动和经济总量的影响及其作用程度体现出来。当代金融创新主要通过以下四个方面从总体上提高了金融作用力：

（1）提高了金融资源的开发利用与再配置效率；

（2）社会投融资的满足度和便利度上升；

（3）金融业产值的迅速增长，直接增加了一国 GDP 的总量，加大了金融业对经济发展的贡献度；

（4）增强了货币作用效率，实现以较少的货币推动较多的经济总量。

（二）产生的新矛盾和挑战

（1）金融创新使货币供求机制、总量、结构乃至特征都发生了深刻变化，对金融运作和宏观调控影响重大。在货币需求方面，金融创新改变了货币结构，降低了货币需求的稳定性。在货币供给方面，新型金融工具的不断涌现，增强了金融资产的流动性，导致货币定义和计量日益困难和复杂化，金融创新赋予非银行金融机构更多的货币创造能力，增加了货币供给的主体，货币供给的内生性增强，削弱了中央银行对货币供给的控制能力与效果，容易导致货币政策和金融监管的失效。

（2）改变了货币政策的决策、操作、传导及效果，对货币政策的实施产生了一定的不利影响。金融创新降低了货币政策中介指标的可靠性，给货币政策的决策、操作和预警系统的运转造成较大困难。同时因创新削弱了法定存款准备金政策和再贴现政策的作用力，减少了可操作工具的选择性。此外还加大了政策传导的不完全性。创新后由于指标增多，时滞不定，使货币政策的传导过程离散化、复杂化，对政策效果的判定也更为困难。

（3）金融风险有增无减，金融业的稳定性下降。金融创新在提高金融效率的同时，也增加了金融业的系统性风险。一是因为创新加大了原有的系统性风险，如授信范围的扩大与条件的降低无疑会增加信用风险；二是创新中产生了新的金融风险，如大规模的金融电子化创新所产生的风险等。20 世纪 80 年代以来银行的资产风险和表外业务风险猛增，导致了金融业的稳定性下降，金融机构的亏损、破产、倒闭、兼并、重组事件频繁发生，整个金融业处于一种结构调整和动荡不安的状态之中。

（4）金融市场出现过度投机和泡沫膨胀的不良倾向。在当代金融创新中，金融市场上出现了许多高收益和高风险并存的新型金融工具和金融交易，如股票指数期货交易、股票指数期权交易等。一些避险性的创新本身又成了高风险的载体，如外汇互换、利率互换、货币互换等。这些新型的金融工具和交易以其高收益和冒险刺激，吸引了大批的投资者和大量的资金，由此产生大量的泡沫，极易引发金融危机。

值得关注的是，金融科技发展也带来了新型金融风险。比如，因新技术应用对数据可得性和质量的高度依赖，风险评估会存在一定偏差，甚至出现"算法歧视"问题，带来业务风险、技术风险、网络风险的叠加和外溢效应；新技术产生的金融业务表外化和新业态，导致风险的扩散性大大增加；金融科技催生的金融机构跨行业、跨市场经营也增大了系统性风险，等等。如何在鼓励创新和控制金融风险之间取得平衡是一个新的课题。

综上所述，当代金融创新虽然有利有弊，但利远大于弊。正确认识和客观评价金融创新对于金融发展和经济发展的积极推动作用，是充分发挥其动力作用，最大限度地推动金融、经济发展和社会文明进步的基本前提。当然，金融创新的副作用亦不能忽视，必须加以有效引导和监管。

第三节　金融结构与金融发展

一、金融结构的含义

金融结构是指构成金融总体的各个组成部分的分布、存在、相对规模、相互关系与配合的状态。在某一时点上考察金融结构时，它表现为静态的既定状况；从历史的角度看，它始终处于动态的演变状况，其结果导致了金融发展水平和层次的提升。

金融结构有多种表现形态，考察金融结构的表现形态可以从多方面来进行。一般通过考察金融业各子行业（银行、证券、保险、信托、租赁等）的产业结构、金融市场结构、融资结构、金融资产结构、金融开放的结构等，可以综合了解一国金融结构的基本状况。

二、形成金融结构的基础性条件

（一）经济发展的商品化和货币化程度

商品化是指所有产出品中用于交换的比例，货币化是指商品交换与分配过程中使用货币的比例。以交换为基本关系的商品经济，需要货币信用的各种形式和工具来解决交换中出现的困难，需要各类金融机构来提供交换的服务，需要建立宏观金融管理机构来协调解决全社会商品交换的价值总量平衡问题。因此，商品化和货币化程度越高，交换关系越复杂，货币使用范围越大，金融结构就越发达。

（二）商品经济的发展程度

在商品经济逐步发达的高级阶段，市场上出现许多复杂的金融新需求，金融规模也随之日益扩大，金融业必须通过多种金融机构、多种金融业务、多种金融工具、多条融资途径才能提供社会所需的各种金融产品与服务，才能满足广大投资者和筹资者的需求，金融结构也因此而日益复杂。

（三）信用关系的发展程度

首先，多种信用形式齐备、规范，各经济主体都可以通过相应的形式从事多种信用活动，融资结构和金融资产结构就越复杂。其次，全社会成员普遍具有良好的守信习惯与意愿，信用秩序井然并具有自动维护机制时，就会形成相对合理的金融资产结构和金融市场。再次，社会信用体系健全，信用中介机构、信用服务机构和信用管理机构齐备并规范运作对金融产业结构和金融资产结构产生良性作用。

（四）经济主体行为的理性化程度

在市场经济中，各独立的经济主体的理性化主要体现在其能够趋利避害地进行选择。各种投资和融资活动都以获取收益为目的，投融资双方都将选择各种有利于降低成本、增加收益的投融资方式或渠道，充分利用各种金融业务、金融交易与金融工具，灵活调度和有效运用资金。因此，经济主体的理性化程度越高，金融需求就越旺盛，金融业务、金融交易与金融工具的种类就越多，金融结构就越发达。

（五）文化、传统、习俗与偏好

不同的社会文化、传统、习俗与偏好，通过对人们经济行为和金融行为的作用在金融结构的形成中具有重要的影响。例如，倡导儒家文化传统、偏好安全性、推崇团队精神、历史上银企关系密切的日本人和韩国人，与崇尚个性、弘扬个性、偏好风险的美国人，在金融工具的选择和投融资方式的偏好等方面存在较大差异，在长期的历史进程中逐渐形成了本国特有的金融结构。

三、影响金融结构变化的主要因素分析

（一）制度因素

不同的制度安排对一国的金融结构具有决定性作用。如计划经济和金融体制下金融结构形式相对单一；市场经济和金融体制下，经济主体多元化的自主选择形成了复杂的金融结构。分业和混业的经营与监管制度导致金融产业结构、市场结构的差异；金融监管制度的变迁也会导致货币结构、金融资产结构和融资结构的变化等。

（二）金融创新的活跃程度

金融创新越活跃，新的金融机构、金融工具、金融市场、融资方式和技术就越多，推陈出新就越频繁，金融结构也就变化越快。20世纪70年代以来，西方发达国家在大规模、全方位的金融创新中，广泛采用新技术，不断形成新市场、新金融工具、新交易、新服务层出不穷，直接导致了金融结构的深刻变化，形成了世界金融业的新格局。

（三）技术进步

科技进步及其在金融业的广泛应用，已经并将继续导致金融结构发生巨大的变化。近几十年来，电子技术、信息技术、工程技术、管理技术、数学分析技术等多种技术在金融业的引入，改变了原有的金融结构。其中最突出的是微电子技术及计算机网络技术在金融业的大量运用，金融活动的电子化和网络化发展，使金融市场结构和金融产业结构正在发生深刻的变化。

（四）开放程度

在开放条件下，一国的金融结构在相当程度上受外部因素的支配和影响。特别是与东道国金融关系密切的发达国家，通过金融机构的进入、金融业务和融资技术的带入、资本流动等形式，不仅导致东道国金融结构的变动，也会改变东道国的结构开放程度。这一点在过去的殖民地国家中表现突出，也是目前许多发展中国家在开放进程中金融结构变化的重要原因。

四、金融结构的分析指标与评价角度

对一国金融结构的状况与优劣可以从多层面、多角度展开分析。金融结构分析通常采用结构比率分析方法。例如，西方学者戈德史密斯采用以下的结构比率指标对金融工具和金融机构的结构进行考察：

（1）**金融相关比率**：现有金融资产总值在国民财富中所占的份额。

（2）金融构成比率：各类金融工具在金融工具总额中所占的份额。

（3）金融工具比率：金融机构发行的金融工具与非金融机构发行的金融工具之比。

（4）金融部门比率：各经济部门在金融资产和金融工具中所占的份额。

（5）分层比率：同类金融机构资产在全部金融机构总资产中所占的份额以及在主要金融工具中所占的份额。

（6）金融中介比率：所有金融机构持有的金融资产在全部金融资产中所占的份额。

（7）融资比率，各融资方式占全部资金来源的份额。[①]

由于金融问题的复杂性，到目前为止，对金融结构的规范性研究还无法用一个或一组确定的数量比率指标来进行。因此，单纯用定量分析的方法不能全面评价金融结构，还需要运用定性分析的方法，对金融结构的合理性和优劣程度作出评价。

对金融结构合理性与优劣程度的判断主要立足于功能和效率的视角。一是投融资功能，主要表现在金融资源的开发利用程度、投融资的便利程度、投融资的成本大小和价格的合理程度、投融资的效率、资金配置的优化程度等方面。二是服务功能，主要表现为能否提供支付清算的便利以促进交易的完成，能否提供丰富的金融服务以满足社会各种金融需求，能否提高经济生活的质量并增加社会总福利。三是风险管理功能，主要表现为能否有效地分散和回避风险以保持金融资产的安全性，能否为人们生

---

① 戈德史密斯. 金融结构与发展【M】. 北京：中国社会科学出版社，1993：39-40.

活中的各种不确定性风险提供保险和保障等。

五、金融结构的作用与影响

（一）对金融发展的决定与影响力

一般而言，金融结构的复杂程度与金融功能、金融发展的水平和层次是同方向变化的。相对复杂的金融结构通过提供大量具有特定内涵与特性的金融工具、金融服务、交易方式或融资技术等，为经济社会提供多种金融便利和服务，满足多种金融需求。从历史看，只有通过金融结构的变化，才能提升金融功能，促进金融发展，但也无法证明金融结构越复杂越好。在各国金融发展进程中，金融结构的差异往往导致金融功能的强弱不一，从而影响各国在国际金融活动中的竞争力。同时，不同的金融结构也是影响各国金融稳定的重要因素。

（二）对经济发展的影响

金融结构的优化对经济发展的影响主要表现在两方面：第一，有利于提高储蓄、投资水平，促进经济增长。第二，通过金融结构的优化，完善服务功能和风险管理功能，以提高经济发展的水平。

综上所述，金融结构不仅是金融发展状况的具体体现，而且对一国金融发展和经济发展具有重要的决定作用和影响力。金融结构的演进与优化总是和金融效率、金融发展水平、金融国际竞争力紧密相关。

> **原理 20-2**
>
> 金融的发展水平、稳定性程度、产业功能和运作效率与金融结构的合理性正相关。

第四节 经济金融化与金融全球化

一、经济金融化

（一）经济金融化的含义

经济金融化是指一国经济中金融资产总值占国民经济产出总量的比重处于较高状态并不断提高的过程及趋势。一般从以下三个方面理解经济金融化的含义：

第一，金融增长快于经济增长，金融资产占社会总资产的比重不断上升。第二次世界大战后，金融业也出现爆发性增长，金融业的发展速度超越了经济发展速度。尤其是 20 世纪 80 年代以后，金融产业的发展速度不断加快，增长速度是经济增长速度的 3~4 倍。金融产业的高速增长，使得金融在整个经济中的地位不断提高。

第二，经济金融相互渗透融合，信用关系成为最基本的经济关系。现代经济也被称为金融经济，社会各经济主体之间的经济关系越来越表现为债权债务关系、股权关系、保险关系和信托租赁等金融关系，人们的财富也越来越多地以金融资产的形式体现，现代经济关系日益金融化。

第三，政府对经济的调控管理活动日益体现为对金融的调控管理活动。政府可以利用金融在经济中的重要地位和作用，来实现对经济活动的调控和管理。随着经济金融化程度的加深，加强国际金融风险管理与防范已经成为各国的共识，国际金融风险的防范和国际金融关系的协调也成为各国政府经济协调的核心部分。

（二）经济金融化的发展过程

经济金融化的发展进程明显地体现出两阶段特征。20世纪70年代以前为第一阶段，具体表现为经济货币化；20世纪70年代后至今为第二阶段，即经济金融化。

经济货币化是指一国国民经济中用货币购买的商品和劳务占其全部产出比重的提高过程及趋势。如果严格按照货币化的定义，货币化程度应该用一定时期内用于商品劳务交易的货币总量与总产出量之比来表示，即为货币化比率。

经济金融化程度通常用**金融相关率**来衡量，是指一定时期内社会金融活动总量与经济活动总量的比值，一般用金融资产总额与 GDP 之比表示。

（三）经济金融化的作用与影响

经济金融化是一国经济发展水平和经济发展进程最重要的标志，不同国家在货币化比率和金融相关比率上的差别反映了其经济金融发展水平的差距。对于低货币化和金融化的经济体而言，提高货币化和金融化的过程，是改善经济发展条件和金融推动经济发展的过程。

经济金融化是经济与金融逐渐走向融合的过程，是经济与金融互动发展的过程。经济与金融的交融发展，既促进了经济的发展，也为金融作为重要产业的发展拓宽了空间。但也必须看到，经济金融化的过程是金融高速增长和膨胀的过程，也是金融与经济逐步脱节与虚拟化的过程。一旦金融与经济的融合度降低，金融出现自身膨胀，就将积累起巨大的风险，引发危机。

二、金融全球化

微视频20-3
构建开放型
世界经济，
开创全球化
新境界

经济全球化是金融全球化的基础与背景，同时金融全球化又是经济全球化的表现形式和发展阶段。

（一）经济全球化

经济全球化是当今世界经济发展的主要趋势。它相继经历了贸易一体化、生产一体化和金融全球化三个发展阶段。

1. 贸易一体化

贸易一体化是指在国际贸易领域内国与国之间普遍出现的全面减少或消除国际贸易障碍的趋势，并在此基础上逐步形成统一的世界市场，它是经济全球化的先导和首要标志。

2. 生产一体化

生产一体化是指生产过程的全球化，是从生产要素的组合到产品销售的全球化。

跨国公司是生产一体化的主要实现者。跨国公司在数量和地域范围上极大地扩展了跨国经营的分支机构，并实行组织和管理体制上的无国界规划，逐步建立了以价值增值为基础的跨国生产体系。

3. 金融全球化

金融全球化是指世界各国和地区放松金融管制，开放金融业务，放开资本项目管制，使资本在全球各地区、各国家的金融市场自由流动，最终形成全球统一的金融市场和货币体系的趋势。

金融全球化的历史可以追溯到19世纪初英国银行业的海外扩张，但金融全球化的迅速发展则是在第二次世界大战以后。伴随着贸易全球化和生产全球化进程，金融全球化自20世纪70年代以来快速发展。布雷顿森林体系崩溃以后，各国普遍实行浮动汇率制，并逐步放开了对资本项目的管制，促进了资本的国际自由流动，催生了跨国金融机构和离岸金融市场。随之而来的金融创新的活跃，使金融全球化向更高的层次迈进。

（二）金融全球化的主要表现

1. 金融机构全球化

金融机构全球化包括金融机构的准入和准出两方面。20世纪70年代以后，由于国内竞争加剧和金融管制放松，发达国家的各种金融机构纷纷建立代理行关系或直接设立代表处、分行、子银行与联号银行，大力拓展海外业务。发展中国家出于吸收发达国家资金的需要，开始逐步放宽对外资金融机构的限制。进入20世纪90年代后，跨国金融兼并、收购浪潮此起彼伏，跨国金融集团不断涌现。

2. 金融业务全球化

金融机构的全球化必然带来金融业务的全球化。一是体现为金融机构在全球范围内调度资金，经营各种业务，一般用国际性金融业务量占总业务量的比重来衡量金融业务全球化的程度。二是体现为金融业务种类、流程和规范的全球化，即无论是传统业务，还是创新业务，特别是电子金融业务，全球通用性日益提高。

3. 金融市场全球化

各地区之间的金融市场相互连接，形成了全球性的金融市场。由于发达国家金融管制的放松和发展中国家实行的对外开放战略，大批新兴的金融市场在适合的环境下迅速发展，成为重要的国际性金融市场，如中国香港、新加坡、巴林等。在全球性的金融市场发展下，各国金融市场的价格联动性增强，主要金融资产的价格和收益率的差距日益缩小。

4. 金融调控与监管协调全球化

面对金融机构、金融业务、金融市场的全球化，单靠一国货币当局和监管当局的力量已经难以实现调控和监管的目标，客观上要求有相应的国际金融调控与监管协调的机构或机制。金融全球化条件下的金融调控与监管的协调更多地依靠各国政府的合作、国际性金融组织的作用以及国际性行业组织的规则。例如，国际货币基金组织、国际清算银行等国际金融机构在全球金融调控与监管中的作用越来越重要。

（三）金融全球化的作用与影响

金融全球化是经济全球化在金融领域的表现。如同经济全球化一样，金融全球化也是一把双刃剑，会产生积极和消极两方面作用。

1. 金融全球化的积极作用

（1）通过促进国际贸易和国际投资的发展推动世界经济增长。金融全球化使各国资金可以在全球范围内调剂余缺，从而可以实现资本等生产要素在全球范围的优化配置，提高了配置和利用效率。在金融全球化发展过程中，国际范围内资本形成的增加、人力资源的开发、技术知识的转移、生产能力的利用、市场的开拓和对外贸易的扩大，有力地推动了各国经济的发展。

（2）促进全球金融业提高效率。金融全球化促进了金融机构之间的竞争，从而降低了金融交易成本。同时，金融全球化使国内资本市场与国际资本市场相衔接，实现投资者与融资者的跨国与跨区域选择与流动，从而实现全球范围内的最佳投资组合。

（3）加强了金融监管领域的国际协调与合作。金融全球化使各国的经济利益息息相关，加强国际协作合乎各国共同利益。同时，资本的自由流动、汇率和利率的市场化对各国金融管理体制提出了更高的要求，势必将促进各国在金融监管领域的深入合作。

2. 金融全球化的消极作用

（1）增大金融风险。主要体现在三个方面：第一，各金融机构的全球化经营将承担国际政治和社会动荡等风险因素，加大内部管理难度。第二，全球化加大了金融业原有的利率风险、市场风险、信用风险、流动性风险和经营风险等。第三，金融全球化将加大信息不对称程度，增加道德风险和逆向选择风险。

（2）削弱国家宏观经济政策的独立性和有效性。金融全球化使得一国的经济和金融发展越来越受到外部因素的影响，其采取的经济政策将受到其他国家经济政策的冲击，降低经济政策制定的独立性与执行的有效性。

（3）加快金融危机在全球范围内的传递，增加了国际金融体系的脆弱性。金融全球化使各国的经济联系不断加强，加速了金融风险在全球的传播，金融局部失衡蔓延范围在扩大，程度在加深，单个国家的金融危机可以迅速演化为地区性甚至是世界性的金融危机。

本章小结

1. 现代经济社会中，金融与经济高度融合。经济发展对金融起决定性作用，经济发展决定了金融的产生、规模、层次和结构；金融是国民经济的核心，金融对经济发展产生巨大的推动作用。

2. 金融创新是指金融领域内部通过各种要素的重新组合和创造性变革所创造或引进的新事物。金融创新提高了金融机构和金融市场的运作效率，增强了金融产业的发展能力，但同时也增大了金融风险。

3. 金融结构是指构成金融总体的各个组成部分的分布、存在、相对规模、相互关系与配合的状态。金融的发展既是金融总量或规模的增长过程，又是金融结构的演进与优化过程。

4. 形成一个国家或地区金融结构的基础性条件主要有经济发展的商品化和货币化程度、商品经济的发展程度、信用关系的发展程度、经济主体行为的理性化程度以及文化、传统、习俗与偏好等。而导致金融结构发生变动的主要因素有制度因素、金融创新的活跃程度、技术进步、开放程度等。

5. 金融结构对经济发展的影响主要表现在两个方面：一是金融结构演进有利于提高储蓄和投资水平，促进经济增长；二是通过金融结构的优化，完善服务功能和风险管理功能以提高经济发展的水平。

6. 经济货币化是指一国国民经济中用货币购买的商品和劳务占其全部产出的比重及其变化过程。提高经济的货币化程度是促进现代市场经济发展的内在要求。

7. 经济金融化是指一国国民经济中金融资产总值占国民经济产出总量的比重处于较高状态并不断提高的过程及趋势。经济金融化的早期表现形式是经济货币化。经济金融化水平的差异，体现了经济发展水平的差异。

8. 金融全球化的背景是经济全球化，具体表现为金融机构全球化、金融业务全球化、金融市场全球化和金融监管与协调全球化。金融全球化促进国际贸易与国际投资的发展，推动世界经济增长，但同时也积累起更大的金融风险。

复习思考题

1. 金融与经济之间是什么关系？为什么说经济发展对金融有决定性作用？

2. 怎样理解现代经济发展中金融的地位与作用？现代经济发展中金融可能出现哪些不良影响与副作用？应如何防范？

3. 金融创新的含义与表现是什么？其主要成因有哪些？

4. 试分析当代金融创新的利弊与作用。你认为我国在金融创新中应注意什么问题？

5. 什么是金融结构？一国的金融结构通常是如何形成与变化的？

6. 如何评价或判断一国金融结构的合理性与优劣程度？请尝试对我国目前的金融结构进行分析与评价。

7. 什么是经济金融化？怎样理解金融化的作用与影响？

8. 什么是金融全球化？金融全球化表现在哪些方面？

网上更多……　　🔧教学案例　　📄名词术语　　💬学生讨论

参考文献

1. 黄达.金融学.4版.北京：中国人民大学出版社，2015.

2. 黄达.货币供给与宏观调控.北京：中国人民大学出版社，1997.

3. 戴相龙，黄达.中华金融辞库.北京：中国金融出版社，1998.

4. 王广谦.中央银行学.4版.北京：高等教育出版社，2017.

5. 王广谦.金融中介学.3版.北京：高等教育出版社，2016.

6. 张亦春，郑振龙，林海.金融市场学.4版.北京：高等教育出版社，2013.

7. 姜波克，杨长江.国际金融学.4版.北京：高等教育出版社，2014.

8. 戴国强.商业银行经营学.5版.北京：高等教育出版社，2014.

9. 魏华林，林宝清.保险学.4版.北京：高等教育出版社，2017.

10. 陈雨露.公司理财.3版.北京：高等教育出版社，2014.

11. 郑振龙，陈蓉.金融工程.5版.北京：高等教育出版社，2020.

12. 刘红忠.投资学.3版.北京：高等教育出版社，2015.

13. 姚遂.中国金融史.北京：高等教育出版社，2007.

14. 陈观烈.货币·金融·世界经济.上海：复旦大学出版社，2000.

15. 易纲.中国的货币化进程.北京：商务印书馆，2003.

16. 李飞，赵海宽，许树信，等.中国金融通史：第1—3卷.北京：中国金融出版社，
    2002.

17. 李健.当代西方货币金融学说.北京：高等教育出版社，2006.

18. 黄鉴晖.中国银行业史.太原：山西经济出版社，1994.

19. 中国保险学会，中国保险史编审委员会.中国保险史.北京：中国金融出版社，
    1998.

20. 何旭艳.上海信托业研究（1921—1949年）.上海：上海世纪出版集团，2007.

21. 严庆泽，梁鸿，王立安.世界保险史话.北京：经济管理出版社，1993.

22. 尼夫.金融体系：原理和组织.北京：中国人民大学出版社，2005.

23. 德米尔古克－肯特，莱文.金融结构和经济增长：银行、市场和发展的跨国比较.
    北京：中国人民大学出版社，2006.

24. 米什金.货币金融学.9版.北京：中国人民大学出版社，2011.

25. 坎普，弗里曼.构建货币经济学模型.北京：中国金融出版社，2004.

26. 斯蒂格利茨，格林沃尔德.通往货币经济学的新范式.北京：中信出版社，2005.

27. 亚历山大，夏普.证券投资原理.成都：西南财经大学出版社，1992.

28. 法博齐，莫迪利亚尼.资本市场：机构与工具.北京：经济科学出版社，1998.

29. 亨特.金融衍生工具理论与实践.修订版.成都：西南财经大学出版社，2007.

30. 金德尔伯格.西欧金融史.北京：中国金融出版社，1991.

31. 艾伦，盖尔.比较金融系统.北京：中国人民大学出版社，2002.

32. 弗里德曼.美国货币史：总论.北京：首都经济贸易大学出版社，2001.